Dritte Abteilung:

Zwangsvollstreckung und Konkurs.

12. Kapitel.

Beim Gerichtsvollzieher.

Organisation und Geschäftsanweisung: Die Organisation des Gerichtsvollzieherwesens ist in der, vom preußischen Justizminister auf Grund von §§ 154 GVG., 73f. pr.AG. zum GVG. erlassenen, GVO. vom 23. März 1914 (JMBl. 289) mit Novelle vom 2. Juni 1930 (JMBl. 174) enthalten. Man unterscheidet planmäßig angestellte, immer vom Oberlandesgerichtspräsidenten ernannte, „Obergerichtsvollzieher" und „Gerichtsvollzieher kraft Auftrags", die entweder ständig in Hilfsstellen, als Vertreter oder Stellenverwalter oder zur Aushilfe beschäftigt werden; den Auftrag erteilt ihnen der Oberlandesgerichtspräsident, in Eilfällen der Aufsichtsrichter. Ferner gibt es nach der als Bestandteil der GVO. geltenden Gerichtskassenvollzieherordnung („Personal- und Dienstordnung für die Gerichtskassenvollzieher" vom 18. Juni 1930, JMBl. 199) planmäßige „Gerichtskassenvollzieher" und „Gerichtskassenvollzieher kraft Auftrags". Sie haben in erster Reihe mit der Einziehung von Gerichtskosten zu Gunsten der Gerichtskasse zu tun, sind also Organe des Verwaltungszwangsverfahrens (S. 435), doch kann ihnen auch die Vollstreckung von Geld- und anderen Vermögensstrafen übertragen werden (§ 20 GKVO.). Als Gerichtskassenvollzieher kraft Auftrags werden Justizwachtmeister bestellt (§ 25[1]). Ebenfalls durch Justizwachtmeister erfolgt die Ausführung der Offizialzustellungen. §§ 12f. der AV. vom 1. Februar 1910 (JMBl. 43); § 10[2] der Justizwachtmeisterordnung vom 26. November 1925 (JMBl. 420).

Das vom Gerichtsvollzieher zu beobachtende Verfahren regelt die GeschAnw. (oben S. 138, mit Novelle vom 16. Mai 1930, JMBl. 142, und vielen anderen Nachträgen und Abänderungen), eine auch für Juristen sehr lesenswerte Verordnung. Sie stellt in der Hauptsache einen Wegweiser durch die gesetzlichen Bestimmungen dar, deren praktisches Funktionieren sie veranschaulicht und erläutert. Sie enthält jedoch auch selbständige Rechtsnormen, darunter solche, die nicht bloß den inneren Dienst betreffen, sondern Amtspflichten des Gerichtsvollziehers gegenüber den Parteien und sonstigen Dritten begründen und deren schuldhafte Verletzung daher dem Geschädigten einen Regreß an den Justizfiskus aus Art. 131 RVerf., § 839 BGB. (oben S. 64, 67) gibt.

Pfändung für mehrere Gläubiger. Vollstreckung eines Herausgabeanspruchs. Voraussetzungen der Zwangsvollstreckung.

Behandlung mehrerer Vollstreckungsaufträge.

„Breslau, den 8. Juni 1933.

Herrn Obergerichtsvollzieher *Pfänder*

hier.

Anbei übersenden wir Ihnen das Urteil des hiesigen Amtsgerichts vom 3. d. M. in vollstreckbarer Ausfertigung mit der Bitte es dem Schuldner

Kaufmann *Adolf Schallwig* hier,

Kantstraße 185

zuzustellen und gleichzeitig wegen Hauptsumme und Zinsen die Zwangsvollstreckung in das bewegliche Vermögen des Schuldners vorzunehmen. Wie wir erfahren haben, ist *Schallwig* neuerdings in Zahlungsstockung geraten, und wir möchten nicht, daß uns Andere mit der Pfändung zuvorkommen. Deshalb ersuchen wir Sie dringend, die Pfändung sofort nach Eingang dieses Schreibens vorzunehmen.

Gabriel & Co.
Tabakwaren-Großhandlung."

Das Schreiben geht am 9. Juni morgens mit der Post ein. Da der Gerichtsvollzieher am 9. bereits mit verschiedenen Amtshandlungen besetzt ist, nimmt er den folgenden Tag für die Zustellung und Pfändung in Aussicht.

Am Nachmittag des 9. kommen von der Verteilungsstelle zwei weitere Vollstreckungsaufträge gegen Schallwig. Rechtsanwalt Schwarz wünscht für die Zigarrenfabrik Girtanner in Bremen die Vollstreckung eines von ihm für seine Auftraggeberin erwirkten, gegen Bürgschaft einer Großbank vorläufig vollstreckbaren Urteils wegen Hauptsumme, Zinsen und Kosten. Rentner Goebel aus Kreuzburg gibt Auftrag zur Vollstreckung eines gerichtlichen Vergleichs auf Herausgabe eines Fahrrads und Zahlung eines Geldbetrags.

Am 10. Juni bringt die Frühpost in einem Eilbrief von Gabriel & Co. den zum Urteil vom 3. Juni erlassenen Kostenfestsetzungsbeschluß mit der Bitte um Vollstreckung, und als der Gerichtsvollzieher sich gerade auf den Weg zu Schallwig machen will, erscheint ein Bote der Witwe Gundermann mit einem neuen Vollstreckungsauftrag auf Grund eines Wechselversäumnisurteils. Der Bote fragt, ob der Gerichtsvollzieher zur Vollstreckung auch den dem Urteil zu Grunde liegenden Wechsel brauche.

In keinem der Aufträge fehlt die obligate Bitte um Beschleunigung, weil Gefahr im Verzuge sei.

Wie hat sich der Gerichtsvollzieher bei solcher Sachlage zu verhalten? Man könnte denken, daß durch die Priorität des Eingangs eines Vollstreckungsauftrags eine Art Vorrang für den Gläubiger begründet werde, wie beim Präsentatum des Grundbuchamts. Das ist jedoch nicht der Fall. Wenn allerdings der Gerichtsvollzieher für einen bestimmten Gläubiger schon gepfändet hat und nachher ein anderer Gläubiger ihm einen weiteren Pfändungsauftrag erteilt, so wird eine Anschlußpfändung (§§ 826, 827 ZPO.) vorgenommen, bei welcher das Pfändungspfandrecht des anschlußweise Pfändenden dem des Erstpfändenden im Range nachsteht (§ 804^{III}). Im übrigen pfändet der Gerichtsvollzieher, dem mehrere Aufträge zugegangen sind, für seine sämtlichen Auftraggeber — vorausgesetzt daß die Aufträge in Ordnung sind — ohne Rücksicht auf die Reihenfolge des Eingangs gleichzeitig und folgeweise zu gleichem Range. Für den einzelnen Gläubiger ist es also von größter Bedeutung, daß der Gerichtsvollzieher seinen Vollstreckungsauftrag sofort ausführt, bevor andere Aufträge hinzugekommen sind.

Prüfung der Vollstreckungsgrundlagen. Vor der Vornahme eines Vollstreckungsaktes müssen die damit befaßten Behörden und Beamten — bei Mobiliarpfändung der Gerichtsvollzieher, bei Forderungspfändung, Grundstücksversteigerung und Zwangsverwaltung das Vollstreckungsgericht, bei Eintragung von Judikatshypotheken (S. 239f.) das Grundbuchamt — außer der eigenen Zuständigkeit und der Zulässigkeit der beantragten konkreten Vollstreckungsmaßregel die für die Zwangsvollstreckung in der ZPO. aufgestellten allgemeinen Voraussetzungen nachprüfen. Deshalb hat GV. Pfänder jeden Eingang alsbald an Hand der beigefügten Urkunden auf die Erfüllung der Vollstreckungsgrundlagen untersucht:

1. Hinterlegungsbefugnis, Zustellung des Schuldtitels.

„Vollstreckbare Ausfertigung.

Im Namen des Volkes!

Geschäftsnummer: 21 C 315. 33.

Urteilsformel zugestellt am 5. Juni 1933.

(gez.) *Urkund*

als Urkundsbeamter der Geschäftsstelle.

In Sachen der Tabakwaren-Großhandlung *Gabriel & Co.* in Breslau, Karlsstraße 24,

Klägerin,

gegen den Kaufmann *Adolf Schallwig* in Breslau, Kantstraße 185, Beklagten,

hat das Amtsgericht in Breslau am 3. Juni 1933 im Wege schriftlicher Entscheidung durch den Amtsgerichtsrat *Richter* für Recht erkannt:

Der Beklagte wird verurteilt, der Klägerin 397.50 *RM* (i. W.) nebst 6% Zinsen seit dem 17. Januar 1933 zu zahlen und die Kosten des Rechtsstreits zu tragen.

Das Urteil ist vorläufig vollstreckbar. Dem Beklagten wird nachgelassen, die Zwangsvollstreckung durch Sicherheitsleistung in Höhe von 450.00 *RM* (i. W.) abzuwenden.

(folgen Tatbestand und Entscheidungsgründe)

(gez.) *Richter.*

Vorstehende Ausfertigung wird der Klägerin zum Zwecke der Zwangsvollstreckung erteilt.

Breslau, den 7. Juni 1933.

Amtsgericht, Geschäftsstelle.

(Siegel) *Urkund*

als Urkundsbeamter."

Wie wirkt die dem Schuldner im Urteil vorbehaltene Hinterlegungsbefugnis auf das Verfahren ein? Hinterlegt Schallwig, so wird damit die Zwangsvollstreckung unzulässig, und die bereits erfolgten Vollstreckungsmaßnahmen sind aufzuheben. §§ 775³, 776 S. 1. Mit der Hinterlegung braucht jedoch der Gerichtsvollzieher zunächst nicht zu rechnen, vielmehr ist es Aufgabe des Schuldners, dem Gerichtsvollzieher oder dem sonstigen Vollstreckungsorgan die erfolgte Sicherheitsleistung durch öffentliche Urkunden nachzuweisen. Aber auch wenn der Schuldner von seiner Befugnis noch keinen Gebrauch gemacht hat, wird die Zwangsvollstreckung durch sie beeinflußt. Denn so unwahrscheinlich es sein mag, daß ein in Vermögensverfall befindlicher Schuldner zur Abwendung der Vollstreckung hinterlegen wird, so könnte dieser Fall doch noch eintreten, und wenn dann der Gläubiger schon Befriedigung erhalten hätte, würde der Schuldner geschädigt sein. Deshalb bestimmt das Gesetz, daß so lange, wie die Hinterlegungsbefugnis des Schuldners dauert — nämlich bis zur Rechtskraft des Urteils —, gepfändetes Geld sowie der Erlös gepfändeter Gegenstände zu hinterlegen sind (§ 720): der Gläubiger darf in diesem Stadium kein Geld in die Hand bekommen. Über Forderungspfändung bei Hinterlegungsbefugnis: unten S. 653/4. Hieraus folgt, daß auch bei einem ohne Sicherheit vorläufig vollstreckbaren Urteil, falls dem Schuldner die Abwendung der Zwangsvollstreckung nachgelassen war, der Gläubiger das größte Interesse hat den Vollstreckungsorganen den Eintritt der Rechtskraft (und damit die Erledigung der Hinterlegungsbefugnis) nachzuweisen; das geschieht durch ein von der Geschäftsstelle auszustellendes Rechtskraftzeugnis (§ 706).

Das von Gabriel erwirkte Urteil hat das Amtsgericht als schriftliche Entscheidung

(S. 394) erlassen und den Parteien durch Zustellung der Formel mitgeteilt. Später hat sich die Klägerin vollstreckbare Ausfertigung (s. darüber unten zu 2) geben lassen. Bevor nun aus dem Urteil vollstreckt wird, muß es gemäß § 750^{I} nochmals im Parteibetrieb zugestellt werden. Die Offizialzustellung der Urteilsformel macht die Parteizustellung nicht entbehrlich: sie ersetzt lediglich die bei verkündeten Urteilen vorgeschriebene Verkündung (§§ 136^{IV}, 160^{6}, 310 f. ZPO., 7 S. 2 EntlastVO.). Der dem Verkündungsvermerk (§ 315^{III} ZPO.) entsprechende Zustellungsvermerk am Kopf des Urteils ist gesetzlich nicht angeordnet und nicht allgemein üblich, jedoch zweckmäßig.

Eine zwischen der Zustellung des Schuldtitels und dem Anfang der Zwangsvollstreckung einzuhaltende Respektfrist besteht bloß für „selbständige" (S. 437) Kostenfestsetzungsbeschlüsse und für exekutorische Urkunden. Hier muß nach § 798 eine Woche gewartet werden, damit der Schuldner Gelegenheit hat ohne Vollstreckung zu zahlen, gegebenenfalls auch gegen die Vollstreckungsklausel oder den Schuldtitel Einwendungen im Wege der Vollstreckungsgegenklage zu erheben und eine einstweilige Einstellung zu erzielen (§§ 767, 769, 795, 797). Bei Urteilen genügt Zustellung bei Beginn der Vollstreckung. Über Vollziehung von Arresten und einstweiligen Verfügungen vor Zustellung: vgl. 27. Kap.: „Bauhandwerkervormerkung". Wenn also der Gerichtsvollzieher das Urteil, wie von Gabriel gewünscht, dem Schuldner zugestellt hat, darf er im unmittelbaren Anschluß daran die Zwangsvollstreckung vornehmen.

2. Abgekürzte Ausfertigung.

Bankbürgschaft. Zwangsvollstreckung wegen Kosten. Vollmacht.

RA. Schwarz hat folgende Urkunden überreicht:

„Vollstreckbare Ausfertigung.

Im Namen des Volkes!

Geschäftsnummer: 22 O 62. 33.
Verkündet am 1. Juni 1933.
(gez.) *Urkund*
als Urkundsbeamter.
Die zu erstattenden Kosten werden auf 236.40 *RM* (i. W.) festgesetzt.
Breslau, den 3. Juni 1933.
Landgericht, Geschäftsstelle
(gez.) *Urkund*
als Urkundsbeamter.

In Sachen der Zigarrenfabrik *Leo Girtanner* in Bremen, Hansastraße 17,
Klägerin,
Prozeßbevollmächtigter: RA. *Schwarz* in Breslau,
gegen den Kaufmann *Adolf Schallwig* in Breslau, Kantstraße 185, Beklagten,
Prozeßbevollmächtigter: RA. *Weiß* in Breslau,
wegen Kaufpreisforderung
hat das Landgericht, 2. Kammer für Handelssachen, in Breslau auf die mündliche Verhandlung vom 1. Juni 1933 durch . . . . . .
für Recht erkannt:

Der Beklagte wird verurteilt, an die Klägerin 1200 *RM* (i. W.) nebst 6% Zinsen seit dem 19. Dezember 1932 zu zahlen.

Die Kosten des Rechtsstreits werden dem Beklagten auferlegt.

Das Urteil ist gegen Sicherheitsleistung in Höhe von 1500 *RM* (i. W.) vorläufig vollstreckbar. Die Sicherheit kann auch durch Bürgschaft einer Großbank geleistet werden.

Tatbestand:

pp.

Entscheidungsgründe:

pp.

(gez.) *Richter*. (gez.) *Behrens*. (gez.) *Lamm*.

Vorstehende Ausfertigung wird der Klägerin zum Zwecke der Zwangsvollstreckung erteilt.

Breslau, den 6. Juni 1933.

Landgericht. Geschäftsstelle.

(Siegel) *Urkund*

als Urkundsbeamter."

„Bürgschaftserklärung.

Hierdurch übernehmen wir gegenüber dem Kaufmann *Adolf Schallwig* in Breslau, Kantstraße 185 wegen aller Ansprüche, die ihm gegen die Zigarrenfabrik *Leo Girtanner* in Bremen aus der Vollstreckung des in Sachen *Girtanner* gegen *Schallwig* — 22 O 62. 33 des Landgerichts Breslau — am 1. Juni 1933 verkündeten Urteils über 1200 *RM* (i. W.) nebst Zinsen und Kosten zustehen werden, die Bürgschaft unter Verzicht auf die Einrede der Vorausklage.

Bremen, den 4. Juni 1933.

Dresdner Bank, Filiale Bremen.

p. pa. *Brinkmann*. *Budde*.

(notarieller Beglaubigungsvermerk)."

„(Registerauszug der Dresdner Bank Filiale Bremen über die Berechtigung der Herren *Brinkmann* und *Budde* zur Firmenzeichnung)."

„(Zustellungsurkunde über die am 7. Juni vollzogene Zustellung von Urteil, Bürgschaftserklärung und Registerauszug an RA. *Weiß*)."

„(entwertete Stempelmarke)

Vollmacht.

In unserer Sache gegen *Schallwig* wegen 1200 *RM* nebst Zinsen und Kosten erteilen wir Herrn RA. *Schwarz* in Breslau hiermit Prozeßvollmacht. Die Vollmacht umfaßt die Befugnis, uns im Konkursverfahren über das Vermögen des Gegners zu vertreten und Hauptforderung, Zinsen und Kosten für uns beizutreiben und in Empfang zu nehmen.

Bremen, den 25. April 1933.

Zigarrenfabrik *Leo Girtanner*."

Urteile mit Tatbestand und Entscheidungsgründen bekommt der Gerichtsvollzieher fast nie zu Gesicht. Bei den abgekürzten Versäumnis- und Anerkenntnisurteilen sind Tatbestand und Gründe überhaupt nicht vorhanden (S. 381/2), und bei Ausfertigung kontradiktorischer Urteile werden sie regelmäßig von der Geschäftsstelle weggelassen, wodurch dann die „abgekürzte Ausfertigung" der hier vorliegenden Art entsteht (§ 317^{II} S. 2). Die Praxis erkennt auch die „Selbstabkürzung" an, d. h. Herstellung einer Abschrift der vom Gericht erteilten vollständigen Ausfertigung, in der Tatbestand und Gründe weggelassen werden, durch die Partei zwecks Zustellung an den Gegner (RG. 101, 253). Die abgekürzte Ausfertigung ist für Urteile aller Instanzen zugelassen, und ihre Zustellung hat für den Fristenlauf und die Zwangsvollstreckung grundsätzlich die gleiche Wirkung, wie diejenige einer vollständigen Ausfertigung. Ausnahmen: die Frist für den Antrag auf Tatbestandsberichtigung beginnt immer erst mit Zustellung des vollständigen Urteils, und durch Zustellung der abgekürzten Ausfertigung eines Oberlandesgerichtsurteils wird die Revisionsfrist nicht in Lauf gesetzt (während sie als Grundlage der Zwangsvollstreckung genügt).

§§ 317^{II} S. 3, 320^{II} S. 1, 552. Soweit übrigens nach dem Notrecht (unten S. 628, 638) die Zulässigkeit der Zwangsvollstreckung von der Art des beizutreibenden Anspruchs abhängt, wird der Gläubiger aus praktischen Gründen eine vollständige Ausfertigung einreichen müssen, weil das Vollstreckungsorgan sonst nicht nachprüfen kann, ob der Fall der Zulässigkeit vorliegt.

Die Bankbürgschaft ist vom Gericht auf Grund des ihm in § 108^{I} S. 1 eingeräumten freien Ermessens zugelassen worden. Hätte das Urteil über die Art der Sicherheit nichts Besonders besagt, so wäre sie durch Hinterlegung von Geld oder Wertpapieren zu leisten gewesen (§ 108^{I} S. 2). Geld für Kautionszwecke zu entbehren, sind aber Geschäftsleute selten in der Lage. Von Wertpapieren kommen nach dem Gesetz nur die mündelsicheren (S. 107f.) in Betracht; sie hätten mit Zins- und Erneuerungsscheinen hinterlegt werden müssen, und zwar in solcher Menge, daß drei Viertel des Kurswerts der hinterlegten Papiere die Kautionssumme von 1500 RM. ergeben hätten. §§ 234$^{II, III}$ BGB., 108^{II} ZPO. Darum hatte wohl die Klägerin beantragt ihr Sicherheitsleistung durch Bürgschaft einer Großbank zu gestatten, die sich solide Firmen gegen Zahlung einer Provision leicht beschaffen können. — Die vom Gläubiger als Voraussetzung der vorläufigen Vollstreckbarkeit gestellte Sicherheit haftet dem Vollstreckungsschuldner für seine Rückforderungs- und Schadensersatzansprüche, welche ihm im Falle der späteren Aufhebung des Urteils gemäß § 717 ZPO. zustehen. Hieraus erklärt sich die Fassung der Bürgschaftsurkunde. Nach materiellem Recht bedarf die Bürgschaft keiner Beglaubigung; da aber nach § 751^{II} die Sicherheitsleistung in mindestens beglaubigter Form nachzuweisen ist, so hat die Bank ihre Unterschrift beglaubigen lassen. Nun ist die Bürgschaft keine einseitige Erklärung sondern ein Vertrag (§ 765^{I} BGB.), bei dem allerdings von der Erklärung der Annahme durch den Gläubiger — dessen Rolle für die zu sichernden Ansprüche der Vollstreckungsschuldner Schallwig innehat — gemäß § 151 BGB. abgesehen werden kann. Es braucht daher nur der Zugang der Verpflichtungserklärung der Dresdner Bank an Schallwig nachgewiesen zu werden, mit welchem der Bürgschaftsvertrag in Wirksamkeit tritt. Daher die Zustellung an den Prozeßbevollmächtigten des Schuldners.

Vielfach wird in der Praxis nicht die Bürgschaftserklärung selbst zugestellt sondern — wie bei der Sicherheitsleistung durch Geld oder Wertpapiere — die Urkunde über Hinterlegung der Bürgschaftserklärung bei der Hinterlegungsstelle. Aber eine Hinterlegung ist garnicht erforderlich, außer wenn (was vorkommt) das Prozeßgericht im Rahmen seines Ermessens sie nach § 108^{I} S. 1 ZPO. besonders angeordnet hatte. Ferner sieht man in der Praxis häufig über die Beglaubigung der Unterschrift des Bürgen und den Nachweis der Berechtigung zur Firmenzeichnung hinweg. Vgl. OLG. Dresden in JW. 26, 850[20]; KG. in JW. 27, 1322[1]; Sonnen in Festschr. f. Fuchs S. 22; James Breit Jur. Rdsch. 26, 161, 213 und Bk.Arch. 26, 73; Wunderlich JW. 26, 2558; Bredenkamp JW. 27, 1306; Pick Bk.Arch. 27, 349.

Obgleich § 108^{I} S. 1 ZPO. keinen besonderen Parteiantrag verlangt, wird doch die Bankbürgschaft kaum jemals von Amtswegen als Mittel der Sicherheitsleistung zugelassen. Hat nun das Gericht im Urteil nichts über die Art der Sicherheitsleistung gesagt, so entsteht das Problem, ob das nachgeholt werden kann. Die herrschende Ansicht bejaht die Frage. Sie nimmt weiterhin an, daß die Ergänzung der Urteilsformel sogar noch nach Einlegung der Berufung möglich ist, und zwar immer durch das untere Gericht, und daß es gegen den Ergänzungsbeschluß keine Abhilfe durch Beschwerde gibt, weil einem Antrag des Gläubigers stattgegeben, nicht ein das Verfahren betreffendes Gesuch zurückgewiesen wurde (vgl. § 567^{I}). Das Berufungsgericht kann gemäß §§ 707, 719^{I} die Zwangsvollstreckung ohne oder gegen Sicherheit des Schuldners einstellen, nicht jedoch anordnen, daß die

Bankbürgschaft als Sicherheit nicht gelte. Auch § 534 (oben S. 594) gibt dem Berufungsgericht keine solche Möglichkeit. Kommentare zu § 108 und § 751; Sonnen a. a. O. Die selben Grundsätze müssen gelten, wenn eine andere Erweiterung der gesetzlichen Sicherheitsmöglichkeiten gewünscht wird z. B. Zulassung von Hypotheken oder von nicht mündelsicheren Wertpapieren als Sicherheitsleistung.

Die Prozeßkosten sind durch „unselbständigen" Beschluß auf dem Urteil festgesetzt (S. 437) und können aus diesem Schuldtitel unbedenklich beigetrieben werden (§ 794²). RA. Schwarz verlangt aber weiterhin Vollstreckung wegen seiner eigenen Gebühren, Auslagen und Umsatzsteuer für den Zwangsvollstreckungsauftrag in Höhe von 18.95 RM.[1]). Hierüber liegt kein vollstreckbarer Titel vor. Er ist auch nicht erforderlich, weil nach § 788 die Vollstreckungskosten mit dem zur Zwangsvollstreckung stehenden Hauptanspruch auf Grund des über diesen vorhandenen Titels eingezogen werden.

Als Kosten der Zwangsvollstreckung kommen in unserem Fall vorläufig bloß die Anwaltskosten des Gläubigers sowie die beim Gerichtsvollzieher entstehenden Kosten in Betracht, außerdem wohl auch die Kosten der Bankbürgschaft (vgl. dazu OLG. München in JW. 32, 1161¹⁰ mit Übersicht über die Rechtsprechung). Wenn jedoch die zunächst beantragte Mobiliarpfändung nicht zur vollen Befriedigung der Gläubigerin führt und sie später wegen des gleichen Anspruchs andere Vollstreckungsmaßregeln (z. B. Forderungspfändung, Grundstücksversteigerung, Offenbarungseid) betreibt, so werden dabei die Kosten sämtlicher vorangegangenen Vollstreckungsverfahren nach § 788 ohne besonderen Titel als Vollstreckungskosten mit eingezogen. Die Kosten sind dem jeweiligen Vollstreckungsorgan glaubhaft zu machen, was gewöhnlich durch Einreichung der Anwaltshandakten mit den Belegen geschieht. Bei größeren und verwickelten Sachen empfiehlt sich daher die — nach § 788 zwar überflüssige, aber keineswegs unzulässige — gerichtliche Festsetzung der Vollstreckungskosten, damit der umständliche und zeitraubende Nachweis nicht immer von neuem geführt zu werden braucht. Sie erfolgt nicht durch das Vollstreckungs- sondern durch das Prozeßgericht. RG. 85, 132.

Aus welchem Grunde mag RA. Schwarz seine Vollmacht eingereicht haben? Soweit Bevollmächtigte in der Zwangsvollstreckung vor dem Amtsgericht als Vollstreckungsgericht tätig werden, müssen sie nach dem allgemeinen Prinzip des § 88^II eine schriftliche Vollmacht beibringen; hiervon wird nur dann abgesehen, wenn der Bevollmächtigte im Schuldtitel als solcher angegeben ist und wenn nach den für das vorausgegangene Verfahren maßgebenden Grundsätzen die Vollmacht von Amtswegen zu prüfen war (wie bei Amtsgerichtsurteilen, Vollstreckungsbefehlen, Arrestbeschlüssen, vgl. §§ 78^II, 920^III). Das gilt jedoch nicht für das Verfahren beim Gerichtsvollzieher. Ihm gegenüber wird der Anwalt schon durch den Besitz der vollstreckbaren Ausfertigung ausreichend legitimiert (§ 754). RA. Schwarz will aber, wie sich aus seinem Begleitschreiben ergibt, daß Hauptsumme, Zinsen und Kosten vom Gerichtsvollzieher an ihn abgeführt werden. Die gewöhnliche Prozeßvollmacht des § 81 berechtigt ihn bloß zur Empfangnahme der Kosten, nicht auch von Hauptforderung und Zinsen, und darum war die Beifügung der weitergehenden Vollmacht erforderlich. Daraus, daß die Vollmacht über den gesetzlichen Umfang der Prozeßvollmacht hinausgeht, folgt dann die Notwendigkeit ihrer Verstempelung, während reine Prozeßbevollmächtigte das Privilegium der Stempelfreiheit genießen. T.-St. 19 ⁷ᵃ zum pr. StStG.

---

[1]) darunter 18.00 RM. Gebühr ($^3/_{10}$ der Sätze des § 9 GebO. f. RA., § 23¹⁸). Das Objekt des Vollstreckungsauftrags beträgt 1200 + ca. 40 + 236.40 = 1476.40 RM., da abweichend von § 4 I ZPO. bei Vollstreckungsakten die Zinsen besonders berechnet werden (§§ 15 II GKG., 10 GebO. f. RA.). Der Grundsatz des § 91 ZPO., daß Kosten eines Anwalts stets erstattungsfähig sind, gilt auch für das Gebiet der Zwangsvollstreckung.

Daß das Urteil dem Prozeßbevollmächtigten Schallwigs zugestellt worden ist, beruht auf §§ 176, 178 ZPO. Eine Zustellung des die Instanz beendigenden Urteils an den Schuldner selbst würde wirkungslos gewesen sein. Auch Ladungen vor das Prozeßgericht in den Fällen der §§ 887f. müssen dem erstinstanzlichen Prozeßbevollmächtigten zugestellt werden, ebenso Ladungen zum Offenbarungseidtermin oder zu sonstigen Terminen vor dem Vollstreckungsgericht. Nach § 81 umfaßt die Prozeßvollmacht sogar die aus der Zwangsvollstreckung hervorgehenden neuen Prozesse, wie Interventions- und Vollstreckungsgegenklagen, doch findet auf solche neuen Prozesse § 176 keine Anwendung, so daß man bei ihnen zwischen Zustellung an den Prozeßbevollmächtigten und an die Partei selbst die Wahl hat.

Auch der Girtannersche Vollstreckungsauftrag erweist sich daher als ordnungsmäßig.

3. Vollstreckungsklausel.

Der Goebelsche Schuldtitel ist ein gerichtlicher Vergleich (s. das Muster S. 489f.):

„1. Der Beklagte verpflichtet sich:

a) dem Kläger das Fahrrad „Brennabor" Fabriknummer C 33000 herauszugeben,

b) 150 *RM* (i. W.) an den Kläger zu zahlen.

2. Der Kläger verzichtet auf alle Mehrforderungen.

3. Die Kosten des Rechtsstreits werden gegeneinander aufgehoben."

Die überreichte Ausfertigung, welcher die Urkunde über die am 7. Juni im Auftrag Goebels bewirkte Zustellung an den Schuldner angeheftet ist, schließt ab:

„Ausgefertigt.

Kreuzburg O.S., den 5. Juni 1933.

(Siegel) *Urkund*

als Urkundsbeamter der Geschäftsstelle des Amtsgerichts."

Nach §§ 724, 725 erfolgt die Zwangsvollstreckung auf Grund einer mit der Vollstreckungsklausel versehenen „vollstreckbaren" Ausfertigung, die Vollstreckungsklausel muß die Worte „zum Zwecke der Zwangsvollstreckung" enthalten. In der vollstreckbaren Ausfertigung verkörpert sich der Vollstreckungsanspruch des Gläubigers. Ihr Besitz legitimiert den Gläubiger oder seinen Bevollmächtigten gegenüber dem Gerichtsvollzieher und den Gerichtsvollzieher gegenüber dem Schuldner und Dritten (§§ 754, 755); auf ihr wird die Eintragung einer Sicherungshypothek (oben S. 239, 242) sowie die teilweise Befriedigung des Gläubigers (§§ 757 ZPO., 127^{II} ZVG.) vermerkt, und nach vollständiger Befriedigung muß sie der Gerichtsvollzieher dem Schuldner aushändigen (§ 757 ZPO.). Von jedem Schuldtitel darf grundsätzlich nur eine einzige vollstreckbare Ausfertigung erteilt werden (§ 733); um die nochmalige Gewährung zu verhüten, wird die Erteilung der vollstreckbaren Ausfertigung auf der Urschrift des Titels vermerkt (§ 734). Hieraus ergibt sich der Zweck der Einrichtung: der Schuldner soll vor der Gefahr der doppelten Beitreibung des Anspruchs und vor Überpfändung (§ 803^{I} S. 2) geschützt werden. Bisweilen hat aber die Vollstreckungsklausel noch weitergehende Funktionen. Bei Rechtsnachfolge u. dgl. schreibt das Gericht, wenn die Rechtsnachfolge offenkundig oder durch öffentlich beglaubigte Urkunden nachgewiesen ist, die Klausel für oder gegen die Rechtsnachfolger um (§§ 727f.: „titelübertragende Klausel"), und hängt die Vollstreckbarkeit des Titels von einer besonderen Voraussetzung ab (wichtigster Fall:

Kündigung und sonstige Voraussetzungen der Fälligkeit bei exekutorischen Urkunden, § 794⁵), so wird vor Erteilung der Klausel die besondere Voraussetzung geprüft und der Gläubiger erhält, wenn er sie in beglaubigter Form nachweisen kann, die Klausel zwecks unbedingter Vollstreckung (§ 726: „titelergänzende Klausel"). In beiden Fällen hat die Klausel dem Gläubiger die Erhebung einer Klage erspart („titelersetzende Klausel").

Der gewöhnlichen Vollstreckungsklausel bedarf es nicht bei vollstreckbaren Zahlungsbefehlen, weil der Vollstreckungsbefehl ja selbst eine Art Vollstreckungsklausel darstellt (vgl. das Muster S. 375). Die titelübertragende Klausel ist auch bei Vollstreckungsbefehlen notwendig (§ 796ᴵ) Die selben Regeln bestehen für Arreste und einstweilige Verfügungen (§§ 929ᴵ, 936). Dagegen gilt für Vergleiche keine Ausnahme. Aus der von Goebel eingesandten „einfachen" Ausfertigung darf also keine Zwangsvollstreckung stattfinden.

Muß die Zustellung des Vergleichs, wenn Goebel sich die Vollstreckungsklausel auf ihn hat setzen lassen, später nochmals wiederholt werden? Das Gesetz begnügt sich regelmäßig mit Zustellung des Schuldtitels (§ 750ᴵ). Nur bei der titelübertragenden und titelergänzenden Klausel wird die Zustellung der Vollstreckungsklausel verlangt, hier sind außerdem die Urkunden zuzustellen, auf Grund deren sie erteilt wurde, und zwar im Allgemeinen bei Beginn der Vollstreckung, in den Fällen des § 798 (oben S. 614) eine Woche vorher. § 750ᴵᴵ, wichtige Ausnahme für die dingliche Vollstreckungsklausel: § 800ᴵᴵ. In unserem Fall handelt es sich um keine titelersetzende, sondern um eine gewöhnliche Vollstreckungsklausel. Mithin genügt es, wenn der Vergleich in nicht vollstreckbarer Ausfertigung dem Schuldner zugestellt war und nachher die Vollstreckungsklausel auf ihn gesetzt wird.

4. Selbständiger Kostenfestsetzungsbeschluß.

Ausfertigungsvermerk des von Gabriel übersandten Festsetzungsbeschlusses (Muster: S. 437):

> „Vorstehender Beschluß wird hiermit für die Klägerin zum Zwecke der Zwangsvollstreckung ausgefertigt mit dem Bemerken, daß der Beschluß dem Beklagten am 5. Juni 1933 zugestellt worden ist.
>
> Breslau, den 8. Juni 1933.
>
> (Siegel) *Urkund*
>
> als Urkundsbeamter."

Die in § 104ᴵ S. 2 vorgeschriebene Offizialzustellung des Festsetzungsbeschlusses genügt als Grundlage der Zwangsvollstreckung. Da sie aber erst am 5. Juni stattgefunden hat, kann nach § 798 frühestens am 13. Juni vollstreckt werden.

5. Vollstreckung von Wechselurteilen.

Frau Gundermann hat im Wechselprozeß folgendes Urteil gegen Schallwig erwirkt:

> „Der Beklagte wird verurteilt an die Klägerin 250 *RM* (i. W.) nebst 7% Zinsen seit dem 22. April 1933 und 8.70 *RM* (i. W.) Wechselunkosten zu zahlen.
>
> Die Kosten des Rechtsstreits werden dem Beklagten auferlegt.
>
> Das Urteil ist vorläufig vollstreckbar."

Vollstreckungsklausel und Zustellung sind in Ordnung.

Nach Art. 39 WO. brauchen Wechselschuldner bloß gegen Rückgabe des Wechsels zu zahlen. Obgleich das Urteil nichts davon sagt, daß die Zahlung der Urteilssumme Zug um Zug gegen Aushändigung des Klagewechsels zu geschehen habe, verlangt die Praxis doch die Übergabe des Papiers an das Vollstreckungsorgan. Man nimmt an, daß Art. 39 auch in der Vollstreckungsinstanz und ohne Vorbehalt im Urteil gilt; außerdem könnte der Gläubiger seine Wechselrechte durch nachträgliches Indossament des Wechsels auf einen Dritten übertragen haben, so daß er erst durch Besitz und Vorlegung des Papiers als Berechtigter legitimiert wird. Die Vollstreckung von Wechselurteilen erfolgt nur „mit dem Wechsel in der Hand". Rechtsprechung bei Stein-Jonas III zu § 726. Vgl. § 48[4] S. 3 GeschAnw.

Der Gerichtsvollzieher läßt sich also von dem Boten den Wechsel übergeben.

An Goebel hatte er schon gestern die Urteilsausfertigung zwecks Beibringung der Vollstreckungsklausel zurückgesandt. Gabriel erhält die Nachricht, daß die festgesetzten Kosten erst nach dem 12. Mai vollstreckt werden können.

Pfändung. Einwendungen gegen die Zwangsvollstreckung.

„D-R. II 783. Breslau, den 10. Juni 1933.

In Sachen

1. der Tabakwarengroßhandlung *Gabriel & Co.* in Breslau,
2. der Zigarrenfabrik *Leo Girtanner* in Bremen, vertreten durch den RA. *Schwarz* in Breslau,
3. der verw. Frau Kaufmann *Rosa Gundermann* geb. *Kleinholz* in Breslau, Gläubiger,

gegen den Kaufmann *Adolf Schallwig* in Breslau, Kantstraße 185, Schuldner",

— „Gläubiger" und „Schuldner" sind technische Bezeichnungen für die Parteien der Zwangsvollstreckung. In der Zwangsvollstreckung kommt es nicht auf die materiellen Rechtsverhältnisse, sondern auf das Vorhandensein und den Inhalt von vollstreckbaren Schuldtiteln an. Demgemäß heißt „Gläubiger", wer im Vollstreckungstitel (genauer: in der vollstreckbaren Ausfertigung des Titels) als Gläubiger bezeichnet wird und als solcher das Verfahren betreibt; „Schuldner" die Person, welche der Titel als Schuldner bezeichnet und gegen die sich die Vollstreckung richtet. Dieser Sprachgebrauch gilt gleichmäßig für Gerichtsvollzieher und Vollstreckungsgericht, für Forderungspfändung und Offenbarungseidverfahren, für Mobiliar- und Immobiliarvollstreckung; er gilt auch dann, wenn die Zwangsvollstreckung wegen eines rein dinglichen Rechts (z. B. aus einer Grundschuld) betrieben wird und daher ein Schuldner im Sinne des bürgerlichen Rechts gar nicht vorhanden ist.

„habe ich mich heute vormittags 9 Uhr 15 Minuten in die Wohnung und das Geschäftslokal des Schuldners begeben, um im Auftrage der Gläubiger bzw. Vertreter nachstehende Beträge im Wege der Zwangsvollstreckung einzuziehen:

zu 1: auf Grund der vollstreckbaren Ausfertigung des dem Schuldner heute zugestellten Urteils des Amtsgerichts Breslau vom 3. Juni 1933 Aktenzeichen 21 C 315. 33:"

— über die soeben vorgenommene Zustellung wird eine besondere Zustellungsurkunde ausgestellt —

„Hauptforderung . . . . 397.50 RM

usw.

zu 2: auf Grund der vollstreckbaren Ausfertigung des dem Prozeßbevollmächtigten des Schuldners am 7. Juni 1933 zugestellten Urteils des Landgerichts in Breslau vom 1. Juni 1933 mit dem auf das Urteil gesetzten Kostenfestsetzungsbeschluß vom 3. Juni 1933, Aktenzeichen 22 O 62. 33, und der dem Prozeßbevollmächtigten des Schuldners am selben Tage zugestellten Urkunde über die der Gläubigerin obliegende Sicherheitsleistung:

Hauptforderung . . . . 1200 *RM*

usw.

zu 3: auf Grund der vollstreckbaren Ausfertigung des dem Schuldner am 8. Juni 1933 zugestellten Wechselurteils des Amtsgerichts in Breslau vom 3. Juni 1933, Aktenzeichen 21 D 43. 33:

Hauptforderung . . . . 150 *RM*

usw.

Ich habe den Schuldner selbst sowie dessen Vater, Steuererheber a. D. *Friedrich Schallwig*, angetroffen, sie mit dem Zwecke meines Erscheinens bekannt gemacht und den Schuldner — zu 3 unter Vorlegung des Wechsels — aufgefordert, zur Vermeidung sofortiger Pfändung die oben berechneten Beträge sowie meine Gebühren und Auslagen zu zahlen. Der Schuldner erklärte sich zur Zahlung außer stande."

Hätte Schallwig gezahlt, so würden ihm die vollstreckbaren Ausfertigungen sowie der Wechsel ausgehändigt worden sein. Die Zahlung an den Gerichtsvollzieher hat befreiende Wirkung. § 754 ZPO., Art. 39 WO.

„Nunmehr forderte ich ihn auf, mir zum Zwecke der Pfändung seine bewegliche Habe, zunächst die ihm entbehrlichsten Sachen, vorzuzeigen sowie alle Räumlichkeiten und die darin befindlichen Behältnisse, soweit erforderlich, zu öffnen."

Schallwig gehört, wie sich jetzt zeigt, zu den Schuldnern, die ihren Gläubigern bei der Zwangsvollstreckung alle erdenklichen Schwierigkeiten bereiten:

„Gegen die Vornahme der Zwangsvollstreckung erhob der Schuldner Widerspruch, weil die Eröffnung des Konkurses über sein Vermögen beantragt sei. Er legte die ihm vom hiesigen Amtsgericht unter dem Aktenzeichen 53 N 57. 33 zugegangene Ladung zum 14. Juni zur Erklärung auf den von dem Gläubiger gestellten Konkursantrag vor. Ich habe den Schuldner belehrt, daß bis zur Eröffnung des Konkurses Zwangsvollstreckungen statthaft sind."

Mit Recht ist der Gerichtsvollzieher über diesen Einwand des Schuldners hinweggegangen. Eine Vollstreckungssperre — d. h. Unzulässigkeit der Zwangsvollstreckung — tritt erst als Folge der Konkurseröffnung ein (§ 14 KO.), nicht schon durch den Eröffnungsantrag. Nun wird allerdings die Pfändung voraussichtlich keinen Bestand haben, falls es zur Eröffnung kommen sollte, weil sie dann der Anfechtung des Konkursverwalters nach § 30^2 unterliegt (unten S. 768). Das kann aber der Gerichtsvollzieher ruhig der Zukunft überlassen.

Fälle der Vollstreckungssperre: 1. Der Konkurs sperrt sowohl die Konkursmasse wie das konkursfreie Vermögen des Gemeinschuldners gegen Mobiliar- und Immobiliar-Zwangsvollstreckungen einzelner Konkursgläubiger, ohne Unterscheidung von bevorrechtigten und nicht bevorrechtigen (§ 14). Zulässig bleibt die Vollstreckung auf Grund von Aus- und Absonderungsrechten oder Masseansprüchen (§§ 4^{II}, 43f., 47f., 57f.), doch bedarf es dazu eines Titels gegen den Verwalter (arg. § 6^{II}). Gläubiger, deren Ansprüche nach Konkurseröffnung entstanden und deren Ansprüche demgemäß keine Konkursforderungen sind (§ 3^{I}), können trotz des Konkurses in das konkursfreie Vermögen auf Grund eines gegen den Gemeinschuldner erwirkten Titels vollstrecken (arg. § 14^{I}). Der Konkurs geht aus dem Grundbuch hervor (§ 113). 2. Eine ähnliche Sperre für Mobiliar- und Immobiliarvollstreckung führt das Vergleichsverfahren herbei (§§ 32—34 VerglO.). Die von ihm betroffenen (s. g. „beteiligten") Gläubiger entsprechen im Allgemeinen den Konkursgläubigern, doch werden Gläubiger, die im Konkursfall bevorrechtigt wären, sowie Gläubiger aus unerfüllten gegenseitigen Verträgen nicht betroffen (§§ 2—4, unten S. 754/5). Soweit während schwebenden Vergleichsverfahrens eine Zwangsvollstreckung möglich ist, genügt ein Titel gegen den Vergleichsschuldner. Ins Grundbuch wird nicht das Vergleichsverfahren als solches, sondern nur eine etwa vom Gericht erlassene Verfügungsbeschränkung eingetragen (§§ 53, 55 II)[2]). 3. Die Sperre des, zunächst zur Sicherung der 1933er Ernte geschaffenen, landwirtschaftlichen Vermittlungsverfahrens, welches eine Art Spezial-Vergleichsverfahren für Landwirte ist, beschränkt sich auf die Mobiliarvollstreckung wegen Geldforderungen (§ 11 NotVO. vom 27. September 1932, RGBl. I 473). Zulässig bleibt also u. a. die Vollstreckung von Herausgabeansprüchen auf Grund Eigentumsvorbehalts. Geschützt wird sowohl das landwirtschaftliche Betriebs- wie das sonstige Mobiliarvermögen des Schuldners. Laufende Unterhalts-, Lohn-, Steuer-, Zinsforderungen sowie Ansprüche aus Betriebskrediten können beigetrieben werden (§ 12). Die Zwangsverwaltung unterliegt keinen Beschränkungen. Zwangsversteigerung von Grundstücken ist nicht absolut unzulässig, doch sieht § 13 eine einstweilige Einstellung vor, sofern Aussicht besteht, daß der „Schuldenregelungsplan" im „Vermittlungstermin" angenommen und vom Gericht bestätigt werden wird. Neue Grundstücksbelastungen sind während des Verfahrens verboten, weshalb die Eröffnung im Grundbuch vermerkt wird (§ 14 S. 2). Das Verbot trifft auch die Eintragung von Judikatshypotheken. 4. Eine dem Vermittlungsverfahren ähnliche Vollstreckungssperre begründete das Sicherungsverfahren im Osthilfegebiet (NotVO. vom 17. November 1931, RGBl. I 675, lediglich zur Sicherung der 1932er Ernte bestimmt). 5. Soweit im bayerischen Notstandsgebiet ein Entschuldungsverfahren (NotVO. vom 5. Januar 1933, RGBl. I 13) schwebt, sind Mobiliar-Vollstreckungen wegen Geldforderungen mit gewissen Ausnahmen auf Antrag gegen Bescheinigung der „Entschuldungsstelle" einzustellen, und Grundstücksversteigerungen auf Antrag einstweilen einzustellen. 6. Die Entschuldung nach dem Ges. zur Regelung der landwirtschaftlichen Schuldverhältnisse vom 1. Juni 1933 (RGBl. I 331) sperrt nur das Grundbuch gegen Zwangseintragung von Hypotheken (§ 8 I). Sobald dagegen das Amtsgericht der Entschuldungsstelle die Ermächtigung zum Zwangsvergleich erteilt, werden alle Zwangsvollstreckungen wegen Geldforderungen sowie auf Herausgabe von Zubehör, Bestandteilen und Erzeugnissen unzulässig (§ 26).

Über Beschränkungen der Mobiliarvollstreckung gegen Landwirte vgl. S. 637/8, über Einstellung der Zwangsversteigerung S. 697.

Die weiteren Einwendungen Schallwigs richten sich gegen einzelne der beizutreibenden Forderungen:

„Insbesondere der Zwangsvollstreckung für *Girtanner* widersprach der Schuldner, weil der Schuldtitel nicht ihm selbst sondern seinem Anwalt zugestellt sei. Ich habe den Einwand nach §§ 176, 178 ZPO. für unbegründet erklärt und dem Schuldner, der sich bei dem Bescheide nicht beruhigen will, Erinnerung nach § 766 ZPO. anheimgestellt."

Vgl. S. 618. Die an keine besondere Form und Frist gebundene „Erinnerung" beim Vollstreckungsgericht ist der allgemeine Rechtsbehelf, mit dem „die Art und Weise der Zwangsvollstreckung oder das bei derselben vom Gerichtsvollzieher zu beobachtende Verfahren", ferner die Weigerung des Gerichtsvollziehers einen vom Gläubiger erteilten Vollstreckungsauftrag auszuführen, und Streitigkeiten über die Kosten des Gerichtsvollziehers zur gerichtlichen Nachprüfung gebracht werden. Sie steht beiden Parteien, unter Umständen auch Dritten zu. Vgl. unten S. 632, 669.

„Der Schuldner legte ferner eine mit ‚*Rosa Gundermann*' unterzeichnete Quittung über 180 *RM* ohne Datum und ohne Angabe des Zahlungsgrundes vor und widersprach der Zwangsvollstreckung für Frau *Gundermann* mit der Begründung, daß der Wechsel mit Zinsen und Unkosten bezahlt sei. Ich habe ihn auf die Geltendmachung seiner Einwendungen vor dem Prozeßgericht verwiesen."

---

[2]) Übereinstimmend §§ 47, 48, 58 f., 61 des Entwurfs einer neuen VerglO., veröffentlicht durch das RJustMin. 1933.

Da die Einspruchsfrist gegen das Wechsel-Versäumnisurteil noch läuft (§ 508 II), wird die prozessuale Geltendmachung des Zahlungseinwands dem Schuldner hier keine Schwierigkeiten bereiten. Wie steht es aber, wenn gegen einen bereits rechtskräftig festgestellten Anspruch Einwendungen erhoben werden sollen?

Das rechtskräftige Urteil hat die Aufgabe den Streit der Parteien ein für alle Male zu beenden. Deshalb schließt es das Vorbringen der unterlegenen Partei, daß der Prozeß unrichtig entschieden, daß neue Tatsachen oder Beweismittel ausfindig gemacht worden seien, grundsätzlich aus. Doch beschränkt sich diese Wirkung auf den Sachverhalt, der bei Erlaß des Urteils — genauer: im Zeitpunkt der letzten mündlichen Verhandlung, in welcher Tatsachen und Beweismittel noch vorgebracht werden konnten — gegeben war. Später eingetretene Tatsachen werden durch die Rechtskraft nicht konsumiert. Vielmehr kann der Schuldner seine neuen Einwendungen jederzeit durch „Vollstreckungsgegenklage" beim Prozeßgericht erster Instanz geltend machen und bei Glaubhaftmachung die einstweilige Einstellung der Zwangsvollstreckung (durch das Prozeßgericht, im Falle der Dringlichkeit auch provisorisch durch das Vollstreckungsgericht) erwirken. §§ 767, 769.

Was das Verhältnis der Vollstreckungsgegenklage zu den ordentlichen Anfechtungsmitteln anlangt, so ist zweifellos, daß bei streitigen Urteilen Vollstreckungsgegenklage und Berufung konkurrieren. Wird z. B. die Urteilsforderung zwischen der Schlußverhandlung und dem Ablauf der Berufungsfrist bezahlt, erlassen oder gestundet, so hat der Beklagte die Wahl, ob er Berufung einlegen, oder aber das Urteil rechtskräftig werden lassen und sich gegebenen Falls später durch Vollstreckungsgegenklage schützen will. Für den Vollstreckungsbefehl bestimmt § 796 II, daß vor Zustellung des Vollstreckungsbefehls entstandene Einwendungen nicht durch Vollstreckungsgegenklage verfolgt werden dürfen, so daß also hierfür nur der Einspruch (§ 700) zur Verfügung steht. Dagegen ist wegen Einwendungen aus der Zeit nach Zustellung des Vollstreckungsbefehls Vollstreckungsgegenklage statthaft, gleichviel ob bei ihrer Entstehung die Einspruchsfrist bereits abgelaufen war oder nicht. Für den Einspruch gegen ein Versäumnisurteil ist die Frage streitig. Manche Schriftsteller und Entscheidungen gewähren auf Grund der Wortfassung des § 767 II die Vollstreckungsgegenklage wegen aller nach der Versäumnisverhandlung entstandenen Einwendungen, sofern nur bis zur Klageerhebung die Einspruchsfrist abgelaufen und damit der Einspruch unmöglich geworden war („durch Einspruch nicht mehr geltend gemacht werden können"). Andere beschränken die Klagemöglichkeit auf Einwendungen, die nach Zustellung des Versäumnisurteils (analog dem Vollstreckungsbefehl!), manche auf solche, die nach Ablauf der Einspruchsfrist entstanden sind. Vgl. RG. 40, 352; 55, 187; 104, 228; KG. in JW. 21, 755 [5] mit Anm. von Schultz. Das praktische Bedürfnis spricht für Zulassung der Vollstreckungsgegenklage wegen aller nach Zustellung des Versäumnisurteils entstandenen Einwendungen. Den Hauptfall bildet die Zahlung der Urteilssumme durch den Beklagten nach Erlaß des Urteils: wollte man hier den Beklagten nötigen jedesmal Einspruch einzulegen und mit diesem die Zahlung geltend zu machen, so würde das eine unnütze Belastung der Parteien mit Prozeßkosten bedeuten, weil in der überwiegenden Zahl der Fälle der Kläger die Zahlung als Erledigung der Sache anerkennen wird. Hat aber der Beklagte gezahlt und stellt der Kläger trotzdem nachher das Versäumnisurteil zu, so muß der Beklagte daraus entnehmen, daß die Angelegenheit nicht in Ordnung geht, und muß sich mit dem Kläger in Verbindung setzen, ihn zum förmlichen Verzicht auf die Rechte aus dem Versäumnisurteil bestimmen und gegebenen Falls rechtzeitig den Einspruch einlegen.

Die Vollstreckungsgegenklage ist gegenüber Schuldtiteln aller Art — Urteilen, Kostenfestsetzungsbeschlüssen, Vergleichen, exekutorischen Urkunden, Konkurstabellenauszügen usw. — zulässig. Bei den vollstreckbaren Urkunden (§§ 794[5], 800) gilt die Besonderheit, daß hier die Beschränkung auf nova wegfällt (§ 797^{IV}), so daß auch von Anfang an bestehende Einwendungen (z. B. Nichtigkeit wegen Wuchers, Verstoß gegen gesetzliche Verbote) mittels Vollstreckungsgegenklage verfolgt werden können. Grund: bei diesen Urkunden hat keinerlei gerichtliche Kognition stattgefunden, der Begriff der „Rechtskraft" ist deshalb auf sie nicht anwendbar.

Das einer Vollstreckungsgegenklage stattgebende Urteil tenoriert man gewöhnlich:

„Die Zwangsvollstreckung aus dem . . . . . (Bezeichnung des Schuldtitels) wird für unzulässig erklärt."

Eine Art eingeschränkter Vollstreckungsgegenklage stellt die Abänderungsklage des § 323 dar. Sie steht, zum Unterschied von der Vollstreckungsgegenklage, beiden Parteien zu, wirkt aber bloß für die Zeit nach Klageerhebung (§ 323^{III}). Eine einstweilige Einstellung analog § 769 ist nicht vorgesehen; man muß mit einstweiligen Verfügungen helfen.

Vollstreckungsgegenklage wie Änderungsklage sind als spezielle Erscheinungsformen des allgemeinen Satzes aufzufassen, daß die Rechtskraft alle nach der letzten Tatsachenverhandlung eingetretenen Veränderungen unberührt läßt. Fordert der Schuldner, der die Vollstreckungsgegenklage verabsäumt hatte, das aus einem rechtskräftigen Urteil von ihm Beigetriebene mit der Bereicherungsklage (§ 812 BGB.) zurück und gelingt ihm der Nachweis, daß der Urteilsanspruch nachträglich erloschen, die Leistung also sine causa erfolgt war, so steht die Rechtskraft der condictio nicht entgegen. Entsprechend kann der rechtskräftig abgewiesene Kläger seine Klage erneuern, falls der Anspruch nachträglich begründet geworden ist.

Wir wissen, daß die Prüfung des zur Vollstreckung stehenden materiellen Anspruchs grundsätzlich den Vollstreckungsorganen entzogen und dem Prozeßgericht vorbehalten ist (S. 620). Demgemäß interessieren die vom Schuldner erhobenen Einwendungen den Gerichtsvollzieher erst, wenn ihm ein gerichtlicher Einstellungs- oder Aufhebungsbeschluß vorgelegt wird (§§ 775[1], 776 ZPO.). Nur in zwei Fällen hat er ausnahmsweise selbständig zu prüfen und gegebenen Falls von sich aus die Zwangsvollstreckung einzustellen: wenn der Schuldner eine vom Gläubiger nach Erlaß des Urteils ausgestellte Quittung oder Stundungsbewilligung (§ 775[4]), oder wenn er einen nach Erlaß des Urteils ausgestellten Postschein über die Einzahlung der Urteilssumme vorlegt (§ 775[5]). Alsdann ist nämlich prima facie Vollstreckungsgegenklage gegeben, so daß es gerechtfertigt erscheint zur Entscheidung über solche „liquiden Einwendungen" das Vollstreckungsorgan zu ermächtigen und von dem sonst notwendigen gerichtlichen Einstellungsbeschluß zu dispensieren. Hätte die Quittung ein entsprechendes Datum getragen, so würde GV. Pfänder die Vollstreckung für Frau Gundermann eingestellt haben; da sie undatiert ist, hat er den Schuldner mit Recht auf den Prozeßweg verwiesen.

„Sodann habe ich [. . . . . RM bares Geld sowie] die in dem nachstehenden Verzeichnis unter Nr. 1 bis 9 aufgeführten Gegenstände gepfändet, indem ich sie in Besitz genommen habe."

Die Vollstreckung von Geldforderungen zerfällt regelmäßig in zwei Abschnitte: das Stadium der Pfändung (Beschlagnahme) und das Stadium der Verwertung. Die Pfändung beweglicher Sachen begründet für den Gläubiger das „Pfändungspfandrecht" (§ 804), das dann nachher im Wege der Versteigerung oder des freihändigen Verkaufs realisiert wird. Nur bei Bargeld entsteht kein Pfändungspfandrecht, hier gilt vielmehr die Wegnahme durch den Gerichtsvollzieher als endgültige Zahlung seitens des Schuldners (§ 815^{III}). Daraus folgt übrigens auch, daß sich das Geld auf Gefahr des Gläubigers in den Händen des Gerichtsvollziehers befindet, so daß, wenn es dem Gerichtsvollzieher vor der Ablieferung an den Gläubiger ohne sein Verschulden gestohlen oder geraubt wird, der Gläubiger den Schaden zu tragen hat. Wegen dieser besonderen Rechtsfolge empfiehlt es sich, Geld und andere Sachen im Pfändungsprotokoll auseinanderzuhalten.

„Den Wert der gepfändeten Gegenstände habe ich unter Beachtung der Bekanntmachung vom 8. Oktober 1914 (RGBl. 427) geschätzt."

Vgl. unten S. 633.

„Auf Befragen erklärte der Schuldner, daß die gepfändeten Gegenstände seines Wissens durch andere Vollstreckungsbeamte nicht vorgepfändet seien."

Als andere Vollstreckungsbeamte, die möglicher Weise schon einmal gepfändet haben könnten, kommen neben den besonderen Gerichtsvollziehern für Eilsachen oder dem Gerichtsvollzieher eines benachbarten Bezirks, der vielleicht einmal in Vertretung des GV. Pfänder tätig geworden ist, vor allem die Vollziehungsbeamten der Finanzämter oder sonstige Verwaltungsbehörden (vgl. den Beitreibungsfall im 25. Kap.) in Betracht. Eine Sicherheit, daß tatsächlich nicht vorgepfändet ist, wird durch die Auskunft Schallwigs natürlich nicht geschaffen.

„Das Pfandstück Nr. 1 habe ich sogleich in meine Verwahrung genommen. Die Pfandstücke Nr. 2 bis 9 habe ich gemäß § 808^{II} ZPO. im Gewahrsam des Schuldners belassen, weil hierdurch die Befriedigung der Gläubiger nicht gefährdet wird. Die Pfändung der Gegenstände Nr. 2 bis 8 habe ich je durch Anlegung einer meinen Dienstsiegel zeigenden Siegelmarke ersichtlich gemacht. Da sich wegen der Beschaffenheit des Pfandstücks Nr. 9 ein Pfandzeichen nicht anlegen ließ, habe ich das Pfandstück von anderen Sachen getrennt und an dem Orte, an dem sich das Pfandstück befindet, nämlich im Keller, eine mit meiner Unterschrift und meinem Dienstsiegel versehene Pfandanzeige des aus der Anlage ersichtlichen Inhalts an einer für Jeden leicht sichtbaren Stelle, nämlich an der Kellertür, befestigt. Dem Schuldner habe ich eröffnet, daß der Besitz der Pfandstücke auf mich übergegangen ist und daß deshalb er sowie jeder Andere bei Vermeidung der gesetzlichen Strafen jede diesen Besitz beeinträchtigende Handlung, wie die Veräußerung, die Wegschaffung oder den Verbrauch der gepfändeten Sachen, desgleichen auch jede Beschädigung oder Zerstörung der Pfandzeichen, zu unterlassen habe.

Zur öffentlichen Versteigerung der Pfandstücke habe ich Termin auf

Sonnabend, den 1. Juli 1933 vormittags 9 Uhr

in der Pfandkammer Breslau, Gräbschenerstraße 85 angesetzt."

Nr. 1 des Verzeichnisses ist ein goldener Brillantring, der als „Kostbarkeit" (§ 808^{II} S. 1) nicht im Gewahrsam des Schuldners belassen werden darf. Nr. 2—8 sind Möbel und Gerätschaften, sie werden mit Siegelmarken beklebt und bleiben beim Schuldner bis kurz vor dem Versteigerungstermin, wo sie der Gerichtsvollzieher in die Pfandkammer schaffen läßt. Nr. 9 ist im Protokoll bezeichnet:

„verschiedene Posten Zigarren, Taxwert .... 600 *RM.*"

Die zugehörige, dem Protokoll abschriftlich beigefügte Pfandanzeige lautet:

„Pfandanzeige.

In der Zwangsvollstreckungssache *Gabriel & Co., Girtanner* und *Gundermann* gegen *Schallwig*, D-R. II 783, habe ich die folgenden hier befindlichen Gegenstände heute gepfändet und in Besitz genommen:

1. 25 Kisten zu je 50 Stück Zigarren, bezeichnet *‚Conquistador'*,

2. ....

Wer diese Anzeige unbefugt abreißt, beschädigt oder verunstaltet, wird nach dem StGB. mit Geldstrafe oder mit Gefängnis bestraft.

Breslau, den 10. Juni 1933.

(Siegel) *Pfänder*, Obergerichtsvollzieher."

Sie beruht auf § 808^{II} S. 2: Ersichtlichmachen der Pfändung „auf sonstige Weise". Damit ein wirksames Pfandrecht begründet wird, muß die Pfandanzeige die gepfändeten Sachen im einzelnen bezeichnen, eine summarische Angabe (nach Art des Vermerks im Protokoll) würde nicht ausreichen. Die Sachen müssen von anderen Sachen deutlich abgesondert, und die Pfandanzeige an sichtbarer Stelle so angebracht sein, daß sie jedem Dritten leicht ins Auge fällt. RG. 52, 286; 88, 237; 118, 276; JW. 16, 200[17].

Die Strafbestimmungen, auf welche GV. Pfänder den Schuldner hingewiesen hat, sind in §§ 136, 137, 288 StGB. enthalten. Vgl. den Siegel- und Arrestbruch-Fall des 23. Kap. —

Der Referendar fragt, was aus dem Pfändungspfandrecht wird, wenn der Schuldner oder seine Angehörigen Siegelmarken und Pfandanzeige abreißen oder wenn die Zeichen durch Zufall abfallen?

Der Gerichtsvollzieher: Die Ersichtlichmachung durch Siegelmarken bzw. Pfandzeichen ist zwar für die Begründung, nicht aber für den Fortbestand des Pfandrechts wesentlich. Daher beendigt Entfernung der Pfandzeichen das Pfandrecht nur, wenn sie vom Gläubiger oder vom Gerichtsvollzieher oder mit deren Zustimmung vorgenommen wird. RG. 35, 333; Stein-Jonas II 5 zu § 803 mit Anm. 27.

„Die Angetroffenen erklärten, daß die Pfandstücke Nr. 1 (Brillantring) und Nr. 6 (Vertikow) Eigentum der Frau *Adelheid Beckmann* in Breslau, Scheitnigerstraße 9 seien, welche sie durch Sicherungsübereignung vom Schuldner erworben habe; die Pfandstücke zu Nr. 9 (Zigarren) Eigentum der Firma *Jung* in Hannover, die sie unter Eigentumsvorbehalt geliefert habe. Ich habe sie darauf hingewiesen, daß es den Eigentümern der Pfandsachen überlassen bleiben müsse, sich wegen Geltendmachung ihrer Ansprüche an das Gericht zu wenden, und daß das Vollstreckungsverfahren einstweilen fortgesetzt werden müsse."

Über Interventionsklage und einstweilige Einstellung vgl. S. 459f. Um die der Vollstreckung entgegenstehenden Rechte Dritter hat sich der Gerichtsvollzieher ebenso wenig zu bekümmern, wie um Einwendungen des Schuldners gegen den materiellen Anspruch (S. 624). Für ihn ist nicht das Eigentum sondern ausschließlich der Besitz („Gewahrsam") des Schuldners maßgebend. Zwar entsteht durch Pfändung einer dem Schuldner nicht gehörigen Sache kein Pfändungspfandrecht. Willigt jedoch der Berechtigte vorher in die Pfändung ein, oder genehmigt er sie nachträglich, oder erwirbt der Schuldner später das Eigentum der gepfändeten Sachen, so tritt analog § 185 BGB. die Konvaleszenz des Pfändungspfandrechts ein. Der erste Fall wird praktisch, wenn der Abzahlungsverkäufer die in seinem vorbehaltenen Eigentum stehenden, beim Schuldner befindlichen Sachen pfänden läßt; der letzte, wenn der Schuldner (oder ein Dritter für seine Rechnung, § 267 BGB.) die letzte Abzahlungsrate an den Verkäufer leistet. Vgl. RG. 60, 70; 66, 344; 79, 241; GeschAnw. § 67[3]. Durch Ankündigung einer Intervention wird daher der Gerichtsvollzieher weder verpflichtet noch berechtigt, von der Pfändung dieser Sachen Abstand zu nehmen; das gilt sogar dann, wenn ihm das Eigentum des Dritten urkundlich nachgewiesen wird oder wenn es ihm (beispielsweise aus einem früheren Interventionsfall) zuverlässig bekannt sein sollte. Hat allerdings der Gerichtsvollzieher die Wahl, so soll er in erster Reihe interventionsfreie Gegenstände pfänden. — Hieraus folgt zugleich, daß der Dritte, dessen Eigentum der Gerichtsvollzieher pfändet, mit einer „Erinnerung" nach § 766 ZPO. nichts ausrichten wird: denn dieser Rechtsbehelf setzt voraus, daß das Vollstreckungsorgan einen Fehler begangen hat, während die Pfändung einer im Gewahrsam des Schuldners befindlichen, wenn auch nicht ihm gehörigen, Sache durchaus dem Gesetz entspricht.

Den einzigen Fall, in dem sich der Gerichtsvollzieher ausnahmsweise mit der Prüfung der Eigentumsverhältnisse befassen muß, bildet die Pfändung von Bargeld. Da nämlich die Wegnahme des Geldes durch den Gerichtsvollzieher die Bedeutung einer Zahlung des Schuldners hat (S. 624/5), würde sie das Eigentum des Dritten endgültig zerstören und ihn der Möglichkeit der Intervention berauben. Deshalb hat der Gerichtsvollzieher gepfändetes Geld, wenn ihm das die Veräußerung hindernde Recht eines Dritten glaubhaft gemacht wird, zunächst für zwei Wochen zu hinterlegen (§ 815 II), damit der Interventionsberechtigte in der Zwischenzeit einen gerichtlichen Einstellungsbeschluß erwirken und die Abführung des Geldes an den Gläubiger vereiteln kann. Die Zahlungsfiktion findet im Fall der Hinterlegung keine Anwendung (§ 815 III).

„Bei der Durchsuchung der Wohnung, Geschäftsräume und Behältnisse des Schuldners habe ich, abgesehen von den für Schuldner und seine aus vier Köpfen bestehenden Familie notwendigen Kleidungs- und Wäschestücken, sonst noch vorgefunden, aber nicht gepfändet:

I. a) an Haus- und Küchengerät insbesondere: ....
b) an Gegenständen zur persönlichen Fortsetzung der Erwerbstätigkeit des Schuldners als Zigarrenhändler insbesondere: ....
c) an Vorräten und Vieh: ....

weil diese Gegenstände sämtlich dem Schuldner und seiner Familie unentbehrlich sind (§ 811 ZPO.), insbesondere auch zu I c ein größerer als der im Gesetz (§ 811 2, 3, 4 ZPO.) bezeichnete Bestand nicht vorhanden ist,

II. folgende zum gewöhnlichen Hausrat gehörenden und im Haushalt gebrauchte Gegenstände: ....

weil durch deren Verwertung nur ein Erlös erzielt werden würde, der zu dem Werte außer allem Verhältnis steht (§ 812 ZPO.),

III. sonstige Gegenstände, nämlich ....

weil sich von der Verwertung ein Überschuß über die Kosten der Zwangsvollstreckung nicht erwarten läßt (§ 803 II ZPO.).

(folgt Verzeichnis der gepfändeten Gegenstände mit Angabe des „gewöhnlichen Verkaufswerts" und des ‚voraussichtlichen Erlöses', abschließend mit insgesamt 1822 *RM* gewöhnlicher Verkaufswert und 1378 *RM* voraussichtlicher Erlös).

Vorgelesen, genehmigt, unterschrieben:
Adolf Schallwig. Friedrich Schallwig.
Pfänder
Obergerichtsvollzieher in Breslau."

Nach § 811 sind eine Reihe von Sachen „der Pfändung nicht unterworfen", d. h. sie dürfen selbst dann nicht gepfändet werden, wenn der Schuldner sich mit der Pfändung einverstanden erklärt (§ 68 1 GeschAnw.; RG. 72, 181), und ihre Pfändung erzeugt kein Pfändungspfandrecht (vgl. I des Pfändungsprotokolls). Ferner „sollen" nach § 812 ZPO. solche Gegenstände nicht gepfändet werden, die — ohne geradezu „unentbehrlich" im Sinne von § 811¹ zu sein — zum „gewöhnlichen Hausrat" gehören und im Haushalt des Schuldners gebraucht werden, wenn ohne weiteres ersichtlich ist, daß der Versteigerungserlös außer allem Verhältnis zum Wert stehen würde. Durch Pfändung derartiger Sachen entsteht zwar ein Pfändungspfandrecht, aber der Schuldner kann im Erinnerungsverfahren (S. 664f.) die Aufhebung der Pfändung herbeiführen (vgl. II des Protokolls). Endlich muß nach § 803^II die Pfändung, gleichviel welcher Art die Pfandstücke sind, unterbleiben, falls kein Überschuß über die Kosten der Zwangsvollstreckung zu erwarten ist (vgl. III des Protokolls). Infolge des Ineinandergreifens dieser sozialpolitischen Pfändungsbeschränkungen bildet bei Zwangsvollstreckungen gegen kleine Leute die fruchtlose Pfändung nahezu die Regel.[3]) In unserem Fall liegt eine teilweise erfolglose Pfändung vor, denn die beizutreibenden Forderungen betragen mit Zinsen und Kosten weit über 2000 RM., während der Gerichtsvollzieher den gewöhnlichen Verkaufswert der Pfandstücke bloß auf ca. 1800 RM., den voraussichtlichen Erlös auf weniger als 1400 RM. schätzt. Sobald nun eine Pfändung nicht zur vollen Deckung der Forderung führt, muß das Protokoll über die vom Gerichtsvollzieher auf Grund von §§ 803^II, 811 oder 812 ungepfändet gelassenen Sachen so viel sagen, daß für die Prüfung der Frage, ob die Pfändung mit Recht unterblieben ist, ein Anhalt gewonnen wird (§ 72⁵ GeschAnw.). —

Die drei beteiligten Gläubiger erhalten Nachricht vom Ergebnis der Pfändung (§ 64 GeschAnw.).

Vollstreckung des Herausgabeanspruchs. Anschlußpfändung. Goebel reicht den Vergleich, jetzt mit Vollstreckungsklausel versehen, am 13. Juni früh von neuem ein. Inzwischen ist auch die Pfändung aus dem Gabrielschen Festsetzungsbeschluß zulässig geworden. GV. Pfänder begibt sich am Nachmittag zum Schuldner und nimmt zunächst wegen des Anspruchs auf Herausgabe des Fahrrads die Vollstreckung vor:

> „Ich forderte den Schuldner auf, das Fahrrad ‚Brennabor' Fabriknummer C 33000 mir zum Zwecke der Übergabe an den Gläubiger *Goebel* herauszugeben bzw. vorzuzeigen. Der Schuldner erklärte, daß er das Fahrrad nicht besitze. Ich habe daher die Räume des Schuldners nach dem Fahrrad durchsucht und das Rad, auf dem Boden versteckt, vorgefunden. Ich habe das Fahrrad dem Schuldner weggenommen und in meine Verwahrung genommen."

Die große Mehrzahl der überhaupt und insbesondere beim Gerichtsvollzieher vorkommenden Zwangsvollstreckungen betrifft Geldforderungen (§§ 803—882

³) § 18 des 3. Teils der IV. NotVO. (Fassung der VO. über Maßnahmen auf dem Gebiet der Zwangsvollstreckung vom 26. Mai 1933, RGBl. I 302) schützt alle zum persönlichen Gebrauch bestimmten oder zum Hausrat gehörigen oder der Erwerbstätigkeit des Schuldners dienenden Mobilien unter der doppelten Voraussetzung, daß 1. die Nichterfüllung der Forderung des Gläubigers vom Schuldner nicht verschuldet ist (was bei Vertragsschulden nur im Falle nachträglicher Verschlechterung seiner Vermögenslage angenommen werden darf), 2. der Verlust der gepfändeten Sachen dem Schuldner einen „unverhältnismäßigen Nachteil" bringen würde. Ausnahme bei „ernstlicher Gefährdung" der wirtschaftlichen Lage des Gläubigers. Grundsätzlich darf gepfändet werden, aber das Vollstreckungsgericht hebt auf Antrag des Schuldners die Zwangsvollstreckung auf. Sind jedoch die Voraussetzungen der Aufhebung „ohne Weiteres ersichtlich", so soll von der Pfändung von vornherein abgesehen werden. Statt der Aufhebung kann das Vollstreckungsgericht eine einstweilige Einstellung mit Zahlungsfristen anordnen. Alles das gilt für Zwangsvollstreckung und Verwaltungszwangsverfahren wegen einer Geldforderung, also nicht für die Geltendmachung des dinglichen Vermieter- und Verpächterpfandrechts! — Die Vorschrift hat nur für vorübergehende Zeit Geltung und ist deshalb im Text außer Betracht gelassen.

ZPO.). Die andere große Gruppe bildet die Beitreibung von „Individualansprüchen“: Erwirkung der Herausgabe von Sachen, von Handlungen oder Unterlassungen (§§ 883—898). Aus ihr gehört die Vollstreckung der Herausgabeansprüche zur Zuständigkeit des Gerichtsvollziehers (§§ 883^I, 884). Die „Wegnahme“ einer Sache wegen eines Herausgabeanspruchs ist von ihrer „Pfändung“ wegen einer Geldforderung durchaus verschieden (vgl. S. 378). Wäre die Zwangsvollstreckung wegen des Fahrrads erfolglos geblieben, so könnte Goebel vom Schuldner den in § 883^II bezeichneten Offenbarungseid fordern.

Nunmehr schreitet der Gerichtsvollzieher zur Vollstreckung des Gabriel'schen Kostenfestsetzungsanspruchs und des Zahlungsanspruchs des Goebel. Da außer den am 10. Juni gepfändeten Sachen nichts Pfändbares vorhanden ist, nimmt der Gerichtsvollzieher dieserhalb eine „Anschlußpfändung“ (§ 826) vor:

„Sodann habe ich [..... *RM* bares Geld sowie] die in dem nachstehenden Verzeichnis unter Nr. 1—9 aufgeführten Gegenstände gepfändet. Die Gegenstände sind von mir in Sachen *Gabriel* und Genossen wider den Schuldner, D-R. II 783, bereits gepfändet. Ich habe sie daher heute um 16¾ Uhr nachmittags anschlußweise für meine Auftraggeber gepfändet und dies dem Schuldner unter Wiederholung des Verbots der Veräußerung usw. mitgeteilt.“

Der Gerichtsvollzieher kann die Anschlußpfändung auch so ausführen, daß er, ohne die Behausung des Schuldners aufzusuchen, ein entsprechendes Protokoll fertigt und den Schuldner durch Übersendung einer Abschrift in Kenntnis setzt (§§ 826^I, ^III ZPO., 82^1 S. 1 GeschAnw.). Zweckmäßiger Weise stellt er aber vorher an Ort und Stelle fest, daß sonstige pfändbare und noch ungepfändete Objekte nicht vorhanden sind, und überzeugt sich persönlich, ob die anschlußweise zu pfändenden Sachen noch vorhanden und die Pfandzeichen sichtbar sind (§ 82^2). Der nochmaligen Anbringung von Pfandzeichen bedarf es in keinem Falle. —

Der Referendar: An den Pfandstücken Nr. 1—9 bestehen jetzt zwei Pfändungspfandrechte: das von Gabriel, Girtanner und Frau Gundermann aus der Pfändung vom 10. Juni an erster, und das von Gabriel und Goebel aus der heutigen Anschlußpfändung an zweiter Stelle. Der Wert der Pfandstücke deckt nicht einmal die ersten Pfändungen ganz. Deshalb erscheint mir die Anschlußpfändung als eine zwecklose Formalität. Wäre es nicht richtiger gewesen den Fall als „erfolglose Pfändung“ zu behandeln?

Der Gerichtsvollzieher: § 82^4 schreibt vor, daß beim Nichtvorhandensein pfandfreier Sachen unbedingt Anschlußpfändung vorgenommen werden muß, ohne Rücksicht auf die Befriedigungsaussicht. Schlechte Anschlußpfändungen sind für die Gläubiger immer noch besser, als gar keine Pfändung. Ich will dabei nicht von der theoretisch immerhin bestehenden Möglichkeit sprechen, daß die Versteigerung einen über Erwarten hohen Erlös bringt und dadurch sich ein Überschuß für die Anschlußpfandgläubiger ergibt. Wichtiger ist, daß von den Erstpfändungen sehr leicht die eine oder andere sich erledigen kann, indem der Schuldtitel aufgehoben wird (besonders wenn, wie hier, lauter vorläufig vollstreckbare Urteile vorliegen!) oder der Schuldner zur Abwendung der Zwangsvollstreckung hinterlegt oder der Gläubiger durch Zahlung befriedigt wird. Dann würden die Anschlußpfändungen aufrücken, denn ein Eigentümerpfandrecht nach Art der Judikats-Eigentümerhypothek des § 868 ZPO. (oben S. 248) gibt es in der Mobiliarvollstreckung nicht. — Im übrigen sollte es mich sehr wundern, wenn Schallwig die Versteigerung nicht noch lange hinziehen wird.

Versteigerung und Erlösverteilung. Der Gerichtsvollzieher behält mit seiner Voraussage Recht. Wenige Tage vor dem Versteigerungstermin wird auf Intervention von Frau Beckmann und Jung die Zwangsvollstreckung in die Pfandstücke Nr. 1, 6 und 9 einstweilen eingestellt. Wegen der übrigen, wenig wertvollen, Pfandstücke haben die Gläubiger Aufhebung des Termins bewilligt. Nach Abweisung der Interventionsklage setzt der Gerichtsvollzieher auf Verlangen der Gläubiger neuen Versteigerungstermin an, der aber auf Bewilligung der Gläubiger wiederum aufgehoben werden muß: wie sich später herausstellt, weil Schallwig ihnen Abschlagszahlungen teils geleistet, teils in Aussicht gestellt hatte. Das Spiel von Ansetzung des Termins, Abschlagszahlung mit Ratenzahlungsversprechen und Nichteinhaltung der versprochenen Raten wiederholt sich mehrfach. Der Gläubiger ist Herr des Verfahrens und kann beliebig oft dem Schuldner Frist gewähren und den Termin aufheben lassen; bei einer Mehrzahl von Gläubigern bedarf es zur Terminsaufhebung selbstverständlich der Bewilligung aller. Gibt der Gläubiger Frist auf unbestimmte Zeit oder zieht sich die Stundung länger als sechs Monate hin, so hat der Gerichtsvollzieher — unbeschadet der Fortdauer des materiellen Pfändungspfandrechts — dem Gläubiger den Schuldtitel zurückzugeben und zur Fortsetzung des Verfahrens einen neuen Vollstreckungsauftrag abzuwarten. § 62^2 GeschAnw.

Schließlich kann Schallwig die Gläubiger nicht weiter hinhalten. Unmittelbar vor dem nunmehr anberaumten Versteigerungstermin beantragt er beim Vollstreckungsgericht freihändigen Verkauf der Pfandsachen an seinen Vater und Einstellung der Zwangsvollstreckung bis zur Entscheidung auf diesen Antrag. Das Gericht lehnt jedoch den Einstellungsantrag ab und die Versteigerung kann am 29. April 1934 stattfinden. Sie ergibt nach Abzug der Kosten einen Erlös von insgesamt 1410 RM. Seit der Pfändung haben Gabriel & Co. auf die Urteilsforderung 50 RM., auf die festgesetzten Kosten 10 RM., Girtanner 150 RM., Goebel 20 RM., Frau Gundermann 90 RM. abgezahlt erhalten. Der Gerichtsvollzieher stellt folgende Berechnung auf.

Die geleisteten Abzahlungen werden nach § 367 BGB. in erster Reihe auf Kosten, in zweiter auf Zinsen, in dritter auf die Kapitalsforderungen angerechnet. Auf den Erlös haben zunächst die Gläubiger der Erstpfändung vom 10. Juni 1933 Gabriel & Co. (Urteilsforderung), Girtanner und Frau Gundermann Anspruch, und zwar in erster Reihe wegen ihrer Kosten, in zweiter wegen der Zinsen, in letzter wegen der Hauptforderungen. Es gelangen daher die restlichen Kosten- und Zinsenforderungen dieser drei Gläubiger mit zusammen ca. 140 RM. voll zur Hebung. Für die Hauptforderungen mit zusammen rund 1850 RM. stehen bloß 1270 RM. zur Verfügung, so daß die Gläubiger auf die Hauptforderungen $68^2/_3$% erhalten können. Die Anschlußpfändungsgläubiger Gabriel & Co. (Forderung aus dem Kostenfestsetzungsbeschluß) und Goebel gehen gänzlich leer aus.

Die Berechnung wird allen 5 beteiligten Gläubigern mitgeteilt, um ihnen vor der Auszahlung Gelegenheit zum Widerspruch zu geben (§ $827^{II, III}$ ZPO., vgl. § 85^4 GeschAnw.). Es wäre ja denkbar, daß etwa Gabriel ein Vorrecht vor allen übrigen beansprucht, weil sein Vollstreckungsauftrag als erster beim Gerichtsvollzieher eingegangen war, oder daß Goebel die ursprüngliche Beanstandung seines Vollstreckungsauftrags nicht anerkennt und prozentuale Beteiligung am Versteigerungserlös verlangt. Alsdann müßte der Gerichtsvollzieher, trotz der absoluten Aussichtslosigkeit des Widerspruchs, den Versteigerungserlös hinterlegen und das gerichtliche Verteilungsverfahren einleiten lassen. §§ 827^{II}, 872f. ZPO. Da indes niemand widerspricht, werden die Beträge entsprechend der aufgestellten Berechnung durch die Post zur Auszahlung an die Gläubiger bzw. den empfangsberechtigten Bevollmächtigten RA. Schwarz gebracht. Die Schuldtitel und den Wechsel sendet der Gerichtsvollzieher zurück, nachdem er sie mit Vermerken nach folgendem Schema versehen hat:

„Auf diesen Schuldtitel sind ..... *RM* Kosten, ... *RM* Zinsen, ... *RM* Hauptforderung durch Zwangsvollstreckung beigetrieben.

Dienst-Register II 783. Breslau, den 5. Mai 1934.

(Siegel) *Pfänder*, Obergerichtsvollzieher."

Freihändiger Verkauf: Gepfändete Wertpapiere mit Börsenkurs sind vom Gerichtsvollzieher regelmäßig aus freier Hand zu verkaufen (§ 821 ZPO.), Gold- und Silbersachen dann, wenn in der Versteigerung der Gold- bzw. Silberwert nicht erreicht wurde (§ 820). In allen anderen Fällen beruht der freihändige Verkauf auf dem „Elastizitäts"-§ 825 der Mobiliarvollstreckung, der dem Vollstreckungsgericht die Anordnung einer von den gesetzlichen Bestimmungen abweichenden Verwertungsweise gestattet. Der freihändige Verkauf kann an den Gläubiger, an den Schuldner oder an Dritte (z. B. Ehefrau und Verwandte des Schuldners) erfolgen. Der ihn anordnende Beschluß verschafft, wie jetzt feststeht, dem Käufer noch kein Eigentum, sondern ersetzt lediglich die Einigung zwischen Schuldner und Erwerber, zu welcher noch die Übergabe durch den Gerichtsvollzieher hinzukommen muß. Das gilt auch dann, wenn der Gläubiger die Pfandstücke erwirbt, zum mindesten bei Sachen, die der Gerichtsvollzieher im Gewahrsam des Schuldners belassen hatte (S. 625). Denn wenn auch der Gläubiger durch den Gerichtsvollzieher mittelbarer Besitzer der Pfandstücke geworden ist und die Ansicht vertreten wird, daß mittelbarer Besitz des Erwerbers zur *brevi manu traditio* (§ 929 S. 2 BGB.) ausreiche, so scheitert eine solche Konstruktion doch jedenfalls an dem fortdauernden unmittelbaren Besitz des quasi-veräußernden Schuldners. RG. 126, 21.

Das Institut des freihändigen Verkaufs wird viel zu Verschleppungsmanövern mißbraucht. Der Schuldner beantragt, die Pfandstücke mit einigen Prozent Aufschlag über den Taxpreis einem seiner Angehörigen zuzuschlagen. Geht das Gericht hierauf ein, so wird gewöhnlich die Zwangsvollstreckung bis zur Durchführung des freihändigen Verkaufs eingestellt. Da der über den Antrag ergehende Gerichtsbeschluß gemäß § 793 ZPO. sofortiger Beschwerde unterliegt, kann dann der Schuldner die Sache durch die Instanzen treiben. Erfahrene Richter lehnen deshalb die Einstellung prinzipiell ab, falls wenige Tage vor dem Versteigerungstermin von seiten des Schuldners ein Antrag auf freihändigen Verkauf eingeht.

Sachen im Gewahrsam eines Dritten. Mindestgebot. Ergänzungspfändung.

Pfändung von Sachen im Gewahrsam eines Dritten. GV. Pfänder ist von der Firma Gärtner-Magdeburg beauftragt, bei dem Fabrikanten landwirtschaftlicher Maschinen Schliebitz einen Betrag von über 4000 RM. beizutreiben. Im Auftragsschreiben heißt es:

„Wenn möglich, erbitten wir die Pfändung eines Postens vollständig neuer ‚Silesia'-Kannen, der auf dem Grundstück des Schuldners Westendstraße 93 liegen muß und zirka 5000 *RM* Verkaufswert hat."

Als der Gerichtsvollzieher bei der Pfändung nach den Kannen fragt, erhält er die Antwort, daß die Kannen bei dem im gleichen Grundstück wohnhaften Spediteur Vogel eingelagert seien. Man geht zu Vogel, der gegen die Pfändung nichts einzuwenden hat. Protokoll:

„Sodann habe ich die in dem nachstehenden Verzeichnis unter Nr. 1 aufgeführten Gegenstände gepfändet, indem ich sie in Besitz genommen habe. Die Sachen befinden sich auf dem mit dem Fabrikhof des Schuldners zusammenhängenden, nicht besonders eingefriedeten, jedoch durch große Schilder ‚*Walter Vogel*, Spediteur' kenntlich gemachten, Lagerplatz des Spediteurs *Walter Vogel* in Breslau, Westendstraße 93. Herr *Vogel* erklärte sich zur Herausgabe bereit. Sowohl dem Schuldner wie Herrn Vogel habe ich eröffnet, daß der Besitz der Pfandstücke auf mich übergegangen sei usw.

(folgt der Versteigerungstermin, das Verzeichnis der Pfandstücke und der Abschlußvermerk. *Vogel* hat mit unterschrieben)."

Wie der Gerichtsvollzieher nach dem für ihn maßgebenden Gewahrsamsprinzip ohne Rücksicht auf die Eigentumsverhältnisse alles zu pfänden hat, was sich im Gewahrsam des Schuldners befindet (S. 626), so darf er andrerseits Sachen im Gewahrsam eines Dritten ohne ausdrückliche Zustimmung des Gewahrsamsinhabers nicht pfänden. §§ 808, 809. Der Gewahrsam der ZPO. wird als „tatsächliche Gewalt" definiert. Er deckt sich also mit dem Besitz des bürgerlichen Rechts, soweit dieser auf tatsächlicher Gewalt und nicht, wie beim mittelbaren Besitz oder beim Besitz des Erben, auf Rechtsverhältnissen beruht (§ 854 I gegen §§ 857, 868 BGB.). Nach den im Protokoll festgestellten Merkmalen standen die Kannen in der tatsächlichen Gewalt, also im Gewahrsam, des Vogel. Wäre der Gerichtsvollzieher ohne Erlaubnis Vogels zur Pfändung geschritten, so würde diesem nicht bloß die Interventionsklage zugestanden haben (Besitz ist ein „die Veräußerung hinderndes Recht" in Sinne von § 771 ZPO.), sondern auch die Erinnerung (§ 766) wegen Verletzung der §§ 808/9.

Was hätte der Gerichtsvollzieher tun müssen, wenn Vogel nicht zur Herausgabe bereit gewesen wäre, sei es, weil er das Eigentum an den Kannen für sich selbst in Anspruch nimmt, oder wegen seines Anspruchs auf Lagermiete und des darauf beruhenden gesetzlichen Pfandrechts (§ 421 HGB.) oder aus anderen Gründen?

Die Pfändung der Kannen durch den Gerichtsvollzieher würde dann unzulässig gewesen sein. Er hätte also nach Möglichkeit andere Sachen, die sich im Gewahrsam des Schuldners befinden, gepfändet und im übrigen den Sachverhalt ins Protokoll aufgenommen, damit Gärtner den Herausgabeanspruch des Schuldners an Vogel durch Beschluß des Vollstreckungsgerichts pfänden und sich zur Einziehung überweisen lassen kann. Dabei besteht die Besonderheit, daß dem Drittschuldner Vogel nicht die Herausgabe der Kannen an die Gläubigerin selbst aufgegeben wird, sondern an einen von der Gläubigerin zu beauftragenden Gerichtsvollzieher. Mit Herausgabe der Kannen an den Gerichtsvollzieher entsteht ein Pfandrecht der Gläubigerin an den Kannen, welches vom Gerichtsvollzieher nach den für Sachpfändungen geltenden Vorschriften durch Versteigerung zu realisieren ist; aus dem Erlös wird Gärtner befriedigt, der etwaige Überschuß an den Schuldner Schliebitz abgeführt. §§ 847 ZPO., 1247 S. 2 BGB. Gibt Vogel die Kannen auf Grund des Pfändungs- und Überweisungsbeschlusses nicht gutwillig an den Gerichtsvollzieher heraus, so muß ihn Gärtner auf die Herausgabe verklagen.

Streitig ist folgender Fall: Der Gläubiger hat versucht eine nicht im Gewahrsam des Schuldners befindliche Sache zu pfänden, mußte aber wegen der Weigerung des unmittelbaren Besitzers davon Abstand nehmen und pfändet den Herausgabeanspruch; darauf läßt ein zweiter Gläubiger die Zwangsvollstreckung vornehmen, dem der Besitzer die Erlaubnis erteilt und der daraufhin die Sachen pfändet. An sich hat zweifellos der zweite Gläubiger das stärkere Recht, nämlich ein Pfandrecht an der Sache selbst, während für den ersten Gläubiger bloß ein Pfandrecht am Herausgabeanspruch besteht. Nun wird zu Gunsten des ersten Gläubigers darauf hingewiesen, daß der Pfändungsbeschluß eine Verfügungsbeschränkung schafft und ein Leistungsverbot an den Drittschuldner enthält (unten S. 652). Hieraus leiten Manche einen Schadensersatzanspruch des Erstpfändenden an den unmittelbaren Besitzer her, der durch Gestattung der Pfändung das am Herausgabeanspruch bestehende Pfandrecht verletzt habe. Andere wollen sogar die Sachpfändung als dem Anspruchspfandgläubiger gegenüber unwirksam ansehen. Doch wird, wenn keine absichtliche Schiebung vorliegt (§ 826 BGB.!), dem ersten Gläubiger kaum zu helfen sein. Vgl. RG. 13, 343; 25, 182; OLG. 15, 162; Stein-Jonas V zu § 847 mit Übersicht.

Mindestgebot. Die Vollstreckung wird zeitweilig eingestellt. Als es nach Jahr und Tag zur Versteigerung kommt, werden auf die bei der Pfändung mit 5200 RM. taxierten Kannen bloß 2400 RM. geboten.

„Mit Rücksicht auf die BRVO. vom 8. Oktober 1914 (RGBl. 427) wurde der Zuschlag auf das Gebot nicht erteilt."

Um zu verhüten, daß Pfandstücke infolge des Fehlens zahlungsfähiger Bieter allzu billig verschleudert werden, hat die BRVO. ein „Mindestgebot" eingeführt, ohne dessen Erreichung der Zuschlag nicht erteilt werden darf. Das Mindestgebot hängt nicht — wie das „geringste Gebot" der Immobiliarversteigerung — von der Höhe der dem Gläubiger vorgehenden Belastungen, sondern von dem „gewöhnlichen Verkaufswert" der Sache ab. Es beträgt die Hälfte dieses gewöhnlichen Verkaufswertes, der — in der Regel durch den Gerichtsvollzieher, ausnahmsweise durch Sachverständige — schon bei der Pfändung geschätzt wird. Bei dem Ausbieten sind der gewöhnliche Verkaufswert und das Mindestgebot bekanntzugeben.

Gärtner ist mit der Versagung des Zuschlages nicht einverstanden:

„Seit Vornahme der Pfändung ist der Wert der ‚Silesia'-Kannen um mindestens 50% gesunken, weil diese Kannen, die hauptsächlich zum Export von Ölen nach den Niederlanden bestimmt waren, infolge veränderter Einfuhrbestimmungen hierfür nicht mehr verwendbar sind und deshalb geringe Nachfrage besteht. Wir müssen ohnehin mit einem erheblichen Ausfall an unserer beizutreibenden Forderung rechnen. Deshalb bitten wir die Versteigerung alsbald vorzunehmen und den Zuschlag ohne Rücksicht auf die Höhe des Gebots zu erteilen, damit wir wenigstens diese Summe erhalten. An einen höheren Erlös als 2000—2500 *RM* ist, wie jeder Sachverständige bestätigen wird, bei der gegenwärtigen Lage des Marktes nicht zu denken."

Die Ausführungen Gärtners laufen daraus hinaus, daß der „gewöhnliche Verkaufswert" jetzt nicht mehr 5200 RM. sondern bloß 2000 oder 2500 RM. betrage. Trifft das zu, so müssen in der Tat die Kannen schon auf ein Gebot von 1000 bzw. 1250 RM. zugeschlagen werden. Denn es kommt auf den Wert zur Zeit der Versteigerung, nicht zur Zeit der Pfändung an. Die bestehende Schätzung kann jederzeit durch eine neue ersetzt werden. Will der Gerichtsvollzieher sich auf das Verfahren nicht einlassen, so entscheidet auf Anrufung einer Partei das Vollstreckungsgericht (§ 2 BRVO.).

Nachdem unter Zuziehung eines vereidigten Sachverständigen der gegenwärtige „gewöhnliche Verkaufswert" der Kannen auf 2600 RM. geschätzt ist, setzt GV. Pfänder neuen Termin an und gibt den Zuschlag auf das Meistgebot von 2550 RM.

Ergänzungspfändung. Schon aus der Sachverständigentaxe hat der Gerichtsvollzieher ersehen, daß Gärtner mit seiner Forderung größtenteils ausfallen wird. Er hat sich daher von neuem zum Schuldner begeben und verschiedene Büroutensilien und Warenvorräte gepfändet.

Die ZPO. bestimmt nichts darüber, daß und unter welchen Voraussetzungen der Gerichtsvollzieher ohne neuen Auftrag des Gläubigers die Zwangsvollstreckung durch ergänzende Pfändung fortzusetzen hat. § 77[18] GeschAnw. legt ihm die Verpflichtung hierzu auf, sofern die Vollstreckung nach dem Ergebnis der durchgeführten Verwertung der Pfandstücke nicht zur vollen Befriedigung geführt hat oder Pfandstücke abhandengekommen oder beschädigt sind, und wenn nach dem Ermessen des Gerichtsvollziehers eine erneute Pfändung voraussichtlich zur weiteren Befriedigung führen wird. Darüber hinaus folgert die Rechtsprechung aus der Natur des, auf vollständige Befriedigung des Gläubigers abzielenden, Vollstreckungsauftrags, daß der Gerichtsvollzieher immer nachpfänden müsse, sobald er erkennt, daß der Wert der gepfändeten Sachen nicht ausreicht. Unterläßt er das, so hat er den Auftrag nur unvollständig ausgeführt, und der Gläubiger ist — Verschulden des Gerichtsvollziehers vorausgesetzt und vorbehaltlich des Einwands des mitwirkenden Verschuldens (§ 254 BGB.) — zum Regreß aus § 839 BGB., Art. 131 RVerf. berechtigt. RG. in Leipz. Ztschr. 27, 462[12].

Vollstreckung gegen eine Geschäftsfrau.

Margarinefabrikant Grunert in Berlin gibt Auftrag zur Zwangsvollstreckung gegen die verehelichte Frau Alma Schuckert, Inhaberin einer Milch-, Butter- und Käsehandlung auf der Anderssenstraße. Als Schuldtitel wird vollstreckbare Ausfertigung eines Urteils überreicht, das Frau Schuckert zur Zahlung von 480 RM. nebst Zinsen verurteilt. Ein Duldungstitel gegen den Mann (§ 739 ZPO.) ist nicht beigelegt.

Das Fehlen des Duldungstitels bildet niemals einen Grund zur Ablehnung des Vollstreckungsauftrags. Einmal bedarf es zur Vollstreckung ins Vorbehaltsgut der Frau überhaupt keines Duldungstitels, freilich entsteht dabei die technische Schwierigkeit, dem Vollstreckungsorgan nachzuweisen, daß die zu pfändenden Gegenstände Vorbehaltsgut sind. In unserem Fall ist aber auf Grund des bloßen Leistungsurteils gegen die Frau sogar die Vollstreckung ins eingebrachte Gut zulässig, weil sie laut Urteil selbständig ein Erwerbsgeschäft betreibt (§ 741).

Die in § 741 ZPO., ebenso wie in § 1405 BGB., vorgesehene Ausnahme, daß der Mann mit dem Geschäftsbetrieb der Frau nicht einverstanden ist, spielt im wirklichen Rechtsleben keine Rolle. — Gehört das Geschäftsvermögen der Geschäftsfrau zu ihrem Vorbehaltsgut oder ist es Eingebrachtes? § 1367 erklärt zu Vorbehaltsgut alles, „was die Frau durch den selbständigen Betrieb eines Erwerbsgeschäfts erwirbt". Der Erwerb des Kaufmanns besteht vielfach in neuen Warenvorräten, außenstehenden Forderungen u. dgl. Substanz und Neuerwerb lassen sich praktisch kaum auseinanderhalten, und es wäre zur Vereinfachung der Rechtslage erwünscht, wenn man schlechthin das ganze Geschäftsvermögen als Vorbehaltsgut behandeln könnte. Indes lehnt das die herrschende Meinung ab: nur der „Erwerb" aus dem Geschäft sei ohne weiteres Vorbehaltsgut, der Stamm des Geschäftsvermögens dagegen Eingebrachtes, außer wenn ein gegenteiliger Ehevertrag (§ 1368) geschlossen ist oder der Fall des § 1369 (Zuwendung durch Dritte) oder des § 1370 (Surrogation) vorliegt. RG. 87, 100; 127, 110.

GV. Pfänder geht nach der angegebenen Adresse und sieht sich zunächst im Geschäftslokal nach pfändbaren Objekten um. Es ist nichts vorhanden. Darauf begibt er sich in die anschließende Wohnung und stellt durch Befragen fest, daß die Plüschgarnitur der „guten Stube" der Ehefrau gehört. Sie wird gepfändet:

„Sodann habe ich die in dem nachstehenden Verzeichnis unter Nr. .... aufgeführten Gegenstände gepfändet, indem ich sie in Besitz genommen habe usw.

Der angetroffene Ehemann der Schuldnerin, Hausdiener *Theodor Schuckert*, erklärte, daß er gegen die Pfändung der in seiner Wohnung befindlichen Sachen grundsätzlich nichts einzuwenden habe."

War die Einwilligung des Mannes notwendig? § 741 ZPO. steht im Zusammenhang der §§ 735—749, welche vorschreiben, welchen Titel man zur Vollstreckung in bestimmte Vermögensmassen braucht. Nach richtiger Meinung regelt er daher bloß die materielle Zulässigkeit der Zwangsvollstreckung, läßt dagegen das Gewahrsamsprinzip der §§ 808, 809 unberührt. Daß aber der Ehemann, gegen den kein Duldungstitel vorliegt, im Sinne des Gewahrsamsprinzips nicht „Schuldner" der Zwangsvollstreckung sondern nur „Dritter" sein kann, versteht sich nach der oben S. 620 mitgeteilten Definition von selbst. Entgegen dieser, in der Theorie herrschenden, Ansicht erklärt § 57[1] Abs. c GeschAnw. die Vollstreckung in die im Gewahrsam des Mannes befindlichen Sachen ohne Duldungstitel und ohne seine Zustimmung für zulässig. Jedenfalls hat der Gerichtsvollzieher gut daran getan, das Einverständnis des Ehemanns Schuckert auf alle Fälle protokollarisch festzulegen. Wenn sich übrigens der Gläubiger der Geschäftsfrau den Duldungstitel gegen den Mann beschafft hat, so wird der Mann dadurch auch Schuldner im Sinne des § 807 ZPO. und hat als solcher den Offenbarungseid über das seiner Verwaltung unterliegende eingebrachte Gut der Frau zu leisten. Vgl. Stein-Jonas II vor § 735; III zu § 739; III zu § 741 c. cit.; JMBl. 00, 22. —

Es entsteht aber eine andere Schwierigkeit:

„Herr *Schuckert* widersprach jedoch der Inanspruchnahme des eingebrachten Gutes, weil die Forderung des Gläubigers sich nicht auf den selbständigen Gewerbebetrieb seiner Frau beziehe und weil er das zu Grunde liegende Rechtsgeschäft auch nicht genehmigt habe. Ich habe ihn darauf hingewiesen, daß es ihm überlassen bleiben müsse, sich wegen Geltendmachung seiner Rechte an das Gericht zu wenden, und daß das Vollstreckungsverfahren einstweilen fortgesetzt werden müsse.

(folgen Abschlußvermerk und Verzeichnis der Pfandstücke. *Theodor Schuckert* unterschreibt mit.)"

Nach §§ 1405, 1411, 1412 BGB. (oben S. 371/2) haftet das eingebrachte Gut der Geschäftsfrau für ihre nicht konsentierten nachehelichen Vertragsschulden nur, wenn es sich um einen Vertrag handelt, den „der Geschäftsbetrieb mit sich bringt". Dagegen sieht § 741 ZPO. bei der Vollstreckung ins eingebrachte Gut der Erwerbsfrau ausnahmslos für alle Schulden vom Erfordernis des Duldungstitels ab. Diese Unstimmigkeit zwischen bürgerlichem und Prozeßrecht ist beabsichtigt. Sie beruht auf der Erwägung, daß die Schulden einer Geschäftsfrau überwiegend unter § 1405 BGB. fallen, daher dem Manne gegenüber in Ansehung des eingebrachten Gutes wirksam sein werden, und daß es nicht angeht, die Vollstreckungsorgane mit Nachprüfungen materiell-rechtlicher Natur zu belasten. Darum verweist § 774 ZPO. den Mann in derartigen Fällen auf die Interventionsklage. Schuckert wird im Prozeß einen schweren Stand haben, denn man muß die Vermutung des § 344 HGB. sinngemäß auch hier anwenden. Gelingt jedoch der Nachweis, daß die Schuld mit der Milch-, Butter- und Käsehandlung der Frau Alma Schuckert nichts zu schaffen hat (es könnte z. B. eine Bürgschaftsforderung für Verwandte od. dergl. sein), und hatte der Mann den Vertrag auch nicht genehmigt, so würde die Zwangsvollstreckung ins eingebrachte Vermögen für unzulässig erklärt werden müssen.

Vollstreckung gegen einen Landwirt. Beschränkte Erbenhaftung in der Zwangsvollstreckung.

Zwangsvollstreckung gegen Erben. In Sachen des Möbeltischlers Günzel gegen den Landwirt Heinrich Erdmann in Hochkirch hat das Amtsgericht Steinau rechtskräftig für Recht erkannt:

„Der Beklagte wird verurteilt, an den Kläger 215 *RM* (i. W.) nebst 6% Zinsen seit dem 3. August 1932 zu zahlen und die Kosten des Rechtsstreits zu tragen.

Dem Beklagten wird die Beschränkung seiner Haftung auf den Nachlaß des am 28. Oktober 1932 verstorbenen Handelsmanns *Daniel Schindler* aus Steinau vorbehalten."

Am 2. Juli 1933 macht sich GV. Pfänder auf den Weg, um das Urteil im Auftrag des Gläubigers zu vollstrecken, und wie gewöhnlich wird der Schuldner zur Zahlung von Hauptforderung, Zinsen und Kosten aufgefordert:

„Der Schuldner erklärte unter Vorlegung des Beschlusses des Amtsgerichts Steinau vom 19. Juni 1933, Aktenzeichen 2 VI 121. 33, daß er der Zwangsvollstreckung widerspreche. Der Erblasser *Schindler* habe außer seinem Mobiliar und einem Kastenwagen, welche nicht einmal zur Bezahlung der Beerdigungs- und Arztkosten und der rückständigen Miete gereicht hätten, nur einige abgenutzte und fast wertlose Kleidungsstücke hinterlassen, die unter Arme verteilt worden seien. Der Schuldner wurde auf die Geltendmachung seiner Einwendungen im Prozeßwege verwiesen."

Der vorgelegte Beschluß lautet:

„Der Antrag des Landwirts *Heinrich Erdmann* in Hochkirch, Landkreis Breslau, auf Anordnung der Nachlaßverwaltung über den Nachlaß des zu Steinau, seinem Wohnsitz, am 28. Oktober 1932 verstorbenen Handelsmanns *Daniel Schindler* wird zurückgewiesen, weil die angestellten Ermittlungen ergeben haben, daß eine den Kosten entsprechende Masse nicht vorhanden ist (§ 1982 BGB.)."

Stellt der Erbe eines geringfügigen Nachlasses beim Gericht Antrag auf Nachlaßkonkurs oder -verwaltung und wird er wegen fehlender Masse abgewiesen, so kann ihm der Gläubiger nicht mehr entgegenhalten, daß eine ausreichende Masse vorhanden sei; die Erschöpfungseinrede des „ärmlichen Nachlasses" ist dann dem Erben gesichert (§ 1990, vgl. oben S. 541). Trotzdem hat der Gerichtsvollzieher mit Recht die Einwendungen des Schuldners unbeachtet gelassen. Wenn nämlich der Erbe mit Vorbehalt der Haftungsbeschränkung verurteilt ist, bleibt nach ausdrücklicher Bestimmung der §§ 781, 785 ZPO. der Vorbehalt bei der Zwangsvollstreckung unberücksichtigt, bis auf Grund des Vorbehalts vom Erben Einwendungen im Wege der Klage erhoben werden. Das scheint auf den ersten Blick befremdlich, hat jedoch seinen guten Grund. Der vollstreckende Nachlaßgläubiger kann nicht wissen, noch weniger dem Gerichtsvollzieher nachweisen, welche Vermögensstücke im einzelnen zum Nachlaß gehören; dadurch daß der Erbe zur Klageerhebung gezwungen ist, wird ihm die Beweislast für die Zugehörigkeit der Gegenstände zu seinem Privatvermögen aufgebürdet.

Die Klage des § 785 stellt eine Kombination von Vollstreckungsgegenklage (§ 767) und Intervention (§ 771) dar. Der Klageantrag würde in unserem Fall etwa zu fassen sein:

„Die Zwangsvollstreckung aus dem Urteil ...... in dasjenige Vermögen, welches der Kläger außer dem Nachlaß des am 28. Oktober 1932 verstorbenen Handelsmanns *Daniel Schindler* aus Steinau besitzt, nämlich ...., für unzulässig zu erklären."

Dabei muß der klagende Erbe nicht bloß den ursprünglichen Bestand des Nachlasses angeben, sondern darüber hinaus über den Verbleib der einzelnen Gegenstände und über seine bisherige Verwaltung Rechenschaft ablegen, da ein beschränkt haftender Erbe, wie wir wissen, den Nachlaßgläubigern wie ein Beauftragter verantwortlich ist. Auf der anderen Seite kann er seine sachgemäßen Aufwendungen für den Nachlaß in Rechnung stellen. § 1978 BGB., oben S. 142, 542. Zuständig ist das erstinstanzliche Gericht, also Steinau. Einstweilige Einstellung wie bei Vollstreckungsgegenklagen (§ 785 mit § 769 ZPO.).

Pfändung von Früchten und Grundstückszubehör.

„Nunmehr forderte ich den Schuldner auf, mir zum Zwecke der Pfändung seine bewegliche Habe, zunächst die ihm entbehrlichsten Sachen, vorzuzeigen sowie alle Räumlichkeiten und die darin befindlichen Behältnisse, soweit erforderlich, zu öffnen."

Darf der Gerichtsvollzieher die auf dem Halm stehende Ernte des Schuldners pfänden?

§ 810 gestattet die Pfändung stehender Früchte einen Monat vor der gewöhnlichen Zeit der Reife. Da bis zur Ernte bloß noch zwei Wochen fehlen, würde also hier die Pfändung zulässig sein. Wer zur Vollstreckung in die Erzeugnisse berechtigt ist, sagt das Gesetz nicht. Die Antwort ergibt sich aus der Erwägung, daß die Pfändung ungetrennter Früchte, wie immer, ein Pfändungspfandrecht begründet (§ 804), daß sie demnach eine Ausnahme von dem allgemeinen Grundsatz der Unmöglichkeit besonderer Rechte an wesentlichen Bestandteilen (§§ 93, 94^{I} BGB.) bildet, und daß diese Irregularität beseitigt werden muß, sobald später die Aberntung erfolgt und die gepfändeten Erzeugnisse damit zu selbständigen beweglichen Sachen werden. Pfänden kann mithin der Gläubiger desjenigen, der mit der Trennung Eigentümer der Früchte werden wird: d. i. regelmäßig der Gläubiger des Grundstückseigentümers, im Falle eines dinglichen Nutzungsrechts: der Gläubiger des Nutzungsberechtigten, bei Verpachtung an einen im Besitz des Grundstücks befindlichen Pächter: der Gläubiger des Pächters. §§ 953, 954, 956. Gegen eine Pfändung für Günzel als Gläubiger des Grundstückeigentümers Erdmann bestehen daher keine Bedenken. Weiterhin ist zu prüfen, ob eine Immobiliarbeschlagnahme vorliegt. Um nämlich eine unwirtschaftliche Zerstörung von Werten zu verhindern, bestimmt das Gesetz, daß alle Mobilien und Rechte, auf die sich die hypothekarische Haftung erstreckt (die s. g. „Immobiliarmasse", oben S. 38, 39), in erster Reihe der Zwangsvollstreckung ins unbewegliche Vermögen unterliegen und nicht mehr separat gepfändet werden können, wenn ihre Beschlagnahme durch Zwangsversteigerung oder Zwangsverwaltung erfolgt ist. §§ 810^{I} S. 1, 865^{II} S. 2 ZPO. Wie Erdmann auf Befragen mitteilt, besteht keine Grundstücksbeschlagnahme.

Erdmann gibt aber weiterhin an, daß sein Grundstück mit Hypotheken im Gesamtbetrage von 7000 RM. belastet ist, und legt zum Beweise dessen einen Grundbuchauszug vor. Nach § 810^{II} würden die Hypothekengläubiger gegen die Pfändung ungetrennter Früchte durch einen persönlichen Gläubiger erfolgreich intervenieren können. Der Gerichtsvollzieher sieht sich deshalb nach anderen Pfandobjekten um.

Der Schuldner weist auf einen alten Pflug und Erntewagen hin, an welchen ihm nicht viel liege und die er sowieso durch neue Stücke zu ersetzen beabsichtige. Auch diese Sachen werden nicht gepfändet. Denn sie gehören zum Zubehör des Grundstücks (§ 98^{2} BGB.), und landwirtschaftliches Zubehör ist der Mobiliarpfändung auch dann entzogen, wenn noch keine Immobiliarbeschlagnahme vorliegt.

Hierbei greifen zwei verschiedene Vorschriften in einander: 1. § 1120 BGB., 20^{II} ZVG., 865^{II} S. 1 ZPO. untersagen absolut die Pfändung von Zubehör, soweit es für die Hypothek haftet. Ein Unterschied zwischen landwirtschaftlichem und gewerblichem, notwendigem und überzähligem

Zubehör wird dabei nicht gemacht. Steht jedoch das Zubehör nicht im Eigentum des Grundstückseigentümers, so haftet es nicht für die Hypothek (arg. 1120 BGB., vgl. dazu unten S. 687), womit auch das Pfändungsverbot unanwendbar wird. 2. Nach § 811⁴ ZPO. sind landwirtschaftliche (nicht auch gewerbliche) Zubehörstücke, ohne Rücksicht auf die Eigentumsverhältnisse, unpfändbar, soweit sie der Schuldner zur Fortführung der Wirtschaft notwendig braucht. Die Pfändung überzähliger Stücke (des s. g. „überkompletten" Inventars) bleibt nach dieser Vorschrift möglich. Für landwirtschaftliche Maschinen, Vieh und sonstige Zubehörstücke, die der Grundstückseigentümer mit Eigentumsvorbehalt gekauft hat, ferner für das Zubehör von Grundstücken ohne Hypothekenbelastung und für Pächterinventar kann nur § 811⁴ in Betracht kommen.

Weitere Pfändungsbeschränkungen im Notrecht: § 18 des 3. Teils der IV. NotVO. (oben S. 628 Anm. 3) und Art. 1 § 1² der NotVO. vom 14. Februar 1933 (RGBl. I 63) mit §§ 7f. der AusfVO. vom gleichen Tage (RGBl. I 64). Durch die letzten Bestimmungen wird das bewegliche landwirtschaftliche, forstwirtschaftliche und gärtnerische Betriebsvermögen sowie der Hausrat des Schuldners gegen Zwangsvollstreckungen wegen einer Geldforderung mit gewissen Ausnahmen geschützt; die Geltung der NotVO. ist zeitlich begrenzt.

Pfändung von Sparkassenguthaben. Beim Suchen nach pfändbaren und interventionsfreien Sachen bemerkt der Gerichtsvollzieher ein Sparkassenbuch:

„Im Besitz des Schuldners befindet sich das Sparkassenbuch Nr. 50399 der Kreissparkasse in Breslau, auf den Namen des Landwirts *Heinrich Erdmann* in Hochkirch lautend, mit 344.60 *RM* Bestand am 1. November 1932."

Bei den Legitimationspapieren, zu denen die Sparkassenbücher zählen, wird bekanntlich nicht das Eigentumsrecht am Papier nach Sachenrecht, sondern das Forderungsrecht aus dem Papier nach Obligationenrecht rechtsgeschäftlich übertragen und belastet (S. 12). Entsprechend geschieht die Pfändung durch Beschluß des Vollstreckungsgerichts gemäß § 829 ZPO. Die Wegnahme des Buches ist weder zur Pfändung erforderlich, noch würde sie dazu ausreichen. Erst wenn dem Gläubiger das Sparkassenguthaben durch Beschluß des Vollstreckungsgerichts zur Einziehung überwiesen worden ist (S. 653, 654), kann er die Herausgabe des Buches — ohne dessen Vorlegung ihm die Sparkasse nicht auszuzahlen braucht — vom Schuldner verlangen und nötigenfalls erzwingen; dabei bildet der Überweisungs- (nicht der Pfändungs-) Beschluß den vollstreckbaren Titel, auf Grund dessen der Gerichtsvollzieher das Buch dem Schuldner im Wege der Zwangsvollstreckung abnimmt. § 836^{III}.

Deshalb hat GV. Pfänder das Sparkassenbuch liegen lassen, macht jedoch durch den Protokollvermerk den Gläubiger auf das Vorhandensein des Buches aufmerksam, damit er nötigenfalls nach den Vorschriften über Forderungen in dieses Vermögensobjekt vollstreckt.

Vollstreckung in Vermächtnisgegenstände. Schließlich entdeckt der Gerichtsvollzieher eine goldene Uhr sowie einen alten, aber guten Pelz.

Erdmann: Die Sachen sind aus dem Nachlaß.

Der Gerichtsvollzieher: Ich denke, daß der Nachlaß verkauft bzw. unter Arme verteilt worden ist?

Erdmann: Uhr und Pelz habe ich vorhin nicht angegeben, weil sie meinem 22jährigen Sohn Eduard, der jetzt die Landwirtschaftsschule besucht, testamentarisch vermacht worden sind. Hier ist die gerichtliche Testamentsabschrift.

Gerichtsvollzieher: Hat Ihr Sohn die Sachen schon in Besitz genommen?

Erdmann: Ich glaube, er weiß von dem Vermächtnis überhaupt noch nichts, aber die Sachen gehören ihm doch nach dem Testament.

„Sodann habe ich die in dem nachstehenden Verzeichnis unter 1—2 aufgeführten Gegenstände gepfändet usw. Der Schuldner erklärte, daß die Pfandstücke Eigentum seines volljährigen Sohnes, des Landwirtschaftsschülers *Eduard Erdmann* in Breslau, seien, da der Erblasser *Daniel Schindler* sie ihm testamentarisch vermacht habe. Auf Befragen gab er an, daß eine Übergabe der Sachen an *Eduard Erdmann* noch nicht stattgefunden hat. Ich habe den Schuldner darauf hingewiesen, daß es dem Eigentümer der Pfandsachen überlassen bleiben müsse usw."

Da das Vermächtnis rein obligatorisch wirkt (oben S. 267), ist Eduard Erdmann mangels eines den §§ 929f. BGB. entsprechenden Erwerbsaktes noch nicht Eigentümer geworden. Aber selbst wenn der Erbe Heinrich Erdmann das Vermächtnis bereits durch Übereignung an den Sohn erfüllt gehabt hätte, würde das für den Gerichtsvollzieher nach dem allgemeinen Prinzip, daß es für ihn nur auf den Gewahrsam, nicht auf das Eigentum des Schuldners ankommt, belanglos gewesen sein. Und keinesfalls würde Eduard Erdmann mit einer Interventionsklage Erfolg gehabt haben. Denn nach der Rangordnung, welche § 226 KO. für die Nachlaßverbindlichkeiten aufstellt, rangieren Vermächtnisse an allerletzter Stelle und stehen den Ansprüchen solcher Nachlaßgläubiger, die eine schon gegen den Erblasser begründete Forderung besitzen, nach: Vermächtnisse sollen nur erfüllt werden, wenn der Nachlaß nicht vom Erblasser her überschuldet war. Nun gilt die Rangordnung des § 226 an sich bloß für den Nachlaßkonkurs, während bei Geltendmachung der Erschöpfungseinrede die Gläubiger in der Reihenfolge befriedigt werden können, wie sie sich gemeldet haben: „wer zuerst kommt, mahlt zuerst" (S. 541). Jedoch wird gerade zu Ungunsten der Vermächtnisgläubiger dieser Grundsatz in §§ 1991^{IV}, 1992 S. 1 BGB. durchbrochen. Demgemäß gestattet § 222 KO., die vor Eröffnung des Nachlaßkonkurses bewirkte Erfüllung eines Vermächtnisses wie eine unentgeltliche Verfügung des Erben anzufechten, und das gleiche Anfechtungsrecht steht außerhalb des Konkurses dem Nachlaßgläubiger zu, dessen Recht im Konkursfall vor dem Vermächtnis den Vorrang haben würde (§ 3a AnfG.). Mit der einredeweise geltend gemachten Anfechtung schlägt Günzel eine Intervention des Eduard Erdmann, falls dieser etwa bereits Eigentümer der vermachten Sachen sein sollte, unbedingt aus dem Felde.

Vollstreckung eines Zug-um-Zug-Urteils. Wechselpfändung.

Auf Klage des Automobilhändlers Golombek ist Getreidekaufmann Scheibler verurteilt worden:

„an den Kläger Zug um Zug gegen Übergabe eines Daimler-Personenkraftwagens Modell H den Betrag von 3700 *RM* (i. W.) nebst 6% Zinsen seit .... zu zahlen."

Obgleich der Schuldner nur gegen Übergabe des Wagens zu zahlen braucht, erteilt die Geschäftsstelle dem Gläubiger die vollstreckbare Ausfertigung ohne besondere Nachweisungen (§ 726^{II} ZPO.). Golombek übersendet dem Gerichtsvollzieher das zugestellte, mit Rechtskraftzeugnis (§ 706) und Vollstreckungsklausel versehene Urteil und schreibt:

„Ich bitte Sie, die Vollstreckung wegen der Urteilssumme in *Scheiblers* Geschäftslokal in Breslau, Hohenzollernstraße 35 vorzunehmen. Den im Urteil bezeichneten Kraftwagen werde ich Ihnen zur Verfügung stellen. Ich bitte Sie, sich wegen des Zeitpunktes der Pfändung alsbald mit mir in Verbindung zu setzen."

Am Tage der Pfändung ist das Auto zur Stelle:

„Der Schuldner wurde angetroffen, mit dem Zwecke meines Erscheinens bekannt gemacht und aufgefordert, zur Vermeidung sofortiger Pfändung die vorstehend berechneten Beträge sowie die mir zustehenden Gebühren Zug um Zug gegen Übergabe des von mir zur Stelle gebrachten Daimler-Personenkraftwagens Modell H, welchen ich dem Schuldner gegen Zahlung der Beträge ausdrücklich angeboten habe, zu zahlen. Herr *Scheibler* erklärte sich bereit den Wagen zu übernehmen und die Urteilssumme in Monatsraten von 500 *RM* zu zahlen. Bare Zahlung hat er nicht angeboten und die Zahlung des von mir verlangten Betrages ausdrücklich abgelehnt, sich auch hierzu außer Stande erklärt.

Nunmehr forderte ich ihn auf, mir zum Zwecke der Pfändung usw."

Nach § 756 darf der Gerichtsvollzieher mit der Vollstreckung wegen einer Zug-um-Zug-Leistung nicht beginnen, wenn nicht der Nachweis, daß der Schuldner wegen der ihm zustehenden Gegenleistung befriedigt oder in Annahmeverzug gesetzt ist, durch zugestellte öffentliche oder öffentlich beglaubigte Urkunden geführt wird oder er selbst dem Schuldner die Gegenleistung in einer den Verzug der Annahme begründenden Weise angeboten hat. Daß ohne Rücksicht auf die Gegenleistung vollstreckt werden kann, wenn der Schuldner sie bereits erhalten hat, versteht sich von selbst. Daß aber hierzu auch Annahmeverzug des Schuldners genügt, beruht auf §§ 274^{II}, 320, 321, 322^{III} BGB., nach denen sich in der Zwangsvollstreckungsinstanz die Zug- um-Zug-Leistungspflicht des Schuldners in eine unbedingte Leistungspflicht verwandelt, sobald der Schuldner in Annahmeverzug gerät. Das ist hier geschehen, weil Scheibler zwar die vom Gerichtsvollzieher für Golombek in natura angebotene Leistung, den Kraftwagen, anzunehmen bereit war, die als Gegenleistung verlangte Geldsumme aber nicht angeboten hat (§ 298). Bei der weiteren Vollstreckung bleibt deshalb Scheiblers Gegenanspruch außer Betracht.

An pfändbaren Gegenständen findet der Gerichtsvollzieher im Kontor lediglich Büroutensilien im Taxwert von einigen Hundert Mark sowie einen in zwei Monaten fälligen, mit Blankoindossament versehenen Wechsel über 1000 RM. vor. Durch den Besitz des Papiers ist Scheibler als Wechselgläubiger legitimiert (Art. 12, 36 WO.). Forderungen aus Wechseln und anderen Orderpapieren (Schecks, § 8 ScheckG., gewillkürte Orderpapiere des § 363 HGB.) werden, wie § 831 ZPO. bestimmt, dadurch gepfändet, daß der Gerichtsvollzieher das Papier in Besitz nimmt. Denn ein gerichtlicher Pfändungsbeschluß würde den Vollstreckungsschuldner nicht hindern seine Rechte durch Übergabe des indossierten Wechsels auf einen gutgläubigen Dritten zu übertragen, und dann würde der Pfändungsgläubiger das Nachsehen haben; außerdem wäre der Pfändungsgläubiger ohne den Besitz der Urkunde nicht in der Lage, den Akzeptanten und die Nachmänner zur Zahlung heranzuziehen.

Die Verwertung des Wechsels geschieht nicht durch Versteigerung sondern durch gerichtlichen Überweisungsbeschluß (§ 835). Dies folgt daraus, daß die ZPO. die Vollstreckung in Wechselforderungen als einen Fall der Zwangsvollstreckung in Forderungsrechte (§§ 828f.) auffaßt und eine Sondervorschrift für die Verwertung nicht enthält. Für das Pfändungsstadium gilt also der Wechsel als Sache, für das Verwertungsstadium als Forderung. — Unter § 831 fallen bloß Orderpapiere über Forderungen. Orderpapiere über Mitgliedschaftsrechte (Namensaktie, Interimsschein, §§ 222, 224 HGB.) werden sowohl bei der Pfändung wie bei der Verwertung ganz als bewegliche Sachen behandelt. arg. § 822 ZPO.; dazu Stein-Jonas I 2.

GV. Pfänder pfändet also Büroutensilien und Wechsel, nimmt den Wechsel an sich und führt ihn im Verzeichnis der Pfandstücke mit auf. Da die Pfändung in den

Geschäftsräumen erst zur teilweisen Befriedigung des Gläubigers geführt hat, will der Gerichtsvollzieher die Zwangsvollstreckung in der Wohnung fortsetzen:

„Der Schuldner gab an, daß er seine Wohnung in Silsterwitz bei Zobten am Berge habe."

Muß Golombek, wenn er durch den für Silsterwitz zuständigen Gerichtsvollzieher des Amtsgerichts Zobten pfänden lassen will, wiederum den Kraftwagen dem Gerichtsvollzieher in die Hand geben, damit er ihn dem Schuldner anbietet?

Dadurch, daß GV. Pfänder den Schuldner mit der Annahme des Wagens in Gläubigerverzug setzte, hat sich zufolge § 274^{II} BGB. die Zahlungspflicht Scheiblers in eine von der Übergabe des Wagens unabhängige Verpflichtung umgewandelt. Diese materiell-rechtliche Veränderung behält ihre Wirkung auch für künftige Vollstreckungshandlungen. Nur muß, dem formalen Charakter der Zwangsvollstreckung gemäß, der Eintritt des Annahmeverzugs dem Vollstreckungsorgan — falls es nicht der Gerichtsvollzieher selbst ist, der den Schuldner durch das Angebot des Wagens in Verzug setzte — jedesmal durch mindestens beglaubigte Urkunden nachgewiesen, und es müssen diese Urkunden dem Schuldner zugestellt werden (für den Gerichtsvollzieher: § 756, für das Vollstreckungsgericht: § 765 ZPO.). Das vom GV. Pfänder über die Zwangsvollstreckung im Breslauer Geschäftslokal aufgenommene Protokoll ist eine öffentliche Urkunde; durch seine Zustellung und Einreichung an das Vollstreckungsorgan kann also Golombek Mobiliarpfändungen, Forderungspfändungen und Immobiliarvollstreckungen erwirken, ohne den Wagen nochmals anbieten zu müssen. Übrigens sind zur Aufnahme von Urkunden, in denen das dem § 298 BGB. entsprechende erfolglose Angebot der Gegenleistung als Tatsache bescheinigt wird, auch die Gerichte der freiwilligen Gerichtsbarkeit sowie die Notare befugt. Art. 31^{I} S. 2 PrFGG.

Zug-um-Zug-Verurteilung zur Abgabe von Willenserklärungen: Für den Fall, daß der Schuldner verurteilt ist Zug um Zug gegen eine Leistung des Gläubigers eine Willenserklärung abzugeben (z. B. die Auflassung eines Grundstücks zu gewähren, eine Hypothek abzutreten, eine Anmeldung zum Handelsregister zu erklären), ist die Regel, daß die Geschäftsstelle die vollstreckbare Ausfertigung des Zug-um-Zug-Urteils ohne weiteres zu erteilen hat, durchbrochen. Wie wir wissen, wird die Verurteilung zur Abgabe von Willenserklärungen mit Hilfe der Fiktion des § 894 ZPO. durchgeführt (S. 204f.). Eine eigentliche Zwangsvollstreckung findet also nicht statt, und es wird kein Vollstreckungsorgan tätig, welchem man die Aufgabe zuweisen könnte den Annahmeverzug bzw. die Befriedigung des Gläubigers vor Beginn der Zwangsvollstreckung nachzuprüfen, wie dies bei der Pfändung von Sachen oder Rechten und in der Immobiliarvollstreckung geschieht. Deshalb verlegt das Gesetz hier die Prüfung auf den Zeitpunkt der Erteilung der Vollstreckungsklausel und bestimmt, daß vollstreckbare Ausfertigungen solcher Urteile erst gegeben werden dürfen, wenn dem Gericht der Nachweis der Befriedigung des Schuldners oder seines Annahmeverzugs in urkundlicher Form geführt wird (§ 726^{II}). Sobald die Geschäftsstelle die vollstreckbare Ausfertigung des rechtskräftigen Urteils erteilt hat, gilt die Willenserklärung des Schuldners als abgegeben (§ 894^{I} S. 2).

13. Kapitel.

Beim Zwangsvollstreckungsrichter.

Offenbarungseid.

Einleitung des Verfahrens.

„An das Amtsgericht — Breslau, den 15. Juli 1933.
Abteilung für Zwangsvollstreckungssachen, hier.

In Sachen *Blum* gegen *Dreher* überreiche ich:

a) vollstreckbare Ausfertigung des Urteils des hiesigen Landgerichts vom 3. Juli 1933, Aktenzeichen 22 P 58. 33, zugestellt am 7. Juli 1933,
b) den Klagewechsel,
c) meine Vollmacht,
d) Bescheinigung des O.G.V. *Pfänder* in Breslau über die am 9. Juli 1933 vorgenommene fruchtlose Zwangsvollstreckung,
e) meine Handakten

und beantrage

gegen den Schuldner Termin zur Leistung des Offenbarungseides wegen 1800 *RM* nebst 7% Zinsen seit dem 8. Juni 1933, ferner wegen 27.50 *RM* Wechselunkosten, 39.50 *RM* Kosten der früheren Zwangsvollstreckungen, 22.03 *RM* Gebühren und Umsatzsteuer für diesen Antrag sowie wegen der Gerichtskosten des Offenbarungseidsverfahrens zu bestimmen."

Die allgemeinen Grundlagen der Zwangsvollstreckung (S. 612f.) müssen dem Offenbarungseidrichter nachgewiesen werden. Beilegung des Klagewechsels: S. 620 Nachweis der Vollmacht des Anwalts im amtsgerichtlichen Verfahren: § 88II ZPO., dazu oben S. 617. Die Handakten werden zum Nachweis der, gemäß § 788 mit einzuziehenden, Vollstreckungskosten eingereicht (S. 617). Die Geldbeträge, wegen deren der Offenbarungseid geleistet wird, sind im Antrag genau zu bezeichnen, ebenso in dem späteren Haftbefehl: denn durch ihre Zahlung erledigt sich das Verfahren.

„Für den Fall, daß der Schuldner nicht erscheinen oder die Leistung des Eides ohne ausreichenden Grund verweigern sollte, beantrage ich schon jetzt:

Erlaß des Haftbefehls.

Für den Gläubiger:
Schwarz, Rechtsanwalt."

Das Offenbarungseidverfahren ist, wie §§ 900, 901 zeigen, auf dem Mündlichkeitsprinzip aufgebaut, doch wird in § 900II zugunsten des Gläubigers die Ausnahme gemacht, daß es seines Erscheinens im Termin nicht bedarf. Er kann also seine Anträge auch schriftlich stellen, vor dem Termin natürlich bloß in bedingter Form.

Die Gerichtsferien sind auf Zwangsvollstreckungssachen ohne Einfluß (§ 202 GVG.). — Verfügung:

„1. Termin zur Leistung des Offenbarungseides am 28. Juli 1933, vormittags 9 Uhr.

2. Parteien — z. H. ihrer Prozeßbevollmächtigten — laden."

Vgl. S. 618.

Schriftlicher Widerspruch. Einige Tage vor dem Termin schreibt Dreher:

„Da ich erst am 2. Februar 1931 in Göttingen den Offenbarungseid geleistet habe, werde ich der Ladung zum 28. ds. Mts. keine Folge leisten."

Ein Schuldner, der innerhalb der letzten fünf Jahre den Offenbarungseid aus § 807 ZPO. geleistet hat, ist zur nochmaligen Eidesleistung auch einem anderen Gläubiger gegenüber nur verpflichtet, wenn glaubhaft gemacht wird, daß er inzwischen Vermögen erworben hat (§ 903). Aber die frühere Eidesleistung wird nicht von Amts wegen, sondern bloß auf Widerspruch des Schuldners berücksichtigt (Stein-Jonas I zu § 903). Daraus, daß das Gesetz nur den Gläubiger von der Anwesenheit im Termin befreit (S. 642), folgt der Gegenschluß, daß schriftliche Erklärungen des Schuldners unbeachtlich sind, zumal man den, ohnehin den Verschleppungsmanövern des Schuldners in hohem Maße ausgesetzten, Gläubiger nach Möglichkeit schützen muß: in dubio pro creditore. Dreher geht also offenbar von einer unrichtigen Rechtsansicht aus, wenn er seinen schriftlichen Widerspruch für ausreichend hält. Unter diesen Umständen erscheint es als nobile officium, ihn über seinen Irrtum zu belehren. Verfügung:

„1. An *Dreher*: Auf die Eingabe vom 21. ds. Mts. wird Ihnen mitgeteilt, daß Einwendungen gegen die Verpflichtung zur Leistung des Offenbarungseides nur berücksichtigt werden können, wenn Sie sie im Termin geltend machen.

2. Amtsgericht Göttingen um schleunige Übersendung der Akten, in denen der Schuldner *Dreher* dort am 2. Februar 1931 den Offenbarungseid geleistet haben soll, ersuchen."

Streitige Verhandlung und Entscheidung.

„Gegenwärtig: Breslau, den 28. Juli 1933.

AG.-Rat *Richter* als Richter,

Justizinspektor *Urkund* als Urkundsbeamter der Geschäftsstelle.

In der Zwangsvollstreckungssache *Blum* gegen *Dreher* erschienen bei Aufruf:

1. für den Gläubiger RA. *Schwarz*,

2. der Schuldner in Person."

Die Form der mündlichen Verhandlung in Offenbarungseidsachen und des darüber aufgenommenen Protokolls ist die gleiche wie sonst im Zivilprozeß (S. 99). Doch ist die Verhandlung nicht-öffentlich, weil sie nicht vor einem „erkennenden" Gericht (§ 169 GVG.) stattfindet.

„Der Schuldner bestritt seine Verpflichtung zur Leistung des Offenbarungseides mit Rücksicht darauf, daß er am 2. Februar 1931 vor dem Amtsgericht Göttingen den Offenbarungseid geleistet habe.

Es wurde die in den Akten befindliche Auskunft des Amtsgerichts Göttingen verlesen, wonach der Schuldner dort innerhalb der letzten 5 Jahre den Offenbarungseid nicht geleistet hat. Hierauf erklärte der Schuldner:

Ich habe mich geirrt. Die Eidesleistung in Göttingen am 2. Februar 1931 erfolgte nicht vor dem Amtsgericht sondern vor dem Finanzamt. Zum Beweis dessen beziehe ich mich auf die Akten des dortigen Finanzamts."

Nach Drehers bisherigem Verhalten muß sehr damit gerechnet werden, daß er die Eidesleistung vor dem Göttinger Finanzamt bloß vorschützt, um eine Vertagung zu erzwingen. Sein Einwand scheitert aber schon an rechtlichen Erwägungen.

Im Verwaltungszwangsverfahren der pr. VO. vom 15. November 1899 (GS. 545), welches u. a. bei der Einziehung von Gerichtskosten (oben S. 434/5) Anwendung findet, wird der Offenbarungseid stets auf Antrag der betreibenden Behörde vom Amtsgericht nach den Vorschriften der §§ 900—915 ZPO. abgenommen (§ 21 VO.). Im Beitreibungsverfahren der AbgO. kann das Finanzamt den Eid selbst abnehmen, falls der Pflichtige auf Vorladung erscheint und zur Eidesleistung bereit ist. Dagegen fehlt dem Finanzamt die Zuständigkeit für das Zwangsverfahren des Haftbefehls; leistet also der Schuldner der Ladung keine Folge oder verweigert er den Eid, so muß das Finanzamt das Amtsgericht um sein Eingreifen ersuchen. Über die vor ihnen abgegebenen Offenbarungseide führen die Finanzämter eigene Manifestantenlisten. §§ $325^{II, III}$ AbgO., 75^{VII} BeitreibO. vom 23. Juni 1923 (RMinBl. 595). Nach §§ 325^{III} AbgO., 903 ZPO., 74^{II} BeitreibO. schützt der vor dem Finanzamt geleistete Offenbarungseid den Schuldner regelmäßig 5 Jahre lang davor, vom Finanzamt nochmals zur Eidesleistung herangezogen zu werden (was übrigens praktisch keine große Bedeutung hat, weil nach herrschender Ansicht die allgemein in Steuersachen bestehende Auskunftspflicht durch den geleisteten Offenbarungseid nicht beseitigt wird, §§ 170f., 205 AbgO.; Werner JW. 32, 232). Eine ganz andere Frage ist, ob für das gerichtliche Offenbarungseidverfahren der vor dem Finanzamt geleistete Eid mitzählt. Die „schwarzen Listen" des Finanzamts sind nicht öffentlich wie das gerichtliche Verzeichnis, fallen vielmehr unter das Steuergeheimnis: nur Finanzbehörden oder Strafgerichten darf ohne schriftliche Einwilligung des Schuldners Auskunft aus ihnen erteilt werden (§ 75^{VII} S. 4 BeitreibO.). Die Vorschrift des § 903 ZPO. hängt damit zusammen, daß der mit dem Verlangen nach Offenbarungseid abgewiesene Gläubiger wenigstens in der Lage ist, sich Kenntnis vom Inhalt des zuletzt durch den Schuldner beschworenen Vermögensverzeichnisses zu verschaffen (unten S. 649). Fällt beim Finanzamts-Offenbarungseid diese Möglichkeit weg, so kann der Eid nicht die befreiende Wirkung des § 903 besitzen. Jacobsohn JW. 27, 1749.

Übrigens macht der Vertreter des Gläubigers den in § 903^{I} vorgesehenen Ausnahmefall geltend:

> RA. *Schwarz* bestritt die behauptete Eidesleistung vor dem Finanzamt und behauptete, daß der Schuldner nach dem 2. Februar 1931 Vermögen erworben habe. Er überreichte zur Glaubhaftmachung einen Ausschnitt aus der ‚Schlesischen Zeitung' vom 17. Juni 1933."

Der Zeitungsausschnitt enthält ein Inserat des Schuldners:

> „Ingenieur *Eugen Dreher*
>
> Lieferung, Reparatur, Bau landwirtschaftlicher Maschinen und Anlagen. Großes Lager von Ersatzteilen. Ausarbeitung von Projekten.
>
> Billige Preise. Wiederverkäufer erhalten Rabatt.
>
> Breslau V, Neudorfstraße 18. Fernsprecher Nr. 32840."

Nach der strengeren, von Stein-Jonas III zu § 903 vertretenen, Auslegung würde das Inserat zur Glaubhaftmachung, daß Dreher „Vermögen erworben" habe, nicht ausreichen. Denn nach dieser Ansicht muß der Neuerwerb des Schuldners ein solcher sein, der der Pfändung unterliegt und der es dem Schuldner gestattet, etwas davon als Vermögenssubstanz zurückzulegen, also nicht bloß „von der Hand in den Mund" zu leben. Aber wenn ein Gläubiger in der Lage wäre einen derartigen Erwerb seines Schuldners glaubhaft zu machen, würde er es vorziehen alsbald in die ihm bekannten Vermögensstücke des Schuldners zu vollstrecken, und brauchte keinen Offenbarungseid mehr. Man muß also einen milderen Maßstab anlegen und es als genügend ansehen, wenn Dreher, wie aus seinem Inserat hervorgeht, wieder Geschäfte für eigene Rechnung abschließt, durch die er jedenfalls Forderungen erlangt, wenn er Waren anschafft und sie veräußert.

„Ferner wandte der Schuldner ein, daß sowohl der Schuldtitel wie die Ladung zum heutigen Termin nicht seinem früheren Prozeßbevollmächtigten RA. *Weiß* sondern ihm selbst hätte zugestellt werden müssen, weil RA. *Weiß* ausweislich des überreichten Briefes vom 4. Juli 1933 an diesem Tage seine Vertretung niedergelegt habe."

Der Einwand ist unbegründet. Im Anwaltsprozeß wird die Mandatsniederlegung des Anwalts erst dadurch wirksam, daß der von der Partei bestellte neue Anwalt dem Gegner von seiner Bestellung Anzeige macht (§ 87). Im übrigen vgl. S. 618.

„Sodann behauptete er, daß ihm der Gläubiger am 6. Juli 1933 Stundung zunächst auf ein Jahr bewilligt habe und erbot sich darüber eine eidesstattliche Versicherung abzugeben.

Hierzu überreichte RA. *Schwarz* den Brief des Schuldners vom 10. Juli 1933, dessen Echtheit der Schuldner anerkannte.

Vorgelesen, genehmigt."

Der Brief lautet:

„Sehr geehrter Herr *Blum*!

Daß Sie alle meine Einigungsvorschläge so rigoros ablehnen und mir als Antwort auf mein Schreiben vom 6. den Gerichtsvollzieher ins Haus schicken würden, wie Sie es gestern getan haben, das hätte ich bei unseren alten Beziehungen wirklich nicht für möglich gehalten. Als Äußerstes schlage ich Ihnen vor: Zahlung von je 500 *RM* am 1. August, 1. September und 1. Oktober d. J., Sie verzichten auf den Rest und die Prozeßkosten. Gehen Sie auch darauf nicht ein, so werde ich zeigen, daß ich meinem Namen Ehre machen kann!

Hochachtungsvoll

E. Dreher."

Im Verfahren vor dem Gerichtsvollzieher dringt der Schuldner mit sachlichen Einwendungen gegen den Anspruch nur durch, wenn die Einwendungen in der liquiden urkundlichen Form des § 775$^{4,\ 5}$ nachgewiesen werden oder ein gerichtlicher Einstellungsbeschluß vorliegt (S. 624). Vor dem Vollstreckungsgericht fällt diese Beschränkung fort. Denn bei ausreichender tatsächlicher Glaubhaftmachung ist ja das Vollstreckungsgericht in den Fällen der Vollstreckungsgegenklage befugt unter Bestimmung einer Frist, in der die Entscheidung des Prozeßgerichts beigebracht werden muß, die vorläufige Einstellung der Zwangsvollstreckung anzuordnen. Die hierfür vorausgesetzte „Dringlichkeit" (§ 769^{II}) würde hier unbedenklich gegeben sein, weil von Dreher die sofortige Leistung des Offenbarungseides verlangt wird bzw. alsbald Haftbefehl gegen ihn erlassen werden soll, und die eidesstattliche Versicherung könnte als Mittel der Glaubhaftmachung zugelassen werden (§ 294^{I}), falls man Dreher als glaubwürdig ansieht. Durch den überreichten Brief wird indessen seine Behauptung gänzlich widerlegt. Hieraus ergibt sich die Entscheidung:

„Es wurde der

Beschluß

verkündet:

Der Widerspruch des Schuldners gegen seine Verpflichtung zur Leistung des Offenbarungseides wird auf seine Kosten verworfen, weil

(folgt kurze Begründung)

Richter. *Urkund.*"

Beschwerde. Man erwartet, daß auf Grund dieses Beschlusses sofort der Offenbarungseid abgenommen oder im Weigerungsfall Haftbefehl gegen Dreher erlassen werden wird. Aber das Gesetz bestimmt, daß die Eidesleistung erst nach Rechtskraft der Entscheidung erfolgt, sofern nicht etwa ein früherer Widerspruch des selben Schuldners bereits rechtskräftig verworfen worden war. Das Rechtsmittel ist, wie immer in Zwangsvollstreckungssachen, die sofortige Beschwerde. §§ 793, 900^{III} S. 2.

Verkündete Beschlüsse werden nicht von Amts wegen zugestellt (arg. § 329^{III}). Um also die Beschwerdefrist gemäß § 577^{II} S. 1 in Lauf zu setzen, läßt sich R.-A. Schwarz von der Geschäftsstelle eine Ausfertigung geben (§ 299^{I}), die er im Parteibetrieb zustellt. Am letzten Tage der Frist legt Dreher sofortige Beschwerde ein. Sie wird nach Ablauf einiger Wochen vom Landgericht aus den Gründen des Amtsgerichts zurückgewiesen.

Damit ist die Sache materiell entschieden, weil sententiae conformes vorliegen (§ 568^{II}). Um das Verfahren noch mehr hinauszuziehen, legt Dreher gleichwohl die weitere sofortige Beschwerde ein. Erst nachdem diese vom Oberlandesgericht als unzulässig verworfen worden ist, hat der Beschluß vom 28. Juli 1933 endlich Rechtskraft erlangt.

Haftbefehl. Verhaftung. R.-A. Schwarz holt zu dem Beschluß Notfrist- (§ 706^{II}) und Rechtskraftzeugnis (§ 706^{I}) ein und läßt alsdann neuen Termin zur Eidesleistung ansetzen. Diesmal leistet Dreher der Ladung keine Folge. Auf Antrag des Gläubigers ergeht daher (im Termin durch Verkündung oder schriftlich) der

„Haftbefehl.

Geschäftsnummer: 48 M 766. 33.

In der Zwangsvollstreckungssache (volles Rubrum!) wird auf Antrag des Gläubigers gegen den Schuldner, um die Leistung des Offenbarungseides gemäß § 807 ZPO. wegen der Forderung

(folgt genaue Angabe, vgl. S. 642)

zu erzwingen, die Haft angeordnet.

Auf Grund dieses Haftbefehls und eines Auftrages des Gläubigers ist der Schuldner durch einen Gerichtsvollzieher zu verhaften.

Breslau, den 30. September 1933.

Amtsgericht.

Richter."

Für Haftbefehle wird rotes Papier verwendet.

Gegen den Haftbefehl ist wiederum sofortige Beschwerde aus § 793 gegeben. Sie bietet aber keinerlei Aussichten mehr, nachdem durch den rechtskräftig gewordenen Beschluß vom 28. Juli 1933 die Verpflichtung zur Leistung des Offenbarungseides feststeht. Aufschiebende Wirkung würde die Beschwerde nicht haben.

Zwecks Durchführung der Verhaftung übersendet RA. Schwarz dem Gerichtsvollzieher Ausfertigung des Haftbefehls, Schuldtitel, Wechsel und 60 RM. als Haftkostenvorschuß für einen Monat (§§ 909, 911 ZPO., 98² GeschAnw.). Den Auftrag auszuführen, ist nicht immer einfach. Bisweilen legt der Schuldner ein ärztliches Zeugnis vor zum Nachweis, daß durch Vollstreckung der Haft seine Gesundheit einer nahen und erheblichen Gefahr ausgesetzt sei: dann muß der Gerichtsvollzieher vorläufig von der Verhaftung Abstand nehmen (§§ 906 ZPO., 98[3] GeschAnw.). Bisweilen wird der Schuldner nicht in seiner Wohnung angetroffen: dann ist es Sache des Gläubigers seinen Aufenthaltsort ausfindig zu machen. Der Gerichtsvollzieher kann wohl den Schuldner am dritten Ort (in einem öffentlichen Lokal, auf der Straße) verhaften, hat aber kein Recht die Wohnungen dritter Personen nach dem Schuldner zu durchsuchen, selbst wenn tatsächliche Anhaltspunkte gegeben sind, daß der Schuldner sich dort aufhält; es besteht — eine der vielen Unvollkommenheiten des Offenbarungseidverfahrens — kein Durchsuchungsrecht nach Analogie der §§ 102/3 StPO., sodern lediglich im Rahmen des § 758 ZPO.

Eine Eigentümlichkeit der Vollstreckung des Haftbefehls liegt darin, daß nur seine Vorlegung an den Schuldner, nicht die Zustellung erforderlich ist (§ 909 S. 2).

Endlich wird Dreher verhaftet und ins Gefängnis eingeliefert. Er verlangt sofort zur Abnahme des Eides dem Richter vorgeführt zu werden. Dem Antrag soll „ohne Verzug" stattgegeben werden (§ 902[I] S. 2), doch wird das Gericht zweckmäßiger Weise zunächst den Gläubiger bzw. dessen Anwalt benachrichtigen und nötigenfalls ein paar Stunden mit der Abnahme des Eides warten, damit der Gläubiger nicht um die Möglichkeit gebracht wird dem Schuldner vor der Eidesleistung Vorhaltungen zu machen. Erfolgt die Verhaftung außerhalb, so kann der Schuldner verlangen den Eid beim Gericht des Haftortes zu leisten (§ 902[I] S. 1); auf das Erscheinen des Gläubigers zu warten, wird in solchen Fällen kaum möglich sein.

Eidesleistung.

„In der Zwangsvollstreckungssache *Blum* gegen *Dreher* erschien, aus der Haft vorgeführt, der Schuldner. Er legte das beiliegende Vermögensverzeichnis vor und beantragte, ihm den Offenbarungseid abzunehmen. Er erklärte auf Befragen:

Meine Gaskaution im Betrage von 50 *RM* ist meinem Hauswirt, Herrn *Glocke*, für Mietsrückstände verpfändet. Mein Postscheckkonto führt die Nummer 39500 beim Postscheckamt Breslau, der gegenwärtige Bestand ist 60—80 *RM*. Sparkassenbücher besitze ich nicht. Ich bin in keinem Vorschußverein, keinem Konsumverein, keiner Lebensversicherung. Ich habe keinen Bestandteil meines Vermögens durch Scheingeschäfte auf dritte Personen übertragen."

Das Gericht darf dem Schuldner den Eid nur abnehmen, wenn er ein ordnungsmäßiges Vermögensverzeichnis vorlegt, in dem insbesondere für alle außenstehenden Forderungen Grund und Beweismittel angegeben sind (§ 807). Wird ein unvollständiges Verzeichnis beschworen, so ist der Schuldner auf Verlangen des Gläubigers zur nochmaligen Eidesleistung verpflichtet; wegen der dadurch entstehenden Mehrkosten oder des durch die Verzögerung eingetretenen Schadens besteht — Verschulden vorausgesetzt — eine Ersatzpflicht des Richters bzw. des Justizfiskus gemäß § 839 BGB., Art. 131 RVerf. RG. 62, 351; AV. vom 11. September 1930 (JMBl. 290). Nach dem Wortlaut des § 807 ZPO. gehören in das Verzeichnis auch die unpfändbaren Vermögensstücke, doch verneint RGSt. 42, 425 bei Weglassung unpfändbarer Sachen die Strafbarkeit, weil der Zweck des Offenbarungseides bloß dahin gehe dem Gläubiger die künftige Vollstreckungsmöglichkeit zu sichern. Hat der Schuldner Bestandteile seines Vermögens verschoben, so sind Scheingeschäft und Anfechtung auseinanderzuhalten (vgl. S. 462f., 465f.). Das simulierte Geschäft ist nach § 117[I] BGB. nichtig, das durch Scheingeschäft übertragene Vermögensstück daher im Eigentum des Schuldners verblieben und im Verzeichnis aufzuführen. Dagegen sind ernstlich gemeinte, aber aus dem AnfG. anfechtbare

Geschäfte nur im Verhältnis zum anfechtenden Gläubiger unwirksam (§§ 1, 7 Ges.), so daß eine Verpflichtung zur Aufnahme der in anfechtbarer Weise weggegebenen Sachen in das Verzeichnis gar nicht besteht!

Übrigens hat der Schuldner gar nicht nötig, die ihm vom Gläubiger oder vom Gericht vorgelegten Fragen zu beantworten, er kann jede Erklärung ablehnen und sich darauf beschränken das überreichte Verzeichnis zu beschwören. Im Hinblick auf die strafrechtlichen Folgen der falschen Eidesleistung — der Offenbarungseid gilt dabei als „zugeschobener Eid" im Sinne der §§ 153, 163 StGB. — zieht er es jedoch im allgemeinen vor die ihm gemachten Vorhaltungen zu beantworten.

„Hierauf wurde der Schuldner auf die Bedeutung des Eides hingewiesen. Er gab zur Person an, daß er *Eugen Dreher* heiße, 41 Jahre alt und Ingenieur in Breslau sei. Er leistete den Eid dahin ab, daß er nach bestem Wissen sein Vermögen so vollständig angegeben habe, als er dazu im Stande sei.[1])

Vorgelesen, genehmigt.

Der Schuldner wurde aus der Haft entlassen.

Richter. *Urkund.*"

Eine förmliche Aufhebung des Haftbefehls ist im Gesetz nicht vorgesehen.

Schwarze Liste: Nach §§ 915 ZPO., 35 GeschO. (S. 85) führt jedes Amtsgericht Schuldnerverzeichnisse mit folgenden Rubriken:

1. laufende Nummer,
2. Zu- und Vorname, Beruf und Wohnort des Schuldners,
3. Aktenzeichen,
4. Angabe des Tages an dem a) der Offenbarungseid geleistet, b) zu dessen Erzwingung die Haft angeordnet, c) der Schuldner nach sechsmonatlicher Haftdauer entlassen, d) der Antrag auf Konkurseröffnung wegen mangelnder Masse abgewiesen ist.

In Spalte 4c kommen die (sehr seltenen) heroischen Naturen, die sich durch sechsmonatliche Haft für die nächsten 5 Jahre von der Leistung des Offenbarungseides loskaufen wollen (§ 914 ZPO.).

Bei Erlaß des Haftbefehls ist Dreher in Spalte 4b, bei Leistung des Eides in Spalte 4a eingetragen worden. Die bloße Ladung zum Offenbarungseid wird nicht in der Liste vermerkt.

Die Verzeichnisse sind öffentlich, auch erteilt die Geschäftsstelle jedermann ohne besonderen Nachweis des Interesses schriftliche Auskunft über das Bestehen oder Nichtbestehen einer Eintragung. Gebühr für Einsicht und Auskunft: Rechtspflege-NotVO. vom 14. Juni 1932 (RGBl. I 285), II. Kap., Art. 2. Unrichtige Eintragungen und Auskünfte machen den Justizfiskus regreßpflichtig. RG. 118, 241. Die Schuldnerverzeichnisse dienen den kaufmännischen Auskunfteien als Material, und das ist der Grund, weshalb selbst hartgesottene Schuldner bisweilen im letzten Augenblick vor Leistung des Offenbarungseides bzw. Erlaß des Haftbefehls sich noch mit dem Gläubiger verständigen.

Beabsichtigt später ein anderer Gläubiger Dreher zum Offenbarungseid zu laden, so wird er vorsichtiger Weise zunächst mit Hilfe der „schwarzen Liste" feststellen, ob Dreher innerhalb der letzten

[1]) Nicht berücksichtigt ist im Text der, nur für beschränkte Zeit gültige, § 19d des 3. Teils der IV. NotVO. (vgl. S. 628 Anm. 3). Darnach wird der Offenbarungseid regelmäßig durch die uneidliche „Versicherung" des Schuldners ersetzt, daß er sein Vermögen so vollständig angegeben habe, als er dazu im Stande sei. Nur wenn das Gericht es zur Herbeiführung einer wahrheitsgemäßen Angabe für erforderlich erachtet, ordnet es (durch unanfechtbare Entscheidung) die Eidesleistung an. Die Vergünstigung kommt aber dem Schuldner nicht mehr zu statten, sobald der Termin infolge seines Widerspruchs erfolglos geblieben oder Haftbefehl erlassen ist. Dadurch soll erreicht werden, daß die Schuldner sich im ersten Termin stellen, von allen Einwendungen absehen und die Versicherung abgeben. Die Abgabe der Versicherung schützt den Schuldner 5 Jahre lang wie eine Eidesleistung, wird aber nicht in der „schwarzen Liste" vermerkt.

Alles dies gilt auch für den Finanzamts-Offenbarungseid.

5 Jahre den Eid geleistet hat. Angesichts der erfolgten Eidesleistung hat eine nochmalige Ladung nur dann Zweck, wenn der Erwerb neuen Vermögens glaubhaft gemacht werden kann (oben S. 644). Will der Gläubiger diesen Versuch nicht wagen, so wird er sich bemühen mit Hilfe des in der Liste angegebenen Aktenzeichens der Blumschen Sache wenigstens Einblick in das dort beschworene Verzeichnis zu gewinnen und so vielleicht ein Vermögensstück zu ermitteln, das den Versuch einer Vollstreckung lohnt. Die Einsicht der Akten 48 M 766. 33 muß gemäß § 299 II ZPO. von dem späteren Gläubiger als einem „Dritten" beim „Vorstand des Gerichts" (also dem aufsichtsführenden Amtsrichter) besonders beantragt, und zu diesem Zweck das „rechtliche Interesse" an der Einsicht nachgewiesen werden (Einreichung des Schuldtitels und der Bescheinigung über fruchtlose Zwangsvollstreckung).

5 Jahre nach Jahresschluß wird der ganze Aktenband des Schuldnerverzeichnisses vernichtet. Die Eintragungen in Spalte 4d werden schon 5 Jahre nach ihrer Vornahme unkenntlich gemacht, weil die Frist des § 107 II S. 3 KO., anders als die des § 915 II ZPO., vom Tage der Eintragung ab läuft. § 35[5] GeschO.

Besondere Offenbarungseide: I. Der Offenbarungseid des bürgerlichen Rechts (§§ 259, 260 BGB.) wird grundsätzlich vor dem Amtsrichter der freiwilligen Gerichtsbarkeit geleistet (§ 261 I). Ist der Schuldner zur Eidesleistung verurteilt, so erfolgt sie vor dem Prozeßgericht erster Instanz (§ 889 I S. 1 ZPO.). Der Eid stellt eine unvertretbare Handlung dar, deshalb werden gegen den böswilligen Schuldner Zwangsstrafen gemäß § 888 festgesetzt (§ 889 II S. 1). Es kommen nicht §§ 899f. sondern das oben S. 608 geschilderte Verfahren zur Anwendung, also wird statt des Haftbefehls ein Straffestsetzungsbeschluß erlassen, den der Gläubiger zu vollstrecken hat. Lautet der Beschluß auf Haft und ist der Schuldner daraufhin verhaftet, so kann er jederzeit die Abnahme des Eides durch das Gericht seines Haftortes verlangen und muß alsdann sofort freigelassen werden (§ 889 II S. 2 mit § 902, sachlich übereinstimmend mit den S. 608 entwickelten Grundsätzen).

II. Der Offenbarungseid des § 883, der bei fruchtloser Vollstreckung eines Herausgabeanspruchs zu leisten ist — hierher gehören auch die Fälle, daß bei Pfändung einer Hypothek der Hypothekenbrief, bei Überweisung einer Forderung die über sie vorhandenen Urkunden beim Schuldner nicht vorgefunden werden (S. 653) — steht hinsichtlich des Verfahrens dem Offenbarungseid aus § 807 gleich. Jedoch findet keine Eintragung ins Schuldnerverzeichnis statt.

III. Konkurs- und Vergleichs-Offenbarungseid (§§ 125 KO., 61 III VerglO.) scheiden nach allgemeiner Ansicht für die Anwendung des § 903 ZPO. aus und kommen nicht in die schwarze Liste, weil sie sich nicht auf das gesamte Vermögen des Schuldners beziehen, daher dem Offenbarungseid des § 807 ZPO. nicht gleichwertig sind.

IV. Von den Steuer-Offenbarungseiden hat der durch das Finanzamt selbst abgenommene mit dem gerichtlichen Verfahren nichts zu tun und gehört nicht ins gerichtliche Verzeichnis (oben S. 644). Die AV. vom 22. April 1929 (JMBl. 133) hält offenbar auch die Eintragung des auf Ersuchen des Finanzamts vor dem Amtsgericht geleisteten Eides in die schwarze Liste für unzulässig, wesentlich deshalb, weil § 914 ZPO. in § 325 III S. 2 AbgO. nicht mit zitiert wird. Diese Begründung erscheint etwas äußerlich. Der Eid ist dem aus § 807 ZPO. vor dem Amtsgericht geleisteten in jeder Hinsicht gleichwertig. Darum fehlt es an einem sachlichen Grunde, ihn nicht ins Schuldnerverzeichnis aufzunehmen.

Hypothekenpfändung.

„Pfändungsankündigung.

In der Zwangsvollstreckungssache des Fahrradhändlers *Artur Geisler* in Frankenstein (Schlesien) Gläubigers,

Prozeßbevollmächtigter: RA. *Braun* in Frankenstein,

gegen

den Landwirt *Erich Schroth* in Koberwitz, Landkreis Breslau, Schuldner, steht wegen der Forderung des Gläubigers aus dem vorläufig vollstreckbaren Urteil des Amtsgerichts Breslau vom 16. Juli 1933 wegen 290 *RM* (i. W.) nebst 6% Zinsen seit dem 15. Februar 1933 und ungefähr 15.00 *RM* Kosten der Zwangsvollstreckung die gerichtliche Pfändung und Überweisung der dem Schuldner gegen den Ackerbürger *Heinrich Drescher* in Fehrbellin zustehenden, im Grundbuch des dem *Drescher* gehörigen Grundstücks Fehrbellin Band VII Blatt Nr. 198 in Abt. III unter Nr. 5 hypothekarisch eingetragenen, mit 6% verzinslichen Darlehnsforderung von 2000 *RM* (i. W.) bevor.

Der Drittschuldner *Drescher* wird aufgefordert, nicht mehr an den Schuldner *Schroth* zu zahlen.

Der Schuldner *Schroth* wird aufgefordert, sich jeder Verfügung über die Forderung und die Hypothek, insbesondere der Einziehung derselben, zu enthalten.

Gemäß § 845 ZPO. hat diese Benachrichtigung die Wirkung eines Arrestes.

Frankenstein, den 17. Juli 1933.
Braun, Rechtsanwalt.

(Angeheftet sind die Urkunden über die am 19. Juli an *Schroth* und *Drescher* im Parteibetrieb bewirkte Zustellung)."

Anträge auf gerichtliche Pfändung darf der Gläubiger erst stellen, nachdem er die Vollstreckungsklausel erhalten, den Schuldtitel zugestellt, die etwa erforderliche Sicherheit geleistet und die Hinterlegungserklärung zugestellt hat. Alsdann muß der beantragte Pfändungsbeschluß vom Gericht erlassen, ausgefertigt und durch Zustellung an den Drittschuldner nach § 829 III in Kraft gesetzt werden. Inzwischen können andere dem Gläubiger zuvorkommen, der Schuldner kann die zu pfändende Forderung einziehen oder sonst darüber verfügen, und der Gläubiger würde dann das Nachsehen haben. Dagegen ist die Pfändungsankündigung (Vorpfändung) des § 845 weder von der Ausfertigung und Zustellung des Schuldtitels noch von Sicherheitsleistung u. dgl. abhängig; sie setzt lediglich voraus, daß das Urteil verkündet ist (Abs. I S. 2), und kann in kürzester Frist vom Gläubiger ohne Mitwirkung des Gerichts dem Drittschuldner zugestellt werden (die Zustellung an den Schuldner hat bloß die Bedeutung einer Ordnungsvorschrift). Hieraus ergibt sich der hohe Wert des Instituts. Stellt der Gläubiger binnen drei Wochen nach Zustellung der Pfändungsankündigung dem Drittschuldner den endgültigen gerichtlichen Pfändungsbeschluß zu, so hat die Vorpfändung „die Wirkung eines Arrestes" (Abs. II), d. h. die Pfändung wird auf den Zeitpunkt der Zustellung der Vorpfändung an den Drittschuldner zurückdatiert.

Voraussetzung für die „Arrest"wirkung ist die Zulässigkeit und Wirksamkeit des innerhalb der Dreiwochenfrist zugestellten Gerichtsbeschlusses. Tritt also zwischen Zustellung der Pfändungsankündigung und Zustellung des gerichtlichen Pfändungsbeschlusses Vollstreckungssperre (S. 621) ein, so ist der Pfändungsbeschluß wirkungslos und nicht geeignet der früher zugestellten Vorpfändung Kraft zu verleihen. Ebenso verhält es sich, wenn Mietforderungen vorgepfändet sind und vor Zustellung des Pfändungsbeschlusses die Beschlagnahme des Grundstücks im Wege der Zwangsverwaltung erfolgt: denn durch diese Beschlagnahme, welche die Grundstücksmieten ergreift, wird deren Pfändung im Wege der Mobiliarvollstreckung unstatthaft. §§ 20 II ZVG., 1123 BGB., 865 II S. 2 ZPO.[2]).

Vorpfändungen können aus Schuldtiteln aller Art, also auch aus Vergleichen, vollstreckbaren Urkunden, Arrestbefehlen und einstweiligen Verfügungen, vorgenommen werden.

---

[2]) Eine vor der Beschlagnahme bewirkte, also an sich zulässige Mietpfändung ist wegen der „Zweckgebundenheit der Miete" aufzuheben, soweit der Schuldner die Beträge zur Bestreitung von Grundstücksunterhaltskosten und vorgehenden Lasten braucht. IV. NotVO. 3. Teil, § 19 (gilt nur für beschränkte Zeit).

Kommt der Gläubiger mit der Dreiwochenfrist nicht aus, so wiederholt er die Pfändungsankündigung vor Fristablauf. Allerdings hat immer nur diejenige Vorpfändung die Wirkung des § 845^{II}, die weniger als 3 Wochen vor dem gerichtlichen Pfändungsbeschluß zugestellt wurde. Praktisch verhindert der Gläubiger durch wiederholte Pfändungsankündigungen den Drittschuldner, an den Schuldner zu zahlen. —

RA. Braun überreicht die vollstreckbare Ausfertigung des Urteils — worin dem Beklagten Hinterlegungsbefugnis vorbehalten ist — nebst der Pfändungsankündigung und seine Handakten und beantragt:

„wegen der Urteilsforderung von 290 *RM* (i. W.) nebst 6% Zinsen seit dem 25. Februar 1933, 7.20 *RM* Anwaltskosten der Zwangsvollstreckung[3]) sowie wegen der Kosten des beantragten Beschlusses und seiner Zustellung, die dem Schuldner gegen den Ackerbürger *Heinrich Drescher* in Fehrbellin zustehende, im Grundbuch von Fehrbellin Band VII Blatt Nr. 198 in Abt. III unter Nr. 5 hypothekarisch eingetragene, mit 6% verzinsliche Darlehnsforderung von 2000 *RM* (i. W.) zu pfänden und dem Gläubiger zur Einziehung zu überweisen."

Der Referendar: Nach §§ 13, 828^{II} ist das Amtsgericht Breslau, bei dem der Schuldner Schroth seinen Wohnsitz und folglich seinen allgemeinen Gerichtsstand hat, für alle gegen diesen Schuldner vorzunehmenden Pfändungen und Überweisungen als Vollstreckungsgericht zuständig, gleichgültig wo sich der Wohnsitz der Drittschuldner befindet. Das gilt auch für Hypothekenpfändungen. Seine Vollmacht braucht uns RA. Braun nicht mehr nachzuweisen, weil sie bereits der Prozeßrichter von Amts wegen geprüft hat (S. 617). Die allgemeinen Voraussetzungen der Zwangsvollstreckung (S. 612f.) sind gewahrt. Ich möchte deshalb die Grundakten vom Amtsgericht Fehrbellin kommen lassen und, wenn sie das Bestehen der Hypothek ergeben, alsdann dem Pfändungs- und Überweisungsantrag stattgeben.

Der Rechtspfleger: Den Bestand der zu pfändenden Forderungen und sonstigen Rechte zu prüfen, liegt außerhalb der Aufgabe des Vollstreckungsgerichts. Wir pfänden nicht wirkliche sondern, wie es das Formular des Beschlusses ausdrückt, „angebliche" Rechte nach den einseitigen Angaben des Gläubigers und überlassen es diesem, in Streitfällen die Existenz des Rechts später im Prozeß gegen den Drittschuldner zu beweisen. Unser Beschluß soll ja lediglich für Geisler die Aktivlegitimation zur Geltendmachung der Rechte des Schroth gegenüber Drescher herstellen, nicht aber für Drescher Verpflichtungen begründen, die nicht schon vorher bestanden hätten.

Referendar: Mir ist nicht klar geworden, aus welchem Grunde Rechtsanwalt Braun die Pfändungsankündigung mit eingereicht hat?

Rechtspfleger: Ob eine wirksame Pfändungsankündigung stattgefunden hat und die Wirkungen der Pfändung demgemäß nach § 845 zurückzubeziehen sind, interessiert grundsätzlich nicht das Vollstreckungsgericht sondern den Prozeßrichter, der einen etwa hierüber entstehenden Streit entscheiden soll. Hier wollte aber RA. Braun die Kosten der Pfändungsankündigung als Zwangsvollstreckungskosten (§ 788, oben S. 617) nachweisen und außerdem darauf aufmerksam machen, daß zur Vermeidung von Rechtsnachteilen die Zustellung des gerichtlichen Beschlusses bis zum 9. August durchgeführt sein muß. —

---

[3]) 4.50 RM. Gebühr für den Zwangsvollstreckungsauftrag einschließlich der vorhergegangenen Pfändungsankündigung ($^{3}/_{10}$ der vollen Gebühr), §§ 9, 23^{18}, 31 Geb.O. f. RA. Das Übrige sind Portoauslagen, Umsatzsteuer (S. 435/6), Zustellungskosten der Pfändungsankündigung usw.

„Geschäftsnummer: 48 M 777. 33.

Pfändungs- und Überweisungsbeschluß.

In der Zwangsvollstreckungssache des Fahrradhändlers *Artur Geisler* in Frankenstein (Schlesien), Gläubigers,

Prozeßbevollmächtigter: RA. *Braun* in Frankenstein,

gegen

den Landwirt *Erich Schroth* in Koberwitz, Landkreis Breslau, Schuldner.

Nach dem vollstreckbaren Urteil des Landgerichts Breslau vom 16. Juli 1933 steht dem Gläubiger gegen den Schuldner ein Anspruch von 290 *RM* (i. W.) nebst 6% Zinsen seit dem 25. Februar 1933 zu. Wegen dieses Anspruchs und der unten berechneten Kosten mit 2.25 *RM* für diesen Beschluß[4]) sowie der Kosten für die Zustellung dieses Beschlusses und 7.20 *RM* Zwangsvollstreckungskosten wird die angeblich dem Schuldner gegen den Ackerbürger *Heinrich Drescher* in Fehrbellin zustehende, im Grundbuch von Fehrbellin Band VII Blatt Nr. 198 in Abt. III unter Nr. 5 hypothekarisch eingetragene, mit 6% verzinsliche Darlehnsforderung von 2000 *RM* (i. W.)"

— nicht die Hypothek sondern die Forderung ist Gegenstand der Pfändung und Überweisung, vgl. oben S. 5 —

„in Höhe der angegebenen Beträge gepfändet. Der Drittschuldner darf an den Schuldner nicht mehr zahlen. Der Schuldner hat sich jeder Verfügung über die Forderung, insbesondere der Einziehung derselben, zu enthalten."

Die Pfändung gewöhnlicher Forderungen ist mit Zustellung des Beschlusses an den Drittschuldner perfekt (§ 829^{III}; die Zustellung an den Vollstreckungsschuldner hat die Bedeutung einer bloßen Ordnungsvorschrift). Dagegen sind bei der Pfändung von Hypothekenforderungen die Prinzipien des Immobiliarsachenrechts zu beachten. Wie wir wissen, geschieht nach § 1154 BGB. die Übertragung von Briefhypotheken durch schriftliche Abtretungserklärung und Übergabe des Briefes oder Ersatzübergabe (S. 5), von Buchhypotheken durch Einigung und Eintragung ins Grundbuch. Für rechtsgeschäftliche Verpfändung gilt grundsätzlich das Gleiche, bloß fällt das Besitzkonstitut als Ersatz der Briefübergabe weg (§ 1274^{I} S. 2). Bei der Vollstreckungspfändung entspricht der gerichtliche Pfändungsbeschluß gewissermaßen dem Willensmoment der Abtretungserklärung oder Einigung, nicht aber vermag er das sachenrechtliche Publizitätsmoment der Briefübergabe bzw. Grundbucheintragung zu ersetzen. Darum bestimmt § 830 ZPO., daß es zur Entstehung des dinglichen Pfändungspfandrechts außer der Zustellung des Beschlusses bei Briefhypotheken der Übergabe des Briefes, bei Buchhypotheken der Eintragung bedarf (Abs. I S. 2, 3), während im Verhältnis zum Drittschuldner die Pfändung bereits mit Zustellung des Beschlusses wirksam wird (Abs. II).

Drescher kann also nach Zustellung des Beschlusses, auch vor Übergabe des Briefes an Geisler, nicht mehr mit befreiender Wirkung Zahlung an Schroth leisten. Dagegen kommt es für die Konkurrenz mit Dritten, denen Schroth die Hypothek abtritt, ferner für das Verhältnis zu anderen Pfändungspfandgläubigern, endlich für das Absonderungsrecht im Fall eines Konkurses über das Vermögen des Schroth darauf an, ob außer der Zustellung des Pfändungsbeschlusses auch die Briefübergabe erfolgt war. Über die selbständige Bedeutung eines dem Schuldner zugestellten Pfändungsbeschlusses ohne Briefübergabe (Grundbucheintragung) vgl. unten S. 724/5.

---

[4]) $^1/_4$ der vollen Gebühr. §§ 8, 34^2 GKG.

Aus der gemachten Unterscheidung folgt, daß die Vorpfändung nur im Verhältnis des Gläubigers zu Drescher praktische Bedeutung erlangen kann. Wird bis zum 9. August der Pfändungsbeschluß zugestellt, so kann sich Drescher nicht auf eine in der Zwischenzeit an Schroth bewirkte Leistung berufen, selbst wenn der Brief zur Zeit der Leistung noch nicht dem Gläubiger übergeben war. Hat ein Dritter nach Zustellung der Vorpfändung, aber vor Zustellung des Pfändungsbeschlusses und Übergabe des Briefes an Geisler, gutgläubig Rechte an der Hypothek gemäß den Vorschriften des Sachenrechts erlangt, so ist ihm gegenüber die Pfändungsankündigung unschädlich. Stein-Jonas V zu § 845.

Rückständige Hypothekenzinsen werden nicht nach Grundstücksrecht, sondern formlos nach Obligationenrecht abgetreten (§ 1159 BGB.). Entsprechend werden sie auch wie gewöhnliche Forderungen nach § 829 ZPO. gepfändet. Vgl. § 830 III S. 1.

Wie kommt die „Übergabe" des Briefes, von der § 830 I S. 1 spricht, praktisch zustande? Freiwillig wird der Schuldner den Brief nur in den seltensten Fällen herausgeben. Deshalb bestimmt § 830 I S. 2, daß die Übergabe als vollzogen gilt, wenn der Gerichtsvollzieher den Brief zwecks Ablieferung an den Gläubiger weggenommen hat. Der Pfändungsbeschluß bildet einen Titel zur zwangsweisen Wegnahme des Briefes in ähnlicher Weise, wie nach dem verwandten § 836 III der Überweisungsbeschluß zur Wegnahme der über die Forderung vorhandenen Urkunden berechtigt (oben S. 638). Selbstverständlich ist dabei das Gewahrsamsprinzip der §§ 808/9 (S. 626) zu wahren. Wird der Brief bei Schroth nicht vorgefunden und erteilt er keine Auskunft über seinen Verbleib, so kann er von Geisler zum Offenbarungseid des § 883 (S. 649) geladen werden. Stellt sich heraus, daß der Brief sich im Besitz eines Dritten befindet, so hat Geisler die Herausgabeansprüche Schroths zu pfänden und sich überweisen zu lassen, und muß dann gegen den unmittelbaren Besitzer auf Herausgabe klagen, wobei er selbstverständlich allen Einwendungen des Beklagten aus seinem Rechtsverhältnis zu Schroth, ausgesetzt bleibt. Die Pfändung und Überweisung des Herausgabeanspruchs ist aber noch kein Ersatz für die in § 830 I vorgeschriebene Übergabe (Wegnahme) des Briefes. So lange also Geisler nicht auf die eine oder andere Weise den tatsächlichen Besitz des Briefes erlangt hat, steht ihm an der Hypothek kein Pfändungspfandrecht zu!

Nachdem die Pfändung gemäß den vorstehenden Grundsätzen wirksam geworden ist, kann sie (und ebenso die alsbald zu erörternde Überweisung) auf Geislers Antrag im Wege der Berichtigung im Grundbuch vermerkt werden. Der Umstand, daß die beizutreibende Hauptforderung 500 RM. nicht übersteigt, hindert die Eintragung nicht. § 866 III (oben S. 240) bezieht sich nur auf Eintragung von Zwangshypotheken, nicht auf Pfändung bestehender Hypotheken.

„Zugleich wird dem Gläubiger die bezeichnete Forderung auf Höhe der angeführten Beträge zur Einziehung überwiesen mit der Maßgabe, daß der Drittschuldner *Drescher*, so lange dem Schuldner die Befugnis zusteht die Zwangsvollstreckung aus dem Urteil vom 16. Juli 1933 durch Sicherheitsleistung abzuwenden, den Schuldbetrag zu hinterlegen hat.

Breslau, den 23. Juli 1933.

Amtsgericht.

Pfleger

Justizobersekretär als Rechtspfleger."

Die in § 835 I als normale Verwertungsart gepfändeter Forderungen vorgesehene Überweisung kann nach Wahl des Gläubigers entweder „an Zahlungs Statt zum Nennwert" oder „zur Einziehung" erfolgen. Das erste Verfahren stellt eine Art Zwangs-Zession dar: die Forderung geht auf den pfändenden Gläubiger mit der Wirkung über, daß er, soweit die überwiesene Forderung besteht, wegen seines Anspruchs an den Schuldner als endgültig befriedigt gilt (§ 835II). Mithin trägt der Pfändungsgläubiger zwar nicht die Gefahr der Verität, wohl aber diejenige der Bonität der überwiesenen Forderung. Aus diesem Grunde wird höchst selten ein Gläubiger sich auf Überweisung an Zahlungs Statt einlassen, und es kommt im praktischen Rechtsleben fast nur die, auch von RA. Braun für Geisler beantragte, Überweisung zur Einziehung vor. Sie macht den pfändenden Gläubiger nicht zum Quasi-Zessionar, vielmehr bleibt der Vollstreckungsschuldner Inhaber der gepfändeten Forderung, an welcher dem pfändenden Gläubiger lediglich ein Pfandrecht zusteht. Aber die Überweisung zur Einziehung „ersetzt die förmlichen Erklärungen des Schuldners, von welchem nach den Vorschriften des bürgerlichen Rechts die Berechtigung zur Einziehung der Forderung abhängig ist." (§ 836I). Damit ist folgendes gemeint:

Bei rechtsgeschäftlicher Verpfändung von Forderungen unterscheiden §§ 1281/2, 1228 BGB. die Stadien der „Pfandreife", welche mit Fälligkeit der gesicherten Forderung eintritt, und der „Pfandunreife". Während der Pfandunreife kann der Pfandgläubiger nur verlangen, daß der Drittschuldner an ihn und den Verpfänder gemeinschaftlich leiste (also Klage auf Zahlung ad depositum, § 1281), während nach Eintritt der Pfandreife dem Pfandgläubiger nach § 1282 ohne weiteres die Befugnis zusteht die gepfändete Forderung, soweit es zu seiner Befriedigung erforderlich ist, allein einzuziehen. Der Gesetzgeber wollte nämlich dem Pfändungspfandgläubiger das Einziehungsrecht auf Grund der bloßen Pfändung nicht gewähren, weil es auch Arrestpfändungen gibt, die dem Gläubiger keine Befriedigung sondern bloße Sicherung verschaffen sollen. Deshalb ist dem Pfändungspfandgläubiger die dem § 1282 entsprechende Einziehungsbefugnis durch Überweisung zur Einziehung besonders zu übertragen, und auf Grund eines Arrestbefehls darf keine Überweisung stattfinden (§ 930I ZPO.). Auf Grund der Überweisung zur Einziehung billigt übrigens die Praxis dem Pfändungsgläubiger außer dem eigentlichen Einziehungsrecht auch die Befugnis zu solchen Maßnahmen zu, die wirtschaftlich einer Einziehung gleichwertig sind: Aufrechnung mit der überwiesenen Forderung gegenüber einer etwa dem Drittschuldner an den Pfändungsgläubiger zustehenden Gegenforderung, Bewilligung einer Stundung an den Drittschuldner (wobei allerdings dem Pfändungsgläubiger im Verhältnis zum Vollstreckungsschuldner die Diligenzpflicht des § 842 gefährlich werden kann) usw., nicht dagegen Verkauf der überwiesenen Forderung (vgl. § 1282II BGB.). Schroth hat das Recht behalten gegen Drescher auf Feststellung oder auf Zahlung an Geisler zu klagen. Die Rechtskraft eines zwischen dem Gläubiger und Drescher oder zwischen Schroth und Drescher ergehenden Urteils beschränkt sich auf die jeweiligen Prozeßparteien. RG. 58, 105; 77, 144; 83, 116; 97, 34.

Zur Überweisung der wirksam gepfändeten Hypothekenforderung bedarf es keines neuen sachenrechtlichen Publizitätsaktes mehr, es genügt die Aushändigung des Überweisungsbeschlusses an den Gläubiger (§ 837I S. 1 ZPO.).

Die Einschränkung im letzten Satz des Beschlusses folgt daraus, daß Schroth nach dem Schuldtitel Hinterlegungsbefugnis besitzt. Wie der Gerichtsvollzieher bei bestehender Hinterlegungsbefugnis an den Gläubiger nicht auszahlen sondern bloß hinterlegen darf (S. 613), so nach § 839 auch der Drittschuldner. —

Verfügung zum Beschluß:

„1. Anliegenden Pfändungs- und Überweisungsbeschluß dem Gläubiger z. H. des RA. *Braun* übersenden."

Der Grundsatz, daß nicht verkündete Beschlüsse des Gerichts beiden Parteien von Amts wegen zuzustellen sind (§ 329^{III}), erleidet bei der Zwangsvollstreckung in Forderungen und anderen Vermögensrechten eine Ausnahme. Der Pfändungsbeschluß wird vom Gericht überhaupt nicht zugestellt, sondern formlos dem Gläubiger ausgehändigt, damit dieser ihn — im Parteibetrieb — an Drittschuldner und Schuldner zustellen läßt (§ 829^{II}). Der Gläubiger kann im Pfändungsantrag das Gericht ersuchen, den ergehenden Beschluß durch Vermittlung der Geschäftsstelle zustellen zu lassen (§ 166^{II} S. 1): dann übergibt die Geschäftsstelle den Beschluß einem Gerichtsvollzieher zur Zustellung, die als Parteizustellung gilt, und der Gläubiger erhält später den Beschluß mit Zustellungsurkunden vom Gerichtsvollzieher zugesandt. § 37^{5} GeschAnw. (S. 611).

Zweckmäßigerweise wird RA. Braun bei der Zustellung den Drittschuldner Drescher gemäß § 840 ZPO. auffordern lassen, sich binnen zwei Wochen über die Anerkennung der gepfändeten Hypothekenforderung und über etwaige ältere Pfändungen zu erklären. Diese Aufforderung kann der Postbote (der sonst in der Regel vom Gerichtsvollzieher gemäß § 194 mit Ausführung der Zustellungen beauftragt wird) nicht vornehmen. Der Gläubiger läßt daher den Beschluß am besten durch den Fehrbelliner Gerichtsvollzieher zustellen, der um persönliche Ausführung der Zustellung ersucht wird. Gibt Drescher im Laufe der Frist keine Erklärung ab, so gilt das nicht als Anerkenntnis der Forderung und der Hypothek, sondern Drescher wird lediglich zum Ersatz des durch die Nichtbeantwortung dem Gläubiger entstandenen Schadens verpflichtet (§ 840^{II} S. 2), z. B. zur Erstattung der Prozeßkosten, falls Geisler im Vertrauen auf das Nichtbestreiten gegen Drescher geklagt hat und infolge begründeter Einwendungen sachlich unterlegen war.

„2. Pfändung auf dem Schuldtitel vermerken."

Der Vermerk, der nicht im Gesetz vorgeschrieben aber üblich ist, um den Schuldner vor doppelter Beitreibung der Urteilsforderung und vor Überpfändung zu schützen (S. 658), lautet etwa:

„Auf Grund des Schuldtitels ist heute in Sachen 48 M 777. 33 Pfändungs- und Überweisungsbeschluß wegen 290 *RM* nebst 6% Zinsen seit dem 25. Februar 1933 und 9.45 *RM* Zwangsvollstreckungskosten ergangen.

Breslau, den 23. Juli 1933.
Amtsgericht. Geschäftsstelle.
Urkund
(Siegel) als Urkundsbeamter."

Schließlich werden die Kosten berechnet und von Geisler als Antragsteller eingezogen (§ 77^{I} GKG., vgl. oben S. 434f.). —

Der Referendar: Durch den Pfändungs- und Überweisungsbeschluß ist Geisler in den Stand gesetzt, die einzelnen Hypothekenzinsraten nach Eintritt ihrer Fälligkeit einzuziehen. Auf diesem Wege wird es aber lange dauern, bis er volle Befriedigung erlangt. Wie kann Geisler an das Kapital der Hypothek — sofern es nicht bereits fällig sein sollte — herankommen?

Der Rechtspfleger: Die Pfändung und Überweisung führt allerdings keine Fälligkeit der Hypothek herbei. Jedoch hat Geisler, weil seine Forderung an Schroth fällig ist, alle Rechte eines Pfandgläubigers im Stadium der Pfandreife. Dazu gehört auch die Möglichkeit, die gepfändete Hypothek ohne Schroths Mitwirkung durch Kündigung fällig zu machen. §§ 1228^II, 1283^III BGB. Sollte aber nach den Hypothekenbedingungen die Kündigung auf längere Zeit ausgeschlossen sein und will Geisler nicht so lange warten, so hilft ihm § 844 ZPO. Nach dieser Vorschrift kann das Vollstreckungsgericht auf Antrag eine andere als die normale Art der Realisierung des gepfändeten Rechts anordnen, in erster Reihe ihre Versteigerung durch den Gerichtsvollzieher. Dann erhält Geisler aus dem Versteigerungserlös sofort Befriedigung.

Das Gesetz regelt bei den verschiedenen Pfandarten die Verwertung bis ins Einzelne, gibt aber daneben jedes Mal eine Elastizitätsvorschrift, welche es ermöglicht bei besonderer Lage des Falles die Verwertung in einer anderen, zweckmäßigeren, Weise vorzunehmen. Vgl. für Vertragspfandrecht an beweglichen Sachen §§ 1246 BGB., 166 RFGG. (Einigung der Beteiligten, hilfsweise Entscheidung durch den Amtsrichter der freiwilligen Gerichtsbarkeit), für Pfändungspfandrecht an beweglichen Sachen § 825 ZPO. (oben S. 631), an Forderungen § 844. Die Verwertung von Rechten, die keine Forderung sind, ist in § 857 ganz elastisch geregelt, vgl. den folgenden Fall. Elastizitätsvorschrift für die Grundstücksversteigerung: § 65 ZVG. (unten S. 691). § 844 bzw. § 857 ZPO. sind auch bei rechtsgeschäftlicher Verpfändung von Forderungen und sonstigen Rechten anwendbar, da der Pfandgläubiger hier immer seine Befriedigung auf Grund eines vollstreckbaren Schuldtitels nach den für die Zwangsvollstreckung geltenden Bestimmungen suchen darf (§ 1277 BGB.).

Vollstreckung in Anteils- und Nacherbenrechte.

„Pfändungs- und Überweisungsbeschluß.

In der Zwangsvollstreckungssache des Viehhändlers *Artur Grund* in Peiskretscham, Gläubigers,

Prozeßbevollmächtigter: RA. *Grün* in Peiskretscham,

gegen den Kaufmann *Theodor Schalk* in Breslau, Salzstraße 10, Schuldner.

Nach dem vollstreckbaren Urteil des Landgerichts Breslau vom 3. Juni 1933 steht dem Gläubiger gegen den Schuldner ein Anspruch auf 4800 *RM* (i. W.) nebst 8% Zinsen seit dem 20. März 1933 zu. Wegen dieses Anspruchs und der unten berechneten Kosten des Verfahrens mit 19.80 *RM* für diesen Beschluß sowie der Kosten für die Zustellung dieses Beschlusses und 45.00 *RM* Zwangsvollstreckungskosten werden gepfändet:

1. der dem Schuldner angeblich als Gesellschafter der unter der Firma *Schalk & Schnabel* in Breslau bestehenden offenen Handelsgesellschaft zustehende Anteil am Gesellschaftsvermögen einschließlich des daraus hervorgehenden Anspruchs auf dasjenige, was dem Schuldner bei der Auseinandersetzung mit seinem Mitgesellschafter, Fabrikanten *Rudolf Schnabel* in Wohlau, zukommt,"

— obgleich zwischen BGB.-Gesellschaft und o.H.G. kein Unterschied im Aufbau besteht (§ 105^II HGB.), bezeichnet § 725 BGB. als Gegenstand der Zwangsvollstreckung den Anteil am Gesellschaftsvermögen, § 135 HGB. das Auseinandersetzungsguthaben. Am besten bezeichnet man (in beiden Fällen) als gepfändet den Anteil am Gesellschaftsvermögen einschließlich der daraus hervorgehenden Ansprüche auf Auseinandersetzungsguthaben usw. Vgl. auch Ziff. 4 des Beschlusses. Die Pfändung wird durch die Zustellung an die Gesellschaft als Drittschuldner wirksam. § 857^I, II ZPO.; Stein-Jonas II 1 zu § 859. —

„2. der dem Schuldner angeblich an der ‚Deutsch-Holländischen Tabak-Importgesellschaft m. b. H.' in Hamburg, Burstah 88, Geschäftsführer: *Jacob Jacobsen*, zustehende Geschäftsanteil von nominell 3000 *RM*,"

— G.m.b.H.-Anteile werden, auch wenn eine Urkunde über den Anteil ausgestellt ist, stets als Rechte durch Beschluß des Vollstreckungsgerichts gepfändet. Darin unterscheiden sie sich von den Aktien, welche (sowohl Inhaber- wie Namensaktien) als Wertpapiere vom Gerichtsvollzieher zu pfänden sind. arg. § 822; Stein-Jonas I 2. Da ein Drittschuldner eigentlich nicht vorhanden ist, müßte die Zustellung der Pfändung an den Schuldner genügen (§ 857^{II}). Vorsichtshalber läßt man jedoch den Beschluß auch der Gesellschaft zustellen, weil die Ansicht vertreten wird, daß sie quasi-Drittschuldner sei (Stein-Jonas II 4 zu § 859). —

„3. das dem Schuldner angeblich als Genossen mit 5 Geschäftsanteilen über nominell je 100 *RM* des Gemeinnützigen Bauvereins ‚Annahöhe' e. G. m. b. H. in Zobten bei der Auseinandersetzung mit der Genossenschaft zukommende Guthaben,"

— der Tenor des Beschlusses („Auseinandersetzungsguthaben") entspricht dem Wortlaut des § 66^{I} GenG. Zustellung an die Genossenschaft, welche als Schuldnerin des Guthabens die Stellung eines Drittschuldners hat. —

„4. der dem Schuldner angeblich als Miterben zur Hälfte nach der am 15. Januar 1933 in Breslau verstorbenen Kaufmannswitwe *Erna Schalk* geb. *Erlholz* zustehende Anteil am ungeteilten Nachlaß einschließlich der daraus hervorgehenden Ansprüche auf Auseinandersetzung und auf dasjenige, was dem Schuldner bei der Auseinandersetzung zukommt, an den Miterben Gastwirt *Ernst Schalk* in Züllichau,"

— Vgl. § 859^{II} ZPO. und oben S. 43. Die Pfändung ist den Miterben, falls aber ein zur Teilung befugter Testamentsvollstrecker vorhanden ist, diesem als Drittschuldner zuzustellen (Stein-Jonas III 1 zu § 859). Gehören zum Nachlaß Grundstücke oder Rechte an Grundstücken, so bedarf es zum Wirksamwerden der Pfändung weder der Eintragung ins Grundbuch noch der Wegnahme von Hypothekenbriefen: denn den Gegenstand der Vollstreckung bildet bei Gemeinschaften zur gesamten Hand der Anteil des Schuldners am Gesamthandvermögen, nicht sein Anteil an den einzelnen zu diesem Vermögen gehörenden Rechten, und die Pfändung entspricht grundbuchrechtlich durchaus einer Universalsukzession (S. 189). Jedoch kann die durch Zustellung vollzogene Pfändung, weil sie die Verfügungsbefugnis des Schuldners einschränkt, nachträglich im Wege der Grundbuchberichtigung vermerkt werden. Rechtsprechung bei Stein-Jonas 49 zu § 859. —

„5. das dem Schuldner angeblich am Nachlaß des am 8. März 1925 in Priebus verstorbenen Rentmeisters *Fritz Erlholz* für den Fall des Todes oder der Wiederverheiratung der Vorerbin, Witwe *Irene Erlholz* geb. *Kretschmer* in Sprottau, zustehende alleinige Nacherbenrecht einschließlich des daraus gegen die Vorerbin hervorgehenden Anspruchs auf Ausantwortung des Nachlasses bei Eintritt des Nacherbfalls."

Über das dem Nacherben zwischen Vor- und Nacherbfall zustehende Recht bestimmen §§ 2108^{II}, 2142^{I} BGB. lediglich, daß es vererblich ist und ausgeschlagen werden kann. Die Rechtsprechung bejaht auch die Möglichkeit der bindenden Annahme, der rechtsgeschäftlichen Übertragung durch den Nacherben und der Pfändung seitens seiner Gläubiger in diesem Stadium. Nun fehlt es für die dingliche Abtretung des Alleinerbrechts an einer gesetzlichen Form (der Erbschaftskauf, §§ 2371 f., wirkt bloß obligatorisch, arg. § 2374). Die hierdurch entstehende Lücke wird für die rechtsgeschäftliche Übertragung durch analoge Anwendung des für Übertragung von Erbteilen geltenden § 2033 ausgefüllt. Die Pfändung des Nacherbenrechts muß nach herrschender Meinung (dagegen Stein-Jonas 138a zu § 857) dem Vorerben zugestellt werden, weil er dem Nacherben später den Nachlaß herauszugeben hat, mithin Drittschuldner im Sinne des § 857II ZPO. ist. Auch die Pfändung des Nacherbenrechts wird auf Antrag nachträglich berichtigungshalber im Grundbuch vermerkt. RG. 83, 434.

Obgleich der Nacherbe der Erbschaft schon nach Eintritt des Vorerbfalls zur Ausschlagung berechtigt ist (§ 2142I BGB.), so läuft doch die Ausschlagungsfrist für ihn erst von der Kenntnis des Nacherbfalls, durch den ihm die Erbschaft anfällt (arg. §§ 1944II, 2139). Kann nun ein Nacherbe, der sein Nacherbenrecht formgerecht auf einen Dritten übertragen hat oder dem es von seinen Gläubigern weggepfändet ist, nach Eintritt des Nacherbfalls noch der Erbschaft entsagen und dadurch Übertragung und Pfändung gegenstandslos machen? Bei der rechtsgeschäftlichen Übertragung scheitert die nachträgliche Ausschlagung daran, daß der Nacherbe durch die Verfügung über sein Recht unwiderruflich angenommen hatte (§ 1943). Dem Pfändungsgläubiger läßt sich mit dieser Begründung nicht helfen, so daß er in der Tat bis zum Ablauf der Ausschlagungsfrist der Gefahr einer Ausschlagnug durch den Nacherben ausgesetzt bleibt. RG. 80, 377; 101, 185. —

Für rund 5000 RM. beizutreibende Forderungen sind fünf Rechte gepfändet, von denen eines allein einen Nennwert von 3000 RM. besitzt. Aber bei Anteils- und Nacherbenrechten muß man in noch höherem Maße als bei der Forderungspfändung überhaupt mit Verlusten und Ausfällen rechnen. Trotzdem wäre die Pfändung so vieler Rechte und Ansprüche vielleicht als Überpfändung gemäß § 803I S. 2 ZPO. abgelehnt worden, wenn nicht RA. Grün nachgewiesen hätte, daß Schalk & Schnabel ihren Gläubigern schon einmal ein Moratorium angeboten haben, die „Deutsch-Holländische“ seit Jahren mit Verlust arbeitet und daß der reine Wert der beiden Nachlässe zu 4 und 5 sich auf wenige Tausend Mark beläuft.

„Die Drittschuldner dürfen an den Schuldner nicht mehr zahlen. Der Schuldner hat sich jeder Verfügung über die gepfändeten Forderungen und Rechte, insbesondere der Einziehung derselben, zu enthalten.“ —

Wie sind die gepfändeten Rechte zu verwerten?

Eine „Überweisung“ ist begrifflich nur bei Forderungen denkbar. Mitgliedschaft-, Anteils- und Nacherbenrechte sind keine Forderungen, sondern gehören systematisch unter die „anderen Vermögensrechte“ der §§ 857f. Da aber § 135 HGB. als Gegenstand der Vollstreckung statt des Anteils am Gesellschaftsvermögen das Auseinandersetzungsguthaben auffaßt (S. 656), wird folgerichtig auch die Überweisung dieses Anspruchs vorgesehen. Um die Realisierung zu ermöglichen, muß die Auflösung der o.H.G. herbeigeführt werden, zu welchem Zwecke § 135 dem Gläubiger ein außerordentliches Kündigungsrecht mit Frist von 6 Monaten zum Schluß eines Geschäftsjahres gibt. Die Kündigungsbefugnis (nicht die Pfändung und Überweisung) wird an die besondere Voraussetzung geknüpft, daß der Schuldtitel nicht bloß vorläufig vollstreckbar sein darf (also ein rechtskräftiges Urteil, Vergleich, vollstreckbare Urkunde) und daß von irgend einer Seite während der letzten 6 Monate eine fruchtlose Zwangsvollstreckung ins Mobiliarvermögen versucht worden sein muß.

Recht der Mitgesellschafter, den Gesellschafter, dessen Privatgläubiger gekündigt hat, auszuschließen und dadurch die Auflösung und Liquidation der o.H.G. abzuwenden: § 140 (oben S. 31). — Bei der BGB.-Gesellschaft erfolgt keine Überweisung, entsprechend der Konstruktion der Pfändung des Anteils am Gesellschaftsvermögen. Die Kündigung führt hier zur sofortigen Auflösung der Gesellschaft, auch ist das Erfordernis der vorgängigen fruchtlosen Mobiliarvollstreckung nicht aufgestellt (§ 725 BGB.).

Der Bestand der G.m.b.H., die eine ausgesprochene Kapitalgesellschaft darstellt, kann durch Vollstreckungsmaßregeln gegen einen einzelnen Gesellschafter nicht berührt werden. Also wird lediglich die Veräußerung des gepfändeten Geschäftsanteils vom Vollstreckungsgericht gemäß § 857V ZPO. angeordnet, während die Gesellschaft selbst bestehen bleibt.

Wieder anders wird das genossenschaftliche Geschäftsguthaben behandelt. Veräußerung an einen Dritten kommt wegen des stark personenrechtlichen Charakters der Genossenschaft (S. 318f.) nicht in Frage. Andrerseits darf die Existenz der Genossenschaft als juristische Person nicht durch Vermögensverfall eines Genossen erschüttert werden. Deshalb gestattet § 66 GenG. dem Gläubiger zwar nicht die Genossenschaft, wohl aber die Mitgliedschaft seines Schuldners bei der Genossenschaft aufzukündigen, wodurch sich der Geschäftsanteil in eine fällige Forderung verwandelt. Ähnlich wie bei der o.H.G., wird Überweisung des Guthabens, vorherige fruchtlose Zwangsvollstreckung und Rechtskraft des Schuldtitels verlangt.

Die Verwertung des gepfändeten Erbteils kann der Gläubiger entweder so herbeiführen, daß er gegenüber den Miterben die Auseinandersetzung des Nachlasses betreibt, wobei ihm vertragliche oder testamentarische Teilungsbeschränkungen nicht entgegenstehen; dadurch erlangt er ein Pfandrecht an den bei der Teilung auf seinen Schuldner entfallenden Objekten (S. 180f., besonders S. 182, 185). Oder er beantragt Veräußerung des Erbteils gemäß § 857V ZPO.: alsdann tritt der Erwerber an Stelle des Schuldners in die Erbengemeinschaft ein und bleibt an die etwaigen Beschränkungen der Auseinandersetzung gebunden. — Grund will anscheinend die weitere Entwicklung abwarten, da er keinen Veräußerungsbeschluß beantragt hat.

Das Nacherbenrecht läßt sich überhaupt nur nach § 857V verwerten. So lange der Schuldner die Erbschaft nicht angenommen hat, besitzt die Pfändung des Nacherbenrechts bloß problematischen Wert (S. 658) und von einer baldigen Versteigerung ist kein nennenswerter Erlös zu erwarten. Wahrscheinlich aus diesem Grunde hat der Gläubiger die Anordnung der Veräußerung des Nacherbenrechts nicht beantragt.

Demgemäß lautet der zweite Teil des Beschlusses:

„Zugleich werden dem Gläubiger die zu 1 und 3 bezeichneten Forderungen auf Höhe der angegebenen Beträge zur Einziehung überwiesen und die öffentliche meistbietende Versteigerung des zu 2 bezeichneten Rechts durch den Gerichtsvollzieher angeordnet.

Breslau, den 24. Juli 1933.

Amtsgericht.

(Unterschrift)."

Hinterlegungsbeschluß.

Hausbesitzer Emil Busch reicht am 25. Juli 1933 folgenden Antrag ein:

„Wie das abschriftlich beigefügte Pfändungsprotokoll des O.G.V. *Pfänder* vom 6. Juli 1933 ergibt, sind für den Brauereibesitzer *Hopf* in Breslau, die Firma *Huber & Breuer* in Trier und den Gärtnereibesitzer *Jaeckel* in Hochkirch (Landkreis Breslau) gegen den Restaurateur *Alex Fichtner* in Breslau die zu 1 bis 8 bezeichneten Gegenstände im Gesamtwert von 7925 *RM* gepfändet worden. Versteigerungstermin steht am 27. Juli 1933 vormittags 9 Uhr an.

Ich bin Eigentümer des Hauses Moltkestr. 15, in welchem sich die Pfandstücke bei der Pfändung befanden, und habe durch den beigefügten Mietvertrag vom 7. Januar 1930 Wohnung und Geschäftslokal gegen eine monatlich im voraus zahlbare Festmiete von 345 *RM* dem Schuldner *Fichtner* für die Zeit vom 1. April 1930 bis 31. März 1938 vermietet. Auf die Mai- und Juni-Miete 1933 sind noch je 50 *RM*, die Juli-Miete 1933 ist in voller Höhe rückständig. Zur Glaubhaftmachung der Rückstände überreiche ich eidesstattliche Versicherung der Hausmeisterin *Mischke*.

Ich beantrage:

gemäß § 805 ZPO., soweit zulässig, die Hinterlegung des Erlöses der am 6. Juli 1933 gepfändeten Gegenstände anzuordnen."

Der Vermieter hat an den eingebrachten Sachen des Mieters ein gesetzliches Pfandrecht, welches mit der Einbringung für alle Forderungen aus dem Mietverhältnis, auch für die noch nicht fälligen oder noch nicht entstandenen, begründet wird (§ 559 BGB.) und demgemäß dem später entstandenen Pfändungspfandrecht vorgeht. Da er sich nicht im Besitz der Sachen befindet, kann er nicht nach § 771 ZPO. der Pfändung und der Versteigerung widersprechen, sondern nur aus § 805 Anspruch auf vorzugsweise Befriedigung aus dem Versteigerungserlös durch Klage im ausschließlichen (§ 802) Gerichtsstand der Zwangsvollstreckung erheben. Bei Glaubhaftmachung ordnet das Prozeßgericht, bei Dringlichkeit auch das Vollstreckungsgericht unter Fristbestimmung die Hinterlegung des Erlöses an (§ 805^{IV} mit § $769^{I, II}$). Das Verfahren ähnelt also durchaus der Interventionsklage, die Klage auf vorzugsweise Befriedigung stellt eine Art abgeschwächter Intervention dar. Wirtschaftlich besteht aber der einschneidende Unterschied, daß hier die Versteigerung der Pfandstücke durchgeführt wird, während die Intervention den Schuldner vor dem Fortgang der Zwangsvollstreckung schützt und ihm den weiteren Besitz der Sachen beläßt (daher die große Bedeutung der oben S. 461 behandelten Streitfrage).

In welcher Höhe wird nun für Busch zu hinterlegen sein?

Auf die Fälligkeit seiner Forderungen kommt es, wie § 805^{I} ausdrücklich bestimmt, nicht an. Jedoch beschränkt das materielle Recht die Geltendmachung des an sich aus der Priorität der zeitlichen Begründung folgenden Vorranges des Vermieterpfandrechts und zwar sowohl für die Vergangenheit wie für die Zukunft:

1. Rückwärts darf das Pfandrecht gegenüber kollidierenden Pfändungspfandrechten nicht für eine frühere Zeit als das letzte Jahr vor der Pfändung geltend gemacht werden. Das Jahr wird à dato der Pfändung gerechnet (§ 563 BGB.). Stichtag ist also der 6. Juli 1932.
2. Nach § 559 S. 2 wird das Vermieterpfandrecht niemals für zukünftige (d. h. noch nicht entstandene) Entschädigungsforderungen oder für den Mietzins einer späteren Zeit als des laufenden und folgenden Mietjahres geltend gemacht, wobei der Zeitpunkt der konkreten Geltendmachung entscheidet (RG. 54, 301). Das „folgende" Mietjahr endet mit dem 31. März 1935.

Über die günstigere Stellung des Verpächters eines landwirtschaftlichen Grundstücks s. unten S. 811/2.

Innerhalb des hiernach zu berücksichtigenden Zeitraums vom 6. Juli 1932 bis 31. März 1935 betragen die Mietforderungen des Antragstellers Busch 7345 RM. (je 50 RM. Rückstand für Mai und Juni 1933, 345 RM. Rückstand für Juli 1933, 6900 RM. für August 1933 bis März 1935 (d. s. 20 Monate). —

„Hinterlegungsbeschluß.

In der Zwangsvollstreckungssache

1. des Brauereibesitzers *Franz Hopf* in Breslau. . . . Prozeßbevollmächtigter: RA. *Schwarz* in Breslau,
2. . . . .

Gläubiger,

gegen den Restaurateur *Alex Fichtner* in Breslau, Moltkestraße 15,

Schuldner.

Auf Grund der Urteile vom .... hat der O.G.V. *Pfänder* am 6. Juli 1933 gegen den Schuldner die Zwangsvollstreckung vorgenommen. Der Vermieter, Hausbesitzer *Emil Busch* in Breslau, Alexanderstraße 49, hat auf Grund seines gesetzlichen Pfandrechts wegen rückständiger Miete für Wohnung und Geschäftslokal für die Zeit vom 1. Mai bis 31. Juli 1933 mit zusammen 445 *RM* und wegen des künftig fällig werdenden Mietzinses für die Zeit bis zum 31. März 1935 mit zusammen 6900 *RM*, insgesamt wegen 7345 *RM*, Anspruch auf vorzugsweise Befriedigung aus dem Erlöse der gepfändeten Gegenstände erhoben. Er hat diesen Anspruch durch Vorlegung des mit dem Schuldner geschlossenen schriftlichen Mietvertrags vom 7. Januar 1930 sowie durch eidesstattliche Versicherung der Hausmeisterin *Mischke* vom 24. Juli 1933, die Dringlichkeit des Falles durch Hinweis auf den nach dem Pfändungsprotokoll am 27. d. M. anstehenden Versteigerungstermin glaubhaft gemacht.

Gemäß §§ 805 IV, 769 II ZPO. wird daher auf Antrag des Hausbesitzers *Busch* angeordnet:

1. Der Gerichtsvollzieher hat den Erlös der gepfändeten Gegenstände bis zur Höhe von 7345 *RM* zu hinterlegen, falls nicht die Gläubiger und der Schuldner in die Auszahlung an den Antragsteller willigen.
2. Der Antragsteller hat im Falle der Hinterlegung binnen einer Frist von 3 Wochen, von heute ab gerechnet, dem Gerichtsvollzieher eine Entscheidung des Prozeßgerichts über die Fortdauer der Hinterlegung vorzulegen. Nach Ablauf dieser Frist darf die Zwangsvollstreckung fortgesetzt werden, insbesondere ist dann der Gerichtsvollzieher berechtigt den hinterlegten Erlös abzuheben und an die Gläubiger in Höhe der ihnen zustehenden Beträge auszuzahlen.

Breslau, den 25. Juli 1933.
Amtsgericht.
Pfleger
Justizsekretär als Rechtspfleger."

Ein „Prozeßgericht", welches den zu 2 verlangten weiteren Hinterlegungsbeschluß erlassen könnte, ist streng genommen erst von Zustellung der Klage an vorhanden. Da sich infolge des Vorschußerfordernisses (S. 361, 363, 452) Terminsansetzung und Klagezustellung oft verzögern, pflegen die Prozeßgerichte schon nach Klageeinreichung auf Antrag den Beschluß über weitere Hinterlegung zu erlassen, machen aber seinen Vollzug vom Nachweis der Klagezustellung abhängig, oder sie bestimmen eine Frist, in der dem Vollstreckungsorgan die Zustellung nachgewiesen werden muß. Stein-Jonas II zu § 769.

Der spätere Klageantrag geht dahin:

„anzuordnen, daß der Kläger aus dem Erlös der am 6. Juli 1933 in Sachen der Beklagten gegen *Fichtner* durch O.G.V. *Pfänder* gepfändeten Gegenstände wegen und in Höhe seiner Forderungen an *Fichtner* auf 445 *RM* fällige und 6900 *RM* künftig fällig werdende Miete, zusammen wegen 7345 *RM*, vorzugsweise zu befriedigen ist, und demgemäß die Beklagten zu verurteilen, darein zu willigen, daß von den durch O.G.V. *Pfänder* zufolge des Beschlusses des Amtsgerichts Breslau vom 25. Juli 1933, Aktenzeichen 48 M 781. 33, hinterlegten 7345 *RM*:

a) 445 *RM* (i. W.) sofort,
b) weitere je 345 *RM* (i. W.) am 1. August 1933, 1. September 1933 usw. bis zum 1. März 1935

an den Kläger ausgezahlt werden."

Die von Stein-Jonas (IV 2 zu § 805 mit Anm. 29) vertretene Ansicht, daß die noch nicht fälligen Beträge an den Kläger sofort unter Abzug des Zwischenzinses aus der Hinterlegungsmasse auszuzahlen seien, führt zu einer ungerechtfertigten Bevorzugung des Hauswirts, besonders im Falle vorzeitiger Auflösung des Mietverhältnisses.

Den Beklagten stehen im Prozeß alle Einwendungen gegen den Bestand der Mietforderung und gegen den Bestand des Vermieterpfandrechts zu, selbst wenn Busch gegen Fichtner bereits ein rechtskräftiges Urteil besitzt. —

Der Referendar erinnert sich, daß der Schuldner Fichtner die Pfandstücke sicherungshalber seinem Schwager Gallwitz übereignet und daß Gallwitz daraufhin einen Interventionsprozeß gegen Gottwald rechtskräftig gewonnen hat. Das Pfandstück Nr. 1, der Bierdruckapparat, solle überdies im vorbehaltenen Eigentum der Lieferfirma Gebr. Herbst in Wiesbaden stehen (vgl. S. 8f., 459f., 497). Das Vermieterpfandrecht wird nur an den dem Mieter gehörigen Sachen begründet (arg. § 559 S. 1 BGB.) und kann an fremden Sachen auch nicht durch guten Glauben erworben werden. Busch wird also wohl im Prozesse unterliegen, weil er sein Pfandrecht, die Grundlage der Klage aus § 805 ZPO., nicht zu beweisen vermag?

Grundsätzlich nützt guter Glaube beim Erwerb gesetzlicher Rechte ebensowenig, wie beim Vollstreckungserwerb (S. 167). Auf § 1257 BGB., der die analoge Anwendung der für das Vertragspfand gegebenen Bestimmungen auf gesetzliche Pfandrechte vorschreibt, kann sich der Vermieter nicht berufen, denn das Gesetz spricht von einem kraft Gesetzes „entstandenen" Pfandrecht, setzt also die Entstehung voraus. Eine positiv-rechtliche Ausnahme gilt nach § 366 III HGB. für die gesetzlichen Pfandrechte des Kommissionärs, Spediteurs, Lagerhalters und Frachtführers. Hier ist die Rechtslage aber eine wesentlich andere als beim Vermieterpfandrecht, weil die gesetzlichen Pfandrechte des Handelsrechts durchweg auf dem — unmittelbaren oder durch Traditionspapier vermittelten — Besitz des Gläubigers beruhen (§§ 397, 410, 421, 440), während sich die Sachen des Mieters, zunächst wenigstens, nicht in der tatsächlichen Gewalt der Vermieters befinden. Darum würde der gutgläubige Erwerb des Vermieterpfandrechts dem Publizitätsprinzip zuwiderlaufen, mit dem, wie wir wissen, der Schutz des guten Glaubens engstens verbunden ist (S. 7, 10 usw.). Läßt sich der Vermieter vom neu einziehenden Mieter versichern, daß alle eingebrachten Sachen sein freies und unbeschränktes Eigentum seien und weder im vorbehaltenen Eigentum von Abzahlungsgeschäften stehen, noch der Ehefrau, sonstigen Verwandten oder dritten Personen auf Grund einer Sicherungsübereignung gehören, und sind diese Angaben unrichtig, so hat der Vermieter an den fremden Sachen kein Pfandrecht erlangt, wohl aber der Mieter sich eines strafbaren Betruges (§ 263 StGB.) schuldig gemacht. Hierauf beruht es, daß vorsichtige Vermieter die Mitunterzeichnung des Vertrages durch die Ehefrau des Mieters verlangen, um sich auch an den der Frau gehörenden Sachen das Vermieterpfandrecht zu sichern.

Bei dem gesetzlichen Pfandrecht des Unternehmers an den von ihm hergestellten oder ausgebesserten beweglichen Sachen (§ 647 BGB.; als bewegliche Sachen werden hier auch registrierte Schiffe behandelt, vgl. RG. 108, 163) würde die Zulassung gutgläubigen Erwerbes nach dem Vorbild von § 366 III HGB. denkbar sein, weil dieses Pfandrecht nur an den im Besitz des Unternehmers befindlichen Sachen besteht.

Rechtspfleger: Soweit es sich um den Bierdruckapparat handelt, haben Sie recht — es sei denn, daß Fichtner etwa inzwischen die letzte Abzahlungsrate bezahlt hat. In diesem Fall würde nämlich zugleich mit dem Eigentumserwerb Fichtners das Vermieterpfandrecht des Busch durch Konvaleszenz analog § 185 II S. 1 BGB. entstanden sein. Bei den übrigen Sachen übersehen Sie, daß sie einmal als Eigentum Fichtners in die Mieträume eingebracht worden und damit in das Vermieterpfandrecht verstrickt worden waren. Es könnte sich also bloß fragen, ob das Pfandrecht nachträglich wieder erloschen ist. Nun hat Gallwitz sein Eigentum durch Besitzkonstitut erlangt, und bei diesem Übertragungsakt gibt es keinen Schutz gutgläubiger Dritter, sondern es gilt der Satz „nemo plus iuris transferre potest, quam ipse habet" sowohl hinsichtlich des Erwerbes vom Nichteigentümer (oben S. 10), wie beim Erwerb einer dem Veräußerer gehörenden, jedoch mit — dem Erwerber unbekannten — Rechten Dritter belasteten Sache. § 936^{I} S. 3. Gegenüber dem Hauswirt sind daher Sicherungsübereignungen absolut wertlos.

Sogar wenn Fichtner die veräußerten Sachen an Gallwitz übergeben hätte, würde aus § 936 das Erlöschen des Vermieterpfandrechts kaum herzuleiten sein. Nach dieser Bestimmung kommt es in erster Reihe auf den guten Glauben des Erwerbers an (§ 936^{II}), der sowohl durch Kenntnis wie durch grob fahrlässige Unkenntnis ausgeschlossen wird (§ 932^{II}). Hat der Erwerber gewußt, daß die veräußerten Sachen aus Mietsräumen stammen, so folgt daraus ohne weiteres seine Kenntnis vom Bestehen des Vermieterpfandrechts in abstracto. Ob der Erwerber ohne grobe Fahrlässigkeit annahm, der Vermieter sei mit der Miete nicht im Rückstande, ist belanglos: denn das Vermieterpfandrecht besteht von Anfang an auch für die später fällig werdenden, ja sogar für die noch gar nicht entstandenen Ansprüche aus dem Mietverhältnis. Wir sehen, daß nach § 936 die Sachen so gut wie immer mit dem Vermieterpfandrecht belastet bleiben. Um dieses, für den rechtsgeschäftlichen Verkehr unerträgliche, Ergebnis zu beseitigen, hat § 560 andere Erlöschensgründe rein tatsächlicher Natur eingeführt, die von einer etwa gleichzeitig vorgenommenen Veräußerung unabhängig sind. Darnach erlischt das Vermieterpfandrecht durch Entfernung vom Mietgrundstück, falls die Entfernung entweder im regelmäßigen Betriebe des Geschäfts des Mieters (z. B. im normalen Ladenverkehr oder beim Saison-Ausverkauf, nicht dagegen beim Ausverkauf wegen Geschäftsaufgabe) oder den gewöhnlichen Lebensverhältnissen entsprechend erfolgt oder wenn die zurückbleibenden Sachen zur Sicherung des Vermieters „offenbar" ausreichen. Der letzte Fall gewinnt für Klagen aus § 805 ZPO. besondere Bedeutung. Eine „Entfernung" im Sinne des § 560 BGB. liegt nämlich auch dann vor, wenn der Gerichtsvollzieher Sachen, die er für einen Gläubiger des Mieters in dessen Räumen gepfändet hat, als Kostbarkeiten alsbald an sich nimmt (S. 625) oder zum Zweck der Versteigerung fortschaffen läßt. RG. 71, 418. Wird nun der Vermieter durch die im Grundstück verbliebenen Sachen einwandfrei gedeckt, so ist sein Pfandrecht an den vom Gerichtsvollzieher abgeholten erloschen, und die Klage auf vorzugsweise Befriedigung aus ihrem Erlös kann keinen Erfolg mehr haben.

Verfügung zum Hinterlegungsbeschluß:

„1. Beschluß zustellen: a) an Antragsteller, b) an die Gläubiger z. H. ihrer Prozeßbevollmächtigten."

Vgl. § 329^{III} ZPO., wegen der Zustellung an den Prozeßbevollmächtigten § 81.

„2. Herrn O.G.V. *Pfänder* zur Kenntnisnahme vorzulegen."

Den erwirkten Einstellungs- oder Hinterlegungsbeschluß dem Vollstreckungsorgan nachzuweisen, ist an sich Aufgabe des Antragstellers. Der Gerichtsgebrauch hat aber dazu geführt, daß man solche Beschlüsse von Amts wegen dem Gerichtsvollzieher zur Kenntnisnahme und Beachtung vorlegt, damit nicht noch in letzter Stunde die Rechte des Antragstellers Schaden leiden. Weiß übrigens der Gerichtsvollzieher, daß Busch eine gerichtliche Anordnung aus § 805^{IV} beantragt hat, so darf er am 27. Juli den Versteigerungserlös auch dann nicht an die Gläubiger zur Auszahlung bringen, wenn ihm bis dahin der Hinterlegungsbeschluß weder von Busch noch vom Gericht mitgeteilt worden ist. Vielmehr würde er das Geld noch kurze Zeit zurückzuhalten haben, um sich inzwischen nach dem Schicksal des von Busch gestellten Antrags zu erkundigen. Unterläßt er das, so würde Busch wegen Amtspflichtverletzung des Gerichtsvollziehers (§ 839 BGB.) Schadensersatzansprüche an den Justizfiskus stellen können. RG. 87, 294; vgl. Sattelmacher-Lentz 1 zu § 85 GeschAnw.

Dagegen haben die Gerichtsvollzieher weder Recht noch Pflicht, dem Vermieter unaufgefordert Kenntnis von der Pfändung der seinem Pfandrecht unterliegenden Sachen zu geben. Ob und wann der Hauswirt von der bevorstehenden Versteigerung Kenntnis erlangt und ob er sein Recht auf vorzugsweise Befriedigung noch rechtzeitig geltend machen kann, bleibt (ebenso wie bei der Intervention) meist dem Zufall überlassen.

Wie ist die Rechtslage, wenn der Dritt-Eigentümer eines Pfandstücks oder wenn der zur vorzugsweisen Befriedigung berechtigte Vermieter erst nach Ausschüttung des Versteigerungserlöses Kenntnis von der Zwangsvollstreckung erhält?

Klagen aus § 771 oder § 805 können in diesem Zeitpunkt nicht mehr erhoben werden (S. 460). Durch den Zuschlag ist der Ersteher Eigentümer geworden und es sind alle an der versteigerten Sache bestehenden Pfandrechte untergegangen. Die herrschende Meinung begründet das so, daß der für den Pfandverkauf des bürgerlichen Rechts geltende § 1244 BGB. auf die Mobiliarversteigerung gemäß § 804 II ZPO. analog anzuwenden sei. Mithin wird der Mangel geheilt, wenn die äußere Form der öffentlichen Versteigerung gewahrt und der Ersteher gutgläubig im Sinne des § 932 II BGB. war. Der betreibende Gläubiger hat gewissermaßen als Nichtberechtigter (denn ein Pfändungspfandrecht stand ihm im Interventionsfall überhaupt nicht, bei der verspäteten Klage auf vorzugsweise Befriedigung erst im Range hinter dem Pfandrecht des Vermieters zu) eine Verfügung getroffen, die dem Berechtigten gegenüber wirksam war. Daher muß er nach § 816 I S. 1 den Nettoerlös (nach Abzug der Vollstreckungskosten!) als „das durch die Verfügung Erlangte" dem früheren Berechtigten (Interventionsberechtigten bzw. Pfandgläubiger) herausgeben. Der Bereicherungsanspruch wird im allgemeinen Gerichtsstand (§ 13 ZPO.) des Beklagten, also des befriedigten Pfändungsgläubigers, erhoben und unterliegt der gewöhnlichen 30jährigen Verjährung. Alles das gilt auch bei freihändigem Verkauf gemäß § 825. RG. 40, 289; 97, 34; 104, 300; 126, 21; JW. 06, 15[13]. Dem gegenüber erklärt die von Stein (in den „Grundfragen der Zwangsvollstreckung") begründete Ansicht den Zuschlag des Gerichtsvollziehers für einen konstitutiven Staatsakt, der die gleiche abstrakte Wirkung besitzen müsse wie der Zuschlag der Immobiliarvollstreckung (§ 90 ZVG.) und wie konstitutive Staatsakte überhaupt, woraus folgt, daß der Ersteher ohne Rücksicht auf guten oder bösen Glauben lastenfreier Eigentümer wird. Diese Ansicht gibt dem früheren Eigentümer bzw. Pfandgläubiger ebenfalls einen Bereicherungsanspruch gegen den Pfändungsgläubiger, aber nicht aus § 816 BGB., sondern aus § 812 bzw. in Analogie von § 37 5 ZVG. Vgl. Stein-Jonas IV 5 zu § 805 und IV zu § 817; Levis JW. 30, 2987[14]; Haymann Leipz. Z. 30, 681; Staudinger I 3 zu § 563.

„3. Kosten."

Für Einstellungs- und Hinterlegungsbeschlüsse wird $^1/_4$ der vollen Gebühr erhoben (§ 34 1 GKG.). Alleiniger Kostenschuldner des Gerichts ist der Antragsteller, dem es überlassen bleibt die Kosten im Prozeßwege vom Gegner wieder einzuziehen. —

Gegen den Hinterlegungsbeschluß findet sofortige Beschwerde nach § 793 ZPO. statt.

Erinnerung gegen Vollziehung einer einstweiligen Verfügung.

Viehhändler Kuno Adler in Schönborn ist von seiner Frau auf Scheidung verklagt und es ist ihm durch einstweilige Verfügung der Ehekammer gemäß § 627 die Zahlung von Unterhalt aufgegeben worden. Auf Grund der einstweiligen Verfügung sind für Frau Adler zunächst bewegliche Sachen gepfändet worden, doch mußte sie auf Intervention freigeben. Sodann hat sie in einen Kraftwagen, eine Summe Geldes und eine Gehaltsforderung vollstreckt. Am 26. Juli 1933 überreicht Herr Kroker vom Detektiv-, Inkasso- und Immobilieninstitut „Sirius" die ihm vom Schuldner erteilte Vollmacht, den Pfändungsbeschluß und Abschrift des Pfändungsprotokolls, und schreibt:

„Namens des Schuldners erhebe ich gegen den Pfändungs- und Überweisungsbeschluß des Amtsgerichts Breslau vom 15. Mai 1933 sowie gegen die heute, am 26. Juli 1933, durch den O.G.V. *Pfänder* vorgenommene Sachpfändung

Erinnerung

mit dem Antrag:

die angefochtenen Vollstreckungsmaßregeln aufzuheben.

Ferner beantrage ich:

bis zur endgültigen Entscheidung über die Erinnerung die einstweilige Einstellung anzuordnen.

Der Gerichtsvollzieher hat mit Rücksicht auf den vom Schuldner erhobenen Widerspruch das gepfändete Geld noch nicht an die Gläubigerin abgeführt und versprochen den Betrag 3 Tage lang zurückzuhalten, damit inzwischen der Schuldner eine gerichtliche Anordnung erwirken kann."

Wie alle die Vollstreckung betreffenden Rechtsbehelfe (S. 460), so ist auch die Erinnerung nur bis zur Beendigung der Zwangsvollstreckung zulässig. Nun gilt die Wegnahme von Geld regelmäßig als Zahlung seitens des Schuldners (S. 625). Beendet ist die Zwangsvollstreckung jedoch noch nicht mit der Wegnahme, sondern erst mit der Ablieferung an den Gläubiger, die der Gerichtsvollzieher hier zurückgehalten hat, um dem Schuldner Gelegenheit zur Geltendmachung seiner Einwendungen zu geben (vgl. S. 663). Daher bestehen gegen die Erinnerung, soweit sie die Sachpfändung betrifft, keine Bedenken.

Kann aber Adler gegen den vor mehreren Monaten erlassenen Pfändungs- und Überweisungsbeschluß jetzt noch Erinnerung einlegen, oder hätte er nicht gemäß § 793 binnen 2 Wochen sofortige Beschwerde erheben müssen? Die Vollstreckungsakte des Gerichts — also Pfändungs- und Überweisungsbeschlüsse, Anordnung der Zwangsversteigerung oder -verwaltung, Zulassung eines Beitritts zur Zwangsversteigerung oder Zwangsverwaltung (vgl. 14. Kap.) — sind keine „Entscheidungen" im Sinne des § 793, denn es handelt sich dabei um die Ausübung des staatlichen Zwanges als solchen, nicht um den Ausspruch der Rechtsfolgen eines Tatbestandes. Der gerichtliche Pfändungs- und Überweisungsbeschluß steht insoweit, vom Standpunkt des Schuldners gesehen, mit der Pfändung des Gerichtsvollziehers auf einer Linie. Deshalb steht ihm zunächst nur die, an keine Frist gebundene, Erinnerung ans Vollstreckungsgericht zu. Erst nachdem das Vollstreckungsgericht die Erinnerung zurückgewiesen oder ihr stattgegeben hat, liegt nunmehr eine mit sofortiger Beschwerde angreifbare Entscheidung vor.

Nur wenn dem Beschluß des Vollstreckungsgerichts beiderseitiges Gehör vorausgegangen war (wie meist bei der Festsetzung von Strafen u. dgl. nach §§ 887 f. und obligatorisch beim Offenbarungseid, § 901, vgl. S. 642, 646), unterliegt er alsbald der sofortigen Beschwerde. — Wird der Antrag des Gläubigers auf Pfändung, Anordnung der Zwangsversteigerung usw. ganz oder teilweise zurückgewiesen, so stellt der Beschluß für ihn eine „Entscheidung" dar, und er muß sofortige Beschwerde einlegen.

Die Erinnerung (und die anschließende sofortige Beschwerde bzw. — bei Vorhandensein von duae difformes, § 568II — weitere Beschwerde) führt zu einer erschöpfenden Nachprüfung der Ordnungsmäßigkeit des angefochtenen Vollstreckungsaktes. Man kann mit ihr sowohl geltend machen, daß die allgemeinen Voraussetzungen der Zwangsvollstreckung (S. 612f.) nicht gegeben seien, wie auch fehlende Zuständigkeit des Vollstreckungsorgans, formelle Mängel des Vollstreckungsaktes, Verletzung der Unpfändbarkeitsvorschriften usw. In unserem Falle bringt Adler teils Einwendungen gegen die Vollstreckung als Ganzes, teils gegen die einzelnen Maßnahmen vor:

„I. Die einstweilige Verfügung des Landgerichts vom 10. April 1933 ist dem Prozeßbevollmächtigten der Klägerin, RA. *Schwarz*, am 11. April zugestellt worden, der sie dem Schuldner am 12. April zugestellt hat. Mithin lief die Frist zur Vollziehung der einstweiligen Verfügung (§§ 929II, 936 ZPO.) am 11. Mai 1933 ab. Schon aus diesem Grunde müssen die erst später erfolgten Vollstreckungsmaßnahmen aufgehoben werden."

Unter den Arrestverfahren nehmen die einstweiligen Verfügungen auf Zahlung von Unterhalt u. dgl. (S. 558 zu 3) eine Sonderstellung ein. Im Gegensatz zu der auf Befriedigung des Gläubigers gerichteten Zwangs**vollstreckung** will der Arrest und die gewöhnliche, auf § 935 oder § 940 beruhende, einstweilige Verfügung dem Gläubiger lediglich eine Zwangs**sicherung** geben: daher der Grundsatz, daß die einstweilige Verfügung niemals bis zur vollen Verwirklichung des vom Antragsteller beanspruchten Rechtes gehen darf. Die Unterhalts-Verfügung dagegen hat gerade die Aufgabe dem Antragsteller eine provisorische Befriedigung zu verschaffen. Daß auf Grund solcher einstweiliger Verfügungen nicht bloß gepfändet sondern auch versteigert und überwiesen werden darf, steht in der Praxis fest, obgleich §§ 936f. keine ausdrückliche Ausnahmevorschrift enthalten und Adler zieht das auch nicht in Zweifel. Ähnlich verhält es sich mit der Vollstreckungsfrist des § 929II. Bei Arresten und einstweiligen Verfügungen aus § 935 hat sie ihren guten Grund, weil die besondere akute Gefahr, in welcher diese Maßnahmen ihre Rechtfertigung finden — der „Arrestgrund" — nicht dauernd besteht. Anders schon bei den „dauernden Rechtsverhältnissen" des § 940. Hier betrachtet man als „Vollziehung" im Sinne von § 929II die Zustellung an den Antragsgegner, mit der die gerichtliche Anordnung wirksam, „der Wille des Antragsgegners gebunden" wird. Ist also in dem Fall S. 493f. der amtsgerichtliche Beschluß innerhalb der Vollziehungsfrist dem Antragsgegner zugestellt und begeht er nach Ablauf der Frist eine Zuwiderhandlung, so kann er hierfür bestraft werden. Die einstweilige Verfügung des § 627 wird von vornherein „für die Dauer des zwischen den Parteien schwebenden Scheidungsprozesses" erlassen (S. 558). Stein-Jonas (IV zu § 938) will die Frist des § 929II auf Pfändungen zur Beitreibung des Unterhalts überhaupt nicht anwenden, da es sich um richtige Vollstreckungspfändungen, nicht um bloße Arrestpfändungen handele. Die herrschende Meinung geht nicht so weit, sondern sieht wiederum die Zustellung an den Antragsgegner als Vollziehung an.

Dieser Einwand des Schuldners ist also jedenfalls unbegründet.

„II. Die Pfändung des Kraftwagens und des baren Geldes verstößt außerdem gegen § 811 2, 5 ZPO.:

a) Der Schuldner braucht den Kraftwagen zum Besuch seiner Kundschaft und der Märkte. Bei den heutigen Verhältnissen ist ein solcher Wagen für einen Viehhändler zur persönlichen Fortsetzung seiner Erwerbstätigkeit absolut unentbehrlich.

Beweis: Sachverständige.

Der Gerichtsvollzieher hat die Pfändung im Protokoll damit zu begründen versucht, daß der Wagen außergewöhnlich groß und wertvoll sei und daß ein Kleinwagen oder ein Motorrad, vielleicht sogar ein gewöhnliches Fahrrad, genügen würde. Da aber der Schuldner weder einen zweiten Kraftwagen noch ein Kraftrad oder Fahrrad besitzt, muß ihm der vorhandene Wagen belassen werden."

In der Tat kommt es für die Anwendung des § 811 nur auf die Zweckbestimmung der Sache an, nicht auf ihre einfache oder kostbare Beschaffenheit. Die „Gerichtsvollzieherstube" der Nr. 1 kann ein seidenes Himmelbett und Plüschsessel enthalten, die Taschenuhr, welche man bei einem im Erwerbsleben stehenden Schuldner als unentbehrlich gemäß Nr. 5 anerkennt, von Gold sein, der Café-Geiger niederen Ranges ein echt italienisches Instrument als unpfändbares Handwerkszeug benutzen. Sofern Adler als Viehhändler überhaupt notwendig eines eigenen Beförderungsmittels bedarf, kann das einzige ihm zur Verfügung stehende Beförderungsmittel nicht gepfändet werden.

„b) Die für den Schuldner, den in seinem Haushalt befindlichen ältesten Sohn und das Gesinde zum Unterhalt für die nächsten zwei Wochen erforderlichen Nahrungs-, Feuerungs- und Beleuchtungsmittel kosten mindestens 56 *RM*.

(wird näher dargelegt).

Der Gerichtsvollzieher hätte daher den vorgefundenen Geldbetrag von 42 *RM* nicht pfänden dürfen."

Bargeld ist in 3 Fällen der Pfändung entzogen: a) als Surrogat für die in natura nicht vorhandenen Nahrungs-, Feuerungs- und Beleuchtungsmittel (§ 811²), b) als Surrogat für nicht vorhandene Futtermittel einer etwaigen Milchkuh (§ 811³), c) als Surrogat des unpfändbaren Teils des Gehalts- oder Ruhegehaltsanspruchs der Beamten und ihrer Hinterbliebenen (§ 811⁸). Die letzte Bestimmung beruht auf dem Gedanken, daß der Beamte, der seine Bezüge auf längere Zeit im Voraus erhält, dadurch vollstreckungsrechtlich nicht schlechter gestellt werden soll, als wenn ihm jeden Tag eine gleich hohe Teilsumme ausgezahlt würde. Private Arbeitnehmer haben keine entsprechende Vergünstigung, ihnen kann also der ausgezahlte Arbeitslohn (abgesehen von § 811², ³) in voller Höhe weggepfändet werden. Zahlt der Beamte sein Gehalt bei einer Bank ein oder läßt er es dorthin überweisen, so unterliegt selbstverständlich das Bankguthaben uneingeschränkt der Pfändung. Vgl. den interessanten Fall RG. 133, 249.

Sowohl in Ziff. 2 wie Ziff. 3 knüpft § 811 die Unpfändbarkeit des Geldes an die Voraussetzung, daß die Beschaffung der Nahrungsmittel usw. nicht auf anderem Wege gesichert ist. Wahrscheinlich hat der Gerichtsvollzieher angenommen, daß Adlers Unterhalt durch eine Land- oder Viehwirtschaft, oder durch bestimmte regelmäßige Einnahmen irgend welcher Art sichergestellt sei.[5])

„III. Gegenüber dem Pfändungs- und Überweisungsbeschluß vom 15. Mai 1933 wird folgendes geltend gemacht:

a) Entgegen der klaren Bestimmung des § 930 I S. 3 ZPO. ist der Beschluß nicht vom Arrestgericht, also dem Landgericht Breslau, sondern vom Amtsgericht erlassen worden."

Aus den oben S. 666 dargelegten Gründen macht die Praxis für Forderungspfändungen aus Unterhalts-Verfügungen eine ungeschriebene Ausnahme von § 930 I S. 3 und unterstellt diesen Fall der Zuständigkeitsvorschrift des § 828 II. Die bei

[5]) Zu II a und b vgl. auch S. 628 Anm. 3.

echten Arrestpfändungen entstehende schwierige Frage, ob über Erinnerungen das pfändende Arrestgericht oder das nach allgemeinen Grundsätzen als Vollstreckungsgericht zuständige Amtsgericht zu entscheiden hat, kann daher in unserem Fall nicht praktisch werden. Die meisten Oberlandesgerichte erklären das allgemeine Vollstreckungsgericht für zuständig, so daß unter Umständen ein Amtsgericht den Pfändungsbeschluß eines Land- oder Oberlandesgerichts aufheben kann! OLG. 16, 290; 18, 401; 29, 175; 33, 94; 35, 116; Stein-Jonas III 1 mit Anm. 56 zu § 766.

„b) Der Beschluß betrifft die dem Schuldner an den Pferdehändler *Ernst Kummer* in Wohlau für seine Tätigkeit als Einkäufer zustehende Vergütungsforderung von monatlich 200 *RM.* Das Gericht hat den Anspruch in voller Höhe gepfändet, offenbar weil die einstweilige Verfügung zu Gunsten eines Unterhaltsanspruchs erlassen ist (§ 4[3] LohnBeschlG. vom 21. Juni 1869, Fassung vom 17. Mai 1898 RGBl. 332). Bei der Lohnpfändung zu Gunsten eines unehelichen Kindes gegen den Vater muß jedoch nach § 4a LohnBeschlG. dem Schuldner der notdürftige Unterhalt für sich und seine Familie freigelassen werden, ebenso dem Beamten bei der Gehaltspfändung (§ 850[IV] S. 2 ZPO.). Es ist nicht einzusehen, warum bei der Lohnpfändung für Ehefrau und eheliche Kinder eine Kahlpfändung des Schuldners zugelassen werden sollte, die dem heutigen sozialen Empfinden zuwiderläuft."

Die Schlußfolgerung geht fehl. Mit voller Absicht billigt das Gesetz dem unehelichen Vater bei der Lohn- und Gehaltspfändung ein vollstreckungsrechtliches beneficium competentiae zu, welches anderen Unterhaltsschuldnern versagt wird. Nach § 1708[I] BGB. hängt nämlich die Höhe des vom unehelichen Vater zu zahlenden Unterhalts ausschließlich von der Lebensstellung der Kindesmutter ab, während auf seine eigene Leistungsfähigkeit keinerlei Rücksicht genommen wird. Dagegen gewährt beim Unterhaltsanspruch der Verwandten, Ehegatten und geschiedenen Ehegatten bereits das materielle Recht (§§ 1603, 1360/1, 1579) dem Schuldner eine beneficium competentiae, so daß er des besonderen vollstreckungsrechtlichen Schutzes nicht mehr bedarf. Übrigens beschränkt sich das Privileg der Unterhaltsansprüche bei der Lohn- und Gehaltspfändung auf den Unterhalt nach Erhebung der Klage und für das letzte Vierteljahr — à dato gerechnet — vor Klageerhebung (vgl. S. 413). Wegen älterer Rückstände kann nur im Rahmen der allgemeinen Unpfändbarkeitsvorschriften gepfändet werden, also bei Beamten $^1/_3$ des die Summe von 165 RM. monatlich = 38 RM. wöchentlich = 6.30 RM. täglich übersteigenden Betrages, bei privaten Arbeitnehmern je nach der Zahl der von ihm zu unterhaltenden Familienangehörigen $^2/_3$, $^1/_2$ oder $^1/_3$ des Mehrbetrages. Teil 3 Art. 1 der NotVO. vom 14. Juni 1932 (RGBl. I 285).

„Aus diesen Gründen hat Herr *Kummer* die Zahlung an Frau *Adler* verweigert. In dem darauf von Frau *Adler* beim Arbeitsgericht gegen ihn angestrengten Rechtsstreit"

— arbeitsgerichtliche Ansprüche gehören nach § 2[II] ArbGG. auch dann vor das Arbeitsgericht, wenn die Geltendmachung durch einen Rechtsnachfolger (Zessionar, Pfändungsgläubiger, Konkursverwalter, Testamentsvollstrecker usw.) des Arbeitgebers oder -nehmers erfolgt, und es kann auf diese Weise gelegentlich sogar ein Rechtsanwalt in die Lage kommen vor einem Arbeitsgericht aufzutreten —

„hat er Nichtigkeit des Pfändungs- und Überweisungsbeschlusses wegen Unzuständigkeit des pfändenden Gerichts und Nichteinhaltung der Pfändungsgrenzen eingewandt. Das Arbeitsgericht will jedoch nicht auf die Einwendungen eingehen, so daß Erinnerung erhoben werden muß.

Für den Schuldner:
Hellmuth Kroker."

Pfändungs- und Überweisungsbeschlüsse, die ein unzuständiges Gericht erlassen hat, sind nach feststehender Rechtsprechung ipso iure nichtig (Stein-Jonas V 4 vor § 704, III zu § 828), woraus die Notwendigkeit besonders sorgfältiger Prüfung der Zuständigkeit vor Erlaß des Beschlusses folgt. Das Arbeitsgericht mußte also auf die Zuständigkeit des pfändenden Gerichts als Grundlage für die Aktivlegitimation der Frau Adler eingehen. Offenbar bejaht es sie aus den oben S. 667/8 dargelegten Gründen.

Dagegen darf der auf Leistung verklagte Drittschuldner nach herrschender Meinung die Verletzung der Unpfändbarkeitsbestimmungen überhaupt nicht einwenden. Für diese Frage ist vielmehr ausschließlich die Erinnerung beim Vollstreckungsgericht mit anschließender sofortiger Beschwerde gegeben, um divergierenden Entscheidungen zwischen den vollstreckungs- und prozeßgerichtlichen Instanzen vorzubeugen. RG. 66, 233 (mit einer prinzipwidrigen Ausnahme für den Fall des § 851 ZPO.); 93, 74; a. M. Stein-Jonas VII zu § 829. Die Erinnerung steht aber nicht bloß dem Schuldner sondern auch dem Drittschuldner zu. RG. 93, 74. Das ist praktisch von großer Wichtigkeit: denn durch zu weitgehende Lohnpfändung verliert der Schuldner leicht die Lust zur Arbeit und gibt seine Stelle auf, so daß der Arbeitgeber einer tüchtigen Arbeitskraft beraubt wird, wenn es ihm nicht gelingt die Pfändung zur Aufhebung zu bringen.

Offenbarungseid auf Grund von Arresten und einstweiligen Verfügungen: Der Arrest und die normale einstweilige Verfügung sollen nicht zur Befriedigung des Gläubigers führen. § 807 spricht ausdrücklich von „Befriedigung". Trotzdem wird man die Offenbarungseidpflicht des § 807 sinngemäß auch auf den Fall fruchtloser Arrestvollziehung ausdehnen müssen. Schwierigkeiten bereitet jedoch die Wahrung der Vollzugsfrist. Stellt man sich auf den strengen Standpunkt, daß nicht nur die Ladung zum Offenbarungseid, sondern auch die Eidesleistung und die späterhin auf Grund des beschworenen Verzeichnisses zu erwirkende neue Pfändung innerhalb der Frist des § 929 II geschehen müsse, so wird der Gläubiger praktisch niemals zum Ziele kommen, da der Schuldner, wie wir gesehen haben, allein die Entscheidung über seine Verpflichtung zur Eidesleistung um mehr als Monatsfrist hinziehen kann (S. 646). Vielfach wird deshalb angenommen, daß es genüge, wenn die Ladung fristgerecht erfolgte. Vgl. Kommentare zu § 807; Weigelin LZ. 31, 541 f.

Bei den auf Zahlung von Unterhalt u. dgl. lautenden einstweiligen Verfügungen steht die Zulässigkeit des Offenbarungseides außer Frage. Bei ihnen wird die Vollziehungsfrist durch rechtzeitige Zustellung der einstweiligen Verfügung an den Antragsgegner ein für alle Male gewahrt (S. 666).

Verteilungsverfahren.

Einleitung des Verfahrens.

Glatz, den 28. Juli 1933.

An das Amtsgericht, Abt.
für Zwangsvollstreckungssachen,
Breslau.

Ich habe von Herrn *Paul Schmidtchen* in Breslau, Vierturmstraße 23 laut Rechnung vom

17. Mai 1933 für	803.50 RM
Waren bezogen. Hiervon gehen für zu wenig gelieferte Waren laut meiner Aufgabe vom 19. Mai 1933 ab	53.50 RM
	750.00 RM
ferner 2% Warenskonto	15.00 RM
Rest:	735.00 RM

Der Zahlungsanspruch *Schmidtchens* ist auf Grund der hiermit überreichten gerichtlichen Pfändungs- und Überweisungsbeschlüsse bzw. Vorpfändungen von den nachbenannten Gläubigern gepfändet worden:

1. Likörfabrikant *Max Brandler* Breslau wegen 298 *RM* nebst Zinsen und Kosten, Pfändungsankündigung zugestellt am 20. Mai 1933, Pfändungs- und Überweisungsbeschluß vom 10. zugestellt am 13. Juni 1933,
2. Firma *L. Eisenhardt & Co.* Meißen wegen 250.00 *RM* nebst Zinsen und Kosten, Pfändungsankündigung zugestellt am 10. Juni 1933, Pfändungs- und Überweisungsbeschluß vom 19. zugestellt am 21. Juni 1933,
3. Kaufmann *Bernhard Falkenhausen* Berlin, vertreten durch RA. *Roth* daselbst, wegen 3700 *RM* mit Zinsen und Kosten laut Pfändungs- und Überweisungsbeschluß vom 14. zugestellt am 18. Juni 1933,
4. Stundenbuchhalter *Joseph Hindemith* Breslau wegen 140 *RM* mit Zinsen und Kosten, Pfändungsankündigung zugestellt am 20. Juni 1933, Pfändungs- und Überweisungsbeschluß vom 27. zugestellt am 30. Juni 1933.

Es handelt sich also um weit über 4000 *RM*. Da sämtliche Gläubiger bzw. ihre Vertreter auf Zahlung drängen und ich mich nicht der Gefahr aussetzen will doppelt zahlen zu müssen, so habe ich heute den Schuldbetrag von 735 *RM* unter Verzicht auf Rücknahme beim dortigen Amtsgericht hinterlegt und stelle die Einleitung des gerichtlichen Verteilungsverfahrens anheim.

Hugo Deutscher."

Bei der Sachpfändung für mehrere Gläubiger kommt es zur Hinterlegung des Versteigerungserlöses und zum gerichtlichen Verteilungsverfahren nur dann, wenn der Erlös nicht zur Deckung sämtlicher Forderungen ausreicht und ein Gläubiger gegen die vom Gerichtsvollzieher nach der Reihenfolge der Pfändungen aufgestellte Verteilung Widerspruch erhebt (oben S. 630). Bei mehrfacher Pfändung von Herausgabeansprüchen (S. 632) gilt nach § 854 II, III das Gleiche. Ist dagegen eine Geldforderung für mehrere Gläubiger gepfändet, so hat der Drittschuldner immer das Recht und auf Verlangen eines beteiligten Gläubigers die Pflicht zur Hinterlegung, selbst wenn alle Pfändungsgläubiger voll gedeckt sind und ein Zweifel über die Rangordnung nicht bestehen kann (§ 853). Dadurch unterscheidet sich diese Hinterlegung von dem verwandten Fall des § 372 BGB., in welchem Ungewißheit über die Person des Empfangsberechtigten bestehen muß. Die Einleitung des Verteilungsverfahrens setzt jedes Mal eine Anzeige des Gerichtsvollziehers bzw. Drittschuldners sowie die Hinterlegung des Geldbetrages voraus. Nachher ist es reines Offizialverfahren (übrigens der einzige Fall eines solchen beim Vollstreckungsgericht). —

Der Richter überzeugt sich durch Einforderung der Hinterlegungsakten von der erfolgten Hinterlegung und verfügt dann (§ 873):

„1. Aufforderung an die beteiligten Gläubiger, binnen 2 Wochen eine Berechnung ihrer Forderungen an Kapital, Zinsen, Kosten und sonstigen Nebenforderungen einzureichen.
2. 2 Wochen nach Zustellung."

Ob Deutscher die richtige Summe hinterlegt hat, wird nicht nachgeprüft. Man rechnet im Verteilungsverfahren nur mit den effektiv vorhandenen Beträgen. Hält einer der Gläubiger die von Deutscher gemachten Abzüge für unberechtigt, so mag er gegen ihn auf Hinterlegung der Differenz klagen (§ 853).

Teilungsplan. Nach Eingang der Berechnungen der Gläubiger stellt das Gericht mit Hilfe des Kalkulators den Verteilungsplan auf. Hat ein Gläubiger der Aufforderung keine Folge geleistet, so wird er gleichwohl in den Plan aufgenommen, er hat aber kein Recht, nach Anfertigung des Planes noch die Berücksichtigung von Forderungen zu verlangen, welche aus den mit der Anzeige Deutschers überreichten Unterlagen nicht hervorgehen (§ 874 III).

Nach welchen Grundsätzen ist der Teilungsplan aufzustellen?

Die Aktivmasse besteht aus den hinterlegten 735 Mark zuzüglich Hinterlegungszinsen, welche aber erst nach mindestens dreimonatlicher Hinterlegungsdauer und bei Beträgen über 100 Mark entstehen (§§ 7, 25 HintO., oben S. 66), und abzüglich der Gerichtskosten des Verfahrens (§ 874 II ZPO.).

Die Forderungen der beteiligten vier Gläubiger werden einschließlich Zinsen und Kosten berechnet. Endtermin des Zinsenlaufs ist der zur Verhandlung über den Teilungsplan und zur Ausführung des Plans angesetzte Termin. Zu den Kosten gehören auch Anwaltskosten (§ 91 II S. 1). Innerhalb der Forderung jedes einzelnen Gläubigers stehen die Kosten an der Spitze, es folgen die Zinsen und alsdann die Hauptforderung (§ 367 BGB.). Die Rangordnung der Gläubiger bestimmt sich nach der Reihenfolge, in der die von ihnen erwirkten Pfändungsbeschlüsse dem Drittschuldner zugestellt sind (§ 804 III ZPO.); soweit in der Frist des § 845 Pfändungsankündigungen vorausgegangen waren, kommt es auf die Zustellung der Pfändungsankündigung an. Bei Eisenhardt und Hindemith ist die Dreiwochenfrist zwischen Pfändungsankündigung und -beschluß gewahrt, nicht dagegen bei Brandler. Hieraus ergibt sich die Reihenfolge der Befriedigung der Gläubiger: 1. Eisenhardt, 2. Brandler, 3. Falkenhausen, 4. Hindemith. Gerichtskasse, Eisenhardt und Brandler gelangen voll zur Hebung, Falkenhausen nur mit 56.05 RM. Kosten und 48.43 RM. Zinsen-Teilbetrag, während seine restliche Zinsforderung und der ganze Hauptanspruch ausfällt.

Der Umstand, daß Hindemith augenscheinlich eine Lohnforderung geltend macht, für den ihm im Konkursfall das Vorrecht der 1. Klasse zustehen würde (§ 61 I KO.), verschafft ihm im Verteilungsverfahren keine Vorzugsstellung. — Auch im Falle des § 827 ZPO. (S. 630) wird der Teilungsplan rein formalistisch nach der Rangordnung der Pfändungspfandrechte aufgestellt: es entscheidet die Reihenfolge der Pfändungen, und mehrere Gläubiger, für die gleichzeitig gepfändet wurde, haben gleichen Rang. —

Termin zur Erklärung über den Teilungsplan und zur Ausführung der Verteilung wird auf den 8. September 1933 bestimmt, und die sämtlich beteiligten Gläubiger (Falkenhausen zu Händen seines Anwalts) sowie der Schuldner mit dem Hinweis geladen, daß der Teilungsplan auf der Geschäftsstelle zur Einsicht ausliegt (§ 875). Eisenhardt, Brandler und Falkenhausen erhalten die Aufforderung ihre Schuldtitel einzureichen, damit die auf sie entfallenden Hebungen dort vermerkt werden können.

Verhandlung über den Teilungsplan. Im Termin erschienen:

„1. der Gläubiger Likörfabrikant *Brandler* von hier,

2. für die Firma *L. Eisenhardt & Co.* der Geschäftsführer *Fritz Rüdiger* aus Koberwitz (Vollmacht Blatt 23 der Gerichtsakten),

3. der Gläubiger *Hindemith* von hier.

Der Gläubiger *Falkenhausen* hat durch RA. *Roth* am 1. September 1933 gegen den Teilungsplan, soweit er die Forderung der Firma *Eisenhardt* berücksichtigt, schriftlichen Widerspruch mit der Begründung erhoben, daß die Forderung nur zum Schein bestehe und der Schuldtitel sowie der Pfändungs- und Überweisungsbeschluß durch Kollusion zwischen der Gläubigerin und dem Schuldner zu Stande gekommen sei (Bl. 21 der Gerichtsakten)."

§§ 876/7 mildern das Mündlichkeitsprinzip des Verteilungsverfahrens dadurch, daß der Gläubiger auch vor dem Termin schriftlich Widerspruch erheben darf. Ein Gläubiger, der weder im Termin noch vorher schriftlich Widerspruch gegen den Teilungsplan erhoben hat, ist — für das Verteilungsverfahren — mit seinen Rechten endgültig präkludiert. Über die Aussichten des Falkenhausenschen Widerspruchs vgl. 27. Kap.: „Verschlechterung der Vermögenslage des Käufers beim Kreditkauf."

„Der Gläubiger *Hindemith* schloß sich dem Widerspruch des Gläubigers *Falkenhausen* an. Er erhob weiterhin Widerspruch gegen die Berücksichtigung der Forderung des Gläubigers *Falkenhausen*, weil die Forderung dieses Gläubigers aus den übrigen im Pfändungs- und Überweisungsbeschluß vom 14. Juni 1933 bezeichneten Forderungen beigetrieben sei."

Falkenhausen kann Hindemith nicht entgegenhalten, daß er mit der behaupteten Teilung der Forderung Rechte eines Dritten geltend mache: denn wenn er aus anderen Pfandobjekten Befriedigung erlangt hat, so ist mit seiner Forderung auch das Pfändungspfandrecht an dem Anspruch gegen Deutscher erloschen und Hindemith aufgerückt. Stein-Jonas II zu § 878.

„Der Vertreter der Gläubigerin *Eisenhardt* erkannte den gegen die Forderung seiner Vollmachtgeberin erhobenen Widerspruch nicht als berechtigt an.

Vorgelesen, genehmigt.

Richter. *Urkund.*"

Ist Widerspruch erhoben, so müssen sich die im Termin anwesenden Gläubiger sofort dazu erklären (§ 876 S. 2 ZPO.), denn wenn sie die Berechtigung des Widerspruchs anerkennen, wird der Teilungsplan entsprechend der Einigung der Beteiligten berichtigt (§ 876 S. 3).

Anfechtung des Teilungsplans. Ausführung der Verteilung. Dem durch den Teilungsplan benachteiligten Gläubiger stehen drei verschiedene Rechtsbehelfe zu Gebote: 1. Sofortige Beschwerde nach § 793. Mit ihr wird geltend gemacht, daß das Vollstreckungsgericht unrichtig entschieden habe. Nun ist, wie wir gesehen haben, der Plan nach dem rein formalen Prinzip der Reihenfolge der Pfändungen und auf Grund der urkundlichen Unterlagen aufzustellen. Folglich bieten im Beschwerdeverfahren ausschließlich Angriffe formaler Art Aussicht auf Erfolg (z. B. daß bei einem Pfändungsbeschluß, den das Vollstreckungsgericht als ordnungsmäßig angesehen hat, die allgemeinen Voraussetzungen der Zwangsvollstreckung gefehlt hätten, daß er nicht richtig gefaßt oder zugestellt sei). 2. Die im ausschließlichen (§ 802) Gerichtsstand des Vollstreckungsgerichts zu erhebende „Widerspruchsklage" (§ 878) gestattet sowohl die Geltendmachung formaler Gesichtspunkte wie die Verfolgung materieller Rechte (z. B. Simulation oder Anfechtung aus dem AnfG.). Sie geht auf Abänderung des Teilungsplans (§ 880), gehört also zu den auf Beseitigung prozessualer Akte gerichteten Konstitutivklagen (s.g. „Rechtsmittelklagen", S. 449). 3. Klage aus dem materiellen „besseren Recht" (z. B. ungerechtfertigter Bereicherung oder unerlaubter Handlung) gegen den Gläubiger, der nach dem Plan einen Betrag empfangen hat, im allgemeinen Gerichtsstand des Beklagten oder dem für den Anspruch gegebenen besonderen Gerichtsstand. Der Teilungsplan als solcher wird mit dieser Klage nicht angefochten.

Für die Widerspruchsklage besteht keine Frist. Der Opponent muß aber — ohne besondere Aufforderung! — dem Verteilungsrichter innerhalb eines Monats nachweisen, daß er die Klage erhoben hat. Andernfalls wird für das Verteilungsverfahren sein Widerspruch ignoriert und der Plan zur Ausführung gebracht (§ 878^{I}).

Nach § 878^{II} wird die Klage aus dem besseren Recht „des Gläubigers, welcher dem Plan widersprochen hat", weder durch Versäumung der Monatsfrist noch durch Ausführung des Plans ausgeschlossen. Die Rechtsprechung versteht das dahin, daß auch ein Gläubiger, der nicht widersprochen hatte, die Klage aus dem besseren Recht behält; ihn trifft nur der Rechtsnachteil, daß keine Hinterlegungsmasse mehr vorhanden ist und er daher sehen muß, wie er im Falle des Obsiegens zu seinem Gelde kommt. Stein-Jonas V zu § 878. Wird im Widerspruchsprozeß ein Widerspruch rechtskräftig für unbegründet erklärt, so ist damit dem Widersprechenden auch die Klage aus dem besseren Recht abgeschnitten. Stein-Jonas III zu § 878. —

Verfügung auf das Protokoll vom 8. September 1933:

„1. Hinterlegungsstelle zur Auszahlung von 24.50 *RM* an die Gerichtskasse anweisen."

Insoweit wird der Plan von den erhobenen Widersprüchen nicht betroffen und ist deshalb sofort zur Ausführung zu bringen (§ 876 S. 3).

„2. Nach 1 Monat."

Wird bis dahin die Erhebung einer Widerspruchsklage nachgewiesen, so bleiben die von dem Widerspruch betroffenen Liquidate weiter hinterlegt. Der übrige Teil des Plans wird durch Auszahlungsanweisung an die Hinterlegungsstelle ausgeführt.

14. Kapitel.

Beim Zwangsversteigerungsrichter.

Zwangsversteigerung eines Mühlengrundstücks.

Im Grundbuch von Hochkirch Band II Blatt Nr. 47 steht in

Abt. I der Mühlenbesitzer Alwin Suppes als Eigentümer eingetragen.

Abt. II Nr. 1: Wegerecht für den jeweiligen Eigentümer von Hochkirch Blatt Nr. 49.

Abt. III Nr. 1: 3000 RM. Darlehn für Rentmeister Bruno Primer in Canth. Die Kündigung ist frühestens zum 1. Januar 1937 zulässig. Falls jedoch eine Zinsrate am 5. Tage nach Fälligkeit noch nicht bezahlt sein sollte oder von anderer Seite die Zwangsversteigerung oder Zwangsverwaltung des Grundstücks eingeleitet wird, ist der Gläubiger zur fristlosen Kündigung befugt.

Nr. 2: 10000 RM. Restkaufgeld für Kaufmann Dagobert Seckel in Breslau.

Nr. 3: gelöscht.

Nr. 4: 2500 RM. Darlehn für Mühlenbauer Waldemar Terzer in Breslau. Die Zwangsvollstreckung ist gegen den jeweiligen Eigentümer zulässig (vgl. S. 40, 242).

Nr. 5: Sicherungshypothek zum Höchstbetrag von 1700 RM. für verw. Frau Direktor Pauline Quandt geb. Dickhuth in Trebnitz, eingetragen auf Grund des Arrestbefehls des Landgerichts Breslau vom 14. Juni 1932.

Einleitung des Verfahrens.

„An das Amtsgericht Breslau, den 30. Juli 1933.
Abt. für Zwangsversteigerungssachen
hier.

Auf Grund der hiermit überreichten Anlagen:

1. vollstreckbare Ausfertigung der Verhandlung vom 25. Juni 1932, Nr. 672 des Registers für 1932 des Notars *Siegel* in Breslau, mit Zustellungsurkunde vom 22. Juli 1933,
2. Auszug des Katasteramts Breslau-Land aus der Grundsteuermutterrolle und der Gebäudesteuerrolle vom 19. Juli 1933,

beantrage ich:

wegen eines Teilbetrages der vollstreckbaren Forderung von 500 *RM* (i. W.) nebst 7% Zinsen seit 1. April 1933 sowie wegen 3.85 *RM* (i. W.) Kosten der Zwangsvollstreckung die Zwangsversteigerung des dem Schuldner gehörigen Grundstücks Hochkirch, Landkreis Breslau Band II Blatt Nr. 47 anzuordnen."

Daß sparsame Gläubiger die Versteigerung bloß wegen einer Teilforderung betreiben, ist nichts Ungewöhnliches. In der Tat erreicht der Hypothekengläubiger, falls die Versteigerung glatt durchgeführt wird, mit Geltendmachung des Teiles den gleichen Effekt wie mit einem Verfahren wegen der ganzen Summe: denn ins geringste Gebot kommen — abgesehen von etwaigen besonderen Rangverhältnissen unter den Teilabschnitten der Hypothek — nur die seiner Post vorgehenden Ansprüche, nicht auch der außerhalb der Zwangsversteigerung gebliebene Restbetrag der eigenen Hypothek, und im Verteilungsverfahren wird er in Klasse 4 des § 10 ZVG. mit dem vollen Betrage berücksichtigt. Er riskiert jedoch, daß der Schuldner die Teilsumme nebst Zinsen und Kosten bezahlt und daß alsdann die Zwangsversteigerung aufgehoben werden muß. Dann ist er genötigt wegen des Restes eine neue Versteigerung einleiten zu lassen, die vielleicht unter ungünstigeren Verhältnissen stattfindet. Noch gefährlicher stellt sich die Geltendmachung von Teilbeträgen für persönliche Gläubiger, weil sie in Klasse 5 höchstens mit dem beizutreibenden Anspruch zur Hebung gelangen und weil jederzeit neue Belastungen eingetragen werden können, denen gegenüber die erste Beschlagnahme nicht wirkt.

Die 3,85 RM. sind Kosten der vollstreckbaren Ausfertigung, ihrer Zustellung und des Katasterauszuges. Der Grundsatz, daß die Kosten der Zwangsvollstreckung ohne besonderen Schuldtitel mit beigetrieben werden (§ 788 ZPO.), gilt auch in der Immobiliarvollstreckung.

„Ferner beantrage ich:

gemäß § 57b ZVG. den Anordnungsbeschluß dem Stellenbesitzer *Max Pavel* in Hochkirch als Pächter des zu Blatt Nr. 47 gehörigen Ackerlandes zuzustellen.

Waldemar Terzer."

Über den Zweck dieses Antrags s. unten S. 700/1.

Die Vollstreckungsklausel am Schlusse der exekutorischen Urkunde lautet:

„Vorstehende Ausfertigung wird dem Gläubiger, Mühlenbauer *Waldemar Terzer* in Breslau, Kopischstraße 27, zum Zwecke der Zwangsvollstreckung wegen 2500 *RM* (i. W.) nebst 7% Zinsen seit 1. April 1933 gegen den Schuldner, Mühlenbesitzer *Alwin Suppes* in Hochkirch, und in das belastete Grundstück Hochkirch Landkreis Breslau Band II Blatt Nr. 47 erteilt.

Breslau, den 20. Juli 1933.

Justus Siegel

(Siegel) Notar."

Der erste Teil der Klausel betrifft die persönliche Zwangsvollstreckung, der zweite macht die Urkunde zum „dinglichen Titel" (S. 440) mit der Wirkung, daß sich das geringste Gebot auf die Belastungen bis einschließlich Abt. II Nr. 2 als „dem Anspruch des (betreibenden) Gläubigers vorgehende Rechte" (§ 44I ZVG.) beschränkt.

Die Einreichung eines das Grundstück betreffenden „neuesten" Katasterauszuges ist durch Art. 4 pr. AG. vorgeschrieben. Sie soll es dem Gericht ermöglichen, in der schriftlichen Terminsbestimmung (S. 680) und im Versteigerungstermin (S. 689) den Reflektanten gewisse grundlegende Angaben über das Grundstück machen zu können. —

Die allgemeinen Vollstreckungsvoraussetzungen (S. 612f.) liegen vor, insbesondere ist die vollstreckbare Urkunde rechtzeitig dem Schuldner zugestellt (§§ 750I, 798 ZPO.). Nun muß das Gericht noch die Passivlegitimation des Schuldners prüfen. Wie für den Gerichtsvollzieher das Gewahrsamsprinzip (S. 632), so ist für den Versteigerungsrichter die Grundbucheintragung maßgebend. Die Zwangsversteigerung darf nur angeordnet werden, wenn der Schuldner im Grundbuch eingetragen steht, und sie wird abgelehnt, wenn das Grundbuch eine der Zwangsversteigerung entgegenstehende Eintragung, wie Testamentsvollstrecker-, Konkurs-

oder Reichsheimstättenvermerk (§§ 53 GBO., 113 KO., oben S. 16 zu 7, 55, 763), enthält. Vollstreckungshindernde Rechte Dritter, welche aus dem Grundbuch nicht hervorgehen (z. B. das Recht des wahren Eigentümers bei Falschbuchung infolge eines Schwarzkaufs, oben S. 203), werden nicht von Amts wegen, sondern bloß auf Intervention (§§ 771f. ZPO.) berücksichtigt. Vgl. §§ 17^{I}, 28 ZVG. — Verfügung:

„Grundakten von Hochkirch Blatt Nr. 47 beilegen."

Nachdem das Grundbuch ergeben hat, daß auch nach dieser Seite keine Bedenken bestehen, ergeht der

„Beschluß.

Auf Antrag des Mühlenbauers *Waldemar Terzer* in Breslau, Kopischstraße 27, Gläubigers, gegen den Mühlenbesitzer *Alwin Suppes* in Hochkirch, Landkreis Breslau, Schuldner,"

— Über die Terminologie der Zwangsvollstreckung vgl. S. 683. Die für die Passivpartei der Zwangsversteigerung in der Praxis vielfach üblichen Bezeichnungen „Subhastat" oder „Eigentümer" sind ungenau, denn wenn der Schuldner nach Beschlagnahme das Grundstück veräußert (vgl. § 26), sind Schuldner und Eigentümer nicht mehr identisch. Übrigens teilt der „neu eingetretene Eigentümer" in manchen Punkten (§§ 55^{II}, 68^{III}) die privilegia odiosa des Schuldners. —

„wird wegen 500 *RM* (i. W.) Teilbetrag des dem Gläubiger zustehenden, im Grundbuch von Hochkirch, Landkreis Breslau, Band II Blatt Nr. 47 in Abt. III unter Nr. 4 hypothekarisch eingetragenen Anspruchs von 2500 *RM* nebst 7% Zinsen seit 1. April 1933 sowie wegen 3.85 *RM* (i. W.) Kosten der Zwangsvollstreckung auf Grund der vollstreckbaren Ausfertigung der Verhandlung vom 25. Juni 1932 — Nr. 672 des Registers für 1932 des Notars *Siegel* in Breslau — die Zwangsversteigerung des im Grundbuch von Hochkirch, Landkreis Breslau, Band II Blatt Nr. 47 auf den Namen des Schuldners eingetragenen Grundstücks angeordnet.

Dieser Beschluß gilt zu Gunsten des Gläubigers als Beschlagnahme des Grundstücks.

Breslau, den 31. Juli 1933.

Amtsgericht.

Richter."

Die Beschlagnahme hat die Bedeutung eines relativen Veräußerungsverbots. Sie erstreckt sich auch auf die Gegenstände, die für die Hypothek mithaften, und verwandelt ihre Haftung aus der latenten in eine aktuelle (S. 38f.). Verfügungen des Schuldners über das Grundstück und die von der Beschlagnahme mitbetroffenen Mobilien und Forderungsrechte sind demgemäß nicht nichtig, sondern bloß im Verhältnis zum betreibenden Gläubiger unwirksam; das Gleiche gilt von etwaigen Vollstreckungsmaßnahmen anderer Gläubiger des Suppes. §§ 20, 23^{I} S. 1 ZVG., 135, 136 BGB. Ungeachtet der Beschlagnahme behält Suppes die Verwaltung und Benutzung des Grundstücks im Rahmen ordnungsmäßiger Wirtschaft, darf auch weiter dort wohnen bleiben, § 24 ZVG.

Verfügung zum Anordnungsbeschluß:

„1. Zuzustellen: a) dem Gläubiger, b) dem Schuldner."

Vgl. § 329^{III} ZPO. Die dem ZVG. eigentümlichen Vereinfachungen der Zustellung (S. 683) gelangen bei diesen Zustellungen noch nicht zur Anwendung (§ 8 ZVG.).

„2. Ersuchen gemäß § 19 ZVG. zu den Grundakten von Hochkirch Blatt Nr. 47."

Wie alle relativen Verfügungsbeschränkungen, ist auch die Beschlagnahme durch guten Glauben heilbar (§ 135 II BGB.). Hieraus folgt die Notwendigkeit ihrer Eintragung ins Grundbuch (§ 892 I S. 2), welche durch das Ersuchen des Vollstreckungsgerichts in die Wege geleitet wird. Übrigens verschärft das Gesetz die Beschlagnahmewirkungen wesentlich durch die Vorschrift, daß Kenntnis des Versteigerungsantrags einer Kenntnis der Beschlagnahme selbst gleichsteht und daß die Eintragung des Versteigerungsvermerks im Grundbuch den guten Glauben der Erwerber von mithaftenden Mobilien zerstört (§ 23 II ZVG.). Da indes dem Schuldner mit Rücksicht auf seine Verwaltungsbefugnis auch das Recht belassen wird, in den Grenzen ordnungsmäßiger Wirtschaft über einzelne mithaftende Erzeugnisse oder Zubehörstücke wirksam zu verfügen (§ 23 I S. 2), ist die Eintragung der Beschlagnahme in der Regel dem Erwerber der Mobilien unschädlich: wer von Berechtigten erworben hat, braucht sich nicht auf guten Glauben zu berufen.

Mit Eingang des Eintragungsersuchens des Vollstreckungsgerichts beim Grundbuchamt wird nach § 22 I die Beschlagnahme wirksam, falls sie es nicht schon vorher durch Zustellung an den Schuldner geworden war.

„3. Anordnungsbeschluß mit Belehrung gemäß § 57b ZVG. an Stellenbesitzer *Max Pavel* in Hochkirch zustellen."

Zum Unterschied von der Zwangsverwaltungsbeschlagnahme (S. 734), welche alle in §§ 1120f. BGB. bezeichneten Gegenstände ausnahmslos ergreift, läßt die Versteigerungsbeschlagnahme nach § 21 die Grundstückserzeugnisse frei, soweit sie nicht Zubehör sind (vgl. § 98 2 BGB.), ebenso Forderungen aus der Versicherung solcher Erzeugnisse (z. B. Feuerversicherung der zum Verkauf bestimmten Erntevorräte), endlich Miet- und Pachtzinsen. Die auf Antrag von Frau Quandt erfolgende Zustellung an den Pächter Pavel findet jedoch ihre Erklärung in den Zuschlagswirkungen. Vgl. dazu unten S. 700/1. Eine Nachprüfung, ob Pavel wirklich Pächter ist, erfolgt eben so wenig wie bei der gerichtlichen Pfändung von Forderungen (S. 651).

„4. Kosten."

Das Kostenwesen in Zwangsversteigerungs- und Zwangsverwaltungssachen beruht nicht auf den Reichs-Kostengesetzen sondern auf landesrechtlicher Regelung. Für die Entscheidung über den Versteigerungsantrag erhebt das Gericht eine volle Gebühr, berechnet nach der beizutreibenden Forderung. Die Kosten werden vom betreibenden Gläubiger als Antragsteller des Verfahrens eingezogen. §§ 1, 32, 120 I pr. GKG. Im übrigen s. unten S. 702.

„5. Zu 2 nach 2 Wochen."

Beitritt. Am 5. August überreicht RA. Schwarz ein von ihm für den Gläubiger Kredinger gegen Suppes erwirktes Landgerichtsurteil mit Vollstreckungsklausel und Zustellungsurkunde, seine Vollmacht und Katasterauszug, und beantragt:

„wegen des vollstreckbaren Anspruchs von 2000 *RM* (i. W.) nebst 6% Zinsen seit dem 12. Juni 1933, ferner wegen 12.24 *RM* (i. W.) Gebühr und Umsatzsteuer für diesen Antrag[1]) und 4.10 *RM* (i. W.) sonstiger Zwangsvollstreckungskosten[2]) die Zwangsversteigerung des dem

[1]) Der Anwalt des Gläubigers erhält für die Vertretung im ersten Abschnitt der Zwangsversteigerung (bis zur Einleitung des Verteilungsverfahrens), für die Wahrnehmung der Versteigerungstermine und für die Vertretung im Verteilungsverfahren je eine volle Gebühr nach § 32 pr. GKG. Art. 4 I, II pr. Geb.O. f. RA. vom 28. Oktober 1922 (GS. 410).

[2]) Kosten für Zustellung des Schuldtitels, Beschaffung des Katasterauszugs usw. Vgl. S. 675.

Schuldner gehörigen Grundstücks Hochkirch, Landkreis Breslau, Band II Blatt Nr. 47 anzuordnen.

Ferner beantrage ich:

(folgt Antrag gemäß § 57b ZVG., oben S. 675)."

Das Urteil ist ein persönlicher Schuldtitel, aus dem noch keinerlei sonstiger Vollstreckungsversuch unternommen wurde. Gewöhnlich beginnen die Gläubiger mit der Mobiliarpfändung und gehen erst zuletzt zur Immobiliarvollstreckung über. Aber das Zwangsvollstreckungsrecht kennt keine gradus executionis, überläßt vielmehr die Reihenfolge der verschiedenen möglichen Vollstreckungsakte durchaus dem Belieben des Gläubigers. Über das Erfordernis der vorherigen fruchtlosen Mobiliarvollstreckung bei Zwangsvollstreckung in o.H.G.-Anteilsrechte und genossenschaftliche Geschäftsanteile s. oben S. 658. Im Verwaltungszwangsverfahren sind Zwangsversteigerung und Zwangsverwaltung erst zulässig, wenn die Unmöglichkeit der Beitreibung durch Mobiliarpfändung feststeht; ob jedoch diese Voraussetzung gegeben ist, darf nicht das Vollstreckungsgericht sondern ausschließlich die vollstreckende Verwaltungsbehörde (bzw. auf Beschwerde die dieser übergeordnete Behörde) prüfen. §§ 372$^{II, IV}$ AbgO., 51$^{II, III}$ pr. VO. vom 15. November 1899 (oben S. 644).

Die überreichte Vollmacht ermächtigt den Anwalt vorsorglich zu einer Reihe rechtsgeschäftlicher Erklärungen, die im Laufe einer Zwangsversteigerung notwendig werden können:

„Vollmacht.

Hierdurch erteile ich Herrn RA. *Schwarz* in Breslau Vollmacht, mich in der Zwangsvollstreckung gegen den Mühlenbesitzer *Suppes* in Hochkirch, Landkreis Breslau wegen meiner Forderung von 2000 *RM* nebst Zinsen und Kosten aus dem Urteil des Landgerichts Breslau vom 28. Juli 1933, Aktenzeichen 4. O. 288. 33, gegenüber Gerichten, Behörden und Privatpersonen zu vertreten, in meinem Namen Gebote im Zwangsversteigerungsverfahren abzugeben, die Rechte aus dem Meistgebot auf andere zu übertragen, besondere Versteigerungsbedingungen jeder Art zu beantragen, zu bewilligen und zu vereinbaren, die mir zustehende Hauptleistung nebst Zinsen und Kosten in Empfang zu nehmen, auf andere Personen zu übertragen, zur Aufrechnung zu verwenden oder sonstige Verfügungen über sie zu treffen, insbesondere die Vereinbarung des Bestehenbleibens gemäß § 91^{II} ZVG. Auch kann er in meinem Namen hinsichtlich der auf dem Grundstück eingetragenen Belastungen persönliche Verpflichtungen in vollstreckbarer Form übernehmen. Mein Bevollmächtigter ist befugt, die ihm zustehenden Rechte ganz oder teilweise auf Unterbevollmächtigte zu übertragen.

Dambrau (Oberschlesien), den 3. August 1933.

Gregor Kredinger

(notarieller Beglaubigungsvermerk)."

Daß Kredingers Unterschrift beglaubigt werden mußte, folgt aus §§ 71^{II}, 81^{II}, 91^{II}. Soll der Vertreter für den Gläubiger lediglich die Versteigerung beantragen und im Versteigerungsverfahren reine Prozeßhandlungen (wie Bewilligung der Einstellung oder Aufhebung) für ihn vornehmen, so genügt eine einfache privatschriftliche Prozeßvollmacht; ist er im Schuldtitel als Prozeßbevollmächtigter genannt und war seine Vollmacht im vorangegangenen Prozeß geprüft, so bedarf es überhaupt keiner besonderen Vollmacht mehr. Vgl. S. 617, 642. —

Der Richter überzeugt sich aus dem Grundbuch, daß Suppes immer noch als Eigentümer eingetragen steht und daß keine die Zwangsvollstreckung hindernden Rechte vorhanden sind. Die von Kredinger beantragte Zwangsvollstreckung ist also zulässig. Die Formel des Beschlusses lautet jedoch nicht auf Anordnung der Versteigerung, weil gemäß § 27 Versteigerungsanträge, die nach Anordnung einer Zwangsversteigerung eingehen, als Anträge auf Zulassung des Beitritts zu behandeln sind. Für die Zulassung des Beitritts gelten die gleichen Voraussetzungen wie für die Anordnung mit dem einzigen Unterschied, daß es eines Katasterauszuges nicht mehr bedurfte, und sie verschafft dem Antragsteller die volle Rechtsstellung eines betreibenden Gläubigers.

„Beschluß.

Auf Antrag des Mehlhändlers *Gregor Kredinger* in Dambrau (Oberschlesien) Gläubigers,
Prozeßbevollmächtigter: RA. *Schwarz* in Breslau,
gegen den Mühlenbesitzer *Alwin Suppes* in Hochkirch, Landkreis Breslau, Schuldner,
wird wegen des dem Gläubiger zustehenden Anspruchs von

(folgt genaue Angabe der beizutreibenden Ansprüche)

auf Grund des

(folgt Bezeichnung des Schuldtitels)

der Beitritt des Gläubigers zu der angeordneten Zwangsversteigerung des im Grundbuch von Hochkirch, Landkreis Breslau, Band II Blatt Nr. 47 auf den Namen des Schuldners eingetragenen Grundstücks zugelassen.

Dieser Beschluß gilt zu Gunsten des Gläubigers als Beschlagnahme des Grundstücks.

Breslau, den 6. August 1933.

Amtsgericht.

Richter."

Verfügung zum Beschluß:

„1. Zuzustellen: a) dem Gläubiger *Kredinger* z. H. von RA. *Schwarz*, b) dem Schuldner."

Terzer ist für den Beitrittsbeschluß nicht Partei im Sinne des § 329^{III} ZPO. Er wird erst später mit den übrigen Beteiligten von dem Beitritt benachrichtigt (S. 684). Die Zustellungen an RA. Schwarz und Suppes erfolgen wiederum in den gewöhnlichen Formen der ZPO. (§ 8 ZVG.).

„2. Anordnungsbeschluß mit Belehrung gemäß § 57b ZVG. an Stellenbesitzer *Max Pavel* in Hochkirch zustellen.

3. Kosten."

Vgl. oben S. 677. Eine besondere Eintragung des Beitrittsbeschlusses im Grundbuch findet nicht statt (§ 27^{I} S. 2). —

Welche Rechtsstellung erlangt ein persönlicher betreibender Gläubiger durch Anordnung der Zwangsversteigerung bzw. Zulassung seines Beitritts? Die Einleitung der Zwangsversteigerung begründet nicht — wie die Mobiliarvollstreckung § 804^{I} ZPO. — ein Pfändungspfandrecht für den betreibenden persönlichen Gläubiger, sondern lediglich das bereits erörterte relative richterliche Veräußerungsverbot der „Beschlagnahme". Doch ist der Unterschied rein konstruktiv, und Kredinger wird praktisch ebenso behandelt, wie wenn sein vollstreckbarer Anspruch als Hypothek mit dem Range des Beschlagnahmevermerks eingetragen worden wäre: er gelangt in Klasse 5 des § 10 ZVG. hinter den z. Zt. der Beschlagnahme am Grundstück bestehenden dinglichen Rechten (Klasse 4), aber vor etwaigen später entstandenen dinglichen Belastungen (Klasse 6) zur Hebung, und falls über den Schuldner Konkurs eröffnet wird, bleibt die Beschlagnahme gegenüber der Konkursmasse wirksam, so daß Kredinger das Verfahren fortsetzen und ein Absonderungsrecht am Grundstück geltend machen kann (natürlich unbeschadet der Möglichkeit, daß etwa die Beschlagnahme selbst einer Konkursanfechtung, unten S. 769, unterliegt). §§ 13, 47 KO.

Terminsbestimmung: Wieder nach einigen Tagen gehen gemäß § 19II ZVG. beglaubigte Abschrift des Grundbuchblattes und der im Grundbuch in Bezug genommenen Urkunden (§ 874 BGB.) nebst Verzeichnis der Zustellungbevollmächtigten und Wohnungsblatt ein. Der Grundbuchauszug ergibt die oben S. 674 wiedergegebenen Rechtsverhältnisse. In Abt. II findet sich die weitere Eintragung:

„2. 1. Die Zwangsversteigerung ist angeordnet. Eingetragen am 2. August 1933."

Gleichzeitig teilt das Grundbuchamt mit, daß das Ersuchen des Versteigerungsrichters am 2. August vormittags 8 Uhr 50 Minuten eingegangen ist.

Nunmehr schreitet das Gericht zur Bestimmung des Versteigerungstermins (§ 36I ZVG.):

„Geschäftsnummer:
51 K 86. 33.

Zwangsversteigerung.

Im Wege der Zwangsvollstreckung soll das in Hochkirch, Landkreis Breslau, belegene, im Grundbuch von Hochkirch Band II Blatt Nr. 47 zur Zeit der Eintragung des Versteigerungsvermerks auf den Namen des Mühlenbesitzers *Alwin Suppes* in Hochkirch eingetragene Grundstück am

23. November 1933 vormittags 10 Uhr

durch das unterzeichnete Gericht an der Gerichtsstelle Museumstraße 3 Zimmer Nr. 442 versteigert werden.

Das Grundstück umfaßt das Mühlengrundstück am Schwarzwasser, Hofraum mit Gebäuden, Kartenblatt 1 Parzelle Nr. 89, in Größe von 75 a 30 qm mit $12^{50}/_{100}$ Tlr. Grundsteuerreinertrag, 280 ℳ Gebäudesteuernutzungswert, ferner die Schwarzwasserwiesen, Kartenblatt 1 Parzelle Nr. 90, in Größe von 3 ha 20 a 80 qm mit 160 Tlr. Grundsteuerreinertrag und den Acker am Schwalbenberg, Kartenblatt 1 Parzelle Nr. 33, in Größe von 60 a 50 qm mit 33 Tlr. Grundsteuerreinertrag, sämtlich in der Gemarkung Hochkirch, und ist unter Art. 47 der Grundsteuermutterrolle und Nr. 26 der Gebäudesteuerrolle verzeichnet.

Der Versteigerungsvermerk ist am 2. August 1933 in das Grundbuch eingetragen."

Vgl. §§ 37¹, ³, 38 ZVG., dazu AV. vom 7. Dezember 1899 (JMBl. 790). Die Angabe, daß die Zwangsversteigerung im Wege der Zwangsvollstreckung erfolgt, ist wichtig, weil es auch Zwangsversteigerungen zwecks Aufhebung einer Gemeinschaft gibt, bei denen für das geringste Gebot abweichende Grundsätze gelten (§ 182 ZVG.). Schuldner, denen die Zwangsversteigerung droht, erklären nicht selten vorher noch schnell den Verzicht auf ihr Grundstückseigentum (§ 928 BGB.), um der öffentlichen Bekanntmachung ihres Namens als Subhastaten zu entgehen.

Der Termin ist so weit hinauszurücken, daß nach Ausführung der vorgeschriebenen Bekanntmachungen mindestens 6 Wochen übrig bleiben. Andererseits soll er nicht über 6 Monate hinaus angesetzt werden. §§ 43I, 36II ZVG. Hieraus ergibt sich für das Ermessen des Richters ein erheblicher Spielraum und die geräumige Ansetzung des Versteigerungstermins kann in ihrer Wirkung der Bewilligung einer Einstellung auf Grund des Notrechts[3]) gleich- oder nahekommen. —

[3]) Vgl. für Aufwertungshypotheken § 15 AufwFäll.-G. Ferner IV. NotVO., 3. Teil §§ 5f.; NotVO. vom 14. Juni 1932 (RGBl. I 285), 2. Teil zu II; § 13 VermO. (oben S. 622); NotVO. vom 17. Januar 1933 (RGBl. I 19) Art. I; Landw. VollstrVO. vom 14. Februar 1933 (oben S. 638); 1. AusfVO. vom 14. Februar 1933 (RGBl. I 64); 2. AusfVO. vom 14. März 1933

Nun folgen zwei über den Rahmen einer bloßen Terminsbestimmung hinausgehende, aufgebotsartige öffentliche Aufforderungen zur Geltendmachung von Rechten bei Vermeidung sachlicher Rechtsnachteile:

„Es ergeht die Aufforderung Rechte, soweit sie zur Zeit der Eintragung des Versteigerungsvermerks aus dem Grundbuch nicht ersichtlich waren, spätestens im Versteigerungstermin vor der Aufforderung zur Abgabe von Geboten anzumelden und, wenn der Gläubiger widerspricht, glaubhaft zu machen, widrigenfalls sie bei der Feststellung des geringsten Gebots nicht berücksichtigt und bei der Verteilung des Versteigerungserlöses dem Anspruch des Gläubigers und den übrigen Rechten nachgesetzt werden."

Die in § 10 ZVG. aufgezählten Personen, welche Befriedigung aus der Versteigerungsmasse zu beanspruchen haben (s. g. „Befriedigungsberechtigte"), zerfallen für die praktische Behandlung in zwei Gruppen: solche, die aus dem bei den Versteigerungsakten befindlichen Grundbuchauszug hervorgehen und daher dem Gericht bekannt, und solche, die aus dem Grundbuch nicht ersichtlich sind. Die ersten (zu denen vor allem die eingetragenen Hypotheken und sonstigen dinglichen Lasten der Klasse 4 zählen) werden sowohl bei Berechnung des geringsten Gebots wie im Verteilungstermin von Amts wegen berücksichtigt, während die anderen (Klasse 2: Lidlöhner, Klasse 3: öffentliche Lasten, Klasse 6: nach der Beschlagnahme eingetragene dingliche Rechte) besonders angemeldet, unter Umständen sogar glaubhaft gemacht werden müssen. §§ 45, 114. Wiederkehrende Leistungen aus eingetragenen Rechten (z. B. Hypothekenzinsen) würden hiernach eigentlich immer anmeldepflichtig sein, doch bedarf es nach ausdrücklicher Vorschrift keiner Anmeldung für „laufende" wiederkehrende Leistungen, d. s. diejenigen, welche vom letzten Fälligkeitstermin vor der Beschlagnahme ab laufen (§§ 13^{I}, 45^{II}, 114^{II}). Ratio legis: wenn Ende Juli 1933 die Zwangsversteigerung des Suppesschen Grundstücks angeordnet wird, so darf man ohne weiteres davon ausgehen, daß Suppes schon am 1. Juli keine Zinsen mehr gezahlt hat. Bei den auf die Zeit vor dem 1. Juli bezüglichen „Rückständen" (§ 13^{I}) kann das nicht vermutet werden, daher sind sie anzumelden. Um nun zu verhüten, daß die im Versteigerungstermin vorzunehmende Aufstellung des geringsten Gebots durch nachträgliche Anmeldungen umgestoßen wird, oder daß Befriedigungsberechtigte, die nach dem Grundbuch und den vorliegenden Anmeldungen durch das abgegebene Meistgebot gedeckt sind, deshalb ausfallen, weil nachträglich ein im Termin nicht bekannter Anspruch eines besser Berechtigten geltend gemacht wird, stellt § 37^{4} eine doppelte Präklusion auf. Wer bis zu der im Versteigerungstermin erfolgenden Aufforderung zur Abgabe von Geboten — also bis zum Beginn der eigentlichen Versteigerung — nicht angemeldet hat, wird nicht ins geringste Gebot aufgenommen, und bei der Erlösverteilung tritt er hinter alle vorhandenen Rechte, also hinter die 8. Klasse des § 10 (vgl. auch § 110) zurück. Der Rangverlust ist im Verhältnis der Befriedigungsberechtigten unter einander ein endgültiger und kann weder durch Widerspruchs- noch durch Bereicherungsklage wieder ausgeglichen werden; dagegen behält der ausgefallene Berechtigte natürlich seinen Anspruch gegen den Schuldner.

„Diejenigen, welche ein der Versteigerung entgegenstehendes Recht haben, werden aufgefordert, vor der Erteilung des Zuschlags die Aufhebung oder einstweilige Einstellung des Ver-

---

(RGBl. I 104). Diese Vorschriften werden, weil fortwährend im Fluß, im Text nicht weiter berücksichtigt. Teilweise ist ihre Geltungsdauer von vornherein zeitlich begrenzt.

fahrens herbeizuführen, widrigenfalls für das Recht der Versteigerungserlös an die Stelle des versteigerten Gegenstandes tritt."

Will man in der Versteigerung hohe Gebote erzielen, so muß dem Bieter und künftigen Ersteher das Risiko abgenommen werden, daß ihm nach erfolgtem Zuschlag ein Dritter das Eigentum am Grundstück und den mitversteigerten Mobilien und Forderungsrechten streitig machen könnte. Deshalb wendet sich die öffentliche Aufforderung des § 37^5 an die Interventionsberechtigten. Präklusionstermin ist diesmal nicht der Beginn der Versteigerung, sondern erst der Zuschlag. Zur Wahrung der Rechte genügt aber nicht die einfache Anmeldung, vielmehr muß ein gerichtlicher Aufhebungs- oder Einstellungsbeschluß erwirkt sein; dies gilt sogar dann, wenn der betreibende Gläubiger das Eigentum des Intervenienten anerkennt und die Sachen freigibt (Jaeckel-Guethe 14 zu §§ 37/8). Erfolgt keine rechtzeitige Einstellung, so verliert der Interventionsberechtigte endgültig sein Eigentum, und der Ersteher wird nunmehr Eigentümer des Grundstücks und der übrigen Immobiliarmasse (§ 90). Der Eigentumserwerb des Erstehers ist unabhängig davon, ob der Schuldner Eigentümer gewesen war oder nicht, er ist auch unabhängig vom guten Glauben des Erstehers, weil er auf der abstrakten Kraft des Zuschlags als konstitutivem Staatsakt beruht. Als Surrogat gibt das Gesetz dem früheren Interventionsberechtigten einen Anspruch auf einen Teil des Versteigerungserlöses.

Daß ein versteigertes Grundstück nicht dem eingetragenen Bucheigentümer gehört, wird (abgesehen von Fällen des Schwarzkaufs) nicht leicht vorkommen. Dagegen wird § 37^5 oft für Zubehörstücke praktisch. Die Zubehöreigenschaft hängt nach § 97 BGB. nur von wirtschaftlichen und räumlichen Beziehungen zwischen Hauptsache und Zubehör ab, während die Eigentumsfrage keine Rolle spielt; daher können Sachen, die einem anderen als dem Eigentümer der Hauptsache gehören, deren Zubehör sein. Hauptfälle des „fremden Zubehörs" sind Maschinen, Restaurationsinventar, Vieh, landwirtschaftliche Gerätschaften usw., die ein Grundstückseigentümer auf Abzahlung unter Eigentumsvorbehalt gekauft hat. Während nun Zubehör für gewöhnlich das rechtliche Schicksal der Hauptsache teilt (§§ 314, 926), gilt für fremdes Zubehör eine Ausnahme: es haftet nicht für die auf dem Grundstück ruhenden Hypotheken (§ 1120) und wird folgeweise auch nicht von einer Beschlagnahme des Grundstücks erfaßt (§ 20^{II} ZVG.). Macht aber der Zubehöreigentümer sein Recht nicht in der durch § 37^5 vorgeschriebenen Art geltend, so erstrecken sich nach §§ 55^{II}, 90^{II} Versteigerung und Zuschlag auf die fremden Zubehörstücke, vorausgesetzt daß diese sich im Besitz des Schuldners oder nach der Beschlagnahme neu eingetretenen Eigentümers befinden (die Bestimmung bezieht sich also nicht auf das im Besitz eines Pächters stehende Inventar!). Der frühere Eigentümer ist dann auf den bereicherungsartigen Ersatzanspruch des § 37^5 beschränkt, wobei die besondere Schwierigkeit entsteht, daß der Nachweis, der Versteigerungserlös sei gerade durch die Mitversteigerung dieses Zubehörstücks um einen bestimmten Betrag erhöht worden, sich nicht konkret führen läßt, weil die Gebote der Bieter in der Regel zur Ausbietung irgend welcher Hypotheken und nicht nach dem Wert der Immobiliarmasse abgegeben werden. Über dieses Bedenken setzt sich allerdings die Rechtsprechung hinweg, indem sie, falls keine gegenteiligen Tatsachen festzustellen sind, den Anspruch nach dem Verhältnis des Wertes des mitversteigerten fremden Zubehörstückes zum Wert der gesamten Immobiliarmasse und zum Versteigerungserlös gewährt (RG. 88, 351). Der Ersatzanspruch richtet sich zunächst gegen die Versteigerungsmasse; hat deren Verteilung schon stattgefunden, so haftet der letzte Erlösempfänger.

„Die Mitteilungen des Grundbuchamts, die sonstigen das Grundstück betreffenden Nachweisungen und die erfolgten Anmeldungen können in der Geschäftsstelle eingesehen werden.

Breslau, den 11. August 1933.

Amtsgericht.

Richter."

Vgl. § 42. Damit die Bietungslustigen sich schon vor dem Termin über die Verhältnisse des Grundstücks und der Zwangsversteigerung informieren können, wird sogar der Inhalt des, sonst so sorgfältig geheim gehaltenen Grundbuchauszugs öffentlich gemacht. —

Die Terminsbestimmung muß nach näherer Bestimmung der §§ 39—41 ZVG., dazu AV. vom 9. Dezember 1899 (JMBl. 802) publiziert und gewissen Personen und amtlichen Stellen mitgeteilt werden. U. a. erhalten die „Beteiligten" eine Zustellung. Diese Kategorie ist ein technischer Begriff des ZVG., sie umfaßt (§ 9 ZVG.):

a) die Parteien, also den oder die betreibenden Gläubiger und den Schuldner,
b) diejenigen, welche einen Anspruch mit dem Recht auf Befriedigung aus dem Grundstück haben (die „Befriedigungsberechtigten", vgl. § 10),
c) die Interventionsberechtigten,
d) Mieter und Pächter im Besitz des Grundstücks.

Von ihnen werden die z. Zt. der Eintragung des Beschlagnahmevermerks im Grundbuch Eingetragenen oder durch Eintragung Gesicherten ohne weiteres als Beteiligte behandelt, die Übrigen nur dann, wenn sie ihr Recht anmelden und auf Verlangen glaubhaft machen. Die Eigenschaft als „Beteiligter" hat, abgesehen von der Notwendigkeit der Zustellung, noch Bedeutung für das Recht, im Versteigerungstermin Anträge zu stellen, ferner für die Zustellung des Zuschlagsbeschlusses und für die Legitimation zur Beschwerde (§§ 59f., 88, 97, unten S. 717).

Im einzelnen wird verfügt:

„1. Aushang an der Gerichtstafel.
2. Ersuchen an den Gemeindevorsteher in Hochkirch um Aushang in der Gemeinde.
3. Ersuchen um Einrücken in „Regierungsamtsblatt", „Schlesische Zeitung", „Breslauer Neueste Nachrichten", „Breslauer Kreisblatt".
4. Zuzustellen an: a) Gläubiger *Terzer*, b) Gläubiger *Kredinger* z. H. von RA. *Schwarz*, c) Schuldner *Suppes*, d) Eigentümer von Hochkirch Blatt Nr. 49 (wegen Abt. II Nr. 1), e) *Primer* (Abt. III Nr. 1), f) *Seckel* (Abt. III Nr. 2), g) Frau *Quandt* (Abt. III Nr. 5), h) Gemeindevorsteher Hochkirch, i) Kreiskasse und Kreiskommunalkasse hier."

Die Zustellungen zu 4 h und i sollen die Behörden zur Anmeldung etwaiger Ansprüche auf öffentliche Lasten (§ 10^3) veranlassen.

Bei der Zustellung an die Beteiligten kommen zum ersten Male die Besonderheiten der §§ 4—7 zur Anwendung. Es wird „durch Aufgabe zur Post" zugestellt, d. h. die Zustellung gilt mit der Aufgabe bei der Post als bewirkt, gleichviel ob und in welcher Weise die Sendung bestellt wird. Jedoch erhalten (abweichend von § 175

ZPO.) die Sendungen immer den Vermerk „einschreiben". Unbestellbare Sendungen kommen also regelmäßig zurück, und es wird alsdann von Amts wegen für den Adressaten ein „Zustellungsvertreter" bestellt, dem die weitere Ermittlung obliegt.

„5. Finanzamt Breslau-Land nach dem Einheitswert des Grundstücks anfragen,"

Vgl. S. 692.

„6. Nach 2 Wochen."

Ist die in §§ 38f. ZVG. vorgeschriebene Bekanntmachung des Versteigerungstermins nicht sechs Wochen vor dem Termin ausgeführt, so muß der Termin aufgehoben und ein neuer bestimmt werden; wird der Fehler erst nach Schluß der Versteigerung bemerkt, so ist der Zuschlag zu versagen. §§ 43^{I}, 83^{7}. Deshalb werden nach Ablauf der zwei Wochen die Zustellungen an die Beteiligten und die übrigen Bekanntmachungen vom Gericht kontrolliert.

„7. Am 9. November."

Bei Wiedervorlegung der Akten am 9. November verfügt der Richter gemäß § 41^{II} die — formlose — Mitteilung an alle „Beteiligten", daß und wegen welcher Ansprüche Terzer und Kredinger die Versteigerung betreiben. Dadurch wissen die Beteiligten, wie sie sich zu verhalten haben. Die Gläubiger der beiden ersten Hypotheken insbesondere können dem Ausgang des Termins unbekümmert entgegensehen, da sie im geringsten Gebot stehen, also keinen Ausfall zu befürchten haben. Sie brauchen demgemäß weder sich dafür zu interessieren, daß ihre Rechte ausgeboten werden, noch den Termin wahrzunehmen (über die Besonderheit im Falle des § 64^{II} vgl. unten S. 719f.). Soweit sie keine Rückstände von Zinsen und sonstigen Nebenleistungen und keine Kosten zu fordern haben, ist nicht einmal eine Anmeldung erforderlich. Andererseits ersieht Kredinger, daß die Hypotheken von Terzer und Frau Quandt außerhalb des geringsten Gebots liegen und bar ausgezahlt werden müssen. Trotz der großen Bedeutung, welche hiernach die Mitteilung für die Beteiligten besitzt, ist sie bloße Ordnungsvorschrift und die Versteigerung findet auch im Falle ihrer Unterlassung statt.

Warum ergehen die Mitteilungen gerade im Lauf der zweiten Woche vor dem Termin? Bekanntlich kommen ins geringste Gebot die dem betreibenden Gläubiger in der Rangordnung des § 10 vorgehenden Rechte (§ 44^{I}). Bei einer Mehrzahl von Gläubigern entscheidet grundsätzlich der bestberechtigte. Tritt aber dem von einem Gläubiger betriebenen Verfahren nachträglich ein besser berechtigter bei, so darf der vorgehende Anspruch nur dann der Berechnung des geringsten Gebots zu Grunde gelegt werden, wenn der Beitrittsbeschluß mindestens 2 Wochen vor dem Termin dem Schuldner zugestellt war (§ 44^{II}). Bei Nichteinhaltung der Frist ist der Beitritt zwar zulässig und verschafft dem Beigetretenen im Allgemeinen die besonderen Rechte eines betreibenden Gläubigers, aber er wird für die Aufstellung des geringsten Gebots ignoriert; d. h. ins geringste Gebot sind alle dem ursprünglichen betreibenden Gläubiger vorgehenden Rechte, einschließlich des Rechts des Beigetretenen, aufzunehmen. Der Zuschlag schneidet weitere Beitrittserklärungen endgültig ab.

Anmeldungen. Geringstes Gebot. Allmählich gehen die Anmeldungen ein. Klasse 1 und 2 des § 10 sind nicht vertreten. Die Gemeinde Hochkirch meldet Grundvermögens- und Hauszinssteuer vom 1. Mai 1933 ab an, die Müllerei-

Berufsgenossenschaft laufende und rückständige Beiträge. Von den Hypothekengläubigern verlangt Primer Zinsrückstände, Frau Quandt Kosten. Terzer und Kredingers Anwalt reichen Anmeldungen über Kosten, Zinsen und Hauptforderung ein. Der pensionierte Landjäger Postler weist durch amtliche Grundbuchnachricht (S. 215) nach, daß nach der Beschlagnahme in Abt. II des Grundbuchs von Hochkirch Blatt Nr. 47 folgendes eingetragen worden ist:

„3. 1. Ein lebenslängliches Wohnungsrecht an dem Giebelzimmer des Wirtschaftsgebäudes nebst Küche und Kammer für den Landjäger im Ruhestande *Thomas Postler* in Hochkirch, eingetragen am 10. August 1933."

Daraufhin meldet er seine Ansprüche an, wobei er den Jahreswert des Wohnungsrechts auf 180 RM. (vgl. S. 691) angibt.

Die Eintragung des Wohnungsrechts ist trotz der vorher erfolgten Beschlagnahme nicht zu beanstanden, da durch die Beschlagnahme für Suppes bloß eine relative Verfügungsbeschränkung begründet wurde (S. 677, vgl. S. 205/6). Das Recht rangiert aber erst in Klasse 6 des § 10 und würde ohne die Anmeldung nicht zu berücksichtigen sein (§ 37^{4}, oben S. 683).

Pavel meldet gemäß § 9^{2} seine Rechte als Pächter an. —

Um im Versteigerungstermin schneller verhandeln zu können, ist es üblich, daß das Gericht das geringste Gebot schon vorher auf Grund der schriftlichen Anmeldungen vorbereitet. Natürlich muß die Berechnung umgeändert werden, falls bis zum Termin — oder im Termin vor der Aufforderung zur Abgabe von Geboten — weitere Anmeldungen erfolgen. Das geringste Gebot zerfällt in:

a) das Bargebot: Gerichtskosten, Ansprüche aus § 10^{1-3}, Zinsen und andere wiederkehrende Leistungen der bestehen bleibenden Rechte, Kosten der Rechtsverfolgung (§ 49^{I}),
b) die bestehen bleibenden Rechte (§ 52^{I}).

Für die Aufstellung gelten folgende Grundsätze:

1. Rechte, die zur Zeit des Beschlagnahmevermerks aus dem Grundbuch hervorgingen, werden von Amts wegen aufgenommen, andere Rechte nur, wenn sie angemeldet und bei Widerspruch des betreibenden Gläubigers glaubhaft gemacht werden (§ 45^{I}).

2. Von wiederkehrenden Leistungen eingetragener Rechte brauchen die laufenden Beträge nicht angemeldet, die rückständigen nicht glaubhaft gemacht zu werden (§ 45^{II}).

3. Ansprüche der Klassen 1 bis 3 des § 10 sowie Kostenansprüche der dinglich Berechtigten sind anzumelden und bei Widerspruch des betreibenden Gläubigers glaubhaft zu machen.

4. Rückstände teilen den Rang des Rechts, sofern sie nicht älter als zwei Jahre sind. Andernfalls werden sie um vier Klassen zurückgerückt (§ $10^{3, 4, 7, 8}$). In unserem Fall bildet der erste Juli 1931 den Stichtag (oben S. 681).

5. Endtermin für die wiederkehrenden öffentlichen Lasten, Hypothekenzinsen usw. müßte an sich der Tag des Zuschlags sein, weil von da an der Ersteher diese Lasten zu tragen hat (§ 56 S. 2). Aber bei Aufstellung des geringsten Gebots kann man noch nicht voraussehen, ob der Zuschlag im Versteigerungstermin, oder eine Woche später im Verkündungstermin (§ 87), oder noch später im Beschwerdeweg (§ 104) erteilt werden wird. Darum schreibt § 47 die zweite Woche nach dem Versteigerungstermin als festen Endtermin vor.

Aus alledem ergibt sich hier als geringstes Gebot:

„A. Bargebot.

1. Die aus dem Versteigerungserlös zu entnehmenden Kosten des Verfahrens, vorläufig geschätzt auf	500.00 *RM*
2. Grundvermögens- und Hauszinssteuer der Gemeinde Hochkirch für die Zeit vom 1. Mai bis 7. Dezember 1933, monatlich 18 *RM*, zusammen	130.20 *RM*
3. 5% Zinsen der Hypothek Abt. III Nr. 1 von 3000 *RM* vom 1. April bis 7. Dezember 1933 . . . . (das Kapital ist zu übernehmen).	102.92 *RM*
4. 6% Zinsen der Hypothek Abt. III Nr. 2 von 10000 *RM* vom 1. Juli bis 7. Dezember 1933 . . . . (das Kapital ist zu übernehmen)	261.67 *RM*
zusammen:	994.79 *RM*

Die Hauszinssteuer ist als „öffentliche Last" im Sinne von § 10³ ZVG., Art. 1—3 pr. AG. allgemein anerkannt (RG. 116, 111). Dagegen mußten die von der Berufsgenossenschaft angemeldeten Beiträge abgesetzt werden. Sie treffen Suppes nur persönlich als Inhaber seines Mühlengewerbes und sind ebenso wenig eine auf dem Grundstück als solchem ruhende (vgl. Art. 1² AG.) Last, wie etwa seine Einkommen- oder Umsatzsteuer.

Bei der Seckelschen Hypothek sind von Amts wegen die laufenden Zinsen aufgenommen worden (S. 685 zu 2).

„B. Bestehen bleibende Rechte.

1. Das Wegerecht Abt. II Nr. 1,
2. die Hypothek Abt. III Nr. 1 von 3000 *RM*,
3. die Hypothek Abt. III Nr. 2 von 10000 *RM*."

Intervention von Zubehör. Am 21. November 1933 erscheint in der Geschäftsstelle Tischlermeister Illgen aus Peterwitz und erklärt zu Protokoll des Urkundsbeamten:

„Laut beiliegendem Kaufvertrag vom 8. Februar 1933 hat mir der Grundstückseigentümer *Suppes* die ihm gehörige, auf dem Mühlengrundstück Hochkirch Blatt Nr. 47 befindliche Dampflokomobile, Modell ‚Ajax' Fabriknummer 828, von 15 PS für 1250 *RM* verkauft und sofort zu Eigentum übertragen. Die Übergabe wurde dadurch ersetzt, daß *Suppes* gemäß § 3 des Vertrages die Maschine vorläufig bei sich in unentgeltlicher Verwahrung behalten hat, weil meine Werkstatt im Umbau begriffen war und ich deshalb keinen Platz für die Maschine hatte. Ich versichere hiermit an Eidesstatt, daß die Maschine mit dem Fußboden des Maschinenraums nur durch einige Schrauben verbunden ist, die jederzeit mit Leichtigkeit gelöst werden können. Ich versichere ferner an Eidesstatt, daß die Mühle seit Oktober 1932 außer der Wasserkraft auch elektrischen Antrieb hat und die Dampfmaschine aus diesem Grunde von *Suppes* seither nicht mehr benutzt wurde. Ich beantrage:

die Zwangsvollstreckung in die Maschine einstweilen einzustellen."

Der Referendar: Es wird darauf ankommen, ob die Lokomobile wesentlicher Bestandteil oder Zubehör des Grundstücks geworden ist. § 98¹ BGB. führt Maschinen als Beispiel für Zubehör eines zum gewerblichen Betriebe eingerichteten Grundstücks auf. Andererseits gehört zu den allgemeinen Begriffsmerkmalen des Zubehörs, daß es nicht Bestandteil der Hauptsache sein darf und trotzdem deren wirtschaftlichem Zwecke dient (§ 97¹ S. 1). Sachen, die nicht von einander getrennt werden können, ohne daß die eine oder die andere zerstört oder in ihrem Wesen verändert wird, sind wesentliche Bestandteile (§ 93). Man sagt vielfach, daß die Maschinen in diesem Sinne einen wesentlichen Bestandteil des Fabrikgebäudes bilden, weil nach ihrer Herausnahme das Gebäude aufhört Fabrik zu sein. Für die Abgrenzung muß die Verkehrsanschauung (vgl. § 97^{I} S. 2) maßgebend sein. Darnach sind Maschinen regelmäßig bloß Zubehör. Besteht aber eine besonders feste Verbindung mit dem Grundstück, indem die Gebäude gewissermaßen als um die Maschinen herumgebaut erscheinen (Kessel in Kesselhäusern), oder handelt es sich um Maschinen, die für den individuellen Betrieb besonders hergestellt wurden, so nimmt man wesentliche Bestandteilseigenschaft an. RG. 67, 30; 87, 43; 90, 198; JW. 14, 238^{1}; 16, 321^{5}; 17, 809^{1}. Bei der von Illgen beanspruchten Lokomobile handelt es sich um eine ausgesprochene Modelltypenmaschine, und der Intervenient hat glaubhaft gemacht, daß die Verbindung bloß in einer leichten Anschraubung besteht. Die Lokomobile ist also Zubehör.

Der Richter: Einverstanden. Was folgt daraus?

Referendar: Wäre die Maschine als wesentlicher Bestandteil anzusehen, so könnte sie nicht Gegenstand besonderer Rechte (§ 93), und die Übereignung auf Illgen würde unwirksam sein, wie ja sogar ein Eigentumsvorbehalt durch Verbindung der Maschine mit dem Grundstück als wesentlicher Bestandteil gemäß § 946 erlischt. Als Zubehör kann die Lokomobile im Eigentum eines Dritten stehen, und das fremde Zubehör wird weder von der hypothekarischen Haftung noch von der Beschlagnahme betroffen. §§ 1120^{I} BGB., 20^{II} ZVG.

Richter: Wenn § 1120^{I} BGB. von der Hypothekenhaftung die Zubehörstücke ausnimmt, „welche nicht in das Eigentum des Eigentümers gelangt sind", so setzt er voraus, daß sie überhaupt niemals dem Grundstückseigentümer gehört haben, so lange die Hypothek bestand. Ausweislich des Grundbuchauszuges wurde die Terzersche Hypothek im Jahre 1931 bestellt. Damals gehörten Grundstück und Maschine der selben Person. Mithin erstreckte sich die dingliche Haftung auf die Lokomobile, und wir müssen untersuchen, ob die Haftung nachträglich dadurch, daß die Maschine dem Illgen übereignet wurde, oder aus anderen Gründen wieder erloschen ist. Wir haben es also mit einer ähnlichen Fragestellung zu tun wie beim Untergang des Vermieterpfandrechts an Sachen, die der Mieter einmal als sein Eigentum eingebracht hatte (S. 663). Auch die positiv-rechtliche Regelung der beiden Probleme weist eine große Verwandtschaft auf. Nach Maßgabe des § 936 würde nämlich die Haftung kaum jemals beendigt werden, weil der Erwerber sich nicht im guten Glauben (§ 932^{II}) befindet, sobald ihm bekannt oder infolge grober Fahrlässigkeit unbekannt ist, daß das Grundstück, von dem das Zubehörstück herstammt, eine Hypothekenbelastung hat. Zudem gibt es beim Eigentumserwerb durch Besitzkonstitut vor der tatsächlichen Übergabe überhaupt keinen gutgläubigen Erwerb (§§ 933, 936^{I} S. 3, oben S. 10, 461). Deshalb ist über die Enthaftung der Zubehörstücke folgendes bestimmt: 1. Veräußerung für sich allein beendigt niemals die Haftung, sondern es muß außerdem die Entfernung vom Grundstück hinzukommen, und sowohl Veräußerung wie Entfernung vor der Beschlagnahme erfolgt sein (§ 1121^{I}). 2. Werden die Zubehörstücke vor der Beschlagnahme veräußert und entfernt, so hört ihre Haftung selbst dann auf, wenn der Erwerber bezüglich der Hypothek bösgläubig war (arg. § 1121^{I}). 3. Auch ohne Veräußerung wird die Haftung durch Aufhebung der Zubehöreigenschaft im Rahmen ordnungsmäßiger Wirtschaft vor Beschlagnahme, also durch einen rein tatsächlichen Vorgang, beendigt (§ 1122^{II}).

Dem „fremden Zubehör" entsprechen diejenigen Grundstückserzeugnisse, welche mit der separatio ins Eigentum eines Dritten — z. B. des im Besitz des Grundstücks befindlichen Pächters — fallen. §§ 1120, 956. Gehören die Früchte dem Eigentümer, so werden sie nach § 1121 I nicht durch bloße Veräußerung, wohl aber durch Veräußerung und Entfernung vor der Beschlagnahme ohne Rücksicht auf den guten Glauben des Erwerbers frei. Der tatsächliche Vorgang, der ohne Veräußerung die Haftung beendigt, ist hier die dauernde Entfernung vom Grundstück vor der Beschlagnahme (§ 1122 I),

Auf unseren Fall angewandt, bedeutet das, daß aus § 1121 der Untergang der hypothekarischen Haftung nicht hergeleitet werden kann. Wohl aber hat Illgen glaubhaft gemacht, daß die Zubehöreigenschaft vor Beschlagnahme durch einen im Rahmen ordnungsmäßiger Wirtschaft liegenden Akt aufgehoben und damit die Lokomobile gemäß § 1122 II enthaftet wurde. Die Versteigerung ist daher antragsgemäß einzustellen.

„Einstellungsbeschluß.

In der Zwangsvollstreckungssache 1) des Mühlenbauers *Waldemar Terzer* in Breslau, Kopischstraße 27,

2) des Mehlhändlers *Gregor Kredinger* in Dambrau (Oberschlesien), Gläubiger.

Prozeßbevollmächtigter zu 2: RA. *Schwarz* in Breslau,

gegen den Mühlenbesitzer *Alwin Suppes* in Hochkirch, Landkreis Breslau, Schuldner.

Gegen die von den Gläubigern betriebene Zwangsversteigerung des Grundstücks Hochkirch, Landkreis Breslau, Band II Blatt Nr. 47 hat der Tischlermeister *Franz Illgen* in Peterwitz hinsichtlich der auf dem Grundstück befindlichen Dampflokomobile, Modell ‚Ajax' Fabriknummer 828, von 15 *PS* Widerspruch erhoben mit der Begründung, daß die Lokomobile nicht wesentlicher Bestandteil sondern Zubehör des Grundstücks gewesen, daß sie ihm übereignet und daß die Zubehöreigenschaft innerhalb der Grenzen einer ordnungsmäßigen Wirtschaft vor der Beschlagnahme aufgehoben worden sei. Diese Behauptungen sind durch den Kaufvertrag vom 8. Februar 1933 und die eidesstattliche Versicherung des Antragstellers vom 21. November 1933, die Dringlichkeit des Falles dadurch glaubhaft gemacht, daß bereits am 23. November 1933 Versteigerungstermin ansteht. Gemäß §§ 1122 II BGB., 771, 769 II ZPO., 37 5 ZVG. wird daher angeordnet:

1. Das Zwangsversteigerungsverfahren wird, soweit es sich auf die oben bezeichnete Dampflokomobile bezieht, einstweilen eingestellt.
2. Der Antragsteller hat binnen einer Frist von drei Wochen, von heute ab gerechnet, dem unterzeichneten Vollstreckungsgericht eine Entscheidung des Prozeßgerichts über weitere Einstellung des Verfahrens vorzulegen. Nach fruchtlosem Ablauf dieser Frist wird das Verfahren hinsichtlich der Dampflokomobile fortgesetzt werden.

Breslau, den 21. November 1933.

Amtsgericht.

Richter."

Zustellung nach § 329 III ZPO. an Illgen, Terzer und RA. Schwarz.

Versteigerungstermin.

„Gegenwärtig: AG. Rat *Richter* als Richter,
Kalkulator *Pfleger* als Urkundsbeamter der Geschäftsstelle und Rechnungsverständiger[4]).

Breslau, den 23. November 1933.

---

[4]) § 66 I ZVG.

In dem Verfahren zum Zwecke der Zwangsversteigerung des in Hochkirch, Landkreis Breslau, belegenen, im Grundbuch von Hochkirch Band II Blatt Nr. 47 auf den Namen des Mühlenbesitzers *Alwin Suppes* eingetragenen Grundstücks erschienen in dem heute anstehenden Versteigerungstermin nach dem Aufruf der Sache folgende Beteiligte:

1. Mühlenbesitzer *Alwin Suppes* aus Hochkirch (Eigentümer),
2. Mühlenbauer *Waldemar Terzer* aus Breslau (betreibender Gläubiger Abt. III Nr. 4),
3. für den betreibenden Gläubiger *Kredinger*: RA. *Schwarz* aus Breslau (Vollmacht Blatt 8 d. A.),
4. Rentmeister *Bruno Primer* aus Canth (Abt. III Nr. 1),
5. verw. Frau Direktor *Pauline Quandt* geb. *Dickhuth* aus Trebnitz (Abt. III Nr. 5),
6. Landjäger im Ruhestande *Thomas Postler* aus Hochkirch (Abt. II Nr. 3, Anmeldung Blatt 39),
7. Stellenbesitzer *Max Pavel* aus Hochkirch (Pächter, Anmeldung Blatt 49),
8. Tischlermeister *Franz Illgen* aus Peterwitz (Intervenient, vgl. Blatt 53f.)."

Die außer den Beteiligten erschienenen Bietungslustigen kommen nicht ins Protokoll. —

Es beginnt der erste Abschnitt des Termins: Bekanntmachungen, Mitteilungen, Anmeldungen (§ 66[1] ZVG., erster Satzteil):

„Den Erschienenen wurden die das Grundstück betreffenden Nachweisungen"

— d. h. der Grundbuchauszug mit den im Grundbuch in Bezug genommenen Bewilligungen und der Katasterauszug —

„bekannt gemacht. Ferner wurde bekannt gemacht, daß die Zwangsversteigerung betrieben wird auf Antrag:

1. des Mühlenbauers *Waldemar Terzer* in Breslau wegen 500 *RM* Teilbetrag der in Abt. III unter Nr. 4 eingetragenen 2500 *RM* nebst 7% Zinsen seit 1. April 1933,
2. des Mehlhändlers *Gregor Kredinger* in Dambrau wegen eines nicht eingetragenen Anspruchs von 2000 *RM* nebst 6% Zinsen seit dem 12. Juni 1933,

und daß die erste Beschlagnahme des Grundstücks am 1. August 1933 durch Zustellung des die Zwangsversteigerung anordnenden Beschlusses vom 31. Juli 1933 an den Schuldner bewirkt ist."

Vgl. S. 677.

„Über erfolgte Anmeldungen, besonders von Rechten und Kündigungen, wurde folgendes mitgeteilt:

Die Anmeldungen der Gemeinde Hochkirch Blatt 23, der Müllerei-Unfall-Berufsgenossenschaft Blatt 25, des *Bruno Primer* Blatt 45, des *Waldemar Terzer* Blatt 37, der Frau *Quandt* Blatt 43, des RA. *Schwarz* Blatt 35, des *Thomas Postler* Blatt 39, des Pächters *Pavel* Blatt 49.

Der Beschluß vom 21. November 1933, durch welchen die Zwangsversteigerung, soweit sie die auf dem Grundstück befindliche Dampflokomobile Modell ‚Ajax' Fabriknummer 828 von 15 PS betrifft, einstweilen eingestellt ist, wurde bekannt gegeben.

Herr *Primer* meldete an, daß ihm laut Grundbucheintragung das Recht zustehe seine Hypothek Abt. III Nr. 1 bei Zinszahlungsverzug sowie im Falle der Einleitung des Zwangsversteigerungsverfahrens fristlos zu kündigen, und daß er von diesem Recht am 3. November 1933 durch Zustellung des beiliegenden Kündigungsschreibens Gebrauch gemacht habe. Der Schuldner bestritt, daß er sich im Zinszahlungsverzug befunden habe, da die Zinsen des 2., 3. und 4. Quartals 1933 durch Aufrechnung getilgt seien. Die Kündigung wegen Einleitung der Zwangsversteigerung verstoße gegen die Grundsätze von Treu und Glauben, weil *Primer* mit ihr drei Monate gewartet habe."

Die Anmeldung beruht auf § 54. Sie zeigt, wie wenig die Praxis des Rechtslebens sich mit dem geschriebenen Gesetz zu decken braucht. Das geringste Gebot will das „Deckungsprinzip" — die dem betreibenden Gläubiger vorgehenden Ansprüche müssen durch das Gebot gedeckt sein — vereinigen mit dem „Übernahmeprinzip": die im geringsten Gebot stehenden Kapitalrechte werden nicht ausgezahlt und gelöscht, sondern vom Ersteher übernommen. Dadurch soll erreicht werden, daß der Ersteher weniger bares Geld aufzubringen hat und sich eher ein Bietungslustiger findet. Die Gläubiger der ersten Hypotheken, besonders Hypothekenbanken und Versicherungsgesellschaften, bedingen sich aber fast immer aus, daß ihre Hypothek durch eine Zwangsversteigerung sofort fällig wird bzw. daß die Zwangsversteigerung ihnen einen Grund zur fristlosen Kündigung gibt. Damit ist der gesetzgeberische Zweck des Übernahmeprinzips illusorisch gemacht. Formell freilich bleibt es gewahrt: die erste Hypothek wird vom Ersteher übernommen und ist nicht im Erlösverteilungs-Termin auszuzahlen. Aber er übernimmt sie — bei gehöriger Anmeldung gemäß § 54 — als eine fällige Hypothek, und wenn er nicht zahlen kann, sich auch nicht mit dem Hypothekengläubiger einigt (was gewöhnlich eine „Abschlußprovision" kostet), so kann der Gläubiger — außerhalb des Versteigerungsverfahrens — sofort gegen den Ersteher vorgehen.

Eine große Rolle spielt die technische Fassung der Verfallklausel. Anmeldezwang besteht 1. für Kündigungen, ohne Unterschied zwischen vertraglich vorgesehener und außerordentlicher Kündigung (§ 54 I), 2. für solche „aus dem Grundbuch nicht ersichtliche" Tatsachen, infolge deren der Anspruch vor der Zeit geltend gemacht werden kann (§ 54 II). Zum Grundbuch wird man auch den Inhalt der in Bezug genommenen Eintragungsbewilligungen zu rechnen haben, die sich ja bei den Versteigerungsakten befinden (S. 680). Ist nun in der Eintragungsformel oder -bewilligung für den Fall der Zwangsversteigerung eine ipso iure-Fälligkeit der Hypothek vorgesehen, so bedarf sie keiner Anmeldung. Begründet dagegen die Einleitung der Zwangsversteigerung bloß ein fristloses Kündigungsrecht (wie in unserem Falle), so muß die Kündigung als tatsächlich erfolgt besonders angemeldet werden.

Glaubhaftmachung der Kündigung und der zu ihrer Rechtfertigung vorgebrachten Tatsachen ist nicht erforderlich. Streitige Fragen werden nicht vom Vollstreckungsrichter sondern in einem künftigen Prozeß zwischen Gläubiger und Ersteher vom Prozeßgericht entschieden. Die Anmeldung soll die Bietungslustigen lediglich darauf aufmerksam machen, daß der Gläubiger die Fälligkeit behauptet.

Über den Einwand der verspäteten Geltendmachung vgl. S. 390. —

Wir treten jetzt in den zweiten Terminsabschnitt ein: Feststellung des geringsten Gebots und der Versteigerungsbedingungen (§ 66 I zweiter Satzteil).

„Hierauf wurde das geringste Gebot und die Versteigerungsbedingungen nach Anhörung der anwesenden Beteiligten mit Hilfe des Rechnungsverständigen dahin festgestellt:

I. Geringstes Gebot.

Das geringste Gebot ergibt sich aus der anliegenden Aufstellung."

Die Aufstellung deckt sich mit der provisorischen Berechnung (S. 686), da Anmeldungen im Rahmen des geringsten Gebots nicht hinzugekommen sind.

„Der bar zu zahlende Teil des geringsten Gebots beträgt hiernach 994,79 *RM* (i. W.).

II. Versteigerungsbedingungen.

1. Die folgenden, bei der Aufstellung des geringsten Gebots berücksichtigten Rechte bleiben als Teil des geringsten Gebots bestehen:

a) das Wegerecht Abt. II Nr. 1, dessen Wert auf 500 *RM* (i. W.) bestimmt wird,

b) die Hypothek Abt. III Nr. 1 von 3000 *RM* (i. W.),

c) die Hypothek Abt. III Nr. 2 von 10000 *RM* (i. W.)."

Warum wird für das Wegerecht ein Geldbetrag festgesetzt? Bei Aufstellung des geringsten Gebots kann man nicht mit Sicherheit wissen, ob die laut Grundbuch dem Ersteher vorgehenden Rechte wirklich existieren. Stellt sich später heraus, daß ein übernommenes Recht nicht bestand, oder fällt die Bedingung aus, unter der es bestand, oder erlischt eine übernommene Hypothek nach den Vorschriften über Gesamthypotheken (unten S. 718), so darf das nicht dem Ersteher sondern nur dem Befriedigungsberechtigten zum Vorteil gereichen: denn im Hinblick auf die vermeintlich übernommene Belastung hatte ja der Ersteher ein niedrigeres Bargebot versprochen. Deshalb bestimmen §§ 50, 51, daß in den bezeichneten Fällen der Ersteher außer dem Bargebot eine weitere, dem nichtexistierenden Recht entsprechende, Zahlung zu leisten hat. Beim Nichtbestehen von Rechten der III. Abteilung ergeben sich Betrag, Fälligkeit und Verzinslichkeit der „Erhöhungssumme" ohne weiteres aus der weggefallenen Post (§ 50). Bei Rechten der II. Abteilung wird der Geldbetrag vom Gericht festgesetzt, und zwar vorsorglich immer, wenn eine derartige Last ins geringste Gebot aufgenommen wird; er wird mit 4% verzinst und ist 3 Monate nach Kündigung fällig (§ 51).

„2. Es ist angemeldet, daß der Gläubiger der Hypothek Abt. III Nr. 1 durch Erklärung vom 3. November 1933 die Hypothek fristlos gekündigt hat.

3. Der durch Zahlung zu berichtigende Teil des Mindestgebots ist vom Zuschlag an mit 4% zu verzinsen."

§ 49^{II}. Die Zinsen entsprechen den Kaufzinsen (§§ 446, 452 BGB.).

„4. Die Kosten des Beschlusses, durch welchen der Zuschlag erteilt wird, fallen dem Ersteher zur Last."

Vgl. § 58 ZVG. Entsprechende Vorschrift beim Kauf: § 449 BGB.

„5. Die auf dem Grundstück befindliche Dampflokomobile Modell ‚Ajax' Fabriknummer 828 von 15 PS, bezüglich derer die Zwangsvollstreckung durch Beschluß vom 21. November 1933 einstweilen eingestellt ist, wird von der Versteigerung ausgeschlossen."

Um den Eigentumserwerb des Erstehers an fremden Zubehörstücken zu verhindern, genügt ein gemäß § 37^{5} (oben S. 688) erlassener und im Termin bekanntgegebener Einstellungsbeschluß. Der ausdrückliche Vorbehalt in den Versteigerungsbedingungen und im Zuschlag (S. 698 zu 6) ist nicht erforderlich. RG. 127, 272.

Während es sich in Ziff. 5 der Versteigerungsbedingungen um die Folgerung aus einem ergangenen Einstellungsbeschluß handelt, ist im Falle des § 65 die Zwangsvollstreckung in das ausgenommene Objekt zulässig, und es werden nur nach dem Elastizitätsprinzip (S. 656) aus Zweckmäßigkeitsgründen einzelne zur Immobiliarmasse gehörige Mobilien oder Forderungen aus dem Zuschlag herausgenommen und ihre besondere Verwertung angeordnet. Das Verfahren nach § 65 wird angebracht sein, wenn der separat zu verwertende Gegenstand für die Bietungslustigen kein Interesse hat, oder seine Zugehörigkeit zur Versteigerungsmasse streitig, oder die Einziehung unsicher ist. Die besondere Verwertung kann beispielsweise in der Versteigerung durch den Gerichtsvollzieher oder der Überweisung von Forderungen an einen Befriedigungsberechtigten bestehen.

Die festgestellten Versteigerungsbedingungen sind die gesetzlichen. Es gibt aber auch „besondere" Versteigerungsbedingungen.

Nach § 59 kann jeder Beteiligte eine von der gesetzlichen Regelung abweichende Feststellung des geringsten Gebots und der Versteigerungsbedingungen beantragen, doch bedarf es zum Zustandekommen der Abweichung der Zustimmung derjenigen Beteiligten, deren Recht durch sie beeinträchtigt werden würde. Ob eine Beeinträchtigung vorliegt, wird durch Vornahme eines doppelten Ausgebots — eins zu den gesetzlichen Bedingungen, eins mit der verlangten Abweichung — ermittelt. Von zwei Seiten werden besondere Bedingungen beantragt:

„Herr *Postler* beantragte, das Bestehen des Wohnungsrechts Abt. II Nr. 3 als Versteigerungsbedingung festzusetzen. Herr *Terzer*, Frau *Quandt* und RA. *Schwarz* für *Kredinger* erhoben hiergegen Widerspruch."

Soll das Bestehenbleiben eines Rechts, das nach dem Gesetz erlöschen müßte, als besondere Versteigerungsbedingung bestimmt werden, so ist der Widerspruch nachstehender Interessenten unschädlich (§ 59^III^). Auf diese Vergünstigung kann sich aber Postler nicht berufen, weil die Opponenten den Vorrang vor ihm haben.

Begünstigt wird vom Gesetz das Altenteil. Es bleibt in der Regel bestehen, auch wenn es den Rang hinter dem betreibenden Gläubiger hat, und nur auf besonderen Antrag eines dem Altenteil Vor- oder Gleichberechtigten wird sein Erlöschen als Versteigerungsbedingung festgesetzt, sofern — was wiederum durch die Probe des doppelten Ausgebots festzustellen ist — das Recht des Opponenten durch Fortbestand des Altenteils eine Beeinträchtigung erleiden würde. § 9 EG., Art. 6^II^ pr.AG. zum ZVG.

Mit dem zweiten Antrag will der Pächter des Ackerlandes die ihm aus § 57 ZVG. drohende vorzeitige Kündigung abwenden:

„Herr *Pavel* beantragte als Versteigerungsbedingung zu bestimmen, daß der mit ihm abgeschlossene, noch bis 31. Oktober 1936 laufende Pachtvertrag vom Ersteher ohne Kündigungsrecht zu übernehmen sei. Frau *Quandt* und RA. *Schwarz* für *Kredinger* widersprachen."

Wahrscheinlich hat Pavel sein Pachtrecht bloß deshalb angemeldet, um als „Beteiligter" (§ 9²) diese Versteigerungsbedingung beantragen zu können. Infolge des Widerspruchs muß auch hier doppeltes Ausgebot stattfinden.

Postler und Pavel lassen sich überzeugen, daß das doppelte Ausgebot voraussichtlich zur Verwerfung der beantragten besonderen Bedingungen führen würde:

„Hierauf zogen Herr *Postler* und Herr *Pavel* ihre Anträge zurück.

Versteigerungsbedingungen, die von den gesetzlichen Vorschriften abweichen, sind mit Ausnahme der aufgeführten nicht festgestellt.

Die erfolgten Feststellungen wurden verlesen."

Falls ein Beteiligter mit dem geringsten Gebot oder den Versteigerungsbedingungen unzufrieden sein sollte (etwa die Berufsgenossenschaft mit der Nichtaufnahme der von ihr angemeldeten Beiträge), so hat er gegen die gerichtliche Entscheidung zunächst kein Rechtsmittel, muß vielmehr bis zum Zuschlag warten. Mit der Beschwerde gegen den Zuschlag können dann auch die Feststellung des geringsten Gebots und die übrigen Entscheidungen, die dem Zuschlag vorausgegangen sind und auf denen er beruht, angefochten werden. §§ 83¹, 95.

„Der Wert des Grundstücks und der Gegenstände, auf welche sich die Versteigerung erstreckt, wurde vom Gericht nach Anhörung der anwesenden Beteiligten auf 30200 *RM* (i. W.) bestimmt."

Die Wertfestsetzung geschieht im Hinblick auf das durch §§ 1f. des 3. Teils der IV. NotVO. (Fassung der NotVO. vom 14. Juni 1932, RGBl. I 285) für die Immobiliarversteigerung eingeführte „Mindestgebot", welches nicht (wie das „geringste Gebot") von der Belastung, sondern vom Werte des Grundstücks abhängt. Die Vorschrift gilt für Grundstücke aller Art. Während aber bei städtischen bzw. gewerblichen Grundstücken der Steuereinheitswert schlechthin maßgebend ist, treten bei landwirtschaftlichen, Forst- und Gartengrundstücken zum Einheitswert gesetzlich bestimmte Zuschläge. Damit soll erreicht werden, daß die unten S. 697, 730 besprochenen Schutzvorschriften in möglichst weitem Umfang angewandt werden können. Der — im Einheitswert nicht mit enthaltene — Wert der zur Immobiliarmasse gehörenden Mobilien wird vom Gericht frei geschätzt.

Im Hinblick auf diese Objektsfestsetzung war die Anfrage ans Finanzamt (S. 684 zu 5) ergangen. Soweit in der Zwangsversteigerung Gerichtsgebühren vom Grundstückswert zu erheben sind (vgl. §§ 121, 122, 123 pr.GKG.), legt die Praxis ebenfalls den auf Grund der NotVO. bestimmten Betrag zu Grunde. —

Der dritte Terminsabschnitt, die eigentliche Versteigerung, beginnt mit der Aufforderung zur Abgabe von Geboten (§ 66 II ZVG.) und reicht bis zur dreimaligen Verkündung des letzten Gebots und des Schlusses der Versteigerung (§ 73 II). Nach zwingender Vorschrift des Gesetzes (§ 73 I S. 1) muß die Versteigerung mindestens eine Stunde dauern („Bietungsstunde“).

„Das Gericht wies auf die bevorstehende Ausschließung weiterer Anmeldungen hin. Weitere Anmeldungen erfolgten nicht.

Sodann forderte das Gericht um 10 Uhr 40 Minuten vormittags zur Abgabe von Geboten auf.

Die Erschienenen wurden darüber belehrt, daß die abzugebenden Gebote nur das Bargebot darstellen, zu welchem noch der Betrag der nach den Versteigerungsbedingungen zu übernehmenden Rechte hinzutritt“,

— Wer in unserer Sache 5000 RM. bietet, hat außerdem die bestehen bleibenden Rechte Abt. II Nr. 1, Abt. III Nr. 1 und 2 zu übernehmen. Der Nichtjurist spricht dann davon, daß er 18000 RM. geboten habe, indem er den Betrag der übernommenen Hypotheken (nicht dagegen das Wegerecht) hinzurechnet. Würde aber ein Interessent in dieser Absicht ein Gebot von 18000 RM. abgeben, so hätte er die 18000 RM. bar zu zahlen und außerdem die beiden Hypotheken sowie das Wegerecht zu übernehmen! —

„ferner daß die Eintragung in das Grundbuch erst erfolgen kann, nachdem eine Unbedenklichkeitsbescheinigung des Grunderwerbsteueramts beigebracht ist.“

§ 24 GrEStG. (oben S. 230/1) trifft auch die Eintragung des Erstehers. Die Belehrung wird durch AV. vom 11. November 1919 (JMBl. 553) vorgeschrieben. Vgl. unten S. 711.

Agrarpolitische Erwerbsbeschränkungen: Steht ein landwirtschaftliches Grundstück von über 20 ha Größe zur Versteigerung, so hat sich die Belehrung weiterhin auf das gesetzliche Vorkaufsrecht des gemeinnützigen Siedelungsunternehmens bzw. Landlieferungsverbandes (S. 15/6) zu erstrecken. Anders als das obligatorische und dingliche Vorkaufsrecht des BGB. (§§ 512, 1098 I S. 2), wirkt nämlich dieses Vorkaufsrecht auch gegenüber dem Erwerb durch Zwangsversteigerung (§ 11 RSG.). Siedelungsunternehmen und Landlieferungsverband können also in das Meistgebot eintreten (§ 505 II BGB.), woraus sich für einen Hypothekengläubiger, der zur Rettung seiner Hypothek das Grundstück erstehen will, die zwingende Notwendigkeit ergibt nicht bloß in seine Hypothek hinein- sondern sie voll auszubieten. Sonst läuft er nämlich Gefahr, daß das Vorkaufsrecht ausgeübt wird und daß er dann mit seiner Hypothek teilweise ausfällt, ohne den bei Abgabe des Gebots erwarteten Ausgleich durch den höheren Wert des Grundstücks zu erhalten! In den Fällen des Vorkaufsrechts setzt das Gericht gemäß § 87 ZVG. die Verkündung aus und setzt den Vorkaufsberechtigten von dem Mindestgebot und den Versteigerungsbedingungen in Kenntnis (analog § 7 II RSG.). Der Zuschlag darf nicht eher erteilt werden, als bis entweder der Vorkaufsberechtigte sich erklärt hat oder 3 Wochen (bei Grundstücken über 200 ha sogar 6 Wochen) verstrichen sind. Außer durch das Gericht, wird die Frist auch durch eine Mitteilung des Vollstreckungsschuldners oder des Meistbietenden in Lauf gesetzt. Die Sache vereinfacht sich, wenn der Vorkaufsberechtigte bereits im Termin erklärt, das Vorkaufsrecht ausüben oder nicht ausüben zu wollen. — Bei Ausübung des Rechts ist das Grundstück dem Vorkaufsberechtigten zuzuschlagen. Der Meistbietende scheidet damit völlig aus, er haftet nicht etwa (wie bei Zession des Meistgebots, unten S. 697) für das Gebot mit. Seine Sicherheit ist ihm zurückzugeben.

Das gesetzliche Vorkaufsrecht des als „Ausgeber" einer Heimstätte fungierenden öffentlich-rechtlichen Verbandes ist ebenfalls in der Zwangsversteigerung wirksam. Hier wird aber nach herrschender Meinung die Nichtausübung des Vorkaufsrechts erst vom Grundbuchamt bei der Eintragung des Erstehers geprüft, so daß der Versteigerungsrichter den Zuschlag unbedenklich an den Meistbietenden erteilen darf. § 11 III HeimstG. (oben S. 16); Jaeckel-Guethe 6b, § 81.

Das Erfordernis der landrätlichen Genehmigung nach der BRVO. vom 15. März 1918 (oben S. 15) wird von der Rechtsprechung nicht auf den Erwerb durch Zwangsversteigerung bezogen, weil das Gesetz nur von „Auflassung", „Vereinbarungen" und „Rechtsgeschäften" spricht. KG. in JMBl. 30, 11[15]. Wahrscheinlich wird diese Praxis bisweilen dazu benutzt, durch Inszenierung einer Zwangsversteigerung die Genehmigung zu umgehen.

Im Termin ist eine Pause entstanden. Terzer, Frau Quandt und RA. Schwarz berechnen auf Grund der im ersten Abschnitt bekanntgegebenen Zahlen der Anmeldungen, wieviel geboten sein muß, damit ein jeder von ihnen gedeckt wird. Dank der Präklusionsfolge des § 37[4] (oben S. 681) können ihnen nachträgliche Anmeldungen besserberechtigter Ansprüche ja nicht mehr schaden. Das Ergebnis stellt sich in runder Summe für Terzer auf 3600 RM., Frau Quandt 5300 RM., Kredinger 7400 RM. Darauf verhandeln die Parteien und der Anwalt leise miteinander. Doch bevor noch von dieser Seite ein Gebot kommt, wird die Versteigerung von einem Außenseiter in Gang gebracht:

„Rittergutsbesitzer *Emil Wunderlich* aus Breslau bot 3000 *RM*.

Herr *Primer* forderte Sicherheitsleistung.

Beschlossen und verkündet:

Herr Wunderlich hat Sicherheit in Höhe von 500 *RM* zu leisten.

Herr Wunderlich übergab dem Gericht als Sicherheit nominell 700 *RM* 6%ige Hypothekenpfandbriefe der Schlesischen Boden-Kredit-Bank in Breslau nebst Zinsen und Erneuerungsscheinen. Es wurde festgestellt, daß der letzte Kurs dieser Pfandbriefe 72,50 beträgt."

Nach § 68[I] ist grundsätzlich die Bietungskaution nur in Höhe von $1/_{10}$ des Bargebots zu leisten, sie muß aber mindestens den Betrag der ins geringste Gebot aufgenommenen Kosten, erreichen. Daher die Summe von 500 RM. (vgl. S. 686 unter „Bargebot", Position 1). Daß die übergebenen Hypothekenpfandbriefe nicht mündelsicher sind (S. 108), schadet nichts. Denn abweichend von den sonstigen Vorschriften (§§ 108[I] S. 2 ZPO., 234 BGB.) dürfen in der Immobiliarversteigerung als Sicherheit alle Inhaberpapiere verwandt werden, die einen Börsenkurs haben, sogar Aktien, weil die Kaution nur für die verhältnismäßig kurze Zeit vom Versteigerungs- bis zum Erlösverteilungstermin gebraucht wird. Aus dem selben Grunde wird hier ausnahmsweise der volle Kurswert der Papiere als Sicherheit angerechnet. § 69[I] S. 2, 3 ZVG.

„RA. *Schwarz* bot für *Kredinger* 4000 *RM*.

Herrn *Wunderlich* wurde seine Sicherheit zurückgegeben, worüber er durch seine nachstehende Unterschrift:

Emil Wunderlich

quittiert."

Durch Zulassung des Kredingerschen Gebots ist das Gebot Wunderlichs erloschen (§ 72I).

„Frau *Quandt* bot 4500 *RM*.

Die Ehefrau des Schuldners, Frau *Erna Suppes* geb. *Weigelt*, bot unter Zustimmung ihres anwesenden Ehemannes 4600 *RM*. Herr *Primer* verlangte Sicherheitsleistung. Beschlossen und verkündet:

Frau *Suppes* hat Sicherheit in Höhe von 500 *RM* zu leisten.

Frau *Suppes* zahlte als Sicherheit an das Gericht 500 *RM* in Reichsbanknoten."

Bietet der Schuldner oder ein neu eingetretener Eigentümer des Subhastationsgrundstücks, so muß die Bietungskaution den Anspruch des Sicherheit verlangenden Gläubigers in voller Höhe decken (§ 68III). Bei der Ehefrau des Schuldners hat es mit den allgemeinen 10% des Bargebots sein Bewenden. — Die Zustimmung des Mannes war nicht zur Rechtswirksamkeit des Gebots erforderlich, hatte aber die Bedeutung, daß dadurch die Haftung für das Gebot auf das eingebrachte Gut der Bieterin ausgedehnt wurde. arg. § 1412I BGB., vgl. S. 372).

„Herr *Wunderlich* bot 5000 *RM*. Beschlossen und verkündet:

Herr *Wunderlich* hat Sicherheit in Höhe von 1/10 seines Gebots zu leisten.

Herr *Wunderlich* übergab dem Gericht als Sicherheit nominell 700 *RM* 6%ige Hypothekenpfandbriefe der Schlesischen Boden-Kredit-Bank A.G. in Breslau nebst Zins- und Erneuerungsscheinen. Die von Frau *Suppes* als Sicherheit gezahlten 500 *RM* wurden ihr zurückgegeben, worüber sie durch ihre nachstehende Unterschrift:

Erna Suppes geb. *Weigelt*

quittiert."

Da Primer gegenüber Wunderlichs erstem Gebot Sicherheit gefordert hatte, gilt sein Verlangen automatisch auch für das spätere Gebot dieses Bieters (§ 67I S. 2 ZVG.): eine Bestimmung, die nicht selten übersehen wird.

„Frau *Quandt* bot 5100 *RM*.

Herrn *Wunderlich* wurde seine Sicherheit zurückgegeben, worüber er durch seine nachstehende Unterschrift:

Emil Wunderlich

quittiert."

Inzwischen sind die Besprechungen der Beteiligten zu Ende. Primer unterzeichnet ein Schriftstück — ohne Zweifel die Erklärung, daß er trotz der fristlosen Kündigung seine Hypothek unter gewissen Bedingungen stehen lassen will —, und schon wird das nächste Gebot abgegeben:

„RA. *Schwarz* bot für *Kredinger* 5500 *RM*.

Herr *Primer* bot 5600 *RM*.

Herr *Postler* bot 5700 *RM*. RA. *Schwarz* verlangte für *Kredinger* Sicherheitsleistung. Herr *Postler* widersprach dem Verlangen wegen des in Abt. II unter Nr. 3 für ihn eingetragenen Wohnungsrechts. Beschlossen und verkündet:

Herr *Postler* hat in Höhe von 1/10 seines Gebots Sicherheit zu leisten."

Die Vergünstigung des § 67II, welche Postler offenbar im Auge hat, trifft nicht zu. Einmal gilt sie nur für Inhaber von Hypotheken, Grund- und Rentenschulden, nicht aber für Berechtigte der II. Abteilung. Sodann muß der Bieter sein Recht ganz oder teilweise ausgeboten („in die Hypothek hineingeboten") haben, und Postlers Gebot deckt nicht einmal die ihm vorgehende Forderung Kredingers. Endlich befreit das Gesetz die privilegierten Bieter nicht gänzlich von dem Erfordernis der Sicherheitsleistung, sondern es entzieht bloß den gewöhnlichen Befriedigungsberechtigten (also den Hypothekengläubigern Primer, Seckel und Frau Quandt) das Recht, von solchen Bietern Sicherheit zu fordern, während die betreibenden Gläubiger (Terzer und Kredinger) zum Verlangen der Sicherheit berechtigt bleiben.

„Herr *Postler* erklärte sich zur Sicherheitsleistung außer Stande. Beschlossen und verkündet: Das Gebot des Herrn *Postler* wird zurückgewiesen."

Die Sicherheit muß sofort geleistet und mangels Sicherheitsleistung das Gebot sofort zurückgewiesen werden (§ 70^II^ S. 2). Infolge der Nichtzulassung des Postlerschen Gebots ist das Gebot des Primer von 5600 RM. nicht erloschen, sondern besteht als einziges fort (arg. § 72^I^).

„RA. *Schwarz* bot für *Kredinger* 6500 *RM*."

Offenbar will er andere Bietungslustige so weit treiben, daß Kredinger mit seiner Forderung ausgeboten wird. Es geht aber niemand mehr mit.

Nunmehr entfernen sich die Erschienenen mit Ausnahme von RA. Schwarz, der gleichsam als Wachtposten zurückbleibt. Es könnte nämlich der Fall eintreten, daß ein nicht zahlungsfähiger Dritter ein Übergebot abgibt, und dann müßte von ihm sofort die Bietungskaution verlangt werden, weil das nur unmittelbar nach Abgabe des Gebots geschehen kann (§ 67^I^ S. 1). Indessen es tritt kein Zwischenfall ein und der Rest der Bietungsstunde verläuft still. —

Der Richter zum Referendar: Versteigerungstermine sind nicht immer für das Gericht so bequem. Neben der Sicherheitsleistung machen uns hauptsächlich die „Legitimationsfragen" zu schaffen. Vollmachten und ähnliche Urkunden müssen öffentlich beglaubigt sein (§ 71^II^). Bietet eine Aktiengesellschaft, eine G. m. b. H. usw., so sind die für juristische Personen geltenden Erwerbsbeschränkungen (S. 16) zu beachten. Vormünder und Pfleger haben eine vormundschaftsgerichtliche Genehmigung beizubringen. Vater und Mutter sind genehmigungsfrei; ist jedoch der Mutter ein Vermögensbeistand bestellt, so bedarf sie zur Abgabe des Gebots der Genehmigung entweder des Beistandes oder des Vormundschaftsgerichts (S. 105, 106, 112). Mit dem Gebot der Ehefrau haben wir uns soeben beschäftigt. Alle derartigen Fragen muß das Gericht, wenn sie im Termin auftauchen, sofort entscheiden. Eine gewisse Erleichterung der richterlichen Verantwortlichkeit gewährt § 72^I, II^, nach welchem ein zu Unrecht zurückgewiesenes Gebot endgültig erlischt, wenn der Zurückweisung nicht sofort widersprochen, oder wenn ein Übergebot zugelassen und diesem nicht sofort widersprochen wird. —

Die Bietungsstunde ist abgelaufen:

„Der Mehlhändler *Gregor Kredinger* aus Dambrau blieb mit dem durch RA. *Schwarz* in seinem Namen abgegebenen Gebot eines durch Zahlung zu berichtigenden Betrages von 6500 *RM* Meistbietender.

Dieses letzte Gebot wurde durch dreimaligen Aufruf verkündet.

Ungeachtet der Aufforderung des Gerichts wurde ein Gebot nicht mehr abgegeben.

Um 11 Uhr 50 Minuten vormittags wurde der Schluß der Versteigerung verkündet."

Vgl. § 73^II^. —

Die eigentliche Versteigerung ist beendet. Es folgt der vierte Abschnitt des Termins, die Verhandlung über den Zuschlag (§ 74):

„Hierauf wurden die anwesenden Beteiligten über den Zuschlag gehört.

RA. *Schwarz* beantragte, gemäß § 87 ZVG. den Zuschlag erst in einem auf eine Woche anzusetzenden Termin zu verkünden.

Vorgelesen, genehmigt."

In diesem Stadium können u. A. noch Einwendungen gegen die Zulässigkeit der Zwangsversteigerung vorgebracht werden (fehlende Vollstreckungsgrundlagen, Intervention).

Ferner werden jetzt die Vorschriften über das „Mindestgebot" (S. 692) praktisch. Macht das Meistgebot einschließlich der bestehen bleibenden Rechte weniger als $^7/_{10}$ des festgesetzten Grundstückswerts aus, so können solche Berechtigte, die nach dem abgegebenen Meistgebot ganz oder teilweise ausfallen würden, aber innerhalb der $^7/_{10}$ stehen, Versagung des Zuschlags beantragen (§ 1^{I} S. 1 des 3. Teils der IV. NotVO.). Dieses Recht steht Kredinger zu.

Denn er geht mit 3000 (Primer) + 10000 (Seckel) + 7400 = 20400 RM. aus, steht also innerhalb von $^7/_{10}$ mal 30200 = 21140 RM., und das Meistgebot beträgt bloß 3000 + 10000 + 6500 = 19500 RM. — Macht ein betreibender Gläubiger glaubhaft, daß ihm durch Versagung des Zuschlags „unverhältnismäßiger Nachteil" erwachsen würde, so ist auf seinen Widerspruch der Versagungsantrag abzulehnen (§ 1^{I} S. 2). Ebenso wenn ein Befriedigungsberechtigter das Meistgebot abgegeben hat und übernommene Rechte, Bargebot und Ausfall des Meistbietenden zusammengerechnet $^7/_{10}$ des Grundstückswerts ergeben (§ 2). Die Versagung des Zuschlags führt dazu, daß ex officio ein neuer Versteigerungstermin mit Frist von 3 bis 6 Monaten bestimmt wird (§1^{III}). Im neuen Termin besteht kein Versagungsrecht mehr (§ 1^{IV}).

Endlich können Einstellungs- bzw. Zuschlagsversagungsanträge (§ 33 ZVG.) auf Grund des Notrechts gestellt werden, soweit hierfür nicht eine frühere Geltendmachung vorgeschrieben ist. Vgl. §§ 5 f. des 3. Teils der IV. NotVO. (oben S. 628 Anm. 3).

In unserem Fall geschieht nichts dergleichen.

„Termin zur Verkündung der Entscheidung über den Zuschlag wurde auf den

30. November 1933 vormittags 9½ Uhr

anberaumt und verkündet.

Richter. *Pfleger."*

Übertragung des Meistgebots. Aus welchem Grunde RA. Schwarz den Verkündungstermin erbeten hat, zeigt uns der folgende Eingang:

„In der *Suppe*schen Zwangsversteigerungssache von Hochkirch, Landkreis Breslau, Band II Blatt Nr. 47, Aktenzeichen 51 *K* 86/33 des Amtsgerichts Breslau, bin ich, der unterzeichnete Mehlhändler *Gregor Kredinger* aus Dambrau, im Versteigerungstermin am 23. ds Mts. Meistbietender geblieben mit dem durch meinen Bevollmächtigten RA. *Schwarz* aus Breslau abgegebenen Bargebot von 6500 *RM* (i. W.) und unter nachstehenden Versteigerungsbedingungen:

(folgen die Versteigerungsbedingungen oben S. 690 f.).

Alle meine Rechte aus diesem Meistgebot trete ich hierdurch an den Müllermeister *Friedrich Exner* aus Öls ab.

Ich, *Friedrich Exner*, übernehme gemäß § 81^{II} ZVG. die Verpflichtungen des Herrn *Kredinger* aus dem Meistgebot.

z. Zt. Breslau, den 28. November 1933.

Gregor Kredinger *Friedrich Exner.*

(notarieller Beglaubigungsvermerk)."

RA. Schwarz hatte nur ein „Notgebot" für Kredinger abgegeben, weil die Forderung nicht von anderer Seite ausgeboten war. In der Zwischenzeit hat

Kredinger eine Person, die in sein Meistgebot eintreten kann, gesucht und in Exner gefunden.

Die Zession des Meistgebots ist ein grunderwerbsteuerpflichtiger Vorgang (§ 5^{IV} Ziff. 4 Gr.-EStG.). Da auch das von Kredinger abgegebene Gebot der Steuer unterliegt, entsteht also doppelte Grunderwerbsteuer. Das Gleiche gilt, wenn gemäß § 81^{III} ZVG. das Meistgebot nachträglich zum Gebot des Bevollmächtigten eines Dritten gemacht wird. RFH. 8, 247; 11, 153 und in JW. 27, 1793[26]. Die Ersparnis, welche dadurch erzielt wird, daß Kredinger nicht sich selbst den Zuschlag geben läßt und das Grundstück nachher an Exner weiter veräußert, besteht also bloß in den Kosten einer besonderen Auflassung und der zweiten Grundbuchumschreibung. Den Befriedigungsberechtigten verschafft die Zession des Meistgebots, verglichen mit der nachträglichen Veräußerung durch den Ersteher, den wesentlichen Vorteil, daß sie bei Nichtbezahlung des Gebots im Erlösverteilungstermin einen unmittelbaren und vollstreckbaren Anspruch an Exner haben. Daneben haftet ihnen natürlich auch Kredinger als Meistbietender: denn die übrigen Beteiligten haben ihren Entschluß, von Kredinger keine Sicherheit zu fordern und ihn nicht zu überbieten, im Hinblick auf seine persönliche Zahlungsfähigkeit gefaßt. § 81^{IV}.

Zuschlag. Nachdem der Richter nochmals die Ordnungsmäßigkeit des ganzen Verfahrens nachgeprüft und keine Bedenken gefunden hat, verkündet er im Termin am 30. November den

„Beschluß.

In dem Verfahren zum Zwecke der Zwangsversteigerung des in Hochkirch, Landkreis Breslau, belegenen, im Grundbuch von Hochkirch Band II Blatt Nr. 47 auf den Namen des Mühlenbesitzers *Alwin Suppes* eingetragenen Grundstücks.

Nachdem der Mehlhändler *Gregor Kredinger* aus Dambrau in dem Versteigerungstermin am 23. November 1933 Meistbietender geblieben ist und nachdem durch öffentlich beglaubigte Erklärung vom 28. November 1933, Nr. 658 für 1933 des Notars *Siegel* in Breslau, Herr *Kredinger* das Recht aus dem Meistgebot an den Müllermeister *Friedrich Exner* in Öls abgetreten und dieser die Verpflichtung aus dem Meistgebot übernommen hat, wird dem Müllermeister *Friedrich Exner* aus Öls das im Grundbuch von Hochkirch, Landkreis Breslau, Band II Blatt Nr. 47 eingetragene Grundstück für den durch Zahlung zu berichtigenden Betrag von 6500 *RM* (i. W.) und unter folgenden Bedingungen zugeschlagen:

1. Es bleiben bestehen:
   a) das Wegerecht Abt. II Nr. 1,
   b) die Hypothek Abt. III Nr. 1 von 3000 *RM* (i. W.),
   c) die Hypothek Abt. III Nr. 2 von 10000 *RM* (i. W.),
2. Als Gesamtschuldner mit dem Ersteher haftet der Mehlhändler *Gregor Kredinger* in Dambrau für das Meistgebot.
3. Es ist angemeldet, daß der Gläubiger der Hypothek Abt. III Nr. 1 durch Erklärung vom 3. November 1933 die Hypothek fristlos gekündigt hat.
4. Der durch Zahlung zu berichtigende Teil des Meistgebots ist von heute an mit 4% zu verzinsen.
5. Die Kosten dieses Beschlusses fallen dem Ersteher zur Last.
6. Die auf dem Grundstück befindliche Dampflokomobile Modell ‚Ajax' Fabriknummer 828 von 15 PS ist vom Zuschlag ausgeschlossen.

Breslau, den 30. November 1933.

Amtsgericht.

Richter."

Im Verkündungstermin sind nur RA. Schwarz und Exner erschienen. Nach § 88 wird ihnen der Beschluß trotzdem zugestellt, während eine Zustellung an die übrigen Beteiligten bloß insoweit erfolgt, als sie weder im Versteigerungs- noch im Verkündungstermin anwesend oder vertreten waren: Gemeinde Hochkirch, Müllerei-Berufsgenossenschaft, Eigentümer von Hochkirch Blatt Nr. 49, Hypothekengläubiger Seckel. Innerhalb von 2 Wochen (Berechnung: § 98 S. 2) kann jeder Beteiligte gegen den Zuschlag Beschwerde erheben. Zur Prüfung der Zustellungen und der Rechtskraft wird eine Vorlegung nach 3 Wochen verfügt. Bestimmung des Verteilungstermins: unten S. 701. —

Die Wirkungen des Zuschlags sind nicht so zu konstruieren, daß der spätere Ersteher (bzw. sein Zedent) durch das Gebot eine Art Kaufofferte abgegeben hätte, dessen Annahme der Zuschlag bescheinigt („Vertragstheorie"), sondern sie beruhen auf der öffentlich-rechtlichen Machtvollkommenheit des Gerichts, im Interesse der Befriedigung vollstreckbarer Ansprüche dem Schuldner das Eigentum zu nehmen und auf einen Dritten zu übertragen („publizistische Theorie"). Das Meistgebot freilich, welches der Zuschlag voraussetzt, ist rechtsgeschäftlicher Natur und kann wegen Willensmangels angefochten werden. Mit der begründeten und rechtzeitigen Anfechtung fällt eine wesentliche Grundlage des Zuschlags fort. Die Nachprüfung der Anfechtung und überhaupt der Rechtswirksamkeit des Gebots geschieht aber nur durch den Versteigerungsrichter bzw. im Beschwerdeverfahren; daraus folgt, daß nach Rechtskraft des Zuschlagsbeschlusses der Mangel nicht mehr geltend gemacht werden darf. Überhaupt sind die Wirkungen eines rechtskräftigen Zuschlags unabhängig davon, ob er mit dem Gesetz im Einklang steht oder nicht. War z. B. ein dem betreibenden Gläubiger nachstehendes Recht versehentlich ins geringste Gebot aufgenommen und dafür ein ihm vorgehendes ausgelassen, so ist mit der Rechtskraft das vorgehende Recht erloschen, das nachgehende bestehen geblieben. Über den Eigentumserwerb des Erstehers trotz Nichteigentums des Vollstreckungsschuldners vgl. S. 682. Nur darin findet die abstrakte Natur des konstitutiven Staatsakts ihre Grenzen, daß einem in Wahrheit gar nicht bestehenden Recht durch Aufnahme in den Zuschlag nicht zur rechtlichen Existenz verholfen werden kann: hierauf beruhen die §§ 50, 51. Offenbare Unrichtigkeiten des Beschlusses können gemäß § 319 ZPO. auch nach Rechtskraft jederzeit berichtigt werden. RG. 54, 308; 60, 48; 129, 155.

Ungeachtet dieser systematischen Verschiedenheit haben dennoch, wirtschaftlich gesehen, Versteigerung und Zuschlag mit einem Kauf viele Ähnlichkeiten, welche eine parallele Betrachtung rechtfertigen:

Was erhält der Ersteher? Das Eigentum am Grundstück (§ 90 I ZVG.) und den zur Immobiliarmasse gehörenden mithaftenden Mobilien und Forderungsrechten, soweit sie nicht vom Zuschlag ausgeschlossen waren, insbesondere auch das Eigentum der nicht intervenierten Zubehörstücke (§§ 37 5, 55 II, 90 II). Der Eigentumserwerb tritt mit Verkündung des Zuschlags, aber suspensiv bedingt durch dessen Rechtskraft, ein (§§ 89, 90 I), ohne daß es hierzu der Umschreibung im Grundbuch bedarf. Ebenfalls mit Verkündung des Zuschlags erlangt Exner das Recht auf den Besitz, den er sich nötigen Falls im Wege der Zwangsvollstreckung sofort verschaffen kann, wobei eine Ausfertigung des Zuschlagsbeschlusses den Vollstreckungstitel bildet (§ 93). Dieses Recht auf sofortige Räumung besteht sowohl gegen Suppes wie gegen Postler, weil das Wohnungsrecht Abt. II Nr. 3 durch den Zuschlag erloschen ist (§§ 52 I S. 2, 91 I), nicht aber gegen den Pächter des Ackerlandes Pavel. Vgl. darüber unten.

Was hat der Ersteher zu leisten? Das Bargebot nebst Zinsen, die übernommenen Rechte bzw. an deren Stelle die Erhöhungssummen (S. 691), endlich die Kosten des Zuschlagsbeschlusses (§ 58). Die Zahlung des Bargebots ist im Erlösverteilungstermin fällig (§ 49 I). Die öffentlichen Lasten und die Zinsen der übernommenen Hypotheken hat Exner vom 30. November 1933 ab zu tragen (§§ 56 S. 2 ZVG., 103 BGB.). Die den Hypotheken Abt. III Nr. 1 und 2 zu Grunde liegenden persönlichen Schuldverbindlichkeiten übernimmt der Ersteher nach § 53 ZVG. unter „entsprechender" Anwendung des § 416 BGB. Das bedeutet: Exner ist durch den Zuschlag ohne Hinzutreten einer besonderen Vereinbarung zwischen ihm und Suppes, aber vorbehaltlich der Zustimmung der Gläubiger Primer und Seckel — persönlicher Schuldner an Stelle von Suppes geworden. Die zur Perfektion der Schuldübernahme noch fehlende Zustimmung der Gläubiger kann ausdrücklich oder stillschweigend erklärt werden (§ 415) und gilt insbesondere dann als geschehen, wenn Suppes Anzeige nach § 416 gemacht hat.

Sicherung der Befriedigungsberechtigten: Da die Zahlung des Gebots erst im Verteilungstermin zu leisten ist, während Eigentum und Besitz sofort auf den Ersteher übergehen, stellt der Erwerb durch Zuschlag eine Analogie zum Kreditkauf dar. Dadurch könnten die Befriedigungsberechtigten Schaden erleiden, indem der Ersteher zwischen Zuschlag und Verteilungstermin das Grundstück veräußert oder belastet, oder seine Privatgläubiger eine Zwangseintragung vornehmen, oder der Ersteher das Grundstück devastiert und nachher das Gebot schuldig bleibt. Hiergegen sind folgende Behelfe gegeben:

1. die Möglichkeit, von dem Bieter Kaution zu verlangen (S. 694 f.).
2. Rechtsgeschäftliche Verfügungen des Erstehers sowie Vollstreckungsmaßnahmen seiner Gläubiger sind infolge der noch zu besprechenden Art der Grundbuchberichtigung (S. 710) den Befriedigungsberechtigten unschädlich.
3. Wird eine Schädigung durch tatsächliche Maßnahmen des Erstehers befürchtet, so kann jeder Befriedigungsberechtigte die Anordnung einer gerichtlichen Verwaltung des Grundstücks für Rechnung des Erstehers verlangen (§ 94 ZVG.).

Verhältnis zu Mietern und Pächtern: Sofern die Mieter bzw. Pächter sich im Besitz des Grundstücks befinden, tritt der Ersteher in die Verträge ein, kann also die Mieter und Pächter nicht sofort heraussetzen lassen. §§ 57 ZVG., 571 BGB. Während aber bei rechtsgeschäftlicher Veräußerung die Verträge in vollem Umfang auf den neuen Eigentümer übergehen, hat der Ersteher ein außerordentliches Kündigungsrecht mit gesetzlicher Frist zum ersten zulässigen Termin. Da Pavels Pachtjahr vom 1. November zum 31. Oktober läuft, bedeutet das: Kündigung spätestens am 1. Mai 1934 zum 31. Oktober 1934. §§ 57a, 595 BGB. Nach § 2 II PachtschutzO. vom 22. April 1933 (RGBl. I 221) kann Pavel durch das Pachteinigungsamt die Wirksamkeit der Kündigung auf 1 Jahr hinausschieben lassen. — Gegenüber Mietern gibt es im Bereich des Mieterschutzes überhaupt kein außerordentliches Kündigungsrecht des Erstehers arg. § 26 MSchG.

Einen absoluten Schutz gegen vorzeitige Kündigung verschafft sich der Mieter (Pächter) durch Ausübung des ius offerendi. Sein Besitz ist Recht „an" dem Gegenstande der Zwangsvollstreckung. §§ 268, 1150 BGB.

Nach §§ 56 S. 2 ZVG., 101 2 (zweiter Satzteil) BGB. gebührt Exner der Pachtzins vom 30. November 1933 an. Hat Suppes über diesen Tag hinaus eine Vorausverfügung getroffen, so beschränkt sich deren Wirksamkeit auf den laufenden bzw. folgenden Kalendermonat. Vgl. S. 39. Dabei müßte eigentlich das Datum des Zuschlags, an welchen sich der Eigentumswechsel knüpft, entscheiden. § 57b I S. 1 ZVG. bestimmt jedoch, daß statt des Zuschlags schon die Beschlagnahme maßgebend ist. Dieser Satz steht nur scheinbar mit der Regel, daß Miet- und Pachtzinsen von der Versteigerungsbeschlagnahme nicht betroffen werden (S. 677), im Widerspruch. Die Beschlagnahme als solche bleibt auf die Miet- und Pachtzinsen ohne Einfluß; kommt es aber nachher zum Zuschlag, so werden die Rechtswirkungen auf den Zeitpunkt der Versteigerungsbeschlagnahme zurückdatiert. Hieraus erklärt sich die von den betreibenden Gläubigern beantragte Zustellung des Anordnungsbeschlusses an den Pächter; mit der Zustellung gilt die Beschlagnahme als dem Mieter (Pächter) bekannt, so daß im Verhältnis zu ihm die Monate von der Zustellung ab gerechnet werden (§ 57b^{I} S. 2, 3). Im Verhältnis zu dritten Prätendenten kommt es auf das allgemeine Wirksamwerden der Beschlagnahme an.

Sind Zwangsversteigerung und -verwaltung neben einander anhängig, so wird zu Gunsten des Erstehers auch auf die Zwangsverwaltungsbeschlagnahme zurückbezogen (§ 57b^{II}).

Niemals darf aber auf Grund dieser Vorschriften dem Ersteher die Miete für einen früheren als den aus § 56 S. 2 hervorgehenden Termin zugesprochen werden.

Eintritt in andere Verträge: In die Jagdpacht tritt der Ersteher nicht ein (S. 20).

In Sachversicherungen tritt er ein, vorbehaltlich des beiderseitigen Kündigungsrechts und der Pflicht zur Anzeige des Eigentumswechsels. §§ 73, 69—71 VVG. (oben S. 13).

Dienstverträge mit dem Personal des Grundstücks gehen auf den Ersteher nicht über.

Verteilungstermin. Der Termin zur Verteilung des Versteigerungserlöses wird nicht, wie man erwarten sollte, nach Rechtskraft des Zuschlagsbeschlusses, sondern schon bei dessen Verkündung bestimmt (§ 105^{I} ZVG.). Beteiligte, Ersteher und mithaftende Dritte sind schriftlich zu laden; für die beiden letzten Kategorien läuft eine Ladungsfrist von 2 Wochen (§ 105$^{II, IV}$). Die Publikation des Termins erfolgt nur durch Aushang an der Gerichtsstelle, nicht durch Zeitungsinserat (§ 105^{III}). Ist der Zuschlag bis zum Terminstag noch nicht rechtskräftig geworden, so wird gleichwohl der Verteilungsplan aufgestellt, es kann aber — auf besonderen Antrag — seine Ausführung ausgesetzt werden. Erst für das Ersuchen um Grundbuchberichtigung (S. 709) verlangt das Gesetz die Rechtskraft des Zuschlagsbeschlusses. §§ 116, 130^{I} S. 1.

In den Teilungsplan sind alle in abstracto zur Befriedigung aus dem Versteigerungserlös berechtigten Ansprüche (§§ 10, 109) aufzunehmen, ohne Rücksicht darauf ob sie praktisch jemals zur Hebung gelangen können. Es wäre ja denkbar, daß ein Besserberechtigter fortfällt und infolge dessen die Nachberechtigten aufrücken. Ferner können sich aus dem Nichtbestehen eines übernommenen Rechts Erhöhungsansprüche (S. 691) ergeben, und es muß für alle Zukunft feststehen, wie sich in einem solchen Falle die weitere Reihenfolge der Befriedigung gestalten wird. Ergibt die verfügbare Masse einen Überschuß, so werden die Hyperocha nach dem Surrogationsprinzip des § 92^{I} demjenigen zugewiesen, der zur Zeit des Zuschlags Eigentümer war (also dem „Subhastaten", vgl. S. 676).

Während die vollständige Aufnahme der Ansprüche in den Plan mit dem Mobiliarverteilungsverfahren (S. 669f.) übereinstimmt, weichen die beiden Verfahren hinsichtlich der Behandlung der Teilungsmasse wesentlich von einander ab. Dort wird ein bar zur Verfügung des Vollstreckungsgerichts hinterlegter Geldbetrag verteilt. Hier erfolgt die Verteilung unabhängig von der Zahlung oder Nichtzahlung des Erstehers, um das Verfahren in jedem Fall zum förmlichen Abschluß zu bringen. Ist kein Geld zur Verteilung vorhanden, so wird demgemäß die Forderung gegen den Ersteher und die mithaftenden Personen in der Rangordnung des Teilungsplans auf die Befriedigungsberechtigten übertragen (§ 118^{I}) und zur Sicherung der übertragenen Forderungen später eine Sicherungshypothek auf dem versteigerten Grundstück eingetragen (§ 128). Die Forderungs-Übertragung nennt das Gesetz, etwas euphemistisch, eine „Ausführung" des Teilungsplans. Mit dieser eigenartigen Regelung hängt es zusammen, daß der Ersteher nicht zu Beginn des Termins, sondern erst dann zahlt, wenn nach Aufstellung des Plans, Verhandlung über ihn und Erledigung etwaiger Widersprüche zur Ausführung geschritten wird.

Auf sorgfältige und ausführliche Redaktion des Verteilungsprotokolls ist großer Wert zu legen, damit man aus ihm später eine gute Orientierung über die durch die Zwangsversteigerung herbeigeführte Veränderung der Rechtsverhältnisse hat.

„Gegenwärtig: AG.-Rat *Richter* Breslau, den 4. Januar 1934.
als Richter
Kalkulator *Pfleger*
als Urkundsbeamter der Geschäftsstelle
und Rechnungsverständiger[5]).

In Sachen ....

erschienen in dem heute anstehenden Verteilungstermin nach dem Aufruf der Sache folgende Beteiligten:

....

Es wurde nach Anhörung der Beteiligten folgender Verteilungsplan aufgestellt:

A. Vorbemerkung.

Durch den am 30. November 1933 verkündeten Zuschlagsbeschluß
(folgt der Inhalt dieses Beschlusses).

Soweit die Rechte nicht nach dem Zuschlagsbeschluß bestehen bleiben, erlöschen sie.

Die erste Beschlagnahme des Grundstücks hat am 1. August 1933 stattgefunden. Die laufenden Beträge wiederkehrender Leistungen nehmen daher ihren Anfang vom letzten Fälligkeitstermin vor dem 1. August 1933, die Rückstände werden von da an zurückgerechnet."

Vgl. S. 681.

„B. Teilungsmasse.

Sie besteht:

1. aus dem Bargebot von	6500.00 *RM*
2. 4% Zinsen vom 30. November 1933 bis 4. Januar 1934	24.55 *RM*
Zusammen:	6524.55 *RM.*"

Die Erhöhungssummen (§§ 50, 51) werden nur dann im Teilungsplan berücksichtigt, wenn das Nichtbestehen eines laut Zuschlag vom Ersteher zu übernehmenden Rechts bereits jetzt sicher ist. Sie gehören dann mit zur Teilungsmasse, und der Anspruch wird auf diejenigen Befriedigungsberechtigten übertragen, für welche das Bargebot nicht mehr reicht. Sofort vollstreckbar ist der übertragene Erhöhungsanspruch nicht. Stellen sich die Voraussetzungen des Erhöhungsanspruchs erst später heraus, so haben die nach dem Teilungsplan an erster Stelle ausfallenden Befriedigungsberechtigten unmittelbar aus dem Gesetz einen klagbaren Anspruch gegen den Ersteher. §§ 125, 132 I S. 2. —

An der Spitze der in den Teilungsplan aufzunehmenden Ansprüche stehen die Kosten des Verfahrens mit Ausnahme der Kosten von Anordnungs- und Beitrittsbeschlüssen sowie der Zuschlagskosten (§ 109 I).

Die Ausnahme der Zuschlagskosten hat ihren Grund darin, daß sie, wie wir bereits wissen, als Kaufkosten vom Ersteher zu tragen sind (S. 700). Die Kosten der Anordnungs- und Beitrittsbeschlüsse können von den betreibenden Gläubigern, welche sie zunächst zu zahlen haben (S. 677), mit den übrigen ihnen erwachsenen Kosten zwar gegenüber der Immobiliarmasse liquidiert werden, aber nur „suo loco", d. h. dem Range ihres materiellen Anspruchs, nicht an der bevorzugten Stelle des § 109 I. Für

---

[5]) § 113 I ZVG.

diese verbleiben mithin: je $^{10}/_{10}$ für Bekanntmachung und Abhaltung des Versteigerungstermins und $^{20}/_{10}$ für das Verteilungsverfahren, sämtlich vom Grundstückswert zu berechnen, weil dieser höher ist als das Meistgebot zuzüglich der übernommenen Rechte. §§ $121^{1, 2, 4}$, $123^{I, II}$ pr.GKG. Dazu kommen Insertionskosten, Kalkulaturgebühren und sonstige Auslagen.

Von den Rechten des § 10 ZVG. werden (ebenso wie bei Aufstellung des geringsten Gebots, S. 685) die aus dem Grundbuch ersichtlichen Ansprüche einschließlich laufender wiederkehrender Leistungen von Amts wegen, sonstige Ansprüche, insbesondere Kosten und Rückstände, nur auf Anmeldung berücksichtigt (§ 114). Für die wiederkehrenden Leistungen — sowohl öffentliche Lasten wie Hypothekenzinsen — ist jedoch, soweit die Lasten auf den Ersteher übergehen, nicht mehr der Endtermin des § 47 sondern entsprechend § 56 S. 2 das jetzt feststehende Datum des Zuschlags maßgebend. Hieraus ergibt sich gegenüber den Ziffern des geringsten Gebots in der Regel eine kleine Ersparnis, die den hinten stehenden Befriedigungsberechtigten zugute kommt. Von den nicht übernommenen Kapitalforderungen sind Zinsen nicht bloß bis zum Zuschlag, sondern bis zum Verteilungstermin als dem Tage der Zahlung in Ansatz zu bringen. Innerhalb eines jeden Rechts rangieren zuerst die Kosten, demnächst die wiederkehrenden Leistungen und sonstigen Nebenleistungen, zuletzt der Hauptanspruch (§ 12 ZVG., vgl. § 367^{I} BGB.).

Demgemäß lautet der nächste Abschnitt des Protokolls:

„C. In den Teilungsplan aufzunehmende Ansprüche.

Aus der zu B festgestellten Teilungsmasse sind folgende Ansprüche in der nachstehend angegebenen Reihenfolge zu berichtigen:

1. die aus dem Versteigerungserlös zu entnehmenden Kosten des Verfahrens (Kostenrechnung Blatt 79 d.A.) . . . . 428.50 *RM*
2. Forderung der Gemeinde Hochkirch auf Grund-, Vermögens- und Hauszinssteuer vom 1. Mai bis 30. November 1933 (Anmeldung Blatt 23) . 126.00 *RM*
3. Forderung des Rentmeisters *Bruno Primer* in Canth aus der Hypothek Abt. III Nr. 1 (Anmeldung Blatt 45):
   a) Kosten sind nicht angemeldet,
   b) 5% Zinsen von 3000 *RM* vom 1. April bis 30. November 1933 . 100.00 *RM*
   c) Kapital wird vom Ersteher übernommen.
4. Forderung des Kaufmanns *Dagobert Seckel* in Breslau aus der Hypothek Abt. III Nr. 2:
   a) Kosten sind nicht angemeldet,
   b) 6% Zinsen von 10000 *RM* vom 1. Juli bis 30. November 1933 . 250.00 *RM*
   c) Kapital wird vom Ersteher übernommen.
5. Forderung des betreibenden Gläubigers Mühlenbauers *Waldemar Terzer* in Breslau aus der Hypothek Abt. III Nr. 4 (Anmeldung Blatt 37):
   a) Kosten . . . . 3.85 *RM*
   b) 7% Zinsen von 2500 *RM* vom 1. April 1933 bis 4. Januar 1934 . 133.20 *RM*
   c) Kapital . . . . 2500.00 *RM*
6. Forderung der verw. Frau Direktor *Pauline Quandt* geb. *Dickhuth* in Trebnitz aus der Sicherungshypothek Abt. III Nr. 5 (Anmeldung Blatt 43):
   a) Kosten . . . . 11.40 *RM*
   b) Hauptforderung . . . . 1700.00 *RM*."

Zwischen Verkehrshypotheken, Sicherungshypotheken von festem Betrag und Höchstbetragshypotheken besteht in der Zwangsversteigerung kein Unterschied. Der

Umstand, daß bei Sicherungshypotheken der öffentliche Glaube des Grundbuchs sich nicht auf die Forderung erstreckt (§ 1185 II BGB.), ändert nichts daran, daß sie zu den „aus dem Grundbuch ersichtlichen" Rechten der §§ 45, 114 ZVG. zählen. Was die Maximalhypotheken überhaupt und speziell die auf Grund eines Arrestbefehls eingetragene Maximalhypothek (§ 932 I ZPO.) anlangt, so sind sie nicht etwa als „Ansprüche von unbestimmtem Betrage" (§ 14 ZVG.) wie bedingte Rechte zu behandeln. Nicht der Betrag der dinglichen Belastung sondern nur das ist ungewiß, ob die Post in voller Höhe dem eingetragenen Gläubiger oder vielleicht teilweise als Eigentümergrundschuld dem Eigentümer zusteht. So lange dagegen, daß die Höchstbetragshypothek dem Eingetragenen gehört, kein Widerspruch erhoben wird, muß sie für ihn eingestellt werden.

Die Kosten beziehen sich auf die dingliche Rechtsverfolgung (Reisekosten zu den Terminen u. dgl.) und können deshalb neben dem Höchstbetrag liquidiert werden. Dagegen sind die Kosten des Arrestverfahrens in gleicher Weise wie Zinsen in den Höchstbetrag einzurechnen.

„7. Forderung des betreibenden Gläubigers Mehlhändlers *Gregor Kredinger* in Dambrau, Prozeßbevollmächtigter: RA. *Schwarz* in Breslau (Vollmacht Blatt 8), aus dem vollstreckbaren Urteil des Landgerichts in Breslau vom 28. Juli 1933, Aktenzeichen 4 O 288. 33 (Anmeldung Blatt 35):

a) Kosten[6])	57.30 *RM*
b) 6% Zinsen von 2000 *RM* vom 12. Juni 1933 bis 4. Januar 1934 .	67.33 *RM*
c) Hauptforderung . . .	2000.00 *RM*

8. Forderung des Landjägers i. R. *Thomas Postler* in Hochkirch aus dem Wohnungsrecht Abt. II Nr. 3 (Anmeldung Blatt 39):

a) Kosten sind nicht angemeldet,

b) Geldrente von jährlich 180 *RM* als Ersatzanspruch für das durch den Zuschlag herbeigeführte Erlöschen des Wohnungsrechts für 25 Jahre — 4500.00 *RM*

Hiervon ist I. der Betrag von 45 *RM* für die Zeit vom 30. November 1933 bis 28. Februar 1934 sofort unbedingt, II. weitere je 45 *RM* am 28. Februar, 31. Mai, 31. August und 30. November eines jeden Jahres, zusammen 4455 *RM* unter der Bedingung zur Auszahlung zu bringen, daß der Berechtigte diese Termine erlebt."

Hinsichtlich der Befriedigung aus dem Versteigerungserlös zerfallen die durch den Zuschlag erloschenen Rechte der II. Abteilung in zwei Gruppen. Für Grunddienstbarkeiten, Reallasten von bestimmter Dauer, dingliche Vorkaufsrechte wird ein durch Schätzung zu ermittelnder einmaliger Kapitalbetrag liquidiert. Nießbrauchsrechte, beschränkte persönliche Dienstbarkeiten, und Reallasten von unbestimmter Dauer (also auch Altenteile soweit sie überhaupt erlöschen, vgl. S. 692) sind nicht durch feste Kapitalzahlung abzufinden, sondern erhalten Ersatz durch eine Geldrente, die von 3 zu 3 Monaten im Voraus zu zahlen ist. §§ 92 I, 121, 122.

„Zusammen: 11877.58 *RM*

Davon sind 7422.58 *RM* unbedingt, 4455 *RM* zu 8b durch das Erleben der Fälligkeitstermine seitens des Berechtigten bedingt."

---

[6]) Zu den Kosten S. 677 sind u. a. zwei weitere Gebühren für den Anwalt (oben Anm. 1) sowie die Gerichtskosten des Anordnungsbeschlusses getreten.

Aus den Berechnungen unter B und C ergibt sich, welche Rechte zur Hebung gelangen und welche ausfallen müssen:

D. Ergebnis.

Zu berücksichtigen sind gemäß Abschnitt C:

unbedingt	7422.58 *RM*
bedingt	4455.00 *RM*
zusammen:	11877.58 *RM*
Zur Verteilung sind gemäß Abschnitt B nur vorhanden	6524.55 *RM*
Es fallen daher aus	5353.03 *RM*

Der Ausfall trifft den Anspruch zu 7c in Höhe eines Teilbetrags von 853.03 *RM* und das Recht zu 8 in voller Höhe. Die Ansprüche zu 1 bis 7b mit zusammen 5377.58 *RM* gelangen voll, der Anspruch zu 7c mit einem Teilbetrag von 1146.97 *RM* zur Hebung."

Über den Teilungsplan wird verhandelt. In erster Reihe sind etwaige Widersprüche zu erledigen. Dabei sind aber nicht — wie im Mobiliarverteilungsverfahren (S. 672) — nur die in oder vor dem Termin erklärten Widersprüche beachtlich, sondern als Widerspruch genügt es schon, wenn ein Anspruch angemeldet war, der nicht nach der Anmeldung in den Plan aufgenommen ist (§ 115 II). Das könnte hier für die Anmeldung der Berufsgenossenschaft (S. 684/5) von Bedeutung werden. Der Umstand, daß das Gericht bei Aufstellung des geringsten Gebots den Beiträgen die Eigenschaft einer „öffentlichen Last" aberkannt hat, schafft für das Verteilungsverfahren selbstverständlich kein Präjudiz. Der Richter muß die Frage abermals prüfen und, wenn er wiederum keine öffentliche Last annimmt, der Berufsgenossenschaft jedenfalls die Rechte eines Widersprechenden wahren:

„E. Verhandlung über den Teilungsplan.

Über den Teilungsplan wurde verhandelt.

Das Schreiben der Müllerei-Unfall-Berufsgenossenschaft vom 15. Dezember 1933 (Blatt 96 d. A.), in welchem die Berufsgenossenschaft ihre Anmeldung Blatt 25 zurücknimmt, wurde bekanntgegeben."

Ohne die Rücknahme hätte eine Eventualverteilung stattfinden müssen. Der angemeldete Beitragsanspruch wäre für den Fall, daß der Widerspruch der Berufsgenossenschaft gegen die Nichtaufnahme ihrer Forderung Erfolg haben sollte, zu gleichem Range mit der Steuerforderung der Gemeinde Hochkirch in den Plan einzustellen gewesen, mag der Erfolg des Widerspruchs noch so unwahrscheinlich sein. §§ 120, 124, vgl. unten S. 726.

„Hierauf erklärten Herr *Terzer*, Herr *Exner* und RA. *Schwarz*, letzterer namens des Mehlhändlers *Gregor Kredinger* aus Dambrau auf Grund der ihm von diesem erteilten Vollmacht:

Gemäß § 91 II ZVG. vereinbaren wir, daß die Hypothek Abt. III Nr. 4 von 2500 *RM* (i. W.) bestehen bleibt. Herr *Exner* übernimmt die der Hypothek zu Grunde liegende persönliche Schuld. Der Zinssatz wird vom heutigen Tage ab auf jährlich 8% (i. W.) erhöht. Die Kündigung steht dem Gläubiger für einen früheren Zeitpunkt als den 1. Januar 1939 nur dann zu, wenn eine Zinsrate bis zum fünften Tage nach Fälligkeit nicht bezahlt ist.

Wir bewilligen und beantragen die Eintragung dieser Veränderungen in das Grundbuch sowie den Vermerk der Eintragung auf dem hiermit überreichten Briefe, und bitten um Weitergabe an das Grundbuchamt.

Der Mehlhändler *Gregor Kredinger* in Dambrau übernimmt wegen Kapital, Zinsen und Kosten die selbstschuldnerische Bürgschaft für Herrn *Exner* und unterwirft sich wegen seiner Bürgschaftsverpflichtung der sofortigen Zwangsvollstreckung aus dieser Urkunde.

Vorgelesen, genehmigt.

Beschlossen und verkündet:

Gemäß § 91^{III} ZVG. verringert sich der durch Zahlung zu berichtigende Teil des Meistgebots um den Betrag von 2500 RM, und es kommt der Anspruch C 5c mit 2500 RM in Wegfall.

Die Teilungsmasse besteht daher endgültig aus 4024.55 RM, welche vom Ersteher bar zu zahlen sind, denen an befriedigungsberechtigten Ansprüchen 4922.58 RM unbedingt und 4455 RM zu C 8b bedingt, zusammen 9377.58 RM, gegenüberstehen. Es gelangen daher die

Ansprüche C 1 bis 4, 5 a, 5 b, 6, 7 a und b mit insgesamt .	2877.58 RM
voll und von C 7 c ein Teilbetrag von . . .	1146.97 RM
zusammen:	4024.55 RM
aus dem zu zahlenden Barbetrag zur Hebung. Der Rest des Anspruchs C 7c mit	853.03 RM
Teilbetrag sowie die ganzen Ansprüche C 8 mit . . .	4500.00 RM
fallen aus. Summe:	9377.58 RM.

Ein Widerspruch gegen den Teilungsplan in seiner nunmehr feststehenden abgeänderten Fassung wurde nicht erhoben."

Wie Hypotheken, die im geringsten Gebot stehen, unter Umständen sofort auszuzahlen sind (S. 690), so kann andererseits der Ersteher durch Vereinbarung des Bestehenbleibens von der Verpflichtung, eine außerhalb des geringsten Gebots stehende Post zur Auszahlung zu bringen, befreit werden. Fast ausnahmslos geschieht das, falls die erste Hypothek die Versteigerung betrieben hatte. Es genügt, wenn die Vereinbarung vor Abgang des Berichtigungsersuchens ans Grundbuchamt (S. 709) in grundbuchmäßiger, also öffentlich beglaubigter, Form dem Vollstreckungsgericht eingereicht wird. Hier war wegen der Unterwerfung Kredingers unter die Zwangsvollstreckung öffentliche Beurkundung notwendig (§ 794^{5} ZPO.). Der Unterzeichnung des Protokolls durch die Erklärenden bedarf es nicht, weil für das Protokoll des Verteilungstermins die Formvorschriften der ZPO. maßgebend sind. Vgl. oben S. 491/2.

Was tut das Gericht, wenn gegen das Recht desjenigen, der das Bestehenbleiben mit dem Ersteher vereinbart hat, Widerspruch erhoben ist? Selbstverständlich kann nur eine vom wirklich Berechtigten getroffene Vereinbarung die Wirkung des § $91^{II, III}$ ZVG. haben. Auf der anderen Seite kann durch einen, vielleicht völlig unbegründeten, Widerspruch dem Berechtigten diese Möglichkeit nicht entzogen werden. In dem unterstellten Falle wäre also die Verringerung des Bargebots um 2500 RM unter der Bedingung auszusprechen, daß der Widerspruch sich als unberechtigt erweist, und es müßte dem Widersprechenden die Forderung gegen Exner und Kredinger unter der Bedingung, daß sein Widerspruch durchgreifen sollte, gemäß § 118 übertragen werden. Entsprechend ist das Grundbuchamt gemäß § 130 um Eintragung einer bedingten Sicherungshypothek für den Widerspruchserhebenden und außerdem um eine Eintragung zu ersuchen, welche zum Ausdruck bringt, daß die Hypothek Abt. III Nr. 4 erloschen ist, falls die Sicherungshypothek besteht. Die Rechtslage vereinfacht sich aber, wenn die Monatsfrist der §§ 878^{I} ZPO., 115 ZVG. nicht eingehalten wird. Vgl. unten S. 730. —

Jetzt kommen wir endlich zur Ausführung des Teilungsplans. Sie geschieht im Normalfall dadurch, daß der Ersteher Bargebot und Zinsen an das Gericht zahlt (§ 107^{II} ZVG.) und dieses an die einzelnen Berechtigten weiter auszahlt. Fehlt es für einen Abwesenden an einem zum Geldempfang legitimierten Vertreter (S. 678), so wird der Betrag (ohne Rücksicht auf seine Höhe, und ohne daß es eines besonderen Antrags bedarf) dem Empfangsberechtigten im Reichsbankgiro-, Post-, Überweisungs- oder Scheckverkehr, und wenn das nicht möglich ist, durch Postanweisung oder Geldbrief überwiesen. Der Empfangsberechtigte kann aber auch einen anderen Zahlungsmodus beantragen. Art. 11 pr.AG. zum ZVG., § 46 pr.HintO., § 54 AV. vom 5. Februar 1914 (JMBl. 115). Jaeckel-Guethe 2 zu Art. 11.

Als es aber in unserer Sache so weit ist, erklärt Exner zur allgemeinen Überraschung, heute nicht zahlen zu können. Er habe von seinem Schwiegervater, einem wohlhabenden Rentner in Goldberg, 15000 RM. zum Erwerb des Mühlengrundstücks und als Betriebskapital schriftlich zugesagt erhalten, der Schwiegervater sei jedoch vor drei Tagen plötzlich verstorben, und die Erben könnten vor Eröffnung des Testaments nicht über das Bankguthaben verfügen. Hätte Kredinger eine Bietungskaution gestellt, so würde in erster Reihe diese zu versteigern und der Erlös zu verteilen gewesen sein (§ 108 ZVG.). So bleibt bloß der Weg der Forderungsübertragung:

„F. Ausführung des Teilungsplans.

Der Ersteher erklärte sich zur Zahlung außer Stande.

Es wurde daher der Teilungsplan dadurch ausgeführt, daß von der Forderung gegen den Ersteher, Müllermeister *Friedrich Exner* in Öls, und den als Gesamtschuldner mit ihm haftenden Mühlenhändler *Gregor Kredinger* in Dambrau auf die nachstehenden Berechtigten in der angegebenen Reihenfolge folgende Teilbeträge nebst 4% Zinsen seit dem heutigen Tage[7]) übertragen werden:

a) auf die Gerichtskasse in Breslau (Anspruch C 1)	428.50 *RM*
b) auf die Gemeinde Hochkirch (Anspruch C 2)	126.00 *RM*
c) auf den Rentmeister *Bruno Primer* in Canth (Anspruch C 3 b) . .	100.00 *RM*
d) auf den Kaufmann *Dagobert Seckel* in Breslau (Anspruch C 4 b) .	250.00 *RM*
e) auf den Mühlenbauer *Waldemar Terzer* in Breslau:	
auf den Anspruch C 5 a	3.85 *RM*
" " " C 5 b	133.20 *RM*
f) auf die verw. Frau Direktor *Pauline Quandt* geb. *Dickhuth* in Trebnitz:	
auf den Anspruch C 6 a	11.40 *RM*
" " " C 6 b	1700.00 *RM*
g) auf den Mehlhändler *Gregor Kredinger* in Dambrau:	
auf den Anspruch C 7 a	57.30 *RM*
C 7 b	67.33 *RM*
C 7 c . .	1146.97 *RM*
Zusammen:	4024.55 *RM*.

Die Übertragung geschieht mit der Maßgabe, daß den Beträgen zu a bis e der Vorrang vor dem gemäß § 91 II ZVG. bestehen gebliebenen Recht des *Waldemar Terzer* von 2500 *RM* zusteht."

Denn selbstverständlich darf sich an der auf §§ 109, 10 beruhenden Rangordnung nicht deshalb etwas ändern, weil Terzers Hypothek infolge der Vereinbarung aus § 91 II ungelöscht bleibt. Das wird besonders wichtig, wenn die bestehen bleibende Post nicht dem vordersten betreibenden Gläubiger gehört.

---

[7]) § 49 II ZVG. Die Zinsen bis zum Verteilungstermin sind bereits in den Zahlen des Teilungsplanes berücksichtigt.

Die Forderungsübertragung ist nicht bloß ein Mittel für die Befriedigungsberechtigten, zu ihrem Gelde zu gelangen. Das Gesetz knüpft an sie die weitergehende Folge, daß eine „Befriedigung aus dem Grundstück" (§§ 1147, 1181 BGB.) fingiert wird, es sei denn, daß der Gläubiger, dem die Forderung übertragen wurde, innerhalb drei Monaten auf sie verzichtet oder die Resubhastation des Grundstücks beantragt. § 118^II ZVG. Die Wirkung der Übertragung läßt sich also während der ersten drei Monate mit einer Überweisung zur Einziehung, nachher mit einer Überweisung an Zahlungsstatt vergleichen (S. 653/4). Oft genug wird die Dreimonatsfrist von den Befriedigungsberechtigten aus Rechtsunkenntnis versäumt. Dann sind — in irreparabler Weise — ihre Ansprüche gegen den persönlichen Schuldner untergegangen. —

Im letzten Abschnitt des Termins befaßt sich das Gericht mit den Schuldtiteln und Hypothekenbriefen. Auf den eingereichten Schuldtiteln wird (entsprechend dem Vermerk des § 757 ZPO.) vermerkt, in welchem Umfang der Betrag durch Zahlung, Hinterlegung oder Übertragung gedeckt worden ist (§ 127^II ZVG.). Hinsichtlich der Behandlung der Briefe sind drei Gruppen von Hypotheken auseinanderzuhalten:

1. die im geringsten Gebot liegenden. Bei ihnen bedarf es der Vorlegung des Briefes nicht. Allerdings hat das Vollstreckungsgericht im Verteilungsverfahren die Legitimation des Hypothekars durch den Besitz des Briefes nachzuprüfen, indem es gewissermaßen die dem Eigentümer durch § 1160 BGB. verliehene Befugnis, die Briefvorlegung zu verlangen, wahrnimmt (und zwar von Amtswegen und auch bei vertragsmäßigem Ausschluß dieser Befugnis, vgl. S. 7, 40). Die Hypotheken des geringsten Gebots kommen aber nur mit Zinsen und Kosten zur Hebung, bei denen die Notwendigkeit der Briefvorlegung überhaupt nicht besteht (§ 1160^III).

2. Bei den außerhalb des geringsten Gebots stehenden, durch den Zuschlag erloschenen (§ 91^I ZVG.), aber durch das Meistgebot gedeckten Hypotheken gilt ein indirekter Zwang zur Vorlegung des Briefes, weil das Gericht die Auszahlung (oder Forderungsübertragung) auf die Kapitalansprüche von ihr abhängig macht. Wird der Brief vorgelegt, so macht ihn das Gericht gemäß § 42 pr. GBVf. unbrauchbar; andernfalls wird der Berechtigte als unbekannt behandelt und der auf die Post entfallende Betrag hinterlegt. §§ 126, 127^I S. 1 ZVG.

3. Bei den nicht im geringsten Gebot stehenden, daher erloschenen, und nicht durch das Gebot gedeckten, also „ausgefallenen" Hypotheken soll der Brief ebenfalls dem Gericht eingereicht und von ihm unbrauchbar gemacht werden. Da aber der Gläubiger in diesem Fall gar kein Interesse daran hat sich durch Vorlegung des Briefes in den Besitz eines Liquidats zu setzen, wird die Einreichung häufig unterbleiben. Das Gericht kann den Brief vom Berechtigten einfordern, doch stehen ihm keine Zwangsmittel zu Gebote. § 127^I S. 3 ZVG., Jaeckel-Guethe 6 zu § 127, vgl. unten S. 711.

Protokoll:

„G. Behandlung der eingereichten Schuldtitel und Hypothekenbriefe.

Auf die eingereichten Schuldtitel wurden folgende Vermerke gesetzt:

1. Auf die vollstreckbare Ausfertigung der Verhandlung vom 25. Juni 1932, Nr. 672 des Registers für 1932 des Notars *Siegel* in Breslau:

Auf diesen Schuldtitel ist heute in Sachen 51 K 86. 33 wegen 3.85 *RM* Kosten und 133.20 *RM* Zinsen die Forderung gegen den Ersteher, Müllermeister *Friedrich Exner* in Öls, und den als Gesamtschuldner mit ihm haftenden Mehlhändler *Gregor Kredinger* in Dambrau auf Zahlung des Bargebots übertragen worden.

2. Auf die vollstreckbare Ausfertigung des Urteils des Landgerichts Breslau vom 28. Juli 1933 in Sachen *Kredinger* gegen *Suppes*, 4. O. 288. 33:

Auf diesen Schuldtitel ist heute in Sachen 51 K 86. 33 wegen 57.30 *RM* Kosten, 67.33 *RM* Zinsen und 1146.97 *RM* Hauptforderung die Forderung gegen den Ersteher, Müllermeister *Friedrich Exner* in Öls, auf Zahlung des Bargebots übertragen worden."

Soweit Kredinger aus § 81^IV selbst mithaftet, ist als Folge der Übertragung Konfusion eingetreten (§ 425^II BGB.).

„Herr *Terzer* überreichte den Brief über die in Abt. III unter Nr. 4 für ihn eingetragenen 2500 *RM* zwecks Weitergabe an das Grundbuchamt."

Die Beifügung des Briefes geschieht nicht aus vollstreckungsrechtlichen Gründen, sondern im Hinblick auf §§ 42, 62 GBO. (S. 221, 251 f.) wegen der im Grundbuch einzutragenden Neuerungen.

„Herr *Illgen* überreichte die mit Rechtskraftzeugnis versehene Ausfertigung des in Sachen *Illgen* gegen *Terzer* und *Kredinger*, 4 O 475. 33 des hiesigen Landgerichts, am 16. Dezember 1933 ergangenen Versäumnisurteils, durch welches die Zwangsvollstreckung in die auf dem versteigerten Grundstück befindliche Dampflokomobile für unzulässig erklärt ist.

Richter. *Pfleger.*"

Wird ein Gegenstand, in den die Zwangsvollstreckung an sich zulässig ist, vom Zuschlag ausgenommen, so richtet sich die Fortsetzung des Verfahrens nach § 31 ZVG. Bei anderem Ausgang des Interventionsprozesses hätte also einer der betreibenden Gläubiger in der gesetzlichen 6 Monatsfrist die Fortsetzung der Zwangsvollstreckung in die Maschine beantragen können. Es würde dann deren Versteigerung angeordnet und der Erlös nachträglich an die im heutigen Termin Ausgefallenen verteilt worden sein. Das Gericht würde von Zeit zu Zeit kontrolliert haben, ob die Frist noch läuft. Das erledigt sich durch das überreichte Urteil.

Grundbuchberichtigung. Nach Ausführung des Teilungsplans ergeht gemäß § 130 ZVG. folgendes Ersuchen an das Grundbuchamt:

„Zu den Grundakten von Hochkirch, Landkreis Breslau, Band II, Blatt Nr. 47 überreichen wir:

a) beglaubigte Abschrift des Zuschlagsbeschlusses vom 30. November 1933,
b) beglaubigte Abschrift des Protokolls über die Verteilung des Versteigerungserlöses vom 4. Januar 1934,
c) den Hypothekenbrief über die Post Abt. III Nr. 4,
d) Unbedenklichkeitsbescheinigung des Kreisausschusses zu Breslau

und ersuchen:

A. in Abt. I den Ersteher, Müllermeister *Friedrich Exner* in Öls, als Eigentümer einzutragen,
B. in Abt. II den Zwangsversteigerungsvermerk Nr. 2 sowie das Wohnungsrecht Nr. 3 zu löschen,
C. in Abt. III die Hypothek Nr. 5 von 1700 *RM* Höchstbetrag zu löschen,
D. alle etwaigen weiteren nach dem Zwangsversteigerungsvermerk in Abt. II oder III eingetragenen Rechte zu löschen,
E. in Abt. III an nächst offener Stelle einzutragen:

Sicherungshypotheken für die Forderung aus einem Zwangsversteigerungsverfahren gegen den Ersteher, Müllermeister *Friedrich Exner* in Öls, und den als Gesamtschuldner mithaftenden Mehlhändler *Gregor Kredinger* in Dambrau, mit 4% seit 30. November 1933 verzinslich, für folgende Gläubiger in der nachstehend angegebenen Rangordnung:

a) 428.50 *RM* für die Gerichtskasse in Breslau,

b) 126.00 *RM* für die Gemeinde Hochkirch,

c) 100.00 *RM* Zinsforderung für den Rentmeister *Bruno Primer* in Canth,

d) 250.00 *RM* Zinsforderung für den Kaufmann *Dagobert Seckel* in Breslau,

e) 3.85 *RM* Kosten- und 133.20 *RM* Zinsforderung für den Mühlenbauer *Waldemar Terzer* in Breslau,

f) 11.40 *RM* Kosten- und 1700.00 *RM* Hauptforderung für die verwitwete Frau Direktor *Pauline Quandt* geb. *Dickhuth* in Trebnitz,

g) 57.30 *RM* Kosten-, 67.33 *RM* Zinsen- und 1146.97 *RM* Hauptforderung für den Mehlhändler *Gregor Kredinger* in Dambrau.

Die Beträge zu a bis e haben den Vorrang vor der Post Abt. III Nr. 4."

Vgl. dazu S. 707.

Exner ist zwar bereits mit Verkündung des Zuschlags am 30. November 1933 Eigentümer geworden. Aber es muß verhütet werden, daß er zum Schaden der Befriedigungsberechtigten grundbuchmäßig über das Grundstück verfügt, bevor er sein Bargebot bezahlt hat. Deshalb wird er nicht im Parteibetrieb auf seinen Antrag, sondern nur auf Ersuchen des Versteigerungsrichters eingetragen, und dieses Ersuchen darf erst nach Abhaltung des Verteilungstermins ergehen, weil man jetzt weiß, ob er seinen Verpflichtungen nachgekommen ist. Wenn dies nicht der Fall war, läßt das Vollstreckungsgericht gleichzeitig die Sicherungshypothek aus § 128 für die im Verteilungsplan berücksichtigten Befriedigungsberechtigten eintragen. Vor Erledigung des Ersuchens darf auf dem Grundbuchblatt keine Eintragung auf Bewilligung des Erstehers oder auf Grund eines gegen ihn vollstreckbaren Titels stattfinden (§ 130^{III} ZVG., vgl. §§ 867, 894, 895, 932 ZPO.). Man denke etwa an den Fall, daß Exner alsbald nach dem Zuschlag für seinen Schwiegervater und Geldgeber eine Darlehnshypothek von 15000 RM. eingereicht hätte: der Antrag würde liegen bleiben, bis das Ersuchen ausgeführt ist, und die Sicherungshypothek erhält somit unbedingt den Vorrang vor der Darlehnshypothek. §§ 17 GBO., 879 BGB. —

Der Referendar: Hat es einen Sinn, die Hypotheken der außerhalb des geringsten Gebots stehenden Berechtigten zu löschen und für sie neue Sicherungshypotheken einzutragen? Es wäre doch einfacher die früheren Hypotheken, z. B. die der Frau Quandt, einfach stehen zu lassen.

Der Richter: Das würde nicht auf das Gleiche hinauskommen. Nach § 128^{I} S. 1 ist die Sicherungshypothek „mit dem Range des Anspruchs", nämlich mit dem aus §§ 109, 10 sich ergebenden Range, einzutragen. Diese Rangordnung weicht von derjenigen der früheren Hypotheken unter Umständen nicht unerheblich ab. Zwischen die bestehen gebliebenen Rechte und den Abschnitt der Sicherungshypothek für das erste der erloschenen Rechte können sich Sicherungshypotheken für Gerichtskasse (§ 109^{I}), Zwangsverwaltungsvorschuß (§ 10^{1}), Lidlöhner (§ 10^{2}) und öffentliche Lasten (§ 10^{3}) schieben. Bei den durch das Gebot gedeckten erloschenen Rechten treten zum Kapitalbetrag, ihm im Range vorgehend, Zinsen und Kosten. Freilich hat diese Rangordnung nur bedingte Geltung. Nach § 129 müssen nämlich die Gläubiger der 1. bis 3. Klasse des § 10, ebenso die Gläubiger der 4. Klasse bezüglich ihrer Kosten- und Zinsansprüche, binnen sechs Monaten seit Eintragung der Sicherungshypothek die Resubhastation des Grundstücks beantragen, wenn sie sich ihren Vorrang vor den Kapitalrechten der 4. Klasse erhalten wollen. Versäumen sie die Frist, so deckt sich (bis auf die Sicherungshypothek für die Gerichtskasse) nachher der Rang der für die Kapitalrechte eingetragenen Sicherungshypotheken mit dem der Hypotheken, an deren Stelle sie getreten sind. Aus diesem Grunde hat auch das Ersuchen Kosten, Zinsen und Hauptforderung bei den einzelnen Abschnitten der Sicherungshypothek überall auseinandergehalten. —

Wenn (was in unserer Sache nicht zutrifft) Briefhypotheken durch den Zuschlag erloschen und auf Ersuchen des Versteigerungsrichters zu löschen sind, so bedarf es nach Bestimmung des § 131 nicht der sonst hierzu erforderlichen Briefvorlegung (§§ 42, 62 GBO.). Die Briefe werden zwar vom Vollstreckungsgericht eingefordert und bei Einreichung unbrauchbar gemacht (S. 708), doch hängt die Löschung nicht davon ab, ob die Aufforderung Erfolg gehabt hat. Infolge dessen können Briefe über eine gelöschte Hypothek umlaufen! Vgl. S. 252.

„Wir nehmen ferner auf den in der Verhandlung vom 4. Januar 1934 bezüglich der Post Abt. III Nr. 4 von den Beteiligten gestellten Eintragungsantrag Bezug."

Die Eintragung der Neuerungen, welche im Zusammenhang mit der Vereinbarung des Bestehenbleibens der Terzerschen Hypothek festgesetzt worden sind, fällt nicht in den Rahmen des Ersuchens nach § 130 ZVG. Insoweit gibt das Gericht lediglich die von den Beteiligten gestellten Anträge weiter.

Wie wird die Grunderwerbsteuerbescheinigung beschafft? Ein Ersteher, der seine Verpflichtung zur Zahlung des Gebots nicht erfüllt, wird in der Regel auch die Grunderwerbsteuer nicht gutwillig entrichten. Gerade in den Fällen, in denen Sicherungshypotheken aus § 128 einzutragen sind, stößt also die Berichtigung des Grundbuchs auf Schwierigkeiten. Nun können freilich die Befriedigungsberechtigten, um zu ihren Sicherungshypotheken zu gelangen, die Steuer verauslagen. Aber der Anspruch gegen den Ersteher auf Rückerstattung (aus Geschäftsführung ohne Auftrag oder ungerechtfertigter Bereicherung, §§ 683f., 812 BGB.) ist gänzlich ungesichert. Nach herrschender Meinung (KG. 52, 154; JFG. 1, 406) darf das Berichtigungsersuchen ohne Unbedenklichkeitsbescheinigung nicht abgehen. Wenn also nicht das Grunderwerbsteueramt — dem gemäß § 25 GrEStG. der Zuschlag vom Vollstreckungsgericht mitzuteilen ist — im Offizialverfahren die Steuer vom Ersteher einzieht, bleibt oft Monate lang das Grundbuch unberichtigt und die Versteigerungsakten können nicht weggelegt werden.

Eine gewisse Abhilfe bringt die, im Einvernehmen mit dem Reichsfinanzminister erlassene, AV. vom 3. Februar 1930 (JMBl. 29), allerdings bloß für den Fall, daß bereits die Resubhastation des Grundstücks schwebt. Alsdann soll das Grunderwerbsteueramt im Interesse der Befriedigungsberechtigten die Unbedenklichkeitsbescheinigung ausnahmsweise ohne vorherige Zahlung oder Sicherstellung der Steuer erteilen. Daraufhin wird das Grundbuch berichtigt, und nunmehr läßt sich die Steuerbehörde im Verwaltungszwangsverfahren (S. 644) für ihre Forderung eine Sicherungshypothek auf dem versteigerten Grundstück eintragen, die freilich keinen allzu großen realisierbaren Wert besitzt, weil sie nach § 130 III ZVG. hinter den Sicherungshypotheken der Befriedigungsberechtigten rangiert.

Wie hoch ist die Grunderwerbsteuer? Ein erheblicher Teil aller Subhastationen verläuft bekanntlich so, daß ein Hypothekengläubiger, dessen Recht von anderer Seite nicht ausgeboten wird, notgedrungen das Meistgebot abgibt. Es wäre eine Härte solchen Erstehern die normale Grunderwerbsteuer in Prozenten des Einheitswerts (oder des Meistgebots zuzüglich der vom Ersteher übernommenen Lasten, falls dieser Betrag ausnahmsweise den Einheitswert übersteigt, §§ 11, 13 GrEStG., oben S. 21/2) aufzuerlegen. Darum sieht § 14 des Gesetzes (Fassung der I. NotVO., 4. Teil Kap. II) eine Ermäßigung vor. Auf Antrag wird nämlich die Steuer bloß von dem Betrag berechnet, um welchen

Einheitswert bzw. Meistgebot die Summe übersteigen, mit der die infolge des Zuschlags erloschene Hypothek des Erstehers ausging. § 14, Fassung der I. NotVO., 4. Teil, Kap. II; dazu Strauß JW. 33, 670; Jahn JW. 33, 677. Das bedeutet vielfach einen gänzlichen Wegfall der Grunderwerbsteuer, und es hat deshalb keinen Sinn, wenn der Hypothekengläubiger in dem Glauben, dadurch Steuern zu sparen, seine Hypothek nicht aus- sondern bloß anbietet (oben S. 695). Damit die Grunderwerbsteuer nicht durch Veranstaltung einer Zwangsversteigerung umgangen werden kann, ist bestimmt, daß der Gläubiger die Hypothek spätestens ein Jahr vor Beschlagnahme erworben haben muß und daß die Abgabe des Gebots zu dem Zweck erfolgte, die Hypothek zu retten. Außerdem muß entweder die Hypothek mit mehr als 80% des Einheitswerts ausgegangen sein, oder das Meistgebot (zuzüglich der übernommenen Belastungen) 80% des Einheitswerts erreichen. Nachstellige Hypothekare werden also die Vergünstigung immer beanspruchen können, erststellige nur, wenn sie ein genügend hohes Bargebot abgegeben haben. Die Zuschläge zum Einheitswert, die wir bei der Wertbestimmung zum Zwecke des Mindestgebots landwirtschaftlicher Grundstücke kennen lernten (S. 692/3), kommen hier nicht in Betracht.

Kredinger hat die normale Grunderwerbsteuer zu entrichten, weil er als rein persönlicher Gläubiger erstanden hat. Für die durch Zession des Meistgebots erwachsene zweite Grunderwerbsteuer (S. 698) gibt es eine Ermäßigung überhaupt nicht.

Wertzuwachssteuer: Liegt das abgegebene Meistgebot plus bestehenbleibende Rechte über dem Erwerbspreis des Subhastaten, so wird durch den Zuschlag auch eine Wertzuwachssteuerpflicht ausgelöst. Nach den Zuwachssteuerordnungen fällt aber die sonst bestehende subsidiäre Haftung des Erwerbers (S. 21) im Fall der Zwangsversteigerung gewöhnlich weg. Das hat dazu geführt, daß Grundstückseigentümer, die ein billig erworbenes Grundstück besitzen, bisweilen eine Zwangsversteigerung inszenieren, um sich der Zahlung der Steuer zu entziehen. Die Steuerbehörde sucht dann den Erwerber auf Grund des „Mißbrauchs"- § 10 AbgO. haftbar zu machen, sofern nicht bereits die Steuerordnung eine Haftung vorsieht.

War der Ersteher Hypothekengläubiger des Grundstücks gewesen und veräußert er es später weiter, so macht es für die Zuwachssteuerpflichtigkeit dieses Geschäfts keinen Unterschied, ob er in seine Hypothek hinein- oder sie voll ausgeboten hatte, weil die Steuerordnungen bei der Ermittlung seines Erwerbspreises die Hinzurechnung der ausgefallenen Hypothek gestatten.

Vollstreckung aus dem Zuschlag: Zahlt Exner nicht alsbald, so können die Befriedigungsberechtigten mit Zwangsvollstreckung vorgehen. Hierfür stehen zwei Wege offen.

Einmal die Vollstreckung aus dem Zuschlagsbeschluß gegen den Ersteher Exner und den mithaftenden Meistbietenden Kredinger als persönliche Schuldner (§§ 132, 81 IV ZVG.). Beispielsweise würde für Frau Quandt die Vollstreckungsklausel lauten:

„Vorstehende Ausfertigung des Zuschlagsbeschlusses vom 30. November 1933 wird der verwitweten Frau Direktor *Pauline Quandt* geb. *Dickhuth* in Trebnitz zum Zwecke der Zwangsvollstreckung gegen 1. den Müllermeister *Friedrich Exner* in Öls, 2. den Mehlhändler *Gregor Kredinger* in Dambrau als Gesamtschuldner wegen 1711.40 *RM* (i. W.) nebst 4% Zinsen seit dem 4. Januar 1934 erteilt.

Breslau, ...

(Siegel) *Urkund*

Justizsekretär, als Urkundsbeamter der Geschäftsstelle."

Außerdem können die Befriedigungsberechtigten auf Grund der Überweisung der Forderung an den Ersteher und der Eintragung der Sicherungshypothek die dingliche Zwangsvollstreckung in das Grundstück betreiben. Für diese „Resubhastation" gelten nach § 133 zwei besondere Erleichterungen: es bedarf nicht der sonst durch § 750 I ZPO. vorgeschriebenen Zustellung des Schuldtitels und nicht der vorgängigen Eigentumseintragung des Erstehers (Ausnahme von § 17 ZVG.). Entgegen der Tendenz der letzteren Vorschrift lehrt die herrschende Meinung: nach §§ 19, 36 I dürfe im Resubhastationsverfahren Versteigerungstermin erst anberaumt werden, nachdem die durch die erste Versteigerung geschaffenen Rechtsverhältnisse im Grundbuch vermerkt, und ein entsprechender Grundbuchauszug zu den Versteigerungsakten übersandt sei. Hiervon geht offenbar auch die AV. vom 3. Februar 1930 (oben S. 711) aus, indem sie nach Einleitung der Resubhastation die Beschaffung des Unbedenklichkeitsattestes erleichtert und dadurch die Grundbuchberichtigung und mittelbar die Ansetzung des Versteigerungstermins ermöglicht.

Zwangsversteigerung gegen den nicht eingetragenen Erben.

Kaufmann Gernoth in Neisse beantragt:

„die Zwangsversteigerung des im Grundbuch von Breslau, Innere Stadt, Band IX Blatt Nr. 265 verzeichneten Grundstücks Messergasse 21 wegen 975 RM Hauptforderung, 6% Zinsen davon seit dem 8. Juni 1933, 31.30 RM festgesetzter Kosten und 1.90 RM Zwangsvollstreckungskosten anzuordnen."

Er überreicht mit dem Antrag einen neuen Katasterauszug sowie vollstreckbare Ausfertigung eines von ihm gegen den Töpfermeister Konrad Echtermeyer in Breslau erwirkten Versäumnisurteils, dessen Formel lautet:

„Der Beklagte wird verurteilt dem Kläger 975 RM (i. W.) nebst 6% Zinsen seit dem 8. Juni 1933 zu zahlen und die Kosten des Rechtsstreits zu tragen.

Das Urteil ist vorläufig vollstreckbar[8])."

31.30 RM. Prozeßkosten sind auf dem Urteil festgesetzt. Das Urteil ist am 2. August 1933 zugestellt.

Die allgemeinen Vollstreckungsvoraussetzungen der §§ 750f. ZPO. und das Erfordernis des Art. 4 pr. AG. zum ZVG. (S. 675) sind gewahrt. Wegen der nach § 105 ZPO. auf dem Urteil festgesetzten Kosten vgl. S. 437, wegen der Kosten der Zwangsvollstreckung S. 617. Es handelt sich nur noch um die Prüfung, ob aus dem gegen Echtermeyer ergangenen Urteil die Versteigerung dieses Grundstücks angeordnet werden darf.

Gernoth behauptet in seinem Antrag, daß Echtermeyer durch Erbfolge Eigentümer geworden sei. In Abt. I des Grundbuchs finden wir den Kolonialwarenhändler und Hausbesitzer Oskar Buchmann als Eigentümer seit 1905 verzeichnet. Abt. II enthält keine der Zwangsversteigerung entgegenstehenden Eintragungen. In den Testamentsakten des im Jahre 1931 verstorbenen Buchmann, auf die sich Gernoth berufen hat, liegt ein Privattestament:

„Hierdurch bestimme ich, daß im Falle meines Todes der Sohn meiner einzigen Schwester, Töpfermeister *Konrad Echtermeyer* in Breslau, mein Erbe sein soll.

Breslau, den 14. Februar 1928.

Oskar Buchmann."

Bei der Testamentseröffnung ist die Echtheit des Schriftstücks von allen Anwesenden anerkannt worden.

Die Regel, daß der Schuldner eingetragener Eigentümer sein muß (S. 675/C), wird für die Zwangsversteigerung gegen Erben durchbrochen. Hier genügt es nach § 17 I, III ZVG, wenn der Erblasser im Grundbuch steht und der Gläubiger die Erbfolge des Schuldners durch Urkunden „glaubhaft macht". Die Vorschrift gilt

[8]) § 708[3] ZPO.

für persönliche und dingliche Gläubiger, Nachlaßgläubiger und Privatgläubiger des Erben in gleicher Weise. Das holographische Testament Buchmanns stellt eine ausreichende Glaubhaftmachung dar:

„Beschluß.

„Auf Antrag des Kaufmanns *Stephan Gernoth* in Neisse, Gläubigers,
gegen den Töpfermeister *Konrad Echtermeyer* in Breslau, Schuldner,
wird wegen des dem Gläubiger zustehenden Anspruchs im
Betrage von ....
auf Grund des ....
die Zwangsversteigerung des im Grundbuch von Breslau Innere Stadt Band IX Blatt Nr. 265 auf den Namen des Kolonialwarenhändlers und Hausbesitzers *Oskar Buchmann* eingetragenen Grundstücks Messergasse 21 angeordnet, nachdem der Gläubiger durch das in den *Oskar Buchmann*schen Testamentsakten des unterzeichneten Gerichts, 55 IV 110. 28 befindliche privatschriftliche Testament vom 14. Februar 1928 gemäß § $17^{I, III}$ ZVG. durch Urkunden glaubhaft gemacht hat, daß der Schuldner Erbe des eingetragenen Eigentümers ist.

Breslau, den 5. August 1933.

Amtsgericht."

Die Zwangsverwaltung — welche ja nicht die Substanz des Eigentums, sondern nur die Nutzungen des Grundstücks ergreift — darf sogar schon dann angeordnet werden, wenn der Eigenbesitz des Vollstreckungsschuldners (§ 872 BGB) urkundenmäßig glaubhaft gemacht ist, vorausgesetzt, daß ein im Grundbuch eingetragener Berechtigter die Vollstreckung betreibt (§ 147 ZVG). Beispiel: Der Schuldner hat das Grundstück gekauft, ist aber noch nicht ins Grundbuch eingetragen. Zwangsverwaltung und Nießbrauch: unten S. 732.

Muß sich der Eigenbesitzer die Zwangsverwaltung auf Grund eines Titels gegen den Bucheigentümer gefallen lassen? Jaeckel-Guethe (5 zu § 147) vertritt die Ansicht, daß der Zwangsverwalter den Eigenbesitzer nicht ohne seine Zustimmung bzw. einen besonderen Titel aus dem Besitz setzen dürfe. Ferner gibt er dem Eigenbesitzer die Intervention. Sei der Eigenbesitz des Dritten dem Vollstreckungsgericht bekannt, so müsse es analog § 28 dem Gläubiger eine Frist stellen oder die Zwangsverwaltung auf die dem Eigentümer verbliebenen Besitz- und Nutzungsrechte beschränken. — Das steht im Widerspruch zu RG. 127, 8 (oben S. 461). § 147 ist offenbar als eine über § 17 hinausgehende Erleichterung für den Gläubiger, nicht als eine Vorschrift zu Gunsten des Eigenbesitzers, gedacht.

Ganz anders bestimmt sich die Passivlegitimation bei der dritten Art der Immobiliarvollstreckung, der Zwangshypothek (S. 239f.). Sie ist Grundbuchakt, und daher unbedingt die Voreintragung des Schuldners als Passivbeteiligten erforderlich (§ 40^{I} GBO), wobei das Privattestament den Erbschein nicht ersetzen kann (arg. § 36^{I} S. 2). Hieraus folgt, daß Arrestbefehle — bei denen weder Zwangsversteigerung noch Zwangsverwaltung sondern bloß die Eintragung einer Maximalhypothek in Frage kommt (§ 932 ZPO) — schwerer in Grundstücke eines noch nicht eingetragenen Erben zu vollstrecken sind, als Urteile und sonstige Schuldtitel!

Umschreibung des Grundbuchs auf den Schuldner als Voraussetzung der Immobiliarvollstreckung.

1. Wie führt der Gläubiger in den Fällen, bei denen es der vorgängigen Eintragung des Erben bedarf, diese Eintragung herbei? Zunächst beantragt er gemäß § 792 die Ausstellung eines Erbscheins über das Erbrecht seines Schuldners. Auf Vorlegung des Erbscheins trägt das Grundbuchamt im Berichtigungswege den Schuldner als Eigentümer ein, weil die Unrichtigkeit durch den Erbschein

nachgewiesen wird (§§ 22 I, 36 GBO.). Das Antragsrecht hierzu besitzt der Gläubiger auf Grund der Sondervorschrift des § 14 und nach § 22 II wird von dem sonst für Berichtigung des Grundbuchs durch Eintragung eines Eigentümers geltenden Erfordernis der beglaubigten (§ 29) Zustimmung des Einzutragenden ausnahmsweise abgesehen. Alsdann ist der Weg für jede Art der Zwangsvollstreckung ins Grundstück frei.

2. Ganz anders gestaltet sich das Verfahren, wenn die Unrichtigkeit der Eigentümereintragung nicht auf Erbfall sondern auf einem Schwarzkauf (S. 203), einer infolge Geschäftsunfähigkeit nichtigen Auflassung oder dgl. beruht. Hier steht dem Schuldner gegen den Bucheigentümer ein Berichtigungsanspruch aus § 894 BGB. zu, und der Gläubiger muß, da der Schuldner die Durchführung der Berichtigung nicht betreibt, versuchen sie an Stelle seines Schuldners durchzusetzen. Nun können Berichtigungsansprüche nicht mit der Wirkung übertragen werden, daß der Zessionar zum Inhaber des Anspruchs wird: denn der Anspruch steht dem dinglich Berechtigten als solchem zu, und deshalb ist seine Loslösung vom dinglichen Recht unmöglich. Man läßt aber eine „Legitimationszession" des Berichtigungsanspruchs zu, durch welche der Zessionar lediglich „ermächtigt" wird den Anspruch gegen den Buchberechtigten zwecks Eintragung des Zedenten ins Grundbuch im eigenen Namen geltend zu machen. RGR.-Kommentar 2 (3. Absatz) zu § 894; RG. 112, 260; vgl. oben S. 470/1. In dieser Weise kann der Anspruch auch gepfändet und zur Einziehung überwiesen werden. Auf Antrag des Gläubigers wird also

> „der angebliche Anspruch des Schuldners gegen den Bucheigentümer auf Berichtigung des Grundbuchs von .... durch Eintragung des Schuldners als Eigentümer dieses Grundbuchblatts"

gepfändet und dem Gläubiger zur Einziehung überwiesen. Will der Bucheigentümer immer noch nicht bewilligen, so ist er auf Klage des Gläubigers zu verurteilen:

> „darein zu willigen, daß der Schuldner als Eigentümer des gegenwärtig auf den Namen des Beklagten eingetragenen Grundstücks .... im Grundbuch eingetragen wird."

Mit Rechtskraft der Verurteilung gilt die Bewilligung als abgegeben (§ 894 ZPO.). Der Gläubiger braucht dann nur noch das Urteil mit dem Antrag auf Umschreibung dem Grundbuchamt einzureichen, wobei wiederum §§ 14, 22 II GBO. anzuwenden sind.

3. Ist der Schuldner noch nicht Eigentümer sondern bloß Käufer des Grundstücks, so wird nach § 848 ZPO. sein Auflassungsanspruch gepfändet und dem Gläubiger zur Einziehung überwiesen. Der Gläubiger klagt nötigenfalls gegen den Verkäufer mit dem Antrag:

> „den Beklagten zu verurteilen, die Auflassung des Grundstücks .... an den vom Amtsgericht bestellten Sequester zu bewilligen."

Nach Eintritt der Rechtskraft erklärt der Sequester für den Schuldner die Entgegennahme der Auflassung des Verkäufers, welche zufolge § 894 als von diesem erklärt fingiert wird. Mit Eintragung des Schuldners als Eigentümer erlangt der Gläubiger für seine Forderung ipso iure eine Sicherungshypothek am Grundstück (Ausnahme vom Eintragungsprinzip des § 873 BGB.).

Selbstverständlich muß vor Eintragung des Schuldners im Falle 3 die Grunderwerbsteuer bezahlt und Unbedenklichkeitsbescheinigung dem Grundbuchamt eingereicht werden. Das Grundbuchamt verlangt die Bescheinigung aber auch in den Fällen 1 und 2, obgleich es sich hier um bloße Berichtigungen handelt und daher materiell gar keine Steuerpflicht besteht. Die Bescheinigung ist zu 1 und 2 dahin zu fassen, daß eine Grunderwerbsteuer „nicht zur Erhebung gelangt" (vgl. das Muster S. 230).

Einstellung des Verfahrens nach Schluß der Versteigerung.

Auf dem versteigerten Steinbruchgrundstück Schönborn Blatt Nr. 30, dessen Steuereinheitswert 15000 RM. beträgt, stehen hinter erststelligen 10000 RM. zur zweiten Stelle 8000 RM. für Rentner Römhild. Dieser und der persönliche Gläubiger Schenk betreiben das Verfahren. Im Versteigerungstermin gibt Rittergutsbesitzer

Wunderlich als Meistbietender ein Bargebot von 3000 RM. ab. 900 RM. sind Kosten, öffentliche Lasten und Zinsen der ersten Hypothek. Römhild, der den Ausfall des größten Teils seiner Hypothek vor Augen sieht, das Grundstück aber nicht selbst erstehen will, ist ratlos. Versagung des Zuschlags auf Grund der Vorschriften über das Mindestgebot (S. 692, 697) kommt nicht in Frage, denn bei einem Steinbruchgrundstück gibt es keine Zuschläge zum Einheitswert und die sieben Zehntel des Einheitswerts sind erreicht. Auf Anregung des Richters läßt sich Römhild einen Verkündungstermin (§ 87 ZVG.) geben und setzt sich mit einem Anwalt in Verbindung.

Am Morgen des Verkündungstermins geht nachstehendes Schriftstück ein:

„In dem Zwangsversteigerungsverfahren von Blatt Nr. 30 Schönborn, Aktenzeichen 51 K 17. 33, bewillige ich die einstweilige Einstellung des Verfahrens.

Franz Römhild."

Der betreibende Gläubiger ist Herr des Verfahrens. Er kann sowohl den Versteigerungsantrag gänzlich zurücknehmen und das Verfahren dadurch zur Aufhebung bringen (§ 29) als auch die einstweilige Einstellung des Verfahrens bzw. (was dem gleichsteht) die Aufhebung eines Versteigerungstermins bewilligen (§ 30). Diese Rechte stehen ihm bis zur Verkündung des Zuschlags zu. Sind, wie in unserem Fall, mehrere betreibende Gläubiger vorhanden und scheidet einer von ihnen durch Bewilligung der Aufhebung oder Einstellung oder aus anderen Gründen aus, so kommt es auf das zwischen ihnen bestehende Rangverhältnis an. Der Wegfall Schenks würde dem Fortgang des Verfahrens und der Erteilung des Zuschlags nicht entgegenstehen, weil er auf die Berechnung des geringsten Gebots keinen Einfluß ausüben kann. Dagegen werden durch die Einstellungsbewilligung Römhilds die Grundlagen hinfällig, auf denen das geringste Gebot festgestellt worden war und Römhilds Hypothek Abt. III Nr. 2 gehört jetzt mit ins geringste Gebot. Hätte er die Bewilligung im Termin erklärt, so wäre Zeit gewesen eine anderweite Bestimmung des geringsten Gebots und der Versteigerungsbedingungen vorzunehmen und alsdann die Versteigerung zu wiederholen. So aber bleibt nur die Versagung des Zuschlags übrig. RG. 89, 426.

Nach § 33 muß die Entscheidung immer auf „Versagung des Zuschlags" lauten, wenn der betreibende Gläubiger nach Schluß der Versteigerung die Einstellung bewilligt. Würde man nämlich auf „Einstellung" tenorieren, so träte das Erlöschen des im Termin abgegebenen Meistgebots sofort ein, während der Versagung des Zuschlags aus Gründen nicht peremtorischer Natur die Wirkung einer Einstellung, d. h. auch des Erlöschens der Gebote, erst nach Rechtskraft zukommt. §§ 72^{III}, 86.

Beim Ausscheiden eines von mehreren betreibenden Gläubigern sind noch §§ 43^{II}, 83^{1} zu beachten. Sie schreiben die Bestimmung eines neuen Versteigerungstermins bzw. die Versagung des Zuschlags vor, „wenn nicht zwei Wochen vor dem Termin dem Schuldner ein Beschluß, auf Grund dessen die Versteigerung erfolgen kann, zugestellt ist". Nehmen wir an, Schenk wäre erst innerhalb der 2 Wochen, vielleicht erst im Termin, beigetreten und Römhild hätte im Termin die Einstellung bewilligt. Dann wäre es unzulässig gewesen, in diesem Termin das geringste Gebot anderweit aufzustellen und daraufhin zu versteigern: denn Römhild ist durch die Einstellungsbewilligung als betreibender Gläubiger fortgefallen und Schenk verspätet beigetreten. —

An Stelle des bereits entworfenen Zuschlags verkündet der Richter den

„Beschluß.

In dem Verfahren ....

Der Zuschlag wird versagt, weil der Rentner *Franz Römhild* in Breslau, der das Verfahren wegen der Hypothek Abt. III Nr. 2 betreibt, die einstweilige Einstellung des Verfahrens bewilligt hat und der Kaufmann *Ernst Schenk* in Breslau das Verfahren nur wegen einer persönlichen Forderung betreibt, so daß die Hypothek Abt. III Nr. 2 ins geringste Gebot aufgenommen werden muß. § 33 ZVG.; RG. 89, 426."

Wunderlich, der sich schon auf den billigen Erwerb des Grundstücks gefreut hat, protestiert vergeblich. Er würde auch im Beschwerdeweg nichts erreichen. Zwar gibt § 97 die Legitimation zur Beschwerde gegen Versagung des Zuschlags auch dem Bieter, dessen Gebot nicht erloschen ist. Es liegt jedoch kein sachlicher Beschwerdegrund vor, da das Gericht zutreffend entschieden hat. Römhild hat den Ausfall seiner Hypothek noch im letzten Moment abgewendet.

So wie hier dem Meistbietenden, wird bei anderer Sachlage das Dispositionsrecht des betreibenden Gläubigers den Befriedigungsberechtigten unbequem. Z. B. ist bei der vom ersten Hypothekar betriebenen Versteigerung ein überraschend hohes Meistgebot abgegeben worden, welches noch die zweite und dritte Hypothek deckt. Zwischen Versteigerung und Verkündungstermin einigen sich betreibender Gläubiger und Schuldner auf Ratenzahlungen, worauf der Gläubiger einstweilige Einstellung bewilligt. Dann wird ebenfalls der Zuschlag versagt, obwohl zweiter und dritter Hypothekengläubiger gewärtigen müssen, in einem künftigen Termin — für den die Gebote des ersten nicht mehr verbindlich sind (s. oben) — auszufallen. Sie können nichts dagegen tun, weil außer dem betreibenden Gläubiger niemand ein Recht darauf hat, daß die Versteigerung zu einem positiven Ergebnis führt. Sogar gegen eine völlig ungerechtfertigte Versagung des Zuschlags durch das Gericht würde der Hypothekengläubiger, der nicht betreibender Gläubiger ist, nichts ausrichten: denn § 97 gibt die Beschwerde gegen Versagung (abgesehen vom Meistbietenden) bloß dem Betreibenden. Ganz anders steht es bei Erteilung des Zuschlags. Sie greift in die Rechtsstellung sämtlicher Beteiligten ein, weshalb auch jeder Beteiligte sich über ungerechtfertigte Zuschlagserteilung beschweren darf.

Der Beschluß wird nicht zugestellt (arg. §§ 87, 88, 98). Verfügung auf den Beschluß:

„nach 6 Monaten."

Da die rechtskräftig gewordene Versagung einer Einstellung gleichsteht (oben S. 716), bedarf es zur Fortsetzung des Verfahrens eines, hier auf Anberaumung eines neuen Versteigerungstermins zu richtenden, Antrags eines der betreibenden Gläubiger (§ 31^{I}). Wird der Antrag nicht binnen 6 Monaten gestellt, so ist das Verfahren endgültig aufzuheben und das Grundbuchamt um Löschung des Versteigerungsvermerks zu ersuchen (§§ 31^{II}, 34).

Hat der auf Antrag eines der Gläubiger angesetzte zweite Termin wieder kein besseres Ergebnis, so kann Römhild abermals Einstellung bewilligen. Dagegen gilt die drittmalige Einstellungsbewilligung unweigerlich als Bewilligung der Aufhebung. § 30 ZVG., dazu IV. NotVO., 3. Teil, § 9.

Versteigerung mehrerer Grundstücke. Gesamthypothek.

Zwangsversteigerung mehrerer Grundstücke in demselben Verfahren ist zulässig, wenn entweder die Grundstücke einem Schuldner gehören und der betreibende Gläubiger einen persönlichen Anspruch gegen diesen Schuldner hat, oder der Gläubiger die Vollstreckung wegen eines an allen Grundstücken bestehenden dinglichen Rechts, insbesondere einer Gesamthypothek, betreibt (§ 18 ZVG.). Trotz der Einheitlichkeit des Verfahrens werden geringstes Gebot und Versteigerungsbedingungen für jedes der Grundstücke gesondert aufgestellt, jedes für sich ausgeboten, bei jedem getrennt über den Zuschlag entschieden, die Erlöse gesondert verteilt. Auf Antrag kann auch ein Gesamtausgebot nach § 63 erfolgen, welches aber nur dann zum Zuschlag führt, wenn der Erlös höher ist als derjenige der Einzelausgebote (Näheres in § 63IV). Neben dem Gesamtausgebot bleibt aber das Einzelausgebot notwendig, es sei denn, daß sämtliche anwesenden Beteiligten zustimmen, deren Rechte außerhalb des geringsten Gebots stehen (§ 63V).

Die Gesamthypothek weist in ihrem Aufbau große Ähnlichkeit mit der Gesamtschuld auf. Jeder Gesamtschuldner ist zur Bewirkung der ganzen Leistung verpflichtet, der Gläubiger nur einmal die Leistung zu fordern berechtigt, wobei ihm die freie Wahl unter den Gesamtschuldnern zusteht (§§ 421, 422I S. 1 BGB.). Entsprechend haftet jedes der mit einer Gesamthypothek belasteten Grundstücke für die volle Hypothekensumme, und der Gläubiger kann seine Befriedigung nach freiem Belieben aus dem einen oder anderen suchen oder den Betrag der Hypothek auf die Grundstücke verteilen. Hat er jedoch aus einem Grundstück Befriedigung im Wege der Zwangsvollstreckung erhalten, so erlischt die Gesamthypothek an allen Grundstücken, und die Nachhypotheken rücken auf. Die Grundstücke sind also zusammen nur mit dem einfachen Betrag der Hypothek belastet. §§ 1132, 1147, 1181II. Vom Standpunkt eines hinter der Gesamthypothek stehenden zweiten Gesamthypothekars gesehen: er muß damit rechnen, daß ihm auf jedem einzelnen Grundstück im schlimmsten Fall der ganze Betrag der Gesamthypothek vorgeht, aber auf allen Grundstücken zusammen kann ihm auch bloß die einmalige Hypothekensumme vorgehen.

Gelangt eines der mit der Gesamthypothek belasteten Grundstücke allein zur Zwangsversteigerung, so gelten keinerlei prozessuale Besonderheiten. Unberührt bleiben die Folgen, die sich aus der materiellrechtlichen Bestimmung der § 1181II, 1182 ergeben.

Unterstellen wir, daß im Fall S. 674 f. für die vom Ersteher übernommene Primersche Hypothek noch ein zweites Grundstück hafte, das später als Hochkirch Blatt Nr. 47 zwangsversteigert wird, daß der Eigentümer dieses Grundstücks keinen besonderen Regreßanspruch an den Eigentümer von Nr. 47 habe und daß Primer hierbei in Höhe von 1000 RM. befriedigt werde. Damit würde in Höhe der 1000 RM. Primers Hypothek an Blatt Nr. 47 erloschen sein, ohne daß der Ersteher Exner irgend etwas dazu beigetragen hätte. Deshalb schreibt § 50² ZVG. vor, daß Exner die 1000 RM. als „Erhöhungssumme" an die Befriedigungsberechtigten in gleicher Weise zu zahlen hat, wie wenn die Hypothek in dieser Höhe überhaupt nicht bestanden hätte. Ob das Erlöschen vor oder nach Zuschlag eintritt und ob es im Verteilungstermin bereits bekannt ist, spielt keine Rolle (S. 702). Stand allerdings dem Eigentümer des nichthaftenden Grundstücks wegen der Gesamthypothek ein Ausgleichsanspruch an Suppes oder dessen Rechtsvorgänger zu — z. B. weil beim Abverkauf von Nr. 47 der Käufer die Hypothek in Anrechnung auf den Kaufpreis voll übernommen hat —, so würde Primers Hypothek auf Nr. 47 in Höhe der 1000 RM. nicht unter-, sondern gemäß § 1182 BGB auf jenen Eigentümer übergegangen sein und damit die Voraussetzung für eine Erhöhungssumme aus § 50² ZVG. entfallen.

Bei gemeinschaftlicher Versteigerung bietet die Gesamthypothek, falls sie außerhalb des geringsten Gebots steht, keine Probleme. Es handelt sich dann bloß darum, bei der Erlösverteilung die Forderung des Gesamthypothekars auf die mehreren Grundstücksmassen zu verteilen. Hierfür ist § 122 maßgebend, der übrigens in gleicher Weise auf die Forderung eines persönlich betreibenden Gläubigers Anwendung findet. Die Gesamthypothek wird im Verhältnis der für die Gesamthypothek freien Erlöse (d. h. der Erlöse unter Abzug der der Gesamthypothek vorgehenden Lasten) verteilt, sofern der Hypothekengläubiger nichts Abweichendes bestimmt. Daß das willkürliche Verteilungsrecht des Hypothekengläubigers auch in diesem Stadium besteht, erkennt § 122 durch ausdrückliche Bezugnahme auf § 1132I S. 2 BGB. an.

In unserem Fall sind zwei Grundstücke, die mit einer dem betreibenden Gläubiger vorgehenden Gesamthypothek belastet sind, zusammen versteigert worden:

Blatt Nr. 310	Blatt Nr. 311
Nr. 1: 10000 RM. Busse	Nr. 1: 3000 RM. Frank
Nr. 2: 15000 RM. Ziegeleibesitzer Heckner	
Nr. 3: 8000 RM. Kirschner	Nr. 3: 4000 RM. Peucker

betreibender Gläubiger Reimann.

„Beschluß

in dem Verfahren zum Zwecke der Zwangsversteigerung der in Breslau, Feldstraße 3 belegenen, im Grundbuch der Ohlauer Vorstadt Band VIII Blatt Nr. 310 und 311 auf den Namen des Zigarrenhändlers *Hans Jochen Bredow* eingetragenen Grundstücke.

Der Zuschlag wird versagt.

Gründe.

Im Versteigerungstermin am 10. August 1933 hat der betreibende Gläubiger *Reimann* gemäß § 64^{I} ZVG. den Antrag gestellt, die *Heckner*sche Gesamthypothek bei Feststellung des geringsten Gebots für jedes Grundstück nur zu dem Teilbetrag zu berücksichtigen, der dem Verhältnis des Wertes nach Abzug der vorgehenden Belastungen entspricht. Der Wert von Blatt Nr. 310 ist auf 26000 *RM*, von Blatt Nr. 311 auf 7000 *RM* festgesetzt worden. Hieraus ergab sich eine Verteilung im Verhältnis von (26000 — 10000) : (7000 — 3000) oder 4 : 1, und es wurden folgende geringsten Gebote bestimmt:

A. für Blatt Nr. 310.

1. Bargebot:

(folgt Aufstellung der Kosten und öffentlichen Lasten, der Kosten und Zinsen des *Busse*, vier Fünftel der Kosten und Zinsen des *Heckner*, und der Kosten und Zinsen des *Kirschner*, abschließend mit 1341.60 *RM*).

2. Bestehen bleibende Rechte:

Hypothek Abt. III Nr. 1 von 10000 *RM*,
Hypothek Abt. III Nr. 2 in Höhe eines Teilbetrages von 12000 *RM*,
Hypothek Abt. III Nr. 3 von 8000 *RM*.

B. für Blatt Nr. 311.

1. Bargebot:

(folgt Aufstellung der Kosten und öffentlichen Lasten, der Kosten und Zinsen des *Frank*, ein Fünftel der Kosten und Zinsen des *Heckner* und der Kosten und Zinsen des *Peucker*, abschließend mit 830.40 *RM*).

2. Bestehen bleibende Rechte:

Hypothek Abt. III Nr. 1 von 3000 *RM*,
Hypothek Abt. III Nr. 2 in Höhe eines Teilbetrages von 3000 *RM*,
Hypothek Abt. III Nr. 3 von 4000 *RM*."

Nach der Regel des § 44^{I} würde Heckners Gesamthypothek ins geringste Gebot fallen und daher auf jedem der beiden Grundstücke in voller Höhe zu übernehmen sein. Die Bieter werden also (wenn kein Gesamtausgebot nach § 63 stattfindet) sowohl bei Nr. 310 wie bei Nr. 311 die ganzen 15000 RM. einkalkulieren, weil sie nicht wissen können, ob Heckner nicht später gerade aus dem von ihnen erstandenen Grundstück Befriedigung verlangt. Folge: der Versteigerungserlös wird um zwei Mal 15000 RM. geringer. Diese Schädigung der nachstehenden Interessenten will der von Reimann auf Grund von § 64^I gestellte Antrag verhüten. Bleibt es bei der angegebenen Berechnung des geringsten Gebots, so verwandelt sich mit dem Zuschlag die Gesamthypothek von 15000 RM. in eine Einzelhypothek von 12000 RM. auf Nr. 310 und eine Einzelhypothek von 3000 RM. auf Nr. 311 (§ 91 I).

„Sodann hat der Gläubiger der Gesamthypothek *Heckner* auf Grund von § 64 II verlangt, daß nur die seinem Anspruch vorgehenden Rechte ins geringste Gebot aufgenommen werden. Die Grundstücke sind deshalb weiterhin auch mit folgenden geringsten Geboten ausgeboten worden:

A. Blatt Nr. 310.

1. Bargebot:
   (folgt Aufstellung der Kosten und öffentlichen Lasten sowie der Kosten und Zinsen des *Busse*, abschließend mit 750 *RM*).
2. Bestehen bleibende Rechte:
   Hypothek Abt. III Nr. 1 von 10000 *RM*.

B. Blatt Nr. 311.

1. Bargebot:
   (folgt Aufstellung der Kosten und öffentlichen Lasten sowie der Kosten und Zinsen des *Frank*, abschließend mit 580 *RM*).
2. Bestehen bleibende Rechte:
   Hypothek Abt. III Nr. 1 von 3000 *RM*.

Nach erfolgtem Ausgebot hat *Heckner* erklärt, daß dieses letztere Ausgebot für die Erteilung des Zuschlags maßgebend sein solle."

Wird der Antrag aus § 64 II gestellt, so muß stets ein doppeltes Ausgebot durchgeführt werden, nämlich eins nach § 64 I und eins nach § 64 II (falls Gesamtausgebot beantragt ist: außerdem noch ein drittes Ausgebot gemäß § 63). Welches der beiden Ausgebote zum Zuschlag führt, entscheidet sich aber nicht (wie bei den „besonderen Versteigerungsbedingungen", oben S. 691/2) nach dem mehr oder weniger günstigen Erfolg der einzelnen Ausgebote, sondern wird einzig und allein vom Gläubiger der Gesamthypothek bestimmt, der darüber „nach erfolgtem Ausgebot", d. h. nach beendeter Versteigerung, vom Gericht zu befragen ist. Da Heckner dem Zuschlag auf Grund der Ausgebote nach Abs. I widersprochen hat, scheiden diese endgültig aus.

„Beim Ausgebot aus § 64 II ist auf Blatt Nr. 310 Direktor *Emil Fischer* aus Breslau mit 20000 *RM*, auf Blatt Nr. 311 Optiker *Schiele* aus Breslau mit 9000 *RM* Meistbietender geblieben. Die geringsten Gebote sind also erreicht. Nach § 83[3] darf aber der Zuschlag nur dann erteilt werden, wenn sowohl die Gesamthypothek wie die zwischen ihr und dem Gläubiger stehenden Rechte durch das Gesamtergebnis der Einzelausgebote gedeckt werden. Durch Barzahlung waren zu decken:

die ins geringste Gebot aufgenommenen 750 *RM* auf Blatt Nr. 310 und 580 *RM* auf Blatt Nr. 311, zusammen	1330 *RM*
die Gesamthypothek einschließlich Kosten und Zinsen mit	15377 *RM*
die *Kirschner*sche Hypothek auf Blatt Nr. 310 einschließlich Kosten und Zinsen mit	8290 *RM*
die *Peucker*sche Hypothek auf Blatt Nr. 311 einschließlich Kosten und Zinsen mit . . .	4175 *RM*
Zusammen:	29172 *RM*.

während tatsächlich bloß 20000 + 9000 = 29000 *RM* geboten worden sind. Die Voraussetzung des § 83³ ist also nicht erfüllt. Hieraus folgt die Versagung des Zuschlags bei beiden Grundstücken.

Breslau, den 17. August 1933.

Amtsgericht.

Richter."

Neben das reguläre geringste Gebot, bei dem die Gesamthypothek auf jedem Grundstück voll, und das besondere des § 64ᴵ, bei dem sie auf beiden zusammen nur mit dem einmaligen Betrage bestehen bleibt, tritt im Falle des § 64ᴵᴵ ein ganz anormales geringstes Gebot auf Grund der Fiktion, daß der Gesamthypothekar betreibender Gläubiger sei. Zum Zuschlag führt dieses Gebot jedoch bloß dann, wenn die Summe der Einzelausgebote alle im normalen geringsten Gebot stehenden Rechte deckt. Gegen den Willen des Hypothekengläubigers den Zuschlag aus § 64ᴵ zu geben und damit die Gesamthypothek auf die bisher korealiter haftenden beiden Grundstücke zu verteilen, würde eine Durchbrechung der das Recht der Gesamthypothek beherrschenden Grundsätze sein. Andererseits soll die Gesamthypothek nicht auf jedem Grundstück mit ihrem vollen Betrag in die Wagschale fallen. Das Verfahren nach §§ 64ᴵᴵ, 83³, das den Ausweg aus diesem Dilemma darstellt, läuft darauf hinaus, daß für die Gesamthypothek und die zwischen ihr und dem betreibenden Gläubiger stehenden Rechte das Übernahmeprinzip gänzlich preisgegeben, dagegen das Deckungsprinzip wenigstens einigermaßen aufrecht erhalten wird.

Allerdings kommt es nach dem klaren Wortlaut des § 83³ nicht auf die Höhe der beiden Einzelausgebote, sondern lediglich auf das Gesamtergebnis an: Der Zuschlag müßte also sowohl erteilt werden, wenn auf die beiden Grundstücke je 14586 RM., als auch, wenn bei Nr. 310 750 RM. und bei Nr. 311 28422 RM., oder bei Nr. 310 28592 RM. und bei Nr. 311 bloß 580 RM. geboten sind. Dank des ihm durch §§ 1132ᴵ S. 2 BGB., 122ᴵ S. 1 ZVG. verbrieften Rechts wird der Gesamthypothekar alle Male zur Hebung gelangen. Dagegen sieht man sofort, daß im ersten Beispiel Kirschner, im zweiten Peucker ausfallen muß. Diese Zwischenberechtigten können sich nur durch rechtzeitigen Gebrauch ihres ius offerendi (§§ 268, 1150 BGB.) schützen. —

Der Fortgang des Verfahrens richtet sich wieder nach §§ 31, 86 ZVG. (oben S. 717).

In welchen Fällen kommen Gesamthypotheken praktisch vor? 1. Ein wirtschaftlich einheitliches Grundstück zerfällt grundbuchmäßig in mehrere Blätter (z. B. eine landwirtschaftliche Besitzung, die durch Zukauf arrondiert wurde; ein großes Geschäftshaus- oder Hotelgrundstück in der Altstadt, das auf dem Terrain mehrerer neben einander liegender Kleingrundstücke errichtet wurde) und wird einheitlich beliehen. 2. Teile eines ein einziges Blatt bildenden, mit einer Hypothek belasteten Grundstücks werden abveräußert, ohne daß eine Entpfändung (S. 230) erfolgt; unter dieser Voraussetzung kann trotz § 867ᴵᴵ ZPO. (S. 240/1) sogar eine Judikatshypothek Gesamthypothek werden. 3. Es wird ein Grundbuchblatt hypothekarisch belastet, dessen Titelblatt mehrere „laufende Nummern der Grundstücke" umfaßt. RG. 84, 265 (vgl. S. 195, 241). 4. Ein Schuldner besitzt mehrere Grundstücke, die wirtschaftlich nichts mit einander zu tun haben (z. B. Fabrik- und Villengrundstück) und beleiht sie gemeinschaftlich, weil keines für sich allein dem Gläubiger ausreichende Sicherheit bietet. Dieser Fall, bei dem es sich nicht um eigentlichen Grundstückskredit sondern um Bank- oder Privatkredite handelt, ist besonders häufig geworden. 5. Gehört ein Grundstück mehreren Miteigentümern zu selbständigen Bruchteilen (§ 1008 BGB.) und werden von den Anteilen mehrere mit einer gemeinschaftlichen Hypothek belastet, so entsteht eine Gesamthypothek; die einzelnen belasteten Anteile sind dann zu behandeln wie selbständige Grundstücke. Wird dagegen die Hypothek an dem ganzen den Miteigentümern gehörigen Grundstück bestellt („Totalhypothek"), so kommen nach herrschender

Meinung die für Gesamthypotheken geltenden Vorschriften (namentlich §§ 1173f.) nur zur analogen Anwendung. Staudinger 4 zu § 1132 c. cit.; RG. in DNotZ. 31, 426[3]. Bei Miteigentum zur gesamten Hand sind bloß Totalhypotheken möglich, weil der Anteil eines Gesamthänders am Grundstück keinen Gegenstand besonderer Verfügungen bilden kann (S. 43).

Amortisationsraten- und Zinsrückstandshypothek. Pfändung von Eigentümergrundschulden. Aufrechnung des Erstehers.

Auf dem Zweifamiliengrundstück Breslau-Bischofswalde Blatt Nr. 162 steht an erster Stelle folgende Amortisations- („Tilgungs"-) Hypothek:

„20000 RM (i. W.) Darlehn mit 6% jährlicher, vierteljährlich nachträglich zu entrichtender Zinsen seit 1. Oktober 1925 und Zuschlägen von jährlich 1%, welche behufs allmählicher Tilgung des Kapitals mit den Zinsen zu entrichten sind, für die Landesversicherungsanstalt Schlesien. Unter Bezugnahme auf die Bewilligung vom 8. eingetragen am 12. September 1925."

Zur Zeit der Hypothekenbestellung war Architekt Dix Eigentümer. Am 13. Oktober 1928 wurde das Grundstück auf Kaufmann Aderhold umgeschrieben und für Dix eine Kaufgeldhypothek von 8500 RM. eingetragen. Seit 15. November 1932 steht in Abt. II unter Nr. 1 ein Nießbrauchsrecht für die Schwiegermutter des Eigentümers, Frau Christiani. Die erste Hypothek betreibt die Zwangsversteigerung. Beschlagnahme ist am 20. März 1933 erfolgt. Im geringsten Gebot stehen nur Kosten und öffentliche Lasten mit zusammen 520 RM. Den Grundstückswert hat das Gericht auf 18000 RM. festgesetzt (S. 692).

Im Versteigerungstermin am 6. Juli 1933 hat Dix die erste Hypothek aus- und in seine Hypothek hineingeboten und auf sein Meistgebot von 24000 RM. den Zuschlag erhalten. Zuzüglich Zuschlagszinsen (§ 49[II] ZVG.) sind 24120 RM. von ihm zu zahlen.

Zum Erlösverteilungstermin am 20. August 1933 liegen bezüglich der Amortisationshypothek eine Reihe von Anmeldungen vor:

1. Die Landesversicherungsanstalt beansprucht (abgesehen von Kosten) die Zins- und Tilgungsraten ab 1. April 1933 und 18020.50 RM. Kapital.

Von der „Annuität" von 1400 RM. werden im ersten Jahr 1200 RM. auf Zinsen, 200 RM. als Kapitalstilgung gerechnet. Im zweiten Jahr werden die Zinsen der im ersten Jahr getilgten 200 RM. erspart, also bloß noch 1188 RM. für Zinsen gebraucht, woraus sich eine Kapitalstilgung von 212 RM. ergibt. Für das dritte Jahr lauten die Zahlen 1175.28 RM. bzw. 224.72 RM. usw. Bis Ablauf des achten Jahres sind daher nicht nur 1600 RM. sondern insgesamt 1979.50 RM. getilgt. Die Progression wird entsprechend der Zinseszins-(Renten-)formel von Jahr zu Jahr stärker: im 33. Jahr braucht man nicht mehr als 109.32 RM. für Zinsen, so daß für Tilgung 1290.68 RM. zur Verfügung stehen und das 34. Jahr erfordert überhaupt nur eine Zahlung von 531.36 RM. zwecks Tilgung des letzten Kapitalrestes. Je höher der Zinsfuß, desto schneller die Amortisation!

2. Dix überreicht beglaubigte Quittungen der Landesversicherungsanstalt über die von ihm für die Zeit vom 1. Oktober 1925 bis 30. September 1927 bezahlten Amortisationsbeträge (jährlich 200 RM. bzw. 212 RM. bzw. 224,72 RM.).

3. Frau Christiani legt zwei Urkunden vor, in denen die Landesversicherungsanstalt

„die uns an dem Grundstück Breslau-Bischofswalde Blatt Nr. 162 in Abt. III Nr. 1 zustehende Hypothek, soweit sie sich auf die am 31. Dezember 1932 fällige Zins- und Tilgungszuschlagsrate für die Zeit vom 1. Oktober bis 31. Dezember 1932"

— bzw. in der anderen Urkunde: auf die am 31. März 1933 fällige Rate für die Zeit vom 1. Januar bis 31. März 1933 —

„bezieht, im Betrage von 350 *RM*, unter Vorbehalt des Vorrangs für die uns verbleibende Restforderung, an die verehelichte Frau Kaufmann *Franziska Christiani* geb. *Maskus* in Breslau gegen Zahlung des Gegenwerts"

abgetreten hat.

4. Der Schuldner Aderhold überreicht beglaubigte Quittungen der Landesversicherungsanstalt über 16 Amortisationsraten vom 1. Oktober 1928 bis 30. September 1932 steigend von 59.55 RM. bis 70.93 RM., die er für sich anmeldet.

5. Professor Brachvogel, ein persönlicher Gläubiger Aderholds, nimmt in seiner Anmeldung dieselben Amortisationsraten wie Aderhold in Anspruch. Er hat wegen einer Forderung von über 1000 RM. durch Beschluß vom 19., zugestellt an Aderhold und die Landesversicherungsanstalt am 20. Juni 1933, pfänden und sich zur Einziehung überweisen lassen:

„die angeblich dem Schuldner an seinem Grundstück Breslau-Bischofswalde Blatt Nr. 162 zustehende Eigentümergrundschuld, welche während der Zeit vom 1. Oktober 1928 bis 30. September 1932 durch teilweise Tilgung der für die Landesversicherungsanstalt Schlesien in Abt. III unter Nr. 1 eingetragenen Amortisationshypothek von 20000 *RM* in Höhe von ungefähr 1050 *RM* entstanden ist, dem der Gläubigerin verbliebenen Rest im Range nachstehend, einschließlich der dem Schuldner in Ansehung dieser Eigentümergrundschuld an die Gläubigerin zustehenden Ansprüche auf Berichtigung des Grundbuchs und Vorlegung des Hypothekenbriefes beim Grundbuchamt zwecks Bildung eines Teilbriefs."

Alsdann sind für Brachvogel durch Beschluß vom 13., zugestellt an Aderhold, Landesversicherungsanstalt, Dix und Vollstreckungsgericht am 15. Juli 1933, gepfändet und überwiesen worden:

„die Rechte, welche angeblich dem Schuldner auf Auszahlung eines Teiles des Versteigerungserlöses in der Zwangsversteigerungssache von Breslau-Bischofswalde Blatt Nr. 162 deshalb zustehen, weil durch Zahlung von Amortisationsraten während der Zeit vom 1. Oktober 1928 bis 30. September 1932 ungefähr 1050 *RM* Teilbetrag der in Abt. III unter Nr. 1 für die Landesversicherungsanstalt Schlesien eingetragenen Hypothek von 20000 *RM* als Eigentümergrundschuld auf den Schuldner übergegangen sind und weil die Grundschuld durch den am 6. Juli 1933 verkündeten Zuschlag erloschen ist."

6. Schließlich hat die „Breslauer Mittelstandsbank e. G.m.b.H." in Breslau aus einem größeren Schuldtitel gegen Aderhold am 7. Juli 1933 eine Vorpfändung und 18. Juli 1933 einen gerichtlichen Pfändungs- und Überweisungsbeschluß an Aderhold, Landesversicherungsanstalt, Dix und Vollstreckungsgericht zustellen lassen, dessen Formel dem zweiten Pfändungsbeschluß Brachvogels entspricht. Sie meldet ebenfalls ihre Ansprüche an. —

Entsteht durch Rückzahlung von Amortisationshypotheken überhaupt eine Eigentümergrundschuld? Nach § 1178 I S. 1 BGB. soll die Hypothek für Rückstände von Zinsen und anderen „Nebenleistungen" sowie für Kosten, wenn sie sich mit dem Eigentum in einer Person vereinigt, erlöschen, und nach ausdrücklicher Vorschrift des § 10⁴ ZVG. sind Amortisationszuschläge in der Zwangsversteigerung wie Zinsen zu behandeln. Aber ihrer inneren Natur nach sind Amortisationsraten ausgesprochene Hauptleistung, keine „Nebenleistung". Deshalb begründet jede auf das Kapital der Tilgungshypothek geleistete Zahlung nach § 1163 I S. 2 BGB. eine Eigentümerhypothek.

Dagegen gehört nach richtiger Ansicht der häufig in Hypothekenbedingungen für den Fall unpünktlicher Zahlung ausbedungene Strafzins (Beispiel: S. 38) zu den „Nebenleistungen" des § 1178ᴵ S. 1. Der Eigentümer erwirbt also an derartigen Strafzinsen keine Eigentümerhypothek. RG. in JW. 31, 1761[1] mit Übersicht über Rechtsprechung und Literatur.

Außer der im Text behandelten gibt es noch eine andere, bei den landschaftlichen Kreditanstalten übliche, Art der Amortisationshypothek. Dort entsteht zufolge statutarischer Bestimmung keine Eigentümerhypothek, sondern es wird bei der Landschaft ein „Tilgungsfonds" angesammelt, auf den der zahlende Eigentümer einen obligatorischen Anspruch hat, während die Hypothek selbst bis zur Leistung der letzten Tilgungsrate in voller Höhe dem eingetragenen Gläubiger zusteht. Meist darf der Anspruch auf den Tilgungsfonds nicht vom Grundstückseigentum getrennt, folglich auch nicht separat gepfändet werden. Es gibt jedoch auch Landschaftsstatuten, nach denen er einen „nicht wesentlichen" Bestandteil des Grundstücks bildet. Vgl. RG. 30, 278; 64, 211; 74, 401.

Welchen Eigentümern gehören nun die einzelnen Tilgungsbeträge und welchen Rang haben sie unter einander? Allgemein ist zu sagen, daß Eigentümergrundschulden demjenigen zustehen, während dessen Eigentumszeit die Voraussetzungen ihrer Entstehung eingetreten sind. Hinsichtlich des Rangrechts gilt (wie bei allen gesetzlichen Zessionen) die Regel „nemo subrogat contra se", d. h. die Eigentümerpost darf nicht zum Nachteil des Gläubigers geltend gemacht werden. § 1176, vgl. §§ 268ᴵᴵᴵ S. 2, 774ᴵ S. 2.

Bestellt z. B. der Grundstückseigentümer A für X eine Hypothek von 100000 RM., wovon bloß 95000 RM. valutiert werden (§ 1163ᴵ S. 1), so rangiert die hierauf beruhende Eigentümergrundschuld von 5000 RM. hinter den 95000 RM. des X. Alsdann zahlt er 10000 RM. zurück (§ 1163ᴵ S. 2), und damit spalten sich die 95000 RM. in erststellige 85000 RM. des X und nachstellige 10000 RM. des A. Wenn der nachfolgende Eigentümer B weitere 20000 RM. zurückzahlt, erwirbt er von den 85000 RM. des X die letzten 20000 RM. usw. Das Rangverhältnis der Grundschulden der auf einander folgenden Eigentümer ist umgekehrt, wie die zeitliche Aufeinanderfolge ihres Eigentums: der letzte hat den besten, der erste den schlechtesten Abschnitt. Bei der Amortisationshypothek folgt aus der Verschiebung des Anteils von Zinsen und Kapitalszahlung weiterhin, daß der erste Eigentümer auch die kleinsten, der letzte die höchsten Beträge erwirbt.

Die Pfändung von Eigentümergrundschulden gehört zu den mühsamsten Aufgaben der juristischen Praxis. Manche Schriftsteller erklären, daß die Eigentümergrundschuld keine wahre Grundschuld sei, und bringen sie deshalb unter § 857ᴵᴵ ZPO., nach welchem beim Fehlen eines Drittschuldners die Pfändung schon mit Zustellung des Beschlusses an den Schuldner bewirkt ist. Das lehnt indes die Rechtsprechung ab. Denn die Zulassung einer solchen Pfändung würde das im Sachenrecht des BGB. geltende Publizitätsprinzip durchbrechen. Die Eigentümergrundschuld wird vielmehr wie eine Fremd-Grundschuld behandelt und nach den für Hypotheken überhaupt aufgestellten allgemeinen Regeln gepfändet. §§ 830, 857ᵛᴵ, oben S. 652/3 f. Der Pfändungsbeschluß ist leicht erwirkt und zugestellt. Aber die weiterhin erforderliche Wegnahme des Briefes (bei Buchhypotheken: Eintragung der Pfändung im Grundbuch) stößt fast immer auf das Hindernis, daß der Brief sich nicht im Besitz des Schuldners sondern des eingetragenen Hypothekengläubigers befindet (bzw. die Post nicht auf den Schuldner umgeschrieben ist, wie es im Hinblick auf § 40ᴵ GBO. notwendig wäre, sondern noch ganz auf den Hypothekengläubiger eingetragen steht). Daraus ergeben sich für das weitere Verfahren folgende Abschnitte: zuerst Pfändung und Überweisung des Anspruchs auf Vorlegung des Briefes ans Grundbuchamt zum Zwecke der Bildung eines Teilbriefs nach § 1145ᴵ S. 2 BGB. (bzw. auf Berichtigung des Grundbuchs). Hierauf Geltendmachung dieses Anspruchs gegen den eingetragenen Hypothekengläubiger; dabei kommt es oft zu verwickelten Prozessen, besonders wenn es sich um Baugeldhypotheken handelt, von denen ein Teilbetrag durch Nichtvalutierung Eigentümergrundschuld geworden sein soll. Ist der Teilbrief gebildet (bzw. das Grundbuch umgeschrieben), so kann endlich der Schlußakt der Hypothekenpfändung — die Wegnahme des Briefes (bzw. Eintragung der Pfändung im Grundbuch) — vor sich gehen.

Alle diese Umständlichkeiten fallen mit einem Schlage fort, wenn das belastete Grundstück zur Zwangsversteigerung gebracht und die außerhalb des geringsten Gebots stehende Eigentümergrundschuld durch den Zuschlag erloschen ist. Mit dem Zuschlag wandelt sich nämlich das Grundstückspfandrecht — nicht bloß Eigentümergrundschuld, sondern überhaupt jede Hypothek, Grund- oder Rentenschuld — in einen Anspruch auf den Versteigerungserlös um (§§ 52, 91^{I} ZVG.), der nicht mehr nach den für Hypotheken geltenden Bestimmungen der §§ 1154 BGB., 830 ZPO., sondern wie ein gewöhnliches Recht abzutreten und zu pfänden ist. Da es an einem Drittschuldner fehlt, genügt gemäß § 857^{II} zur Pfändung nunmehr die Zustellung des Pfändungsbeschlusses an den Schuldner. RG. 63, 214; 64, 211 c. cit. —

Der Referendar bei Vorbereitung des Teilungsplans: Das Liquidat, welches auf die Aderholdsche Eigentümergrundschuld entfällt, muß der Mittelstandsbank zugeteilt werden. Die Pfändung der Hypothek durch den ersten von Brachvogel erwirkten Beschluß hat mangels Briefübergabe keine Wirksamkeit erlangt. Die Pfändung des durch den Zuschlag an Stelle der Hypothek getretenen Anspruchs auf den Versteigerungserlös durch Brachvogels zweiten Beschluß war ordnungsmäßig und zwar genügte die Zustellung an Aderhold. Bezüglich der Pfändung seines Rechts ist aber die Mittelstandsbank mit ihrer Pfändungsankündigung Brachvogel zuvorgekommen, und da der Pfändungsankündigung binnen 3 Wochen die Zustellung des Pfändungsbeschlusses an Aderhold nachfolgte, kommt es auf das Datum der Pfändungsankündigung an. § 845 ZPO.

Der Kalkulator: Als Pfändung ist Brachvogels erster Beschluß allerdings nicht perfekt geworden. Sie übersehen jedoch, daß Aderhold darin gemäß § 829^{I} S. 2 aufgegeben war sich jeder Verfügung über die Grundschuld, insbesondere ihrer Einziehung, zu enthalten. Dieses Verfügungsverbot trat mit Zustellung an Aderhold in Kraft. Der Briefübergabe (Wegnahme) bedurfte es dazu ebensowenig, wie der Grundbucheintragung bei Erlaß eines Veräußerungsverbots an Gläubiger von Buchhypotheken. Infolge der Verfügungsbeschränkung waren im Verhältnis zu Brachvogel die von Aderhold später über die Post getroffenen Verfügungen sowie die von seinen Gläubigern im Wege der Zwangsvollstreckung getroffenen Verfügungen unwirksam (§ 135^{I} BGB.). Würde es sich um eine rechtsgeschäftliche Verfügung handeln, so könnte sich der Rechtsnachfolger möglicher Weise auf guten Glauben berufen (§§ 135^{II}, 892, 1155). Der Rechtserwerb der Mittelstandsbank beruht aber auf einem Vollstreckungsakt, für den es keinen Schutz des guten Glaubens gibt (S. 167, 204). Sie muß deshalb das zu Brachvogels Gunsten ergangene Veräußerungsverbot in vollem Umfang gegen sich gelten lassen, d. h. mit ihrem Pfandrecht hinter Brachvogel zurücktreten. RG. 97, 223.

„C. In den Teilungsplan aufzunehmende Ansprüche.

Aus der zu B festgestellten Teilungsmasse sind folgende Ansprüche in der nachstehend angegebenen Reihenfolge zu berichtigen: …………

3. Ansprüche aus der Hypothek Abt. III Nr. 1 von 20000 *RM*:

a) Kosten (Anmeldung Blatt ....) . . . . 246.50 *RM*,

b) 6% Zinsen und 1% jährlicher Tilgungszuschlag vom 1. April bis 20. August 1933 (Anmeldung Blatt ....) . . . . 544.44 *RM*,

c) Kapital, abzüglich der für die Zeit vom 1. Oktober 1925 bis 31. März 1933 zur Tilgung des Kapitals geleisteten Beträge . . 18020.50 *RM*,

zu a bis c der Landesversicherungsanstalt Schlesien zustehend,

d) Anspruch der verehelichten Frau Kaufmann *Franziska Christiani* geb. *Maskus* in Breslau auf 6% Zinsen und 1% Tilgungszuschlag für die Zeit vom 1. Oktober 1932 bis 31. März 1933 auf Grund der Abtretungen der Landesversicherungsanstalt Schlesien vom 2. Januar und 31. März 1933 . . . . 700.00 *RM*,

e) Anspruch des Schuldners *Aderhold* aus der durch teilweise Tilgung während der Zeit vom 1. Oktober 1928 bis 30. September 1932 für ihn entstandenen Eigentümergrundschuld, durch Beschluß vom 13., zugestellt am 15. Juli 1933 (Blatt ....) für den Professor *Hellmuth Brachvogel* in Breslau gepfändet und ihm zur Einziehung überwiesen . . . . 1042.05 *RM*,

f) Anspruch des früheren Grundstückseigentümers *Dix* aus der während der Dauer seines Eigentums vom 1. Oktober 1925 bis 30. September 1928 durch teilweise Tilgung für ihn entstandenen Eigentümergrundschuld (Anmeldung Blatt ......) . . 636.72 *RM*."

Weiterhin sind unter C 4 für Dix als Gläubiger der Kaufgeldhypothek Abt. III Nr. 2 noch 8809.79 RM., unter C 5 für die Nießbraucherin Christiani eine Geldrente nach § 92 II ZVG. (S. 704) eingestellt. Nach Abschnitt D gelangen die Ansprüche zu C 3 vollständig, von C 4 ein Teilbetrag von 2409.79 RM. zur Hebung, während der Rest von C 4 und das ganze Liquidat C 5 ausfallen.

Bei Aufstellung des Teilungsplans hat das Gericht gemäß § 114 aus dem Grundbuchauszug und den urkundlichen Unterlagen (Quittungen, Zessionen, Pfändungs- und Überweisungsbeschlüsse) die rechtlichen Konsequenzen gezogen. Da aber die Nichtaufnahme angemeldeter Ansprüche in den Plan als Widerspruch gilt (oben S. 705), ist noch die Eventualverteilung gemäß § 124 erforderlich. Aus Zweckmäßigkeitsgründen wird diese erst auf Grund der mündlichen Verhandlung vorgenommen:

„E. Verhandlung über den Teilungsplan.

Über den Teilungsplan wurde verhandelt.

Der Schuldner nahm seine Anmeldung wegen des zu C 3 e dem Prof. *Brachvogel* zugeteilten Liquidats zurück.

Dagegen erklärten die Vertreter der „Breslauer Mittelstandsbank e.G.m.b.H.", daß diese ihre Anmeldung bezüglich des gleichen Betrages aufrecht erhalte und gegen die Zuteilung an Prof. *Brachvogel* Widerspruch erhebe.

Vorgelesen, genehmigt.

Beschlossen und verkündet:

Für den Fall, daß der von der „Breslauer Mittelstandsbank e. G.m.b.H." in Breslau erhobene Widerspruch für begründet erklärt wird, wird der Betrag zu C 3 e von 1042.05 *RM* dieser Bank zugeteilt."

Ein weiterer Widerspruch richtet sich gegen das Liquidat von Frau Christiani. Werden Zinsen und andere wiederkehrende Leistungen der ersten Hypothek von nachstelligen dinglich Berechtigten bezahlt, so geht das hypothekarische Recht in der Regel gemäß §§ 268, 1150 BGB. kraft Gesetzes auf den zahlenden Dritten über, natürlich mit dem Vorrang für die dem eingetragenen Eigentümer verbleibenden Ansprüche: ius offerendi et succedendi („Lösungsrecht"). Dieses Institut wird vielfach zu Schiebungen mißbraucht. Verschuldete Grundstückseigentümer bestellen einem nahen Angehörigen, z. B. ihrer Frau, eine wertlose Schornsteinhypothek und lassen die Zinsen der ersten Hypothek formell durch die Frau zahlen. Gelangt dann später das Grundstück zur Zwangsversteigerung, so meldet die Frau die von ihr bezahlten Zinsen im Rahmen des § 10⁴ ZVG., also bis zu zwei Jahren, mit dem Range der ersten Hypothek an und der zweite Hypothekar muß sie mit ausbieten! Um sich davor zu schützen, legen ganz vorsichtige zweite Hypothekengläubiger dem Eigentümer die Verpflichtung auf, die Zahlung der Zinsen der ersten Hypothek, als für Rechnung des Eigentümers erfolgt, regelmäßig durch Vorlegung der Quittungen nachzuweisen, und bedingen sich für den Fall der Nichterbringung des Nachweises die sofortige Fälligkeit ihrer eigenen Post aus. Im übrigen hat das Gericht selbstverständlich die Voraussetzungen des Lösungsrechts genau nachzuprüfen. Hierbei wird wichtig, daß der Gläubiger zwar nicht schon die Zwangsvollstreckung zu betreiben braucht (wie bei dem Lösungsrecht des Obligationenrechts, § 268 BGB.), daß er aber immerhin „Befriedigung aus dem Grundstück verlangt" haben muß (vgl. § 1150). Ist nun der zahlende Dritte ein Nießbraucher, so wäre der Übergang des Hypothekenrechts auf ihn besonders unbillig, da der Nießbraucher durch Zahlung der Zinsen lediglich eine ihm gegenüber dem Eigentümer auf Grund des Nießbrauchsrechts obliegende Verpflichtung erfüllt (§ 1047, oben S. 269). Deshalb sieht man es so an, als ob die Zahlung des Nießbrauchers für Rechnung des Grundstückseigentümers geschehen wäre, d. h. die Zinshypothek erlischt nach § 1178¹ S. 1. Darüber hinaus verneint die Rechtsprechung den Rechtsübergang aus §§ 268, 1150, falls die Befriedigung des Gläubigers durch den Dritten nachweislich von vornherein nicht den Zweck hatte eine drohende Zwangsvollstreckung abzuwehren, sondern dem ablösenden Gläubiger gegenüber anderen Gläubigern einen besseren Rang sichern sollte. RG. 100, 155; 123, 340.

Frau Christiani beruft sich allerdings auf ausdrückliche Abtretungserklärungen der Landesversicherungsanstalt und nicht auf die gesetzlichen Folgen des ius offerendi. Ob der Nießbraucher durch solche rein formalen Momente sich eine Vorzugstellung vor einem ihm im Rahmen vorgehenden Hypothekengläubiger verschaffen kann, erscheint recht fraglich.

§ 1047 spricht bloß von den Zinsen. Nach der Verkehrsauffassung hat der Nießbraucher auch für die Amortisationsraten aufzukommen, doch ist das strittig. Betrachten wir die von Frau Christiani bezahlten Tilgungsbeträge als von Aderhold geleistet, so ist in ihrer Höhe eine Eigentümergrundschuld für den Subhastaten entstanden.

„Herr *Dix* erklärte:

Ich widerspreche der Zuteilung des Liquidats C 3 d an Frau *Christiani*, weil sie als Nießbraucherin zur Zahlung von Zinsen und Tilgungszuschlag verpflichtet war und weil die Zahlung durch sie nicht dazu bestimmt war eine drohende Zwangsvollstreckung abzuwenden, sondern der Nießbraucherin gegenüber anderen Gläubigern einen besseren Rang zu sichern. Ich mache geltend, daß insoweit, als die von Frau *Christiani* geleisteten Zahlungen Zinsen darstellen, nämlich in Höhe von 549.64 *RM*, die Hypothek erloschen, und daß in Höhe der Tilgungsbeträge, nämlich 150.36 *RM*, eine Eigentümergrundschuld für *Aderhold* entstanden ist.

Vorgelesen, genehmigt.

Beschlossen und verkündet:

Für den Fall, daß der von Herrn *Dix* erhobene Widerspruch für begründet erklärt wird, kommen von den 700 *RM* zu C 3 d 549.64 *RM* in Wegfall, und es gelangt infolge dessen Herr *Dix* zu C 4 mit einem weiteren Betrage von 549.64 *RM* zur Hebung, so daß sich sein Ausfall von 6400 *RM* auf 5850.36 *RM* verringert.

Der Restbetrag des Liquidats mit 150.36 *RM* steht im Falle des erfolgreichen Widerspruchs nicht Frau *Christiani* sondern Herrn *Aderhold* zu."

Welches Interesse Dix daran hat die 150.36 RM. für Aderhold zu reklamieren, zeigt sich aus seiner folgenden Erklärung:

„F. Ausführung des Teilungsplans.

Der Ersteher *Dix* erklärte:

Laut Teilungsplan stehen mir zu:

unbedingt gemäß C 3 f . .	636.72 *RM*,
unbedingt gemäß C 4 a bis c, D zur Hebung gelangende . .	2409.79 *RM*,
ferner gemäß C 3 d, E für den Fall, daß mein Widerspruch gegen das Liquidat von Frau *Christiani* Erfolg hat .	549.64 *RM*
Mit diesen insgesamt	3596.15 *RM*

rechne ich gegen mein Bargebot nebst Zinsen auf.

Sodann rechne ich gegenüber den nach C 3 d, E für den Fall des erfolgreichen Widerspruchs dem Schuldner *Aderhold* zugeteilten . . . . 150.36 *RM* mit einem gleich hohen Teilbetrag meiner unter C 4 c, D, E festgestellten persönlichen Ausfallsforderung gegen *Aderhold*

und

gegenüber den gemäß C 3 e, E Herrn Prof. *Brachvogel*, unter Umständen der ‚Breslauer Mittelstandsbank e. G.m.b.H.' als Rechtsnachfolgern des Schuldners *Aderhold* zugeteilten 1042.05 *RM* ebenfalls mit einem gleich hohen Teilbetrag meiner unter C 4 c, D, E festgestellten persönlichen Ausfallsforderung gegen *Aderhold* auf.

Vorgelesen, genehmigt.

Den nach Vornahme der Aufrechnungen verbleibenden Restbetrag des Gebots nebst Zinsen von . . . . 19330.99 *RM* zahlte der Ersteher bar an das Gericht. Dieser Betrag wurde an die Berechtigten zu C 1 bis einschließlich 3 c ausgezahlt."

Jede Aufrechnung setzt voraus, daß zwei Personen „einander" gleichartige Leistungen schulden (§ 387). Die vom Ersteher im Verteilungstermin zu leistende Zahlung hat aber in einheitlicher und ungeteilter Summe „an das Gericht" zu erfolgen (§ 107 II ZVG.), nicht an einzelne Befriedigungsberechtigte. Erst durch Übertragung der Forderung gemäß § 118 werden unmittelbare Beziehungen zwischen dem Ersteher als Schuldner des Gebots und den Gläubigern geschaffen. Trotzdem erkennt die Praxis die Aufrechnung des Erstehers mit Liquidaten, welche ihm selbst im Teilungsplan unbedingt zugesprochen sind, ohne weiteres an, weil sie bloß eine Vereinfachung der Zahlung darstellt. In allen anderen Fällen kommt es — sofern der Befriedigungsberechtigte sich nicht mit der Aufrechnung einverstanden erklärt — notwendiger Weise zur Forderungsübertragung, mithin auch zur Eintragung der Sicherungshypothek nach § 128. Der Ersteher, der Forderungen an einen Befriedigungsberechtigten zu haben behauptet, kann nicht etwa daraufhin dem Liquidat dieses Befriedigungsberechtigten widersprechen: denn für den Widerspruch ist die Rechtslage zur Zeit der Aufstellung des Teilungsplans maßgebend und damals war die Aufrechnung zweifellos noch nicht wirksam. Demgemäß kommt für die endgültige Entscheidung über eine Aufrechnung nicht die Widerspruchsklage des § 878 ZPO., sondern einzig und allein Vollstreckungsgegenklage gegen die vollstreckbare Forderungsübertragung (§ 767) bzw. Berichtigungsklage gegen die Sicherungshypothek (§ 894 BGB.) in Frage.

Nach Vornahme der Forderungsübertragung läßt sich konstruktiv gegen die Aufrechnung nichts mehr einwenden. Über das Bedenken, daß der Ersteher sich nicht durch Nichterfüllung seiner Verpflichtung, das Gebot bar zu zahlen, eine Aufrechnungsmöglichkeit verschaffen dürfe, die ihm vorher nicht zustand, geht man hinweg, da sein Verhalten keinen Verstoß gegen die guten Sitten enthält.

Wird Dix mit der Aufrechnung aber auch gegenüber den Pfändungsgläubigern Brachvogel bzw. Mittelstandsbank durchdringen? Als die Forderungsübertragung erfolgte und damit die Grundlage für eine Aufrechnung geschaffen wurde, war das Recht des Subhastaten Aderhold, gegen den sich die Gegenforderung des Dix richtet, bereits mit dem Pfandrecht belastet, so daß zwischen Dix und dem Subhastaten niemals eine Aufrechnungslage bestanden hat. Aber im Augenblick des Zuschlags, durch den Dix zur Zahlung des Gebots verpflichtet wurde, war Aderhold noch Inhaber der ungepfändeten Eigentümergrundschuld gewesen, und dadurch hatte Dix eine, nur durch die künftige Übertragung der Meistgebotsforderung gemäß § 118 ZVG. bedingte, Aussicht auf Aufrechnung erworben. Aus dem — unmittelbar nicht anzuwendenden — § 406 BGB. ist der allgemeine Rechtsgedanke zu entnehmen, daß die Rechtslage eines Schuldners (hier: des Erstehers Dix) durch eine Übertragung keine Verschlechterung hinsichtlich der Aufrechnungsmöglichkeit erfahren darf. Der Ersteher, der zugleich ausgefallener Hypothekengläubiger ist, schlägt also durch seine Aufrechnung alle aus dem Felde, welche die Eigentümergrundschuld erst nach dem Zuschlag gepfändet haben und kann dadurch in Fällen der hier vorliegenden Art seinen Verlust einigermaßen vermindern. Dagegen steht ihm kein Aufrechnungsrecht zu, wenn eine Zession oder Pfändung der Eigentümergrundschuld des Subhastaten schon vor dem Zuschlag perfekt geworden war. RG. 64, 308; 72, 344; 84, 8; 136, 321.

„Im übrigen wurde der Teilungsplan dadurch ausgeführt, daß von der Forderung gegen den Ersteher, Architekten *Bernhard Dix* in Breslau, folgende Teilbeträge nebst Zinsen seit dem heutigen Tage an die nachstehenden Berechtigten in der angegebenen Reihenfolge übertragen wurden:

a) 700 *RM* an die verehelichte Frau Kaufmann *Franziska Christiani* geb. *Maskus* in Breslau mit der Maßgabe, daß ein Teilbetrag von 549.64 *RM* in Wegfall kommt, falls der von dem Architekten *Bernhard Dix* in Breslau gegen die Zuteilung an Frau *Christiani* erhobene Widerspruch für begründet erklärt wird,

b) 1042.05 *RM* an den Professor *Hellmuth Brachvogel* in Breslau mit der Maßgabe, daß die Forderung der ‚Breslauer Mittelstandsbank e. G. m. b. H.' in Breslau zusteht, falls der von ihr gegen die Zuteilung an Professor *Brachvogel* erhobene Widerspruch für begründet erklärt wird."

Ist gegen ein in barem Gelde vorhandenes Liquidat Widerspruch erhoben, so muß der Betrag hinterlegt werden (§§ 120, 124^{II} ZVG.). Im Falle der Forderungsübertragung (§ 118) bedarf es zur Wahrung der Rechte des Widersprechenden einer Eventual-Übertragung. Auch die Sicherungshypothek (§ 128) wird mit der Maßgabe eingetragen, daß sie bei erfolgreichem Widerspruch dem Opponenten zusteht.

Verfügung aufs Protokoll:

„nach 1 Monat."

§ 878^{I} ZPO. (oben S. 673) gilt auch für das Verteilungsverfahren der Grundstücksversteigerung (§ 115^{I} S. 2 ZVG.). Nach fruchtlosem Ablauf der Monatsfrist ordnet also der Richter die Ausführung des Planes „ohne Rücksicht auf den Widerspruch" an. War Geld hinterlegt worden, so bedeutet das Auszahlung an den nach dem Teilungsplan Erstberechtigten. Bei Forderungsübertragungen gilt nach Fristablauf die Eventual-Übertragung als nicht erfolgt, und demgemäß wird das Grundbuchamt nur um Eintragung der Sicherungshypotheken für die primär Berechtigten ersucht, wodurch sich die Rechtslage erheblich vereinfacht. —

Der Referendar: Dix hat das Grundstück 1928 für 28500 RM. an Aderhold verkauft. Jetzt erwirbt er es für nur 24000 RM. zurück, fällt also scheinbar mit mehreren Tausend Mark aus. Wahrscheinlich erhält er aber durch den Mehrwert des Grundstücks einen mehr als genügenden Ausgleich. Darf er trotzdem Ausfallsforderungen gegen Aderhold erheben oder durch Aufrechnung gegen seine Verpflichtung zur Zahlung des Meistgebots geltend machen?

Der Richter: Eine positive Regelung gibt der, mit den Vorschriften über das Mindestgebot (S. 692) zusammenhängende, § 3 des 3. Teils der IV. NotVO. Darnach gilt ein Befriedigungsberechtigter, der das Grundstück selbst erstanden hat, bis zur Höhe von $^{7}/_{10}$ des Grundstückswerts immer als aus dem Grundstück befriedigt. Wer aus dem Grundstück befriedigt ist, hat natürlich auch gegen den persönlichen Schuldner keine Ansprüche mehr. Die Bestimmung paßt aber nicht auf unseren Fall, weil der Einheitswert des Aderholdschen Grundstücks auf 18000 RM. festgesetzt war, das Gebot also den in diesem Spezialfall maßgebenden Grundstückswert sogar übersteigt. — Auch mit allgemeinen Rechtsgrundsätzen wird Aderhold wahrscheinlich nicht zu helfen sein. Für das Problem der Anrechnung des Mehrwerts sind nämlich Schadensersatz- und sonstige Ansprüche zu unterscheiden: 1. Verlangt der ausgefallene Gläubiger Schadensersatz von einem Dritten (z. B. dem Anwalt, der ihn in der Subhastation falsch beraten, oder dem Garanten, der ihm eine Ausbietungsgarantie gegeben hat), so wird nach den Regeln des „adäquaten Kausalzusammenhangs" geprüft, ob eine compensatio lucri cum damno gegeben ist (vgl. S. 487/8). Im Gegensatz zur älteren Rechtsprechung bejaht die Praxis jetzt meist den ursächlichen Zusammenhang. Doch ist zu berücksichtigen, daß der Erwerb eines Grundstücks unter dem wahren Wert für einen Geschäftsmann eher als geldwerter Vorteil anzusehen sein kann, als für einen Privatier, der nur den ruhigen Zinsgenuß seiner Hypotheken haben wollte. 2. Macht der ausgefallene Gläubiger gegen den Subhastationsschuldner oder dessen Rechtsnachfolger die der Hypothek zu Grunde liegende Kauf-, Darlehns- usw. Forderung als „Ausfallsforderung" geltend, wie es Dix tut, so fällt der — aus der Natur des Schadensersatzes hergeleitete — Gesichtspunkt der Vorteilsausgleichung weg. Denkbar wäre höchstens, daß Aderhold eine ihm aus dem billigen Erwerb des Grundstücks zustehende besondere Forderung zur Aufrechnung stellt. Die Gegenforderung läßt sich aber nicht etwa aus ungerechtfertigter Bereicherung begründen: Der Zuschlag bildet einen „rechtlichen Grund" (§ 812 BGB.) für den billigen Erwerb. Hätte dagegen der Ersteher die Zwangsversteigerung in einer gegen die guten Sitten verstoßenden Weise herbeigeführt, um das Grundstück unter dem wahren Wert erstehen zu können, so würde er dem Vollstreckungsschuldner aus § 826 zum Schadensersatz verpflichtet sein, und müßte sich die Aufrechnung mit dieser Schadensersatzforderung gefallen lassen. RG. 80, 155; 84, 386; 100, 87, 255; JW. 16, 400[5], 1016[3] mit Anm. von Eugen Fuchs; 17, 812[3].

Zwangsverwaltung eines städtischen Mietgrundstücks bei gleichzeitiger Zwangsversteigerung.

Einleitung des Verfahrens: Auf dem im Grundbuch von Breslau-Gräbschen Band XI Blatt Nr. 418 verzeichneten, dem Kaufmann Biedermann gehörigen Grundstück Zeppelin-Allee 3/5 haften in Abt. III:

Nr. 1: 35000 RM. Darlehn, mit 5% zu verzinsen, für die „Sekuritas" Lebensversicherungs-A.G. in Hamburg. Die sofortige Zwangsvollstreckung ist zulässig. Die Gläubigerin ist zur fristlosen Kündigung u. A. berechtigt, wenn von anderer Seite die Zwangsversteigerung oder -verwaltung des Grundstücks eingeleitet wird.

Nr. 2: 16000 RM. Restkaufgeld zu 6½% für Tesch,

Nr. 3: 3000 RM. Darlehn zu 7% für Ubbelode.

In der II. Abteilung stand früher ein Nießbrauchsrecht für Nissen, das aber nach dem Tode des Nießbrauchers im Juni 1933 auf Bewilligung der Erben (S. 217) gelöscht wurde. Seitdem ist Abt. II unbelastet.

Auf Grund eines von ihm für Tesch erwirkten dinglichen und persönlichen Versäumnisurteils über 5000 RM. Teilbetrag nebst Zinsen beantragt RA. Schwarz am 25. August 1933 unter Beifügung der erforderlichen Anlagen (S. 675):

„wegen 5000 RM nebst 6½% Zinsen seit 1. April 1933 und 22.60 RM Kosten der Zwangsvollstreckung die Zwangsversteigerung des auf den Namen des Schuldners eingetragenen Grundstücks Breslau-Gräbschen Band XI Blatt Nr. 418 anzuordnen und gemäß § 57b I ZVG. den Anordnungsbeschluß den nachbenannten Mietern des Grundstücks:

....

zuzustellen."

Vgl. S. 674, 675.

Gleichzeitig beantragt er in einer zweiten Eingabe:

„wegen 5000 RM usw. die Zwangsverwaltung des auf den Namen des Schuldners eingetragenen Grundstücks Breslau-Gräbschen Band XI Blatt Nr. 418 anzuordnen und gemäß § 22 II S. 1 ZVG. an die nachbenannten Mieter des Grundstücks:

....

das Zahlungsverbot zu erlassen."

Worauf beruht die (in § 866 II ZPO. vorgesehene, sowohl bei der Vollstreckung in städtische Mietgrundstücke wie in größere landwirtschaftliche Besitzungen typische) Verbindung von Zwangsversteigerung und -verwaltung? Einerseits hat die Ausnahme der Miet- und Pachtzinsen, Grundstückserzeugnisse (soweit sie nicht gemäß

§ 98 BGB. Zubehör sind) und Forderungen aus der (Feuer-, Hagel- usw.) Versicherung solcher Erzeugnisse von der Versteigerungsbeschlagnahme (S. 677) für die Zwangsverwaltung keine Geltung: legt also der betreibende Gläubiger Wert darauf, auch die Mieten usw. zur Masse zu ziehen, so muß er die Zwangsverwaltung herbeiführen. Auf der anderen Seite werden die Gläubiger von Zinsrückstands- oder Hypothekenkapitalforderungen mit gutem Rangrecht durch die im Zwangsverwaltungsverfahren maßgebenden Verteilungsgrundsätze zum Antrag auf Zwangsversteigerung gedrängt. Denn die Zwangsverwaltung erfaßt nur die Nutzungen, nicht den Substanzwert des Grundstücks, und das Gesetz verteilt diese Nutzungen so, wie sie ein ordnungsmäßig wirtschaftender Eigentümer verwenden würde. § 155 II berücksichtigt demgemäß in Klasse 3 und 4 nur laufende Beträge wiederkehrender Leistungen, während Kosten, Rückstände und Kapitalansprüche auf Klasse 5 verwiesen sind. Klasse 6, 7 und 8 des § 10 geben in der Zwangsverwaltung überhaupt kein Recht auf Befriedigung. Die öffentlichen Lasten und dinglich Berechtigten können nicht — wie in der Zwangsversteigerung — ihren Vorrang innerhalb der Zweijahresgrenze (§ 10 3, 4) restlos ausnützen, sondern laufende Beträge selbst der schlechtesten Posten gehen immer noch den Rückständen und dem Kapital der ersten oder zweiten Hypothek vor.

Zwangsversteigerungs- und Zwangsverwaltungsantrag werden jeder für sich geprüft und führen zu getrennten Verfahren in besonderen Akten. Doch bestehen, wie wir noch sehen werden, mehrfache Rückwirkungen des einen Verfahrens auf das andere.

Den Anträgen des Tesch steht kein Bedenken entgegen.

Nießbrauch und Zwangsverwaltung: Wäre der Nissensche Nießbrauch nicht gelöscht, so würde das Problem entstehen, ob und unter welchen Voraussetzungen bei Vorhandensein eines Nießbrauchs Zwangsverwaltung angeordnet werden darf. Da die Zwangsverwaltung mit dem Besitz- und Nutzungsrecht des Nießbrauchers (§§ 1030, 1036) unvereinbar ist, hängt ihre Zulässigkeit materiell von dem zwischen dem betreibenden Gläubiger und dem Nießbraucher bestehenden Rangverhältnis ab. Streit besteht über die prozessuale Behandlung. Manche halten die Einleitung der Zwangsverwaltung auf Grund eines bloß gegen den Eigentümer ergangenen Titels sogar dann für statthaft, wenn der Nießbrauch den Vorrang hat, und wollen dem im Range vorgehenden Nießbraucher mit Interventionsklage (§ 771 ZPO.) helfen. Andere lassen die Anordnung der Zwangsverwaltung ohne besondere Voraussetzungen zu, verlangen jedoch zur Besitzentsetzung des Nießbrauchers einen Duldungstitel. Die herrschende Meinung erklärt den Duldungstitel zur ausnahmslosen Bedingung für die Einleitung des Verfahrens. Diesen Titel werden vorgehende Hypothekengläubiger sich stets ohne Schwierigkeiten beschaffen können, nachstehende nur, wenn ein Anfechtungstatbestand (S. 465) vorliegt. Vgl. Jaeckel-Guethe 5 zu § 146 mit Übersicht über die Rechtsprechung; RG. 93, 121; 101, 5. — Will der vorgehende Hypothekengläubiger die Mieten aus den vom Nießbraucher abgeschlossenen Verträgen im Wege der Mobiliarvollstreckung (§ 865 II S. 2) pfänden, so genügt nach RG. 81, 146 der dingliche Titel gegen den Eigentümer ohne Duldungstitel gegen den Nießbraucher, weil sich aus §§ 879, 1120 f. BGB. die Haftung der Mieten für die Hypothek unmittelbar ergebe.

Für einen Zwangsversteigerungsantrag bildet der Nießbrauch niemals ein Hindernis. Geht der Nießbrauch dem betreibenden Gläubiger vor, so kommt er ins geringste Gebot und muß vom Ersteher übernommen werden. Andernfalls erlischt er mit dem Zuschlag und wird gemäß § 92 II ZVG. (S. 704) im Teilungsplan in Gestalt einer Geldrente in Ansatz gebracht.

Die beantragten Beschlüsse werden am 26. August erlassen und Grundstücksverwalter Gotthard Redlich zum Zwangsverwalter bestellt.

Zwecks Kostenersparnis können zu Zwangsverwaltern auch bestellt werden: 1. Angestellte gewisser juristischer Personen des öffentlichen und Privatrechts (z. B. Landschaften und Hypothekenbanken, vorausgesetzt daß ihre Korporation an der Sache beteiligt ist und die Mithaftung für den Verwalter aus § 154 S. 1 ZVG. übernimmt, 2. bei ländlichen Grundstücken auch der Schuldner selbst. Weder der Angestellte des Gläubigers noch der Schuldner erhält als Zwangsverwalter eine Vergütung, doch darf der Schuldner nach Bestimmung des Gerichts Grundstückserzeugnisse zum „notwendigsten" Unterhalt für sich und die Seinigen verwenden. Neben dem Schuldner ist eine besondere „Aufsichtsperson" einzusetzen. §§ 10, 12b, 13f. des 3. Teils der IV. NotVO.

Hiervon zu unterscheiden ist die „landschaftliche Zwangsverwaltung" nach § 3 Ges. vom 2. August 1897 (GS. 388). Die Landschaft nimmt dabei das von ihr beliehene Grundstück in ihre eigene Zwangsverwaltung und bestellt von sich aus einen Zwangsverwalter. Sie hat dann die Rolle der Vollstreckungsbehörde im Verwaltungszwangsverfahren. Die Landschaft kann übrigens auch das Gericht um Zwangsverwaltung ersuchen.

Verfügung zum Zwangsverwaltungsbeschluß:

„1. Anordnungsbeschluß zustellen: a) dem Gläubiger z. H. von RA. *Schwarz*, b) dem Schuldner, c) Herrn Zwangsverwalter *Redlich*.
2. Zahlungsverbot gemäß § 22 II S. 1 ZVG. den im Antrag bezeichneten Mietern zustellen.
3. Ersuchen gemäß § 19 ZVG. zu den Grundakten.
4. Vorzulegen Herrn Zwangsverwaltungsinspektor zur Übergabe an den Zwangsverwalter."

Vgl. § 150 II ZVG., § 2 der (auf Grund von § 14 EG. erlassenen) A.V. betr. die Geschäftsführung der Zwangsverwalter vom 10. Juli 1929 (JMBl. 255).

„5. Nachricht von der Einleitung der Zwangsverwaltung zu den *Biedermann*schen Zwangsversteigerungsakten 51 K 87. 33."

Entsprechend ergeht Nachricht von der Einleitung der Zwangsversteigerung zu den Verwaltungsakten, damit das Gericht von Zeit zu Zeit die gegenseitige Einwirkung der beiden Verfahren kontrollieren kann.

„6. Nach 1 Woche (Übergabeverhandlung).
7. Nach 2 Wochen (Eingang der Nachrichten des Grundbuchamts).
8. Am 31. Oktober (Einreichung des Kontoauszugs des Zwangsverwalters)."

Nach §§ 20/23 der A.V. führt der Verwalter außer einem für alle seine Verwaltungen gemeinsamen Kassenbuch für jede einzelne Verwaltung ein Konto, das vierteljährlich (am 15. Januar, 15. April, 15. Juli und 15. Oktober) abgeschlossen wird und bis Ende dieser Monate dem Gericht auszugsweise einzureichen ist.

Auf das Ersuchen zu 3 der Verfügung trägt das Grundbuchamt — außer dem Zwangsversteigerungsvermerk (Muster: S. 680) — in Abt. II ein:

„Die Zwangsverwaltung ist angeordnet."

Nach Eingang der grundbuchamtlichen Mitteilungen werden die „Beteiligten" (S. 683) gemäß § 146 II ZVG. von der Anordnung der Zwangsverwaltung benachrichtigt. Das hat zunächst zur Folge, daß die „Sekuritas" als Gläubigerin der ersten Hypothek die eingetragene Fälligkeitsklausel geltend macht, sich vollstreckbare Ausfertigung der Unterwerfungsverhandlung geben läßt und wegen Kapital, Zinsen und Kosten beiden Verfahren als betreibende Gläubigerin beitritt.

Im übrigen gehen Anmeldungen der zu befriedigenden Ansprüche ein.

Beschlagnahme und Verfügungen über die Mieten. Zwangsverwaltungsvorschuß. Am 28. August findet die Übergabe des Grundstücks an den Zwangsverwalter statt. Schon in dem zu den Zwangsverwaltungsakten gebrachten Übergabeprotokoll haben die angetroffenen Mieter Einwendungen der verschiedensten Art gegen ihre Verpflichtung zur Zahlung von Miete an den Zwangsverwalter vorgebracht. Am 12. September berichtet Redlich:

„Auf erhebliche Mieteinnahmen für die Zwangsverwaltungsmasse ist vorläufig nicht zu rechnen.

Eine große Sechszimmerwohnung im zweiten Stock, Jahresmietwert 1600 *RM*, bewohnt der Schuldner *Biedermann* mit seiner 7köpfigen Familie. Ihm einzelne Räume als nicht unbedingt erforderlich wegzunehmen, würde keinen Zweck haben, da sich die Abtrennung der überzähligen Räume zum Zwecke der Vermietung an Dritte praktisch nicht durchführen läßt."

Die Zwangsverwaltung entzieht — auch hierin über die Zwangsversteigerung (S. 676/7) hinausgehend — dem Schuldner Verwaltung und Benutzung des Grundstücks. Doch beläßt man ihm die für seinen Hausstand „unentbehrlichen" Räume, so lange er nicht durch sein Verhalten die Zwangsverwaltung stört. §§ 148^{II}, 149. Biedermann kann also für die Dauer der Verwaltung seine herrschaftliche Wohnung mietefrei behalten!

„Den sämtlichen Mietern hat der betreibende Gläubiger Tesch am 17. August 1933 Pfändungsankündigungen zugestellt. Die gerichtlichen Zahlungsverbote sind den Mietern am 27. August 1933 zugestellt worden. Am gleichen Tage hat die Beschlagnahme durch Zustellung an den Schuldner Wirksamkeit erlangt, da die Übergabe des Grundstücks an mich erst am 28. August erfolgte, das Ersuchen beim Grundbuchamt sogar erst am 30. August 1933 einging. Alle diese Zeitpunkte fallen in die zweite Augusthälfte."

Vgl. §§ 22, 151^{I} ZVG., 845 ZPO. Analog der Forderungspfändung (S. 650) kann die mit der Zwangsverwaltung verbundene Mietbeschlagnahme durch private Pfändungsankündigung vorbereitet werden, was besonders wichtig wird, wenn der Gläubiger noch nicht in den Besitz der vollstreckbaren Ausfertigung gelangt ist, noch Sicherheit leisten muß u. dgl. Die Vorpfändung begründet die Beschlagnahmewirkung, sofern innerhalb drei Wochen die endgültige Beschlagnahme durch das Gericht stattfindet.

„Der Mieter *Markgraf* macht geltend, daß er seine monatlich 45 *RM* betragende Miete auf Drängen des Schuldners an diesen bis einschließlich Oktober d. Js. im Voraus bezahlt habe.

Der Mieter *Metzig*, der ein Geschäftslokal für monatlich 60 *RM* und eine Wohnung für monatlich 40 *RM* inne hat, rechnet auf mit einer Forderung für Lebensmittel von 37 *RM* geliefert vor dem 15. August 1933, und mit 190 *RM* Schadensersatz für Waren, die angeblich infolge Feuchtigkeit des Kellers verdorben sind. Außerdem will er für August und die folgenden Monate je 15 *RM* wegen Unbenutzbarkeit der Keller- und Bodenräume abziehen.

Die Miete *Michel* (monatlich 55 *RM*) nimmt bis einschließlich 31. Dezember d. J. das Bankhaus *Ferdinand Schilling* in Breslau auf Grund einer Abtretung vom 17. Juli 1933 in Anspruch.

Die Miete *Modlich* von monatlich 37 *RM* hat *Schilling* am 13. August 1933 wegen einer Forderung von über 400 *RM* gepfändet.

Diese Mieten werde ich — abgesehen von dem streitigen Abzugsrecht *Metzigs* — voraussichtlich vom 1. Oktober 1933 ab zur Masse ziehen können."

Ist das Grundstück vor der Beschlagnahme dem Mieter oder Pächter überlassen worden, so bleibt der Zwangsverwalter an den Miet- (Pacht-) Vertrag gebunden. § 152^{II} ZVG. Das außerordentliche Kündigungsrecht des Erstehers (S. 700) steht dem Zwangsverwalter nicht zu. Verfügungen, die vor der Beschlagnahme über die Miete getroffen worden sind, werden ebenso wie in den Fällen der rechtsgeschäftlichen Veräußerung, des Zuschlags und der Konkurseröffnung nach dem „Prinzip des laufenden Monats" behandelt. Das Gesetz will dem Zwangsverwalter, dem Grundstückskäufer, Ersteher und Konkursverwalter vom nächsten Monat ab ein sicheres Recht auf die Mieten gewähren: deshalb sind Vorauszahlungen des Mieters, Aufrechnungen mit Gegenforderungen an den Vermieter, Abtretungen des Vermieters, Pfändungen der Miete durch seine persönlichen Gläubiger regelmäßig nur für den zur Zeit der Beschlagnahme (bzw. der Grundbuchumschreibung, des Zuschlags, der Konkurseröffnung) laufenden Kalendermonat wirksam. Fallen aber Beschlagnahme, Umschreibung, Zuschlag, Konkurseröffnung in die zweite Hälfte eines Kalendermonats, so erstreckt sich die Wirksamkeit ausnahmsweise noch auf den folgenden Monat. §§ 573/575, 1124/5 BGB., 57b ZVG., 21 II KO., § 12 des 3. Teils V. Kap. der IV. NotVO. Ob die Zwangsverwaltung wegen eines dinglichen oder persönlichen Anspruchs angeordnet ist, macht dabei keinen Unterschied (§ 20 II ZVG.). Andrerseits gilt als „Beschlagnahme" im Sinne der §§ 1124/5 BGB. auch die von einem Hypothekengläubiger auf Grund dinglichen Titels (S. 440) im Wege der Mobiliarvollstreckung (§ 865 II S. 2 ZPO., oben S. 650) erwirkte Pfändung. Im Verhältnis des Zwangsverwalters (Grundstückserwerbers usw.) zu Zessionaren und Pfändungsgläubigern entscheidet alle Male der Zeitpunkt der tatsächlichen Beschlagnahme (Eigentumsübertragung usw.), während es gegenüber dem Mieter auf dessen Kenntnis ankommt.

Die Aufrechnung kann im Rahmen des einen bzw. der zwei Kalendermonate sowohl mit Gegenforderungen aus dem Mietverhältnis, wie mit nicht konnexen Forderungen erklärt werden. Das Abzugsrecht aus § 537 BGB. (S. 387) hat nichts mit Aufrechnung zu tun und steht dem Mieter so lange zu, bis seine objektiven Voraussetzungen beseitigt sind.

„Außerdem weigert sich ein Hauptmieter des Grundstücks, Kaffeehausbesitzer *Muther*, vor Oktober nächsten Jahres Miete zu zahlen. *Muther* hat ein Geschäftslokal im Erdgeschoß sowie eine 4 Zimmerwohnung im ersten Stock für jährlich zusammen 2500 *RM* gemietet. Der Vertrag läuft vom 1. Oktober 1932 bis 30. September 1940. Laut Vertrag soll die Miete des ersten Jahres durch die von *Muther* vorgenommenen sehr umfangreichen Ausbauarbeiten, die Miete des zweiten Jahres durch eine bei Vertragsschluß von ihm geleistete Zahlung von 2000 *RM* abgegolten sein. Über die Erhebung einer Klage gegen *Muther* werde ich mich noch schlüssig machen."

Infolge der monatsweisen Festsetzung der Zuschlagsprozente der „gesetzlichen Miete" (S. 383) ist die monatliche Mietzahlung allgemein üblich geworden. Es kommt aber auch vor, daß der Vertrag vierteljährliche praenumerando-Zahlung vorsieht, oder daß (besonders bei Geschäftslokalen) dem Mieter seine Instandsetzungsarbeiten auf die Miete angerechnet werden sollen, oder daß er zu Beginn des Vertrages eine größere Anzahlung leistet, wofür er dann einen gewissen Rabatt zu erhalten pflegt, wie wir es im Falle Muther sehen. Hat man in derartigen Fällen eine Ausnahme von dem Prinzip des laufenden Monats zu machen? Die Meinungen sind geteilt. Auf der einen Seite sollen die Grundstücksgläubiger geschützt werden, auf der anderen kann man nicht gut einen Mieter, der seine Leistungen vertragsmäßig bewirkt hat und bewirken mußte, zu nochmaligen Leistungen zwingen: solche Leistungen stellen keine „Verfügung" im Sinne der zitierten Gesetzesvorschriften, sondern vertragliche Normalverfügungen dar, die ohne zeitliche Grenze wirksam bleiben müssen. Jedenfalls ist die Frage für rechtsgeschäftliche Grundstücksveräußerung, Zuschlag, Beschlagnahme und Konkurs einheitlich zu entscheiden. Für den Mieter:

RG. 94, 279, dazu Oberneck, Leo und Bendix JW. 19, 674[2]; RG. 127, 116; 136, 407; JW. 29, 3257[10] (Hamm); 31, 2175[67] (KG.); Staudinger II 1 b zu § 574. Anderer Meinung: Jaeckel-Guethe 8, Reinhard-Müller III 3 zu § 57 b; Jäger 13 zu § 21. Vgl. ferner Stillschweig JW. 30, 769[11].

Entschließt sich Redlich zur Klage, so wird der Prozeß von ihm im eigenen Namen geführt. Der Verwalter hat nach § 152 ZVG. Pflicht und Recht, alle Handlungen vorzunehmen, die zur Erhaltung des Grundstücks in seinem wirtschaftlichen Bestande und zur ordnungsmäßigen Benutzung erforderlich sind. Hierbei und bei der gerichtlichen Geltendmachung der Ansprüche, auf welche sich die Beschlagnahme erstreckt, wird er (ähnlich wie Testamentsvollstrecker, Nachlaß- und Konkursverwalter, S. 55, 149) nicht als Vertreter des Schuldners, sondern kraft seiner eigenen Verwaltungs-, Verfügungs- und Prozeßführungsbefugnis über fremde Rechte tätig. Er kann Mietverträge kündigen und neu abschließen, und zwar nach außen hin zu beliebigen Bedingungen und auf beliebig lange Dauer, auch über das Ende der Zwangsverwaltung hinaus. Doch ist er disziplinarisch und zur Vermeidung der persönlichen Verantwortlichkeit (§ 154 S. 1) gehalten, Verträge über mehr als ein Jahr nur mit Zustimmung des Schuldners oder Genehmigung des Gerichts einzugehen §§ 153 I ZVG., 6 III, IV, 7 AV.

Aus der Unmöglichkeit, die Mieten alsbald einzuziehen, und der schlechten baulichen Beschaffenheit des Grundstücks ergibt sich die Notwendigkeit eines Zwangsverwaltungsvorschusses:

„Ich muß sofort eine umfangreiche Dachreparatur sowie eine Ausbesserung der Entwässerungsanlagen ausführen lassen, weil es in die Bodenräume einregnet und die Keller größtenteils feucht sind. Der Kostenaufwand wird sich auf 2000 *RM* und 850 *RM*, zusammen 2850 *RM*, belaufen.

(folgen nähere Darlegungen über Notwendigkeit und Höhe).

Ich beantrage:

die Vornahme der Reparaturen und die Zahlung eines Zwangsverwaltungsvorschusses von 2850 *RM* anzuordnen.

Redlich, Zwangsverwalter."

Das Gericht genehmigt gemäß §§ 153 I ZVG., 13 AV. die Reparaturen und gibt den betreibenden Gläubigern die Zahlung des Vorschusses unter der Androhung auf, daß sonst die Aufhebung des Verfahrens erfolgen würde (§ 161 III ZVG.). Darauf zahlt Tesch den Vorschuß an den Verwalter.

Teilungsplan. Die Verteilung der Masse in der Zwangsverwaltung weicht von den Regeln der Zwangsversteigerung nicht bloß materiell (S. 731) sondern auch formell ab. Hinsichtlich des Verfahrens sind drei Fälle zu unterscheiden:

1. Die Ausgaben der Verwaltung und die von der Masse zu tragenden Kosten des Verfahrens berichtigt der Verwalter ohne jedes förmliche Verfahren und stellt sie in seiner nächsten Verwaltungsrechnung als Ausgabeposten ein (§ 155 I). Das Gleiche gilt von den laufenden Beträgen öffentlicher Lasten (§ 156 I).

2. Über alle übrigen Ansprüche wird ein genereller Teilungsplan für die ganze Dauer des Verfahrens aufgestellt. Hierzu ist Termin anzuberaumen, sobald erwartet werden kann, daß Zahlungen auch auf andere als die unter 1 bezeichneten Ansprüche geleistet werden können (§ 156 II S. 1).

3. Gelangt das Kapital einer Hypothek oder Grundschuld oder die Ablösungssumme einer Rentenschuld zur Hebung — naturgemäß ein recht seltener Fall —, so muß dafür jedes Mal ein spezieller Verteilungstermin abgehalten werden (§ 158).

Die Aufstellung des generellen Plans zu 2, die Behandlung der Widersprüche usw. ist dieselbe wie im Erlösverteilungstermin der Zwangsversteigerung. Insbesondere gilt auch hier für alle Ansprüche, die nicht z. Zt. der Beschlagnahme aus dem Grundbuch ersichtlich waren, der Anmeldezwang, ausgenommen laufende Beträge der nach dem Inhalt des Grundbuchs zu entrichtenden wiederkehrenden Leistungen (§§ 156II S. 4, 114, oben S. 681).

In der Biedermannschen Sache lautet der im Termin am 2. November 1933 aufgestellte Plan:

„Aus den Einnahmen der Zwangsverwaltung sind die folgenden Ausgaben und Ansprüche in der angegebenen Reihenfolge zu berichtigen:

1. die Ausgaben der Verwaltung sowie die Kosten des Verfahrens mit Ausnahme derjenigen, welche durch die Anordnung des Verfahrens oder den Beitritt eines Gläubigers entstehen."

§ 155I. Über die analoge Bestimmung für die Zwangsversteigerung vgl. S. 702.

„2. Der von dem betreibenden Gläubiger, Fabrikbesitzer *Karl Tesch* in Breslau, am 21. September 1933 gezahlte Zwangsverwaltungsvorschuß von 2850 RM (Anmeldung Blatt ....) sowie etwaige weitere Ansprüche des Gläubigers *Tesch* oder der betreibenden Gläubigerin ‚Sekuritas' Lebensversicherungs-A.G. in Hamburg auf Ersatz ihrer Ausgaben zur Erhaltung oder nötigen Verbesserung des Grundstücks, besonders der zu diesem Zweck an den Verwalter gezahlten Vorschüsse."

§§ 155II, 10¹. — „Lidlöhner" (§ 10²) können bei städtischen Grundstücken nicht vorkommen, Hausmeister und sonstiges Personal sind auf den persönlichen Anspruch gegen den Schuldner angewiesen. Der Plan geht deshalb alsbald zu den öffentlichen Lasten (§ 10³) und anschließend zu den laufenden Beträgen der wiederkehrenden Leistungen aus dinglichen Rechten (§ 10⁴ mit § 155II, oben S. 732) über:

„3. Die laufenden, d. h. seit dem letzten Fälligkeitstermin vor dem 27. August 1933 fällig gewordenen, Beträge öffentlicher Lasten. Als solche sind bisher angemeldet:

die Forderung der Stadtgemeinde Breslau auf Zahlung der Grundvermögens- und Hauszinssteuer seit 1. Juli 1933 mit vierteljährlich . . . . 525.00 RM (Anmeldung Blatt ...).

4. Die laufenden, d. h. seit dem letzten Fälligkeitstermin vor dem 27. August 1933 fällig gewordenen Beträge wiederkehrender Leistungen aus den bis zum 27. August 1933 eingetragenen Rechten am Grundstück, und zwar in nachstehender Reihenfolge:

a) Zinsen der Hypothek Abt. III Nr. 1 von 35000 RM zu 5% seit 1. Juli 1933, vierteljährlich . . . . 437.50 RM

b) Zinsen der Hypothek Abt. III Nr. 2 von 16000 RM zu 6½% seit 1. Juli 1933, vierteljährlich . . . . 260.00 RM

c) Zinsen der Hypothek Abt. III Nr. 3 von 3000 RM zu 7% seit 1. Juli 1933, vierteljährlich . . . . 52.50 RM."

In der nunmehr folgenden 5. Klasse des § 10 werden die beiden betreibenden Gläubiger mit ihren Ansprüchen auf Kosten, Zinsrückstände und Kapital berücksichtigt. Innerhalb dieser Klasse soll an sich der Zeitpunkt der Beschlagnahme maßgebend sein (§ 11II). Doch nimmt man an, daß die Regel sich auf persönliche betreibende Gläubiger beschränkt, während unter mehreren Hypothekengläubigern als betreibenden Gläubigern das materielle Rangverhältnis entscheidet. RG. 89, 147. Demnach rangiert „Sekuritas", obwohl erst nachträglich beigetreten, vor Tesch:

„5. Die Forderung der betreibenden Gläubigerin ‚Sekuritas' Lebensversicherungs-A.G. in Hamburg, wegen der diese Gläubigerin der Zwangsverwaltung beigetreten ist:

a) Kosten 135.00 RM

b) Hauptforderung, eingetragen in Abt. III Nr. 1 . 35000.00 *RM*
(Anmeldung Blatt ....).

6. Die Forderung des betreibenden Gläubigers Fabrikdirektor *Karl Tesch* in Breslau, wegen der die Zwangsverwaltung angeordnet ist:

a) Kosten . . . . 397.50 *RM*
b) 6½% Zinsen von 5000 *RM* vom 1. April bis 30. Juni 1933 . 81.25 *RM*
c) Hauptforderung . . . . 5000.00 *RM*
als Teilbetrag des in Abt. III Nr. 2 eingetragenen Rechts.
(Anmeldung Blatt ......)."

Auf Grund des Teilungsplans zahlt Redlich nach Maßgabe der verfügbaren Bestände aus (§ 157) und stellt die geleisteten Zahlungen jeweils in seine nächste Vierteljahrsrechnung ein.

Wie verfährt der Verwalter, wenn in einem Quartal die öffentlichen Lasten teilweise, die Hypothekenzinsen ganz ausgefallen sind und das folgende Quartal Einnahmen erbringt, die zwar zur Deckung sämtlicher sich auf dieses Kalendervierteljahr beziehenden öffentlichen Lasten und Hypothekenzinsen, nicht aber zur gleichzeitigen Befriedigung der aus dem vorangegangenen Vierteljahr verbliebenen Reste reichen? Die Verteilung erfolgt nicht quartalsweise, sondern alle „laufenden" Beträge in dem oben S. 681 festgestellten Sinne bilden eine Einheit. Zunächst müssen also die seit 1. Juli 1933 fällig gewordenen öffentlichen Lasten vollständig gedeckt sein, ehe die Zinsen der ersten Hypothek an die Reihe kommen; alsdann sind die seit 1. Juli 1933 fällig gewordenen Zinsen der ersten Hypothek zu befriedigen usw. Die Reste des Vorquartals gehen zu Lasten der nachstehenden Hypotheken.

Bei länger dauernden Zwangsverwaltungen werden die Akten alle drei Monate wegen des vierteljährlichen Kontoauszugs (S. 733) vorgelegt. Außerdem hat der Verwalter alljährlich den betreibenden Gläubigern und dem Schuldner Rechnung zu legen (§ 154 S. 2). Das Gericht vermittelt die Abnahme der Rechnung und setzt zu diesem Zwecke besondere Termine an.

Zuschlag. Aufhebung der Zwangsverwaltung. Das gleichzeitig mit der Zwangsverwaltung eingeleitete Zwangsversteigerungsverfahren zieht sich längere Zeit hin, weil die „Sekuritas" einstweilige Einstellung des Verfahrens bewilligt und Biedermann gegen das Versäumnisurteil des Tesch Einspruch eingelegt hat mit der Behauptung, daß Tesch die erklärte Kündigung mündlich zurückgenommen habe. Die Vollstreckung aus dem Versäumnisurteil Tesch gegen Biedermann wird vom Prozeßgericht nach §§ 707, 719 ZPO. einstweilen eingestellt. Schließlich aber weist das Gericht den Einspruch rechtskräftig zurück, die Einstellungsbewilligung der „Sekuritas" ist abgelaufen und auf Antrag der Gläubiger (§ 31 ZVG.) setzt das Vollstreckungsgericht Versteigerungstermin auf den 15. Juli 1934 an. In der Versteigerung bietet Tesch so lange mit, bis die Vorhypothek und seine eigene reichlich gedeckt sind. Den Zuschlag erhält Schokoladenfabrikant Noack auf das Meistgebot von 56000 RM.

Bei Erteilung des Zuschlags hat der Richter in den Zwangsversteigerungsakten verfügt:

„Nachricht zu den Zwangsverwaltungsakten 51 L 53. 33."

Mit dieser Nachricht werden die Verwaltungsakten vorgelegt.

Vom Zuschlag an stehen Besitz und Nutzung dem Ersteher zu (§§ 56 S. 2, 90, 93), und mit dieser Rechtsstellung würde die Fortdauer der Zwangsverwaltung unvereinbar sein. Deshalb ergeht nach Rechtskraft des Zuschlags der

„Beschluß.

Die Zwangsverwaltung wird aufgehoben, weil durch Zuschlag vom 15. Juli 1934 in der Zwangsversteigerungssache 51 K 87. 33 der Zuschlag des Grundstücks erfolgt ist.

Breslau, den 3. August 1934.

Amtsgericht.

Richter."

Unabhängig von der später erfolgenden Grundbuchberichtigung gemäß § 130 (oben S. 709f.) ersucht der Richter sofort bei Aufhebung der Zwangsverwaltung das Grundbuchamt um Löschung des Zwangsverwaltungsvermerks (§§ 161^{IV}, 34).

Schlußtermin. Tilgung von Hypothekenkapitalien. In der Zwangsverwaltungssache muß Termin zur Schlußrechnungslegung (§ 154 S. 2), in der Zwangsversteigerungssache Erlösverteilungstermin stattfinden. In welcher Reihenfolge sind die beiden Termine abzuhalten?

Die Zwangsverwaltungsmasse wird aus laufenden Erträgen gebildet und dient im wesentlichen zur Berichtigung laufender Lasten, während die Versteigerungsmasse den Substanzwert des Grundstücks darstellt und ihr gegenüber ein weiterer Kreis von Ansprüchen befriedigungsberechtigt ist. Deshalb muß die Verwaltungsmasse als Spezialmasse vorweg zur Ausschüttung gelangen. Die Richtigkeit dieser Ansicht bestätigt § 10^1, wonach die Versteigerungsmasse für Zwangsverwaltungsvorschüsse nur subsidiär — nämlich insoweit, als sie nicht aus Nutzungen des Grundstücks erstattet werden können — haftet: offenbar geht das Gesetz davon aus, daß zuerst die Verwaltungs- und nachher die Versteigerungsmasse abgerechnet wird. In der Tat werden ja in den meisten Zwangsverwaltungen schon vor dem Schlußtermin Auszahlungen an Befriedigungsberechtigte auf Grund des generellen Teilungsplans geleistet, und es ist mehr oder weniger Zufall, ob für den Schlußtermin noch größere Summen zur Verteilung übrig bleiben. — Der Richter beraumt also den Schlußtermin der Zwangsverwaltung auf den 18. August 1934 vormittags 9½ Uhr, den Erlösverteilungstermin der Zwangsversteigerung auf den gleichen Tag vormittags 10 Uhr an. Der Schlußtermin ist zugleich gegebenen Falls zur Leistung von Zahlungen auf das Kapital von Hypotheken (S. 736 zu 3) bestimmt.

Die Reihenfolge der Termine hat auch eine sehr erhebliche materielle Bedeutung. Wäre nämlich die Versteigerungsmasse an erster Stelle auszuschütten, so müßte „Sekuritas" dort mit sämtlichen Forderungen eingesetzt werden und Ubbelode würde mit dem größten Teil seiner Forderung ausfallen. Da aber die Verwaltungsmasse zuerst abgerechnet wird, gelangt, wie wir alsbald ersehen werden, „Sekuritas" aus der Verwaltungsmasse mit einem gewissen Kapitalbetrag zur Hebung. Das entlastet die nachher auszuschüttende Versteigerungsmasse und verringert den Ausfall des nachstelligen Hypothekars Ubbelode.

In der Schlußrechnung der Zwangsverwaltung muß eine Auseinandersetzung zwischen Zwangsverwaltungsmasse und Ersteher vorgenommen werden. Vom 15. Juli 1934, dem Zuschlagstage, ab gebühren dem Ersteher Noack die Nutzungen und trägt er die Lasten des Grundstücks (§ 56 S. 2). Redlich hat aber Anfang Juli noch die praenumerando-Mieten für den ganzen Monat Juli eingezogen, andrerseits Lasten und Aufwendungen für das Grundstück über den 15. Juli hinaus bezahlt. Die Mieten sind Noack aus der Verwaltungsmasse pro rata temporis zu erstatten, während er seinen Anteil an den Lasten und Aufwendungen nach dem gleichen Prinzip der Masse vergüten muß. §§ 101^2 (zweiter Halbsatz), 103 BGB. Demgemäß hält die Schlußrechnung sowohl bei den Einnahme- wie bei den Ausgabeposten die für Rechnung der Verwaltungsmasse und die für Rechnung des Erstehers gehenden Beträge aus einander[9]):

	Davon für Rechnung der Verwaltungsmasse	Davon für Rechnung des Erstehers	Im Ganzen
„A. Einnahmen.	*RM*	*RM*	*RM*
1. Zwangsverwaltungsvorschuß	2850.00	—	2850.00
2. Mietseinnahmen August—September 1933 .	1380.00	—	1380.00
3. dsgl. Oktober—Dezember 1933 .	3996.00	—	3996.00
4. dsgl. Januar—März 1934 .	4011.00	—	4011.00
5. dsgl. April—Juni 1934 .	4011.00	—	4011.00
6. dsgl. Juli 1934	668.50	668.50	1337.00
zusammen	16916.50	668.50	17585.00
B. Ausgaben.			
1. Dachreparatur und Instandsetzung der Entwässerungsanlage	2812.50	—	2812.50
2. Hausbereinigung und sonstige Ausgaben der Hausverwaltung August 1933 bis Juni 1934	513.20	—	513.20
3. dsgl. Juli 1934 . .	24.00	24.00	48.00
4. Gerichtskosten[10])	174.93	—	174.93
5. Vergütung und Auslagen des Zwangsverwalters[11])	869.00	—	869.00
6. Auf Grund des Teilungsplans vom 2. November 1933 geleistete Zahlungen:			
a) Zwangsverwaltungsvorschuß *Tesch* . . .	2850.00	—	2850.00
b) Grundvermögens- und Hauszinssteuer 1. Juli 1933 bis 30. Juni 1934 .	2100.00	—	2100.00
c) dsgl. Juli 1934	87.50	87.50	175.00
d) Zinsen der Hypothek Abt. III Nr. 1 1. Juli 1933 bis 15. Juli 1934 . . .	1822.92	—	1822.92
e) Zinsen der Hypothek Abt. III Nr. 2 1. Juli 1933 bis 15. Juli 1934 . . .	1083.33	—	1083.33
f) Zinsen der Hypothek Abt. III Nr. 3 1. Juli 1933 bis 15. Juli 1934	218.75	—	218.75
zusammen	12556.13	111.50	12667.63

C. Bestand.

Der in den Händen des Verwalters befindliche Bestand beträgt . 17585.00 — 12667.63 = 4917.37 *RM*,
davon stehen zu:

---

[9]) Der besseren Übersicht halber sind die Posten der Vierteljahresrechnungen mit einbezogen und die gleichartigen Posten zusammengefaßt.

[10]) Vgl. S. 737 zu 1 des Teilungsplanes. In dem Betrage sind auch Kalkulaturgebühren enthalten.

[11]) Die Vergütung wird in Prozentsätzen der Einnahmen berechnet und vom Gericht festgesetzt. § 153 I ZVG., § 16 AV. (oben S. 733).

der Zwangsverwaltungsmasse	16916.50 — 12556.13 = 4360.37 *RM*.
dem Ersteher .	668.50 — 111.50 = 557.00 *RM*,

D. Überschußverteilung.

Von dem Bestand der reinen Zwangsverwaltungsmasse mit 4360.37 *RM* sind gemäß Abschnitt 5 des Teilungsplans vom 2. November 1933 auszuzahlen:

an die betreibende Gläubigerin ,Sekuritas' Lebensversicherungs-A.G. in Hamburg

a) Kosten	135.00 *RM*
b) auf die in Abt. III unter Nr. 1 hypothekarisch eingetragene Hauptforderung . .	4225.37 *RM*
zusammen:	4360.37 *RM*."

Die 557.00 RM. werden an den Ersteher Noack ausgezahlt, der sie in dem anschließenden Erlösverteilungstermin der Zwangsversteigerungssache mit zur Deckung seines Meistgebots verwenden kann. Die 4360.37 RM. erhält der anwesende Vertreter der „Sekuritas" gegen Vorlegung des Briefes und Vermerk auf dem Schuldtitel (§§ 156^II^ S. 4, 158^III^, 126, 127 ZVG., oben S. 708). Verfügung auf das Terminsprotokoll:

„Ans Grundbuchamt:

Zu den Grundakten von Breslau-Gräbschen Band XI Blatt Nr. 418 übersenden wir Ausfertigung des Protokolls vom heutigen Tage über den in der *Biedermann*schen Zwangsverwaltungssache 51 *L* 53. 33 abgehaltenen, zugleich zur Leistung von Zahlungen auf das Kapital von Hypotheken bestimmten, Schlußtermin mit dem Ersuchen, von der in Abt. III unter Nr. 1 für die ,Sekuritas' Lebensversicherungs-A.G. in Hamburg eingetragenen Hypothek von 35000 *RM* einen Teilbetrag von 4225.37 *RM* (i. W.) zu löschen. Den Hypothekenbrief fügen wir zwecks Vermerks der Löschung bei."

Daß das Grundbuchamt um Löschung zu ersuchen ist, falls ein Hypothekengläubiger in der Zwangsverwaltung Befriedigung wegen seines Kapitals erlangt hat, schreibt § 158^II^ vor. Dort wird auch (entsprechend § 131, oben S. 711) bestimmt, daß es der Beifügung des Briefes zur Löschung nicht bedarf. Unabhängig hiervon ersucht später das Vollstreckungsgericht gemäß § 130 um Löschung der ganzen Hypothek, sofern nicht etwa Gläubiger und Ersteher das Bestehenbleiben (§ 91^II^) vereinbaren. Das Ersuchen aus § 130 darf aber erst nach Beschaffung der Grunderwerbsteuerbescheinigung abgehen (S. 711), so daß zunächst auf Grund des Ersuchens aus § 158^II^ die Teillöschung erfolgen wird. —

Der Referendar: Ist die Löschung der 4225.37 RM. als konstitutiv oder als Berichtigung aufzufassen? Woraus folgt, wenn es sich um eine Berichtigung handelt, das materielle Erlöschen des Hypothekenabschnitts?

Der Richter: Nach § 1181 BGB. erlischt die Hypothek durch Befriedigung des Gläubigers aus dem Grundstück. Die Vorschrift wird leicht übersehen, weil bei dem wichtigsten Fall, der Zwangsversteigerung, das Erlöschen der Hypothek des betreibenden Gläubigers bereits durch den Zuschlag bzw. die Nichtaufnahme ins geringste Gebot eintritt (§§ 52^I^ S. 2, 91^I^ ZVG.), gleichviel ob sie durch das abgegebene Meistgebot gedeckt ist oder ob sie ausfällt. Insofern wird § 1181 BGB. durch das Zwangsversteigerungsrecht regelmäßig überholt und gegenstandslos. Der Unterschied zeigt sich jedoch, wenn eine Hypothek durch Zuschlag erloschen und bei der Erlösverteilung ausgefallen ist, aber noch einzelne mithaftende bewegliche Sachen oder Forderungen vorhanden sind, deren Haftung nicht gemäß §§ 1120f.

beendigt wurde (z. B. ein von der Versteigerung ausgeschlossenes Zubehörstück, oben S. 691). Dann ist die Hypothek nicht — wie die aus dem Grundstück befriedigten Hypotheken — vollständig, sondern bloß am Grundstück selbst erloschen; an jenen Gegenständen dagegen besteht das hypothekarische Recht fort und der Gläubiger kann es durch Zwangsvollstreckung in das noch haftende Objekt auf Grund dinglichen Titels realisieren. Ein solches Hypotheken-Rückstandsrecht wird nicht mehr als Hypothek nach §§ 1154 BGB., 830 ZPO., sondern als gewöhnliches Recht nach §§ 413 BGB., 857 ZPO. übertragen und gepfändet (ähnlich dem Recht auf Befriedigung aus dem Versteigerungserlös zwischen Zuschlag und Verteilungstermin, oben S. 725). RG. 55, 417; 125, 362; JW. 11, 46[35]; Gruchot 48, 1067. — Die Beitreibung von Hypothekenkapitalien durch Zwangsverwaltung stellt ebenfalls eine Befriedigung „aus dem Grundstück" im Sinne der §§ 1147, 1181 BGB. dar. Mit der Auszahlung im Termin wird also das Grundbuch unrichtig, und die vom Vollstreckungsgericht herbeizuführende Löschung hat lediglich deklaratorische Bedeutung. — Endlich kann der Hypothekengläubiger, so lange keine Immobiliarbeschlagnahme vorliegt, aus einem dinglichen Titel (S. 440) Mobiliarvollstreckung in einzelne mithaftende bewegliche Sachen oder Forderungsrechte vornehmen, und soweit er dadurch Befriedigung erlangt, erlischt ebenfalls die Hypothek. §§ 1147, 1181^{III} BGB., 865^{II} ZPO. Der letzte Fall unterscheidet sich von den beiden anderen dadurch, daß hier kein Gericht die Berichtigung vermittelt, vielmehr die Beteiligten, vor allem die Nachhypothekare, die Löschung mit Hilfe des Berichtigungsanspruchs (§ 894 BGB.) selbst herbeiführen müssen.

Referendar: Zahlt der Eigentümer zur Vermeidung der Zwangsvollstreckung an den Gläubiger, so geht nach §§ 1143, 1163^{I} S. 2 die Hypothek als Eigentümerhypothek oder -grundschuld auf ihn über. Wird der Gläubiger durch Zwangsvollstreckung befriedigt, so geht die Hypothek unter. Wie läßt sich diese unterschiedliche Behandlung rechtfertigen?

Richter: Sie wissen, daß der Grundstückseigentümer, falls er nicht zugleich persönlicher Schuldner ist, keine Pflicht sondern nur ein Recht zur Zahlung hat (S. 440). Macht er von seiner Befugnis Gebrauch, so hat er nicht aus dem Grundstück sondern aus seinem Vermögen geleistet, und es liegt kein Anlaß vor die nachstehenden Hypotheken aufrücken zu lassen: daher erwirbt, gleichsam zur Belohnung, der Eigentümer die Post. Ganz andere rechtliche und wirtschaftliche Bedeutung hat die Befriedigung aus dem Grundstück im Wege der Zwangsvollstreckung. Sie geschieht aus Werten der Immobiliarmasse, die auch den Nachhypothekaren haftet, und es hat seinen guten Grund, wenn in diesem Fall das Erlöschen der befriedigten Hypothek angeordnet und damit der Rang der Nachberechtigten verbessert wird.

15. Kapitel.

Beim Konkursrichter.

Vergleichsverfahren.

Konkursantrag. Namens der Deutschen Sektkellereien Rudolf Wagner & Co. in Rüdesheim stellt RA. Schwarz am 7. September 1933 Antrag auf Konkurseröffnung über das Vermögen des Gastwirts und Schaustellungsunternehmers Konrad Geier, in Firma „Lunapark Grüneiche Konrad Geier" in Breslau-Grüneiche. Die beigefügte Vollmacht (§§ 80, 88^{II} ZPO., 72 KO.) ermächtigt den Anwalt ausdrücklich:

„uns im Konkurs- oder Vergleichsverfahren über das Vermögen des Gegners zu vertreten",

weil nach herrschender Meinung der gesetzliche Rahmen der Prozeßvollmacht (§ 81 ZPO.) diese beiden Verfahren nicht umfaßt. Zur Glaubhaftmachung der Forderung und der Zahlungsunfähigkeit gemäß § 105^{I} KO. überreicht RA. Schwarz zwei Urkunden. Die eine ist ein Wechsel, auf dessen Rückseite sich bloß die Wechselsteuermarke befindet (S. 59, 60). Die Vorderseite lautet:

Angenommen.
Lunapark Grüneiche
Konrad Geier.

„Rüdesheim, den 2. August 1933.

Gegen diesen Wechsel zahlen Sie am 2. November 1933 an die Order von uns selbst 2150 *RM* i. W.

Zweitausendeinhundertfünfzig Reichsmark.

Herrn *Konrad Geier*
in Firma ‚Lunapark Grüneiche
Konrad Geier'
in Breslau-Grüneiche.

Deutsche Sektkellereien
Rudolf Wagner & Co."

Obgleich der Wechsel noch lange nicht fällig ist, besitzt Wagner doch Antragsrecht. § 105^{I} verlangt in dieser Hinsicht nur, daß der antragstellende Gläubiger seine Forderung glaubhaft macht, nicht aber, daß die Forderung bereits fällig sein oder daß der Gläubiger gar einen vollstreckbaren Schuldtitel besitzen müsse.

Die andere Anlage ist ein Akkordzirkular:

„*Adam Riese*
Bücherrevisor.

Breslau, den 28. August 1933.

Firma Deutsche Sektkellereien *Rudolf Wagner & Co.*

Rüdesheim.

Herr *Konrad Geier*, in Firma ‚Lunapark Grüneiche *Konrad Geier*' in Breslau-Grüneiche, sieht sich genötigt seine Zahlungen einzustellen. Der heute im Beisein der Hauptgläubiger aufgenommene Status ergab Folgendes:

Aktiva.

Grundstück Breslau-Grüneiche Band IV Blatt Nr. 97 (Lunapark), Steuer-Einheitswert	240000 *RM*,
belastet mit: erste Hypothek der Schlesischen Feuersozietät 100000, Höchstbetragshypothek der ‚Union'-Bank A.G. Filiale Breslau 80000, valutiert mit zirka 63000, Höchstbetragshypothek der ‚Ersten Breslauer Aktien-Brauerei' 40000 (voll valutiert), Bauhandwerkervormerkung *Preuß* 2500, zusammen	205500 "
freier Wert	34500 *RM*
Grundstück Deutsch-Lissa Band V Blatt Nr. 145, Hüttenheimstraße 2, Steuer-Einheitswert 67000, belastet mit 85000 *RM* festen Hypotheken	———
Karussel-Automobilzug, Wert 29000, gepfändet in Höhe von 6800, freier Wert	22200
Achter-Bahn und Zyklon-Rad (das Eigentum wird von dem Gläubiger *Augustin* in Anspruch genommen)	40000 "
Außenstehende Forderungen (davon 6500 streitig) .	16000 "
Teppiche und Bilder . . .	5000 "
Briefmarkensammlung	18000 "
zusammen:	135700 *RM*.

Die Wohnungseinrichtung gehört laut Testament der Tochter *Frida Geier* als Erbin der verstorbenen ersten Ehefrau. Das Weinlager des ‚Lunapark' mit Ausnahme des für den täglichen Gebrauch benötigten ist dem Gläubiger *Anlauf* durch Sicherungskauf übereignet. An der Achter-Bahn und dem Zyklon-Rad nimmt der Gläubiger *Augustin*, der das Geld zum Erwerb dieser Utensilien hergegeben hat, das Eigentum im Prozeßwege in Anspruch.

Bevorrechtigte Forderungen:

Lohn- und Steuerforderungen . . .	9500 *RM*.
Verbleiben als Masse für die nicht bevorrechtigten Gläubiger .	126200 *RM*.

Nicht bevorrechtigte Forderungen:

Gesamtsumme	312300 *RM*,
davon streitig 19300. Für den Gläubiger *Augustin* ist ein Betrag von 24000 für den Fall, daß ihm das Eigentum an der Achter-Bahn sowie dem Zyklon-Rad nicht zugesprochen wird, eingesetzt.	

Im Konkursfall sind mindestens 20000 *RM* auf Kosten zu rechnen, so daß die nicht bevorrechtigten Gläubiger auf eine

Quote von höchstens 35%

zu rechnen hätten, wobei noch nicht berücksichtigt ist, daß die Grundstücke schwer realisierbare Objekte darstellen und die Erzielung der im vorstehenden Status eingesetzten Steuerwerte in einer Zwangsversteigerung mehr als fraglich erscheint.

Im Auftrag des Herrn *Konrad Geier* und einer Reihe seiner Hauptgläubiger, darunter der ‚Ersten Breslauer Aktienbrauerei', des Bankiers *Schilling* und des Bruders des Schuldners, Kaufmanns *Wilhelm Geier* in Firma *Jürgensen & Petersen* in Hamburg, unterbreite ich den Gläubigern folgenden Akkordvorschlag:

1. Die Lohn- und Steuerforderungen werden voll ausgezahlt.
2. Hypotheken und sonstige Sicherheiten bleiben in voller Höhe bestehen.

3. Die nicht bevorrechtigten Gläubiger erhalten unter selbstschuldnerischen Bürgschaft des Herrn *Wilhelm Geier*

45%

ihrer Forderungen, und zwar je 15% am 2. Januar, 1. April und 1. Juli 1934.

4. Nicht bevorrechtigte Gläubiger bis zu 100 *RM* werden voll ausgezahlt. Nicht bevorrechtigte Gläubiger, die ihre Forderung auf 100 *RM* ermäßigen, erhalten 100 *RM*."

Denn sonst würden Gläubiger, deren Forderung zwischen 100 und 222.22 RM. beträgt, schlechter dastehen als Gläubiger unter 100 RM.

„5. Die Verwandtengläubiger, nämlich Frau *Geier*, Frl. *Frida Geier* und Herr *Wilhelm Geier*, verpflichten sich, Ansprüche wegen ihrer Forderungen erst nach vollständiger Auszahlung der Akkordraten an die übrigen Gläubiger geltend zu machen.

Wie Sie aus Vorstehendem ersehen, liegt der Akkord unbedingt im Interesse der gesamten Gläubigerschaft. Damit der Konkurs vermieden werden kann, ist schleunigste Zustimmung aller Gläubiger erforderlich. Ich bitte Sie deshalb, auf der beiliegenden Freikarte Ihre Zustimmungserklärung sofort zu vermerken und die Karte sodann an mich abzusenden.

Hochachtungsvoll

Adam Riese."

Vorausgesetzt, daß Riese tatsächlich im Auftrag des Schuldners gehandelt hat, haben wir hier den Schulfall einer Zahlungseinstellung vor uns. Im Konkurs- und Vergleichsrecht sind die Begriffe der Überschuldung, Zahlungsunfähigkeit und Zahlungseinstellung zu unterscheiden. „Überschuldung" (Insuffizienz) ist ein Zustand, bei dem die Passiva die Aktiven übersteigen. Beim Nachlaßkonkurs bildet sie den einzigen Konkursgrund (§ 215), bei den meisten juristischen Personen steht sie als Konkursgrund neben der Zahlungsunfähigkeit (§§ 207, 213; über die abweichende Regelung bei den Genossenschaften vgl. S. 323). Wird die Überschuldung einer juristischen Person geprüft, so sind selbstverständlich nur die echten Passiva, also die Verbindlichkeiten der Gesellschaft, in Ansatz zu bringen, während „unechte Passiva", die nach zwingender Vorschrift des Gesetzes auf der Passivseite der Bilanz eingestellt werden müssen, aber keine Verbindlichkeiten sind (S. 315) — Aktienkapital, Stammkapital, Summe der Geschäftsanteile der Genossen, Reserve- und Erneuerungsfonds u. dgl. — außer Betracht bleiben. — „Zahlungsunfähigkeit" (Insolvenz) bedeutet das auf einem Mangel an paraten Zahlungsmitteln beruhende, nicht bloß vorübergehende Unvermögen des Schuldners, seine fälligen Geldverpflichtungen in ihrer Hauptmasse zu berichtigen. Sind die großen Verbindlichkeiten nicht fällig, so kann der Schuldner überschuldet sein, ohne daß Zahlungsunfähigkeit vorliegt. Umgekehrt gibt es Zahlungsunfähigkeit ohne Überschuldung, z. B. wenn die Bank dem Schuldner den Kredit gesperrt und der Schuldner sein Vermögen in illiquiden Werten (Grundstücke, Hypotheken) angelegt hat. Durch das Merkmal der Dauer unterscheidet sich die Zahlungsunfähigkeit von einer bloßen „Zahlungsstockung". Es kommt darauf an, ob der Schuldner seine Verpflichtungen im Großen und Ganzen erfüllen kann: die Zahlungsunfähigkeit wird nicht dadurch ausgeschlossen, daß er ab und zu einen Gläubiger befriedigt, und auf der anderen Seite genügt es nicht, wenn er vereinzelte Schulden nicht zu bezahlen vermag. Bei lebenden physischen Einzelpersonen, o.H.G. und K.G. ist die Zahlungsunfähigkeit alleiniger Konkursgrund (§§ 102¹, 209). — „Zahlungseinstellung" endlich heißt die Erklärung des Schuldners, daß er zahlungsunfähig sei. In unserem Fall erfolgt sie ausdrücklich. Sonst wird sie auch durch konkludente Handlungen abgegeben: eine Mehrzahl von

Wechselprotesten oder Versäumnisurteilen, Nichtbezahlung der Löhne und Mieten, Schließung des Geschäfts, Flucht des Schuldners usw. Die Zahlungseinstellung ist nicht selbst Konkursgrund, wohl aber gesetzliches Symptom eines Konkursgrundes, denn nach § 102^{II} wird Zahlungsunfähigkeit insbesondere dann angenommen, wenn der Schuldner die Zahlungseinstellung erklärt hat. Vgl. Kommentare zu § 102; RG. 132, 281.

Verfügung gemäß § 105^{II}.

„1. Termin zur Anhörung des Schuldners am 9. September 1933, vormittags 9 Uhr.

2. Zu laden: a) *Geier* unter Zustellung einer Abschrift des Eröffnungsantrags nebst Anlagen, mit der Aufforderung seine Geschäftsbücher mitzubringen, b) RA. *Schwarz*."

Vernehmung des Schuldners. Antrag auf Vergleichsverfahren. Im Termin erscheint Geier im Beistand seines Beraters Riese. Zunächst wird er über verschiedene Fragen vernommen, die für den Fall der Konkurseröffnung von Bedeutung sind:

„Ich bin am 10. Juni 1885 in Altona geboren. Seit 1917 bin ich mit *Elly* geb. *Eckert* verheiratet. Wir leben im gesetzlichen Güterstande der Verwaltung und Nutznießung, einen Ehevertrag haben wir nicht geschlossen. Aus unserer Ehe ist ein Kind *Konrad*, geboren am 22. Oktober 1919, am Leben. Außerdem besitze ich aus der Ehe mit meiner im Jahre 1914 verstorbenen ersten Frau *Anna* geb. *Rütebusch* eine Tochter *Frida*, geboren am 9. März 1912. Ich bin Gegenvormund über die minderjährigen Kinder des Viehhändlers *Ochs* in Breslau."

Vgl. S. 81. — Sodann versucht Geier, den Eröffnungsantrag durch Bestreiten der Konkursvoraussetzungen zu Falle zu bringen:

„Ich gebe zu zahlungsunfähig gewesen zu sein, als das Rundschreiben vom 28. August 1933, welches Herr *Riese* nach Rücksprache und im Einvernehmen mit mir verfaßt hat, hinausging. Inzwischen hat jedoch ein größerer Teil meiner Gläubiger ausweislich der hiermit überreichten Zustimmungserklärungen den Akkordvorschlag bereits angenommen und die Zustimmungserklärungen der übrigen sind in nächster Zeit zu erwarten."

Wäre der Akkord bereits zustande gekommen, so würde der Einwand des Schuldners schlüssig sein: denn seine Schulden wären ihm dann gestundet und von Zahlungsunfähigkeit nicht mehr die Rede. So lange aber nicht alle Gläubiger zugestimmt haben, ist der von Geier angestrebte Akkord nicht perfekt.

„Eine die Kosten des Verfahrens deckende Masse ist vorhanden."

Sowohl der Konkurs wie das Vergleichsverfahren — auf welches Geier, wie wir alsbald sehen werden, hinzielt — dürfen nur bei ausreichender Masse bzw. Leistung eines Kostenvorschusses eingeleitet werden und sind aufzuheben, wenn sich das Fehlen dieser Voraussetzung nachträglich herausstellt. §§ 107, 204 KO., 22^{5}, 79^{2} VerglO.

„Für den Fall, daß das Gericht meine Zahlungsunfähigkeit bejahen sollte, beantrage ich: über mein Vermögen das gerichtliche Vergleichsverfahren zur Abwendung des Konkurses zu eröffnen."

Das Vergleichsverfahren kann nur vom Schuldner, nicht auch von den Gläubigern, beantragt werden. Liegt ein Konkursantrag vor, so muß der Schuldner den Antrag spätestens bei seiner Anhörung stellen. Dadurch wird die Entscheidung über den Konkursantrag bis zum rechtskräftigen Abschluß des Vergleichsverfahrens suspendiert. Andrerseits gilt kraft gesetzlicher Fiktion jeder Vergleichsantrag des Schuldners zugleich als eventueller Konkursantrag, der nicht mehr zurückgenommen werden kann, sobald das Gericht auf den Vergleichsantrag eine materielle Entscheidung gefällt hat. Der Vergleichsantrag stellt mithin unter Umständen eine sehr zweischneidige Maßnahme dar. §§ 1^{I}, ^{III}, 24^{I} S. 2, 31, 71^{I} S. 2, 80^{I} S. 2 VerglO.[1]).

„Mein Vergleichsvorschlag für das Vergleichsverfahren ist der in dem Rundschreiben vom 28. August 1933 enthaltene."

Bei Stellung des Antrages auf Vergleichsverfahren muß der Schuldner bereits einen bestimmten Vorschlag machen, der den beteiligten Gläubigern mindestens 30% ihrer Forderung gewährt[2]) und die Art und Weise der Sicherstellung der Vergleichsquote ergibt (§§ 6, 15^{I}). Diesen Anforderungen genügt der Vorschlag des Akkordzirkulars. Die Bestimmungen über volle Auszahlung der Lohn- und Steuerforderungen und über das Bestehenbleiben der Sicherheiten (Ziff. 1, 2 des Rundschreibens) sind selbstverständlich, da der Vergleich nur mit den Gläubigern geschlossen wird, welche im Falle des Konkurses gewöhnliche Konkursgläubiger sein würden und da er Sicherheiten ohnehin unberührt läßt (§ 2). Über die Bevorzugung der kleinen und die Zurücksetzung der Verwandtenforderungen unten S. 783/4.

„Eine gerichtliche Untersuchung oder ein wiederaufgenommenes Verfahren wegen betrügerischen Bankrotts ist gegen mich nicht anhängig, auch bin ich dieserhalb nicht verurteilt."

Andernfalls wäre der Vergleichsvorschlag a limine zurückzuweisen (§ 22^{3}).

„Innerhalb der letzten 5 Jahre ist weder Geschäftsaufsicht noch Konkurs oder Vergleichsverfahren über mich eröffnet, noch die Eröffnung eines dieser Verfahren mangels Masse abgelehnt worden. Ich habe weder den Offenbarungseid aus § 807 ZPO. geleistet, noch ist gegen mich zur Erzwingung eines solchen Eides die Haft angeordnet worden. Die Richtigkeit dieser Angaben versichere ich hiermit an Eidesstatt, nachdem ich über die Bedeutung einer eidesstattlichen Versicherung belehrt worden bin."

Vgl. §§ 15^{II}, ^{IV}, 23^{2}, ^{3} VerglO. Wäre eines der bezeichneten Verfahren in den letzten 5 Jahren anhängig gewesen, so könnte das Gericht nach freiem Ermessen die Eröffnung des Vergleichsverfahrens ablehnen.

„Ich überreiche in 2 Exemplaren"

— von denen das eine zur Weitergabe an die Handelskammer (S. 749) verwendet werden soll —

„1. ein Verzeichnis meiner Gläubiger und Schuldner unter Angabe der einzelnen Forderungen und Schulden,

2. eine Übersicht meines Vermögensstandes,

3. meine letzte für den 31. Dezember 1932 gezogene Bilanz."

§§ 16^{1}, ^{2}, 17, 18.

„In der Zeit seit dem 9. September 1932 haben keine Vermögensauseinandersetzungen zwischen mir und den in § 16^{3} VerglO. bezeichneten Personen stattgefunden, auch habe ich in dieser Zeit keine Verfügungen über Vermögensgegenstände zu Gunsten solcher Personen vorgenommen.

Seit Herbst 1932 bin ich durch Verluste bei auswärtigen Schaustellungen, durch Zahlungseinstellung von Schuldnern und andere Umstände in Schwierigkeiten geraten, welche dazu

[1]) Entsprechend §§ 2, 18, 46, 80, 100 des Entwurfs (vgl. S. 622 Anm. 2).

[2]) § 7 Entw.: mindestens 40%, bei Hinausschiebung der Fälligkeit um mehr als ein Jahr mindestens 50%. Eine Zahlungsfrist von mehr als 18 Monaten ist nur für den 50% übersteigenden Teil der Vergleichsrate zulässig.

führten, daß mir die ‚Union'-Bank trotz der für sie bestehenden Hypothek Ende Juli d. J. den Kredit sperrte und ich meine Wechsel nicht einlösen konnte.

Die auf dem Deutsch-Lissaer Grundstück für meinen Bruder *Wilhelm* an dritter Stelle eingetragene Hypothek von 22000 *RM* datiert vom Juni 1932, die Forderung meines Bruders beträgt ungefähr das Doppelte dieser Summe.

Meine Ehefrau hat meinem Gläubiger Bankier *Schilling* an ihrem Grundstück Tiergartenstraße 18 in Breslau eine Sicherungshypothek zum Höchstbetrag von 25000 *RM* für die Forderungen aus der Geschäftsverbindung mit mir bestellt. Das Grundstück ist 1917 von dem Gelde, das sie mir in die Ehe gebracht hat, erworben worden.

Nachdem ich durch die Kreditentziehung meiner Bank in Zahlungsschwierigkeiten geraten war, glaubte ich zunächst durch Anknüpfung der neuen Verbindung mit dem Bankhaus *Schilling* und durch Stundungsverhandlungen mit den am meisten drängenden Gläubigern meine Verhältnisse in Ordnung bringen zu können. Doch hat sich das als undurchführbar herausgestellt, so daß ich mich zu dem Rundschreiben vom 28. August d. J. genötigt sah. Seit Versendung des Akkordzirkulars sind Zahlungen an nicht bevorrechtigte Gläubiger nicht mehr geleistet worden, auch ist seitdem keine Befriedigung einzelner Gläubiger durch Zwangsvollstreckung erfolgt."

Vollstreckungsakte aus den letzten 29 Tagen vor Antragstellung sind für das Vergleichsverfahren unschädlich (§§ 3, 70, unten S. 753)[3]). Dagegen kennt das Vergleichsverfahren keine dem Konkursrecht entsprechende Anfechtung der vor Eröffnung vorgenommenen, die Masse benachteiligenden Rechtshandlungen. Hat der Gemeinschuldner mit dem in § 16³ umschriebenen Angehörigenkreisen oder mit anderen Personen Geschäfte abgeschlossen, die im Konkursfall der Anfechtung unterliegen würden, so muß man entweder unter Verzicht auf Anfechtung das Vergleichsverfahren durchführen, oder aber Konkurs eröffnen lassen, um die weggegebenen Werte durch Anfechtung zur Masse ziehen zu können. Wegen der mit einem Konkurs verbundenen Verluste und Nachteile geben die Gläubiger fast immer dem Vergleichsverfahren den Vorzug.

„Es liegen verschiedene Pfändungen gegen mich vor. Der früheste Versteigerungstermin steht am 27. September an."

Bis dahin wird voraussichtlich über den Vergleichsantrag entschieden sein. Andernfalls würde das Problem des „vorläufigen Vollstreckungsschutzes" (S. 754) entstehen.

„Zur Beibringung der schriftlichen Zustimmungserklärungen der in § 16⁴ VerglO. bezeichneten Gläubigermehrheit, der schriftlichen Bürgschaftserklärung meines Bruders *Wilhelm Geier* (§ 16⁵ VerglO.) und der Erklärungen der Verwandtengläubiger gemäß Ziff. 5 des Vergleichsvorschlags bitte ich mir Nachfrist gemäß § 19 VerglO. zu bewilligen."

Ungenügend vorbereitete Vergleichsanträge sind nichts Ungewöhnliches. Z. B. reichen Schuldner, wenn bereits Pfändungen vorliegen und die Frist des § 3 unbedingt gewahrt werden soll, überstürzte Anträge ein, ohne Gläubiger- und Schuldnerverzeichnis, Vermögensübersicht (oben S. 747) und die anderen notwendigen Unterlagen beizufügen. Erscheint der Mangel einigermaßen entschuldbar, so hilft das Gericht durch die hier beantragte Nachfrist. Dies und die vorgeschriebene Anhörung der Handelskammer (S. 749) sind die Hauptgründe, weshalb von der Beschleunigungstendenz des Gesetzes in der Praxis nicht allzuviel zu merken ist: vor das eigentliche Vergleichsverfahren, das einen Monat regelmäßig nicht übersteigen darf

---

[3]) § 28 Entw.: aus den letzten 59 Tagen.

(§§ 26^{II}, 66), schiebt sich ein vorbereitendes Verfahren, welches länger dauert als das Vergleichsverfahren[4]).

„Zur Leistung des Offenbarungseides bin ich bereit."

Vgl. §§ 16^{6}, 61^{III}.

„Die Zahlung der ersten Vergleichsrate kann aus dem Erlös des Karussel-Automobil-Zuges, der Briefmarkensammlung, meiner Bilder und Teppiche sowie aus den unbestrittenen Außenständen mit Leichtigkeit erfolgen. Für die folgenden Raten werden weitere Mittel aus der Masse flüssig gemacht werden können, auch reicht das Vermögen meines Bruders *Wilhelm* bei weitem aus, um die nicht verwandten Gläubiger auszuzahlen. Der Betrieb des ‚Lunaparks' erfordert keine Zuschüsse, da die Tageslosung 600—800 *RM*, bei Veranstaltung von Festlichkeiten bis 2500 *RM*, beträgt.

Vorgelesen, genehmigt."

Die Erfüllbarkeit des Vergleichs gehört zwar nicht zu den Punkten, deren Prüfung das Gesetz dem Vergleichsrichter bei der Entscheidung über den Antrag auferlegt. Man tut aber gut daran, sie von vornherein mit dem Schuldner zu erörtern, denn Vergleiche, deren Erfüllung nicht gesichert ist, haben keinen Sinn.

„Es wurde der Beschluß verkündet:

1. Die Entscheidung über den Konkursantrag der Firma Deutsche Sektkellereien *Rudolf Wagner & Co.* in Rüdesheim vom 7. ds. Mts. wird gemäß § 31 VerglO. bis zur rechtskräftigen Entscheidung über den heute vom Schuldner gestellten Antrag auf Eröffnung des Vergleichsverfahrens, und für den Fall der Eröffnung bis zur rechtskräftigen Beendigung des Vergleichsverfahrens ausgesetzt.
2. Bis zum 19. ds. Mts. hat der Schuldner die in § 16^{4} VerglO. bezeichneten Erklärungen zu beschaffen und eine schriftliche Bürgschaftserklärung seines Bruders *Wilhelm Geier* sowie Erklärungen gemäß Ziffer 5 des Vergleichsvorschlags von den dort bezeichneten Gläubigern beizubringen. Nach fruchtlosem Ablauf der Frist wird der Antrag auf Eröffnung des Vergleichsverfahrens kostenpflichtig abgelehnt werden (§§ 19, 22^{1} VerglO.).

Richter. *Urkund."*

Vorbereitende Ermittlungen. Auf das Terminsprotokoll verfügt der Richter:

„1. Anfrage bei der Industrie- und Handelskammer gemäß § 20 VerglO. mit Abschriften des Protokolls und sämtlicher Anlagen.
2. Strafregisterauszug über *Geier* von der Staatsanwaltschaft Altona erfordern.
3. Anfrage bei der hiesigen Staatsanwaltschaft, ob gegen *Geier* eine gerichtliche Untersuchung oder ein wiederaufgenommenes Verfahren wegen betrügerischen Bankrotts anhängig, oder von einer Verurteilung *Geiers* wegen dieses Delikts etwas bekannt ist.
4. Grundakten Breslau-Grüneiche Band IV Blatt Nr. 97 (Lunapark) und Scheitniger Vorstadt Band XV Blatt Nr. 423 (Tiergartenstraße 18) beilegen.
5. Grundakten Deutsch-Lissa Band V Blatt Nr. 145 (Hüttenheimstraße 2) vom Amtsgericht Neumarkt erfordern.
6. am 20. 9."

[4]) Durch §§ 11 f. des Entwurfs wird das vorbereitende Verfahren gewissermaßen legalisiert. Das Gericht hat sofort nach Eingang des Antrags einen „vorläufigen Vergleichsverwalter" zu bestellen und diese Anordnung zu publizieren. Es sind provisorische Verfügungs- und Vollstreckungsbeschränkungen zulässig. Die Handelskammer muß sich innerhalb einer, äußerstenfalls zweier Wochen äußern. Alsdann ergeht die Entscheidung über die Eröffnung. Das Erfordernis der Zustimmung der Gläubigermehrheit ist gestrichen.

In Vergleichs- und Konkurssachen gilt das Offizialprinzip, soweit es sich um die für die Entscheidung des Gerichts wesentlichen Punkte handelt §§ 9 VerglO., 75 KO.[5]) —

Geier reicht die fehlenden Erklärungen rechtzeitig ein. Die Zustimmungen der Gläubiger sind nach folgendem Schema abgefaßt:

„Hierdurch stimme ich der Eröffnung des gerichtlichen Vergleichsverfahrens über das Vermögen des Herrn *Konrad Geier* in Firma ‚Lunapark Grüneiche *Konrad Geier*', in Breslau-Grüneiche sowie dem von dem Schuldner im Termin am 9. September 1933 gemachten Vergleichsvorschlag zu. Als Vertrauensperson schlage ich den Brauereidirektor *Methner* in Breslau vor. Ich beantrage die Bestellung eines Gläubigerausschusses, für den ich die Herren Likörfabrikant *Brandler*, Bankier *Schilling* und Rechtsanwalt *Schwarz*, sämtlich in Breslau, vorschlage."

Einzelne Gläubiger haben die Worte „sowie dem von dem Schuldner im Termin am .... gemachten Vergleichsvorschlag" durchstrichen und dafür geschrieben:

„Meine Stellungnahme zu dem Vergleichsvorschlag des Schuldners behalte ich mir vor."

Im Eröffnungsstadium sind nur die schriftlichen Zustimmungserklärungen der Kopf- und Stimmenmehrheit zur Eröffnung des Verfahrens erforderlich (§ 16⁴ VerglO.), doch läßt man sich aus Zweckmäßigkeitsgründen gern alsbald auch die Zustimmung zum Vergleich selbst geben. Hinsichtlich der Vertrauensperson hat die Gläubigermehrheit ein Vorschlagsrecht, über welches nur aus besonderen Gründen hinweggegangen werden darf (§ 41^II)[6]), Bestellung des Gläubigerausschusses: § 48^I S. 2.

Erklärungen, daß Methner, Brandler usw. zur Übernahme ihrer Ämter bereit sind, hat Geier mit eingereicht.

Verfahren wegen betrügerischen Bankrotts haben nicht geschwebt. Die herangezogenen Grundakten bestätigen die im Termin gemachten Angaben des Schuldners.

Die Handelskammer äußert sich dahin, daß die Verhältnisse des Schuldners zwar „nicht ganz geklärt" seien, die gebotenen 45 % jedoch „nicht geradezu als unzureichend" bezeichnet werden könnten (§ 23¹). Gegen Methner als Vertrauensperson ist nichts einzuwenden (§ 41^II S. 3).

Eröffnung des Vergleichsverfahrens. Das Vergleichsverfahren soll nur Schuldnern zu gute kommen, die seiner würdig sind. Deshalb erstreckt sich die Prüfung des Gerichts, abgesehen von den bereits erwähnten mehr formalen Punkten, namentlich auch darauf, ob der Schuldner seinen Vermögensverfall durch Unredlichkeit oder Leichtsinn herbeigeführt, oder ob er das Vergleichsverfahren „böswillig" verzögert hat (§ 22⁴). Nach dieser Richtung liegt gegen Geier nichts Belastendes vor:

„Geschäftsnummer: 53 VN 128. 33.

Beschluß.

Über das Vermögen des Gastwirts und Schaustellungsunternehmers *Konrad Geier*, alleinigen Inhabers der Firma ‚Lunapark Grüneiche *Konrad Geier*', in Breslau-Grüneiche wird auf seinen

---

[5]) entsprechend § 112 Entw.

[6]) Der Entwurf beseitigt das Vorschlagsrecht der Gläubiger gänzlich, weil, wie die Begründung ausführt, die Gläubigerautonomie dazu geführt habe, daß Personen bestellt werden, die weder das Vertrauen des Gerichts noch der Gläubiger genießen, sondern nur Vertrauensleute des Schuldners sind.

Antrag heute am 19. September 1933 vormittags 11½ Uhr das gerichtliche Vergleichsverfahren zur Abwendung des Konkurses eröffnet, weil er zahlungsunfähig ist. Als Vertrauensperson[7]) zur Prüfung der Verhältnisse des Schuldners und zur Überwachung seiner Geschäftsführung sowie der Ausgaben für die Lebensführung des Schuldners und seiner Familie während des Verfahrens wird der Brauereidirektor *Guido Methner* in Breslau, Königsplatz 10 bestellt. Termin zur Verhandlung über den Vergleichsvorschlag wird auf den

16. Oktober 1933, vormittags 10 Uhr

vor dem unterzeichneten Gericht, Zimmer Nr. 442, bestimmt.

Breslau, den 19. September 1933.

Amtsgericht.

Richter."

Vgl. §§ 25, 26, 40^{I}. Sofern es nicht ausnahmsweise zur Vertagung gemäß § 66 kommt, ist der bei der Eröffnung anberaumte Vergleichstermin der einzige des Verfahrens. Sonstige Gläubigerversammlungen finden nicht statt. Im Vergleichstermin wird über die Forderungen der beteiligten Gläubiger und ihr Stimmrecht verhandelt (§§ 59f.), auch hat der Schuldner auf Verlangen eines beteiligten Gläubigers in diesem Termin den Offenbarungseid zu leisten (§ 61^{III}).

Verfügung zum Eröffnungsbeschluß:

„1. In dem *Geier*schen Vergleichsverfahren wird ein Gläubigerausschuß[8]) bestellt, bestehend aus

....

2. Eröffnungsbeschluß gemäß §§ 12, 27, 42 VerglO. öffentlich bekannt machen in a) „Reichsanzeiger", b) Regierungs-Amtsblatt", c) „Breslauer Neueste Nachrichten", d) „Neue Breslauer Zeitung". Zusatz:

Der Antrag auf Eröffnung des Vergleichsverfahrens nebst seinen Anlagen und die Ergebnisse der gemäß § 9 VerglO. angestellten Ermittlungen liegen auf der Geschäftsstelle zur Einsicht der Beteiligten aus.

3. Eröffnungsbeschluß an Schuldner und Vertrauensperson zustellen.

4. Beschluß zu 1 an Schuldner, Vertrauensperson und die Mitglieder des Gläubigerausschusses zustellen."

Die Zustellungen (§§ 329^{III} ZPO., 8 VerglO.) werden ohne Beglaubigung des zuzustellenden Schriftstücks durch Aufgabe zur Post ausgeführt; eingeschrieben gehen sie nur dann, wenn der Empfänger sich im Ausland befindet (§ 11).

„5. Ladungen zum Vergleichstermin gemäß § 27^{II} VerglO.

6. Herrn *Methner* ist Bescheinigung nach § 43 VerglO. zu erteilen.

7. Beglaubigte Abschrift des Eröffnungsbeschlusses der Registerabteilung."

Eröffnung und Beendigung des Vergleichsverfahrens sind vom Registergericht ex officio im Register zu vermerken (§ 37^{II}). Um die Publizität des Verfahrens zu erhöhen, darf außerdem der Schuldner während seiner Dauer die Firma nur in der Form:

„Lunapark Grüneiche *Konrad Geier* im Vergleichsverfahren"

zeichnen (§ 37^{I}).

Das Grundbuchamt wird nicht benachrichtigt. Denn das Vergleichsverfahren hat nicht, wie der Konkurs, die Aufgabe, das Vermögen des Schuldners im Interesse seiner Gläubiger zu versilbern, sondern will ihm vielmehr durch Herbeiführung des Zwangsvergleichs Existenz und Geschäft erhalten. Darum bleibt seine

---

[7]) Entw.: „Vergleichsverwalter".

[8]) Entw.: „Gläubigerbeirat".

vermögensrechtliche Stellung grundsätzlich unberührt, und insbesondere wird nicht etwa die Verfügungsbefugnis auf die Vertrauensperson übertragen. Zulässig ist allerdings, daß das Gericht — bei Eröffnung des Verfahrens oder nachträglich — durch besondere Anordnung nach §§ 50f. dem Schuldner Verfügungsbeschränkungen auferlegt, die bis zum allgemeinen Veräußerungsverbot gehen können. Falls hiervon Gebrauch gemacht wird, muß der Vergleichsrichter das Grundbuchamt um Eintragung der Verfügungsbeschränkungen ersuchen, damit der gute Glaube Dritter zerstört wird. §§ 53^{II}, 55^{II}. Mißbraucht der Schuldner seine Verfügungsbefugnis, so kann das unter Umständen einen Grund zur Einstellung des Vergleichsverfahrens und Überleitung in den Konkurs nach §§ 79, 80 bilden[9]).

„8. Nachricht der Industrie- und Handelskammer.

9. Nachricht dem zuständigen Gerichtsvollzieher."

Die ruhige Abwicklung des Vergleichsverfahrens darf nicht durch Zwangsvollstreckungen gegen den zahlungsunfähigen Schuldner gestört, und es muß verhindert werden, daß ein vom Verfahren betroffener Gläubiger durch Zwangsvollstreckungsmaßnahmen mehr erhält, als ihm nach dem später zustande gekommenen Vergleich gebührt. Mit Eröffnung des Verfahrens tritt also für die beteiligten Gläubiger Vollstreckungssperre ein (§ 32). Vgl. den folgenden Abschnitt. —

Der Referendar: Soll nicht auch eine Vorlegung zur Kontrolle der Rechtskraft notiert werden?

Der Richter: Der Eröffnungsbeschluß ist sofort rechtskräftig. Die im Vergleichsverfahren ergehenden Entscheidungen sind grundsätzlich der Anfechtung entzogen, damit sich das Verfahren in möglichst kurzer Zeit abwickeln kann. Ausnahmsweise findet sofortige Beschwerde statt: gegen die Ablehnung der Eröffnung, gegen die Verwerfung des Zwangsvergleichs und gegen die Einstellung des Verfahrens bzw. die damit verbundene Eröffnung des Konkurses, ferner gegen die Festsetzung von Ordnungsstrafen gegen die Vertrauensperson und gegen den Beschluß, durch welchen Vergütung und Auslagen der Vertrauensperson festgesetzt werden. Die Beschwerdefrist beträgt in diesen Fällen bloß eine Woche und die weitere Beschwerde ist gänzlich ausgeschlossen. Alle übrigen Entscheidungen — insbesondere die Eröffnung des Vergleichsverfahrens, die Bestätigung des Zwangsvergleichs, die Aufhebung von Zwangsvollstreckungen (S. 753) und die Ermächtigung zur Nichterfüllung oder Kündigung von Verträgen (S. 755) — sind unanfechtbar. §§ 14, 24^{II}, 45^{IV}, 46^{III}, 71^{I} S. 3, 80^{I} S. 3[10]).

Einstellung der Zwangsvollstreckung. Am 22. September schreibt die Vertrauensperson Methner dem Gericht:

„Der dem Schuldner gehörige, bei Spediteur *Vogel* eingestellte Karussel-Automobilzug ist am 4. August d. J. durch Obergerichtsvollzieher *Pfänder* für den Gläubiger *Birke* wegen seiner Forderung von ca. 200 *RM* gepfändet worden. Am 15. August hat der Gerichtsvollzieher den gleichen Karussel-Automobilzug anschlußweise für *Augustin* wegen einer Forderung von ca. 5000 *RM* und für *Olbrich* wegen 500 *RM* gepfändet. Versteigerungstermin wurde auf den 27. September angesetzt.

Am 12. September sind für den Gläubiger *Rückert* (Forderung 2400 *RM*), am 20. September für den Gläubiger *Spindler* (Forderung 750 *RM*) in der Wohnung des Schuldners

---

[9]) Nach § 57 Entw. hat der Schuldner dem Verwalter auf dessen Verlangen die Kassenführung zu überlassen! Sonst entsprechen §§ 58f., 98^{3} den bisherigen Bestimmungen.

[10]) Ebenso §§ 18^{II}, 43^{III}, 80^{II}, 100, 115 Entw.

Bilder und Teppiche gepfändet worden. Der Versteigerungstermin wurde in diesen Sachen auf den 12. Oktober bestimmt.

Ferner hat Tischlermeister *Preuß* auf dem Lunapark-Grundstück eine Vormerkung zur Sicherung seines Anspruchs auf Einräumung einer Sicherungshypothek für gelieferte Bauarbeiten in Höhe von 1200 *RM* erwirkt. Die einstweilige Verfügung datiert vom 3., der Eingang des Eintragungsersuchens beim Grundbuchamt vom 4., die Eintragung vom 5. August 1933.

Endlich hat am 18. September d. J. Herr *Nitsche*, Gläubiger der zweiten Hypothek auf dem Deutsch-Lissaer Grundstück, wegen dieser Hypothek die Zwangsversteigerung und Zwangsverwaltung anordnen lassen. Versteigerungstermin steht noch nicht an.

Ich habe die Aufhebung aller dieser Vollstreckungsmaßregeln beantragt. Darauf teilte mir OGV. *Pfänder* mit, daß er bereits von sich aus in Sachen *Spindler* die Pfändung, in Sachen *Olbrich, Augustin* und *Rückert* nur die Versteigerungstermine aufgehoben habe, dagegen die Einstellung oder Aufhebung der Zwangsvollstreckung in Sachen *Birke* ablehne und mir Herbeiführung einer gerichtlichen Entscheidung anheimstelle. Das Grundbuchamt hat erwidert, daß die *Preuß*sche Vormerkung weder gelöscht noch ein Widerspruch gegen deren Richtigkeit eingetragen werden könne. Ebenso hat der Zwangsversteigerungsrichter die Einstellung oder Aufhebung der Zwangsversteigerung und Zwangsverwaltung abgelehnt. Die Bescheide füge ich bei.

Herr *Geier* behauptet, daß auf Grund der §§ 32, 33 VerglO. alle Vollstreckungsmaßnahmen aufgehoben oder doch wenigstens eingestellt werden müßten. Ich bitte deshalb um Auskunft, ob und an welcher Stelle ich Anträge nach dieser Richtung stellen soll.

Guido Methner
als Vertrauensperson."

Geier verkennt die Bedeutung der gesetzlichen Bestimmungen.

Allerdings werden nach § 32 mit Eröffnung des Verfahrens alle Vollstreckungsmaßnahmen zu Gunsten einzelner Gläubiger unzulässig, und demgemäß sollen solche Vollstreckungen nach § 33^{I} für die Dauer des Vergleichsverfahrens einstweilen eingestellt werden. Die einstweilige Einstellung entspricht derjenigen des § 775 ZPO. (oben S. 624): sie erfolgt also in erster Reihe durch das Vollstreckungsorgan selbst, und erst wenn dieses sich weigert einzustellen, entscheidet auf Erinnerung (§ 766) das Vollstreckungsgericht, nicht etwa das Vergleichsgericht. Der Vergleichsrichter wird nur dann tätig, wenn die bloß einstweilige Einstellung nicht genügt, sondern ausnahmsweise eine endgültige Einstellung und vollständige Aufhebung der erwirkten Vollstreckungsmaßregeln im Interesse der am Vergleichsverfahren beteiligten Gläubiger sich als notwendig erweist (§ 33^{II} VerglO., z. B. weil die Pfandstücke dem Verderb ausgesetzt oder Modeartikel sind und deshalb schnell vom Schuldner veräußert werden müssen. Für das Vorliegen dieses Ausnahmefalls ist nichts angeführt.

Die Anwendung der §§ 32, 33 beschränkt sich auf „beteiligte" Gläubiger, d. s. diejenigen, die im Fall eines Konkurses nicht bevorrechtigte Konkursgläubiger sein würden (§ 2). Nun gewährt die Pfändung im Konkurse des Schuldners ein Absonderungsrecht (§§ 804 ZPO., 49^{2} KO.), so daß ein Gläubiger, der gepfändet hat, bevor mit Eröffnung des Vergleichsverfahrens die Vollstreckungssperre eintrat, grundsätzlich nicht zu den Beteiligten gehört. Kraft positiv-rechtlicher Ausnahme gilt jedoch der Gläubiger als beteiligt, wenn er das quasi-Absonderungsrecht später als am 30. Tage vor Eröffnung des Verfahrens erlangt hatte, wobei zwischen Gläubigern, die in den letzten 29 Tagen vor dem Antrag, und solchen, die zwischen Antrag und Eröffnung gepfändet haben, kein Unterschied gemacht wird.

§ 3^{II} VerglO. Diese Gläubigerkategorie untersteht mithin auch den §§ 32, 33. Dagegen findet gegenüber noch älteren Pfändungen keine Einstellung statt[11]). Das Verhalten des Gerichtsvollziehers — der die nach Eröffnung des Vergleichsverfahrens vorgenommene Spindlersche Pfändung aufgehoben, bei den unter § 3 fallenden Gläubigern Augustin, Olbrich, Rückert einstweilen eingestellt hat und der Vollstreckung des Birke Fortgang geben will — entspricht durchaus dem Gesetz.

Die Vollziehung von Arresten und einstweiligen Verfügungen wird wie Zwangsvollstreckung behandelt (§ 3^{IV} S. 2, 34). Da das Ersuchen um Eintragung der Preußschen Vormerkung früher als einen Monat vor dem Vergleichsantrag eingegangen war, mußte das Grundbuchamt die Eintragung eines Widerspruchs gemäß § 54 GBO. ablehnen. Löschung einer Zwangseintragung wegen Verletzung der Vorschriften über die Vollstreckungssperre kommt überhaupt nicht in Betracht, weil die Eintragung nicht „ihrem Inhalt nach unzulässig" war. Vgl. oben S. 253/4; Jäger 22 zu § 14.

Die Immobiliarvollstreckung des Nitsche kann, obwohl sie im zeitlichen Rahmen des § 3 VerglO. liegt, nicht beanstandet werden. Denn sie wird wegen eines dinglichen Rechts am Grundstück betrieben. Die in § 10 ZVG. aufgeführten Befriedigungsberechtigten (auch Lidlöhner und öffentliche Lasten!) haben aber im Konkurs ein Absonderungsrecht (§ 47 KO.), sind also am Vergleichsverfahren unbeteiligt. Sogar nach Eröffnung des Vergleichsverfahrens hätte Nitsche seine Zwangsversteigerung und -verwaltung noch anordnen lassen können. —

Methner wird zur Rücksprache bestellt und belehrt. Daraufhin sieht er von weiteren Anträgen ab.

Vorläufiger Vollstreckungsschutz: Wie wir sahen, knüpft die VerglO. Vollstreckungssperre und Einstellung erst an die Eröffnung des Vergleichsverfahrens. Der Vergleichsantrag als solcher ist hierfür bedeutungslos, wenn auch die Frist des § 3 VerglO. von ihm aus zurückgerechnet wird. Weiterhin sahen wir, daß die Entscheidung über die Eröffnung sich oftmals geraume Zeit hinzieht. Dadurch entsteht die Gefahr, daß Gläubiger, deren Pfändung unter § 3 fällt, zwischen Vergleichsantrag und Eröffnung noch Befriedigung durch Versteigerung erhalten. Damit, daß nach Bestätigung des Zwangsvergleichs bzw. nach Überleitung in den Anschlußkonkurs das durch derartige Vollstreckungen Erlangte kondiziert werden kann (§§ 70 S. 1, 84 S. 1 VerglO., 812 BGB.), ist praktisch nichts geholfen. Gibt es ein Mittel, die Masse gegen die Durchführung der Zwangsvollstreckungen zu schützen?

Vielfach wird geraten, daß der Schuldner, sobald er den Vergleichsantrag eingereicht hat, einstweilige Verfügungen auf Einstellung der schwebenden Zwangsvollstreckungen erwirken solle. Jedoch erscheint es (ebenso wie bei dem im Nachverfahren angefochtenen, an sich rechtskräftigen Vorbehaltsurteil, oben S. 421) fraglich, ob eine Zwangsvollstreckung durch einstweilige Verfügung untersagt werden darf. — Gänzlich abzulehnen ist der Vorschlag, der Schuldner möge beim Vollstreckungsgericht gemäß § 825 ZPO. den freihändigen Verkauf der Pfandstücke beantragen, um dadurch die Sache bis über die Eröffnung des Vergleichsverfahrens hinzuziehen (vgl. S. 631). Mit einem solchen Schieberrezept kann das Problem nicht gelöst werden. — Zu dem richtigen Ausweg führt die Überlegung, daß jeder Vergleichsantrag zugleich den eventuellen Konkursantrag in sich schließt (S. 746). Nach § 106 KO. sind vor Eröffnung des Konkurses einstweilige Anordnungen jeder Art, insbesondere allgemeine Veräußerungsverbote, zulässig. Der Vergleichsrichter kann also in seiner Eigenschaft als Konkursrichter die vorläufige Einstellung der Zwangsvollstreckung anordnen. Daß durch den Vergleichsantrag die

---

11) §§ 28, 47, 48 Entw. stimmen (abgesehen von der Verlängerung der Sperrfrist, oben Anm. 3) mit §§ 3, 32, 33 VglO. überein.

Konkurseröffnung gehindert wird (S. 746), steht nicht im Wege. Übersicht über die verschiedenen Ansichten bei Kiesow 3 zu § 33[12]). —

Der Referendar: Können die Gläubiger Geiers jetzt noch neue Schuldtitel gegen ihn erwirken?

Der Richter: Ebenso wie Verfügungs- und Verwaltungsrecht hat der Schuldner trotz des Vergleichsverfahrens seine Aktiv- und Passivlegitimation behalten. Eine Unterbrechung anhängiger Prozesse (wie im Konkurs) oder die Unzulässigkeit klageweiser Geltendmachung der Forderungen tritt nicht ein. Daher können auch die im Verfahren beteiligten Gläubiger Leistungsklage gegen Geier erheben. Der Kläger riskiert indessen, mit den Prozeßkosten belastet zu werden, falls der Schuldner den Anspruch sofort anerkennt und der Gläubiger nicht nachweist, daß ihm die Eröffnung des Vergleichsverfahrens unbekannt war oder daß er „aus besonderen Gründen" ein berechtigtes Interesse an baldiger Erlangung des Urteils hatte. § 35 VerglO.[13]) Vollstrecken kann er das Urteil während der Dauer des Vergleichsverfahrens ohnehin nicht.

Referendar: Die Belastung des Klägers mit den Kosten scheint mir ungerecht gegenüber Gläubigern, die zur Unterbrechung der Verjährung klagen müssen.

Richter: Das kann nicht vorkommen. Nach § 39 ist während des Vergleichsverfahrens die Verjährung „gehemmt" mit der in § 205 BGB. bezeichneten Wirkung. Schließt das Verfahren mit Zwangsvergleich ab, so erhalten die Gläubiger unbestrittener Forderungen durch Anerkennung im Vergleichstermin einen vollstreckbaren Schuldtitel (§ 75 VerglO.), und geht es in den Konkurs über, so findet das besondere Konkursanmeldungsverfahren statt, welches die Verjährung unterbricht (§ 209^2 BGB.).

Aufhebung von Verträgen.

„1. Beschluß

in dem Vergleichsverfahren usw.

Auf den binnen 2 Wochen nach Bekanntmachung des Eröffnungsbeschlusses von dem Schuldner gestellten, von der Vertrauensperson befürworteten Antrag wird nach Anhörung des Vertragsgegners der Schuldner ermächtigt, den mit dem Geschäftsführer *Alfons Langrock* in Breslau bestehenden, noch bis zum 31. Dezember 1935 laufenden Dienstvertrag mit Frist von 6 Wochen zum 31. Dezember 1933 zu kündigen, weil seine Tätigkeit für den Schuldner mit Rücksicht auf die zur Durchführung des abzuschließenden Zwangsvergleichs unbedingt erforderliche Einschränkung des Personalapparats entbehrlich ist, weil ferner wegen der Höhe der Herrn *Langrock* zustehenden Vergütung die weitere Erfüllung des Vertrages das Zustandekommen und die Ausführbarkeit des Zwangsvergleichs gefährden würde, und weil anzunehmen ist, daß der Vertragsgegner *Langrock* in absehbarer Zeit eine gleichartige Stellung finden wird, so daß ihm die Kündigung keinen unverhältnismäßigen Schaden bringt. §§ 28, 29^{II} S. 1 VerglO., 66 HGB.

Breslau, den 30. September 1933.

Amtsgericht.

Richter.

2. Zuzustellen usw."

Gläubiger, deren Anspruch auf einem z. Zt. der Eröffnung noch von keiner Seite vollständig erfüllten Vertrag beruht, sind am Vergleichsverfahren nicht be-

[12]) § 13 Entw. gibt dem Vergleichsrichter die Befugnis, auf Antrag des „vorläufigen Vergleichsverwalters" Zwangsvollstreckungen im Interesse der Masse auf längstens 30 Tage einzustellen.

[13]) Ähnlich § 49 Entw.

teiligt und werden vom Vergleich nicht betroffen (§ 4 VerglO.). Jedoch sehen §§28f. die Nichterfüllung bzw. vorzeitige Kündigung derartiger Verträge vor, weil sonst das Ziel des Verfahrens, die Erhaltung der Existenz des Schuldners, häufig nicht erreicht werden würde. Die Vorschriften sind den §§ 17f. verwandt. Hauptunterschiede:

1. Im Vergleichsverfahren steht das Ablehnungs- bzw. Kündigungsrecht beiden Teilen zu[14]).
2. Auf Seiten des Schuldners erfolgt die Erklärung durch den Schuldner selbst, also nicht etwa durch die Vertrauensperson.
3. Zur Ablehnung der Erfüllung oder Kündigung bedarf es stets einer gerichtlichen Ermächtigung.
4. Das Gesuch um Erteilung der Ermächtigung muß binnen zwei Wochen seit Publikation des Eröffnungsbeschlusses beim Gericht angebracht werden.

Nur zu leicht wird die Frist von juristisch nicht genügend beratenen Schuldnern versäumt. Man denke z. B. an den Fall, daß ein Kaufvertrag wegen eines in den Lieferungsbedingungen versteckten Eigentumsvorbehalts als vom Verkäufer noch nicht erfüllt gilt (S. 807/8). Wird das Versehen noch vor dem Zwangsvergleich erkannt und handelt es sich um ein Geschäft von erheblicher wirtschaftlicher Bedeutung, so tut der Schuldner unter Umständen gut daran das Vergleichsverfahren durch Antragsrücknahme zur Einstellung zu bringen, so daß es zum Konkurse kommt (S. 758f.). Der Konkursverwalter kann dann nach §§ 17f. vorgehen und dadurch vielleicht noch ein Konkurs-Zwangsvergleich ermöglicht werden.

5. Bei seiner Entscheidung über die Ermächtigung hat das Vergleichsgericht nicht bloß die Interessen des Schuldners, sondern auch diejenigen des Vertragsgegners zu berücksichtigen.

Praktisch wird es aber höchst selten vorkommen, daß das Gericht in Fällen, die für den Schuldner von großer Tragweite sind, die Ermächtigung um des Gegenkontrahenten willen versagt. Diesem würde damit gar nicht gedient sein. Denn wenn die Aufrechterhaltung mit der wirtschaftlichen Sanierung des Schuldners unvereinbar ist, so führt die Ablehnung der Ermächtigung notwendiger Weise zum Konkurse, in welchem der Verwalter ohne jede gerichtliche Mitwirkung nichterfüllen bzw. kündigen darf. Der Vertragsgegner hat dann höchstens (bei Miet- oder Dienstverträgen) ein Quartal gewonnen.

Geschäftsführer von Restaurants, Cafés, Vergnügungsunternehmungen usw. sind „Handlungsgehilfen" im Sinne des § 59 HGB., vorausgesetzt, daß ihnen nicht bloß die Überwachung der Speisenzubereitung und der Kellner sowie die Aufrechterhaltung der Ordnung, sondern auch kaufmännische Funktionen (wie Buchführung, Abrechnung, Einkauf) obliegen. Ebenso der Hotelleiter und der von einer Brauerei eingesetzte Leiter einer ihr gehörigen Gastwirtschaft. Staub 14 zu § 59 mit Entscheidungen. Die Kündigung zum 31. Dezember 1933 muß an sich mit Frist von 6 Wochen (§ 66), d. h. spätestens am 19. November, erklärt werden. Selbstverständlich kann aber Geier das ihm eingeräumte außerordentliche Kündigungsrecht nur so lange ausüben, als das Vergleichsverfahren währt. Tut er das, so wird der Vertrag mit dem 31. Dezember 1933 endgültig aufgehoben, gleichviel was nachher aus dem Vergleichsverfahren wird. Langrock hat Anspruch auf Ersatz des ihm durch die vorzeitige Beendigung entstehenden Schadens. Mit dem Schadenersatzanspruch ist er am Verfahren beteiligt, d. h. er erhält beim Zustandekommen eines Vergleichs lediglich die Quote, während seine Vertragsansprüche für die Zeit bis

---

[14]) Der Entwurf (§§ 50f.) beseitigt das Recht des Gegenkontrahenten.

31. Dezember 1933 vom Vergleich nicht berührt werden. §§ 2, 30 S. 2 VerglO.; vgl. § 59², § 61¹ KO.; unten S. 772.

Die Zustellung des Ermächtigungsbeschlusses erfolgt nur an den Schuldner. Dessen Aufgabe ist es, Langrock bei der Kündigung den Beschluß vorzulegen oder mitzuteilen, weil sonst der Vertragsgegner die Kündigung analog §§ 111 S. 2/3, 174, 182III, 1831 S. 2 BGB. zurückweisen könnte. Vgl. auch die Analogie der §§ 491, 922II, 936 ZPO.; RG. 114, 384 (für das frühere Geschäftsaufsichtsverfahren)[15]).

Betriebsdarlehn. Methner berichtet dem Gericht:

„Obgleich der Schuldner für seinen und seiner Familie Unterhalt nur 45 *RM* wöchentlich entnimmt,"

— er darf während des Verfahrens die vorhandenen Mittel für Unterhaltszwecke verbrauchen, soweit sie zu einer „bescheidenen Lebensführung" für ihn und seine Familie unerläßlich sind —

„fehlen seit Beginn des Vergleichsverfahrens die zur Aufrechterhaltung des Betriebes notwendigen Gelder, weil die Tageseinnahmen infolge der ungünstigen Wirtschaftslage hinter denen des Vorjahrs zurückgeblieben sind und weil alle Lieferanten vorherige Barzahlung verlangen."

Daß Geier sich im Vergleichsverfahren befindet, haben die Geschäftsfreunde (auch wenn sie nicht als beteiligte Gläubiger eine formelle Ladung gemäß S. 751 Ziff. 5 erhalten) aus der öffentlichen Bekanntmachung, dem Handelsregister und dem vorgeschriebenen Firmenzusatz ersehen. Nun gehören Ansprüche aus einer nach Eröffnung des Verfahrens erfolgten Lieferung nicht zu den vom späteren Zwangsvergleich betroffenen Forderungen (§§ 2, 73¹ VerglO., 3¹ KO.) — übrigens ohne Unterschied, ob die Vertrauensperson der Bestellung zugestimmt hat oder nicht —, so daß normaler Weise auf volle Zahlung nach Zustandekommen des Vergleichs zu rechnen ist. Doch befürchten die Lieferanten, daß das Vergleichsverfahren in einen Konkurs übergeleitet werden könnte: alsdann würden sie die Stellung gewöhnlicher Konkursgläubiger haben, denn ihre Forderungen sind vor Konkurseröffnung entstanden und es gibt keine Ausnahme zu Gunsten derartiger Gläubiger. Darum machen sie vorsichtiger Weise die Lieferung von sofortiger Zahlung abhängig.

„*Geier* hat deshalb mit meiner Zustimmung von der ‚Ersten Breslauer Aktienbrauerei', der Firma *Jürgensen & Petersen* und dem Bankhaus *Schilling* insgesamt 4500 *RM* als Darlehn zur Fortführung des Betriebes aufgenommen."

Betriebsdarlehen sind im Falle der Überleitung des Verfahrens in einem Konkurs dort Masseschulden, so daß die Darlehnsgeber kein allzu großes Risiko eingehen. Entsprechendes gilt für die Gerichtskosten des Vergleichsverfahrens, das Honorar und die Auslagen der Vertrauensperson. §§ 85, 86 VerglO.[16]).

„Damit hoffe ich bis zum Vergleichstermin auszukommen und auch die Gerichtskosten sowie

---

[15]) § 50II S. 6 Entw. schreibt Zustellung an den Schuldner, den Vergleichsverwalter und den Vertragsgegner vor. Damit wird aber nicht die vom Schuldner selbst an den Vertragsgegner zu erklärende Ablehnung, sondern nur die Vorlegung des Beschlusses entbehrlich gemacht.

[16]) § 106 Entw. erklärt außer den Betriebsdarlehen allgemein Ansprüche aus den während des Vergleichsverfahrens unter Zustimmung des Vergleichsverwalters eingegangenen Rechtsgeschäften zu Masseschulden im Anschlußkonkurs. Darnach kann der Geschäftslieferant bei Zustimmung des Vergleichsverwalters gefahrlos kreditieren, und es bedarf nicht mehr des Umwegs des Betriebsdarlehns.

meine Vergütung und Auslagen zu decken. Nötigen Falls werde ich dem Gericht Anzeige erstatten, damit ein Vorschuß gemäß §§ 22⁵, 79² VerglO. eingefordert werden kann."

Zurücknahme des Antrags. Einstellung des Vergleichsverfahrens. Drei Tage vor dem Termin schreibt Geier:

„Trotz größter Bemühungen ist es mir nicht gelungen den Hypothekengläubiger *Nitsche* zur Zurücknahme seines Zwangsversteigerungs- und Zwangsverwaltungsantrags zu bestimmen. Ferner hat die ‚Union'-Bank das Stehenlassen der für sie auf dem ‚Lunapark'-Grundstück eingetragenen Sicherungshypothek abgelehnt. Auch will ein Teil der am Verfahren beteiligten Gläubiger sich nicht davon überzeugen lassen, daß der angebotene Vergleich der Sachlage entspricht. Da durch diese Umstände die Erreichung der erforderlichen Mehrheit"

— da der vorgeschlagene Vergleich den Gläubigern weniger als die Hälfte ihrer Forderungen bietet, muß neben der einfachen Kopfmehrheit (§ 63¹) nicht bloß die gewöhnliche Summenmehrheit von 75% (§ 63²), sondern eine solche von 80% der stimmberechtigten Forderungen aufgebracht werden (§ 63^III)[17] —

„und die spätere Durchführbarkeit des Vergleichs in Frage gestellt ist, so nehme ich den am 9. September d. J. gestellten Vergleichsantrag hiermit zurück."

Bis zum Schluß der Abstimmung im Vergleichstermin steht dem Schuldner die Rücknahme des Antrags frei (§ 79¹). Verfügung:

„1. Beschluß.

Das Vergleichsverfahren über das Vermögen usw. wird gemäß § 79¹ VerglO. eingestellt, weil der Schuldner den Antrag zurückgenommen hat.

Breslau, den 14. Oktober 1933.

Richter."

„Einstellung" des Verfahrens ist auszusprechen, wenn es zu keinem Vergleich und zu keiner Entscheidung des Gerichts über die Bestätigung kommt, z. B. der Schuldner den Antrag zurücknimmt, der Zwangsvergleich nicht die vorgeschriebene Mehrheit erreicht, die Voraussetzungen des Vergleichsverfahrens vor dem Termin durch das Verhalten des Schuldners oder aus sonstigen Gründen hinfällig werden (§ 79)[18]. War bereits ein Zwangsvergleich angenommen, so endet das Verfahren entweder mit „Bestätigung" (§ 69) oder mit „Verwerfung" (§ 71).

„2. Der Vergleichstermin am 16. d. M. wird aufgehoben.

3. Nachricht von der Einstellung des Vergleichsverfahrens und der Aufhebung des Vergleichstermins dem Schuldner, der Vertrauensperson und den sämtlichen beteiligten Gläubigern.

4. Gemäß § 46 VerglO. wird die Vergütung der Vertrauensperson auf ..... *RM*, ihre Auslagen auf .... *RM* festgesetzt."

Während Vormünder, Pfleger, Nachlaßverwalter ihre Auslagen ohne weiteres der Masse entnehmen dürfen (oben S. 146), bedarf es bei der Vertrauensperson des Vergleichsverfahrens und beim Konkursverwalter hierfür einer gerichtlichen Festsetzung. §§ 46^II VerglO., 85¹ S. 2 KO.

Die Festsetzung erübrigt sich, falls Schuldner und Vertrauensperson sich über Honorar und Auslagen einigen. RG. 116, 318 (für das frühere Geschäftsaufsichtsverfahren). Kommt es aber nachher zum Konkurse, so ist das vereinbarte Honorar,

---

[17]) ebenso § 74 Entw.

[18]) Nach § 98 Entw. fällt die Einstellung infolge Antragsrücknahme fort, weil der Antrag nicht mehr zurückgenommen werden kann (§ 2^III). Neu soll die Einstellung auf Antrag der Gläubigermehrheit eingeführt werden (§ 99).

soweit es den festgesetzten Betrag übersteigt, natürlich nicht Masseschuld. RG. 116, 318 (für Geschäftsaufsicht); Friedländer JW. 27, 1518[19]).

Den Mitgliedern des Gläubigerausschusses werden im Vergleichsverfahren keine Vergütungen festgesetzt.

„5. Zu 4 zuzustellen ....

6. Nach 2 Wochen mit den Konkursakten vorzulegen."

Denn die Einstellung des Vergleichsverfahrens und die damit verbundene Entscheidung über die Eröffnung des Konkurses unterliegen sofortiger Beschwerde und werden erst mit der Rechtskraft wirksam. § 80^{I} S. 3, 4 Abs. II VerglO.

Konkurseröffnung.

Nach Aufhebung des Geierschen Vergleichsverfahrens legt die Geschäftsstelle die Akten mit dem von Wagner & Co. gestellten, gemäß § 31 ausgesetzten Konkursantrag vor. Es müßte aber auch ohne diesen noch immer schwebenden Antrag eine Entscheidung über Eröffnung des Konkursverfahrens ergehen, weil der vom Schuldner gestellte Vergleichsantrag stets als eventueller Konkursantrag aufgefaßt wird (S. 746).

Den Schuldner nochmals gemäß § 105^{II} KO zu hören, liegt hier kein Grund vor.

Von den Voraussetzungen der Konkurseröffnung (§§ 102f.) ist nach dem letzten Bericht der Vertrauensperson das Vorhandensein einer ausreichenden Masse zweifelhaft. Kurzer Hand bestellte der Richter den für das Amt des Konkursverwalters in Aussicht genommenen RA. Walter und gibt ihm den Auftrag, nach Verständigung mit Methner den für die Eröffnung des Konkurses notwendigen Vorschuß festzustellen. RA. Walter bezeichnet wegen der für die Konkursmasse zu führenden Prozesse einen Betrag von 3000 RM. als erforderlich.

Da dem Konkursverwalter für seine Prozesse kein Armenrecht bewilligt wird (S.452 Ziff.5), sind die Gerichtskosten und Kosten des eigenen Anwalts selbstverständlich aus der Masse zu decken. Ob die Masse außerdem auch für den im Falle des Unterliegens der Gegenpartei zustehenden Kostenerstattungsanspruch reichen muß, ist strittig. An sich braucht der Prozeßgegner nicht zu den am Konkurse „Beteiligten" zu gehören, denen Verwalter und Gläubigerausschußmitglieder für die Erfüllung ihrer Obliegenheiten nach §§ 82, 89 haften. Wenn aber der Gegner gewinnt, so ist seine Kostenforderung, weil aus einer „Handlung" des Verwalters entstanden, Masseschuld (§ 59^{1}). Hieraus wird hergeleitet, daß der Verwalter den Prozeß nur unter Berücksichtigung der eventuellen Masseschuld beginnen, der Gläubigerausschuß nur unter dieser Voraussetzung der Einleitung des Prozesses zustimmen (§ 133^{2}) dürfe. Vgl. Bresl. AnwKZ. 31, 102 (OLG. Frankfurt a. M.).

Der Vorschuß ist an bevorzugter Stelle, nämlich unter den Massekosten (§ 58^{1,2}) zurückzuzahlen. Da in der Geierschen Masse erhebliche, wenn auch nicht leicht realisierbare, Vermögensstücke stecken, so bedeutet die Zahlung kein allzu großes Risiko. Nicht selten zahlt sogar ein Gläubiger Vorschuß zur Eröffnung eines zunächst masselosen Konkurses in der Erwartung, daß der Verwalter durch erfolgreiche Anfechtung von Rechtshandlungen eine Masse schaffen und daraus den Vorschuß zurückerstatten werde.

Verfügung:

„1. Beschluß: Der Konkursantrag der Firma Deutsche Sektkellereien *Rudolf Wagner & Co.* in Rüdesheim sowie der Antrag des Gemeinschuldners *Konrad Geier* werden gemäß § 107 KO. kostenpflichtig zurückgewiesen werden, wenn nicht bis zum 21. Oktober d. J. ein

---

[19]) § 43^{IV} Entw.: „Vereinbarungen des Vergleichsverwalters mit dem Schuldner oder einem Vergleichsgläubiger über die Höhe der Auslagen oder der Vergütung sind nichtig."

Kostenvorschuß von 3000 *RM* gezahlt wird, weil keine den Kosten des Verfahrens entsprechende Maße vorhanden ist.

2. Zuzustellen ...."

Die Entscheidung über Eröffnungsanträge zieht sich manchmal wochenlang hin, besonders wenn die Sache in die Beschwerdeinstanz geht. Um Schädigungen der Konkursgläubiger während der Zwischenzeit zu verhüten, kann das Gericht gegen den Schuldner nach Bedarf persönliche Freiheitsbeschränkungen oder Verfügungsbeschränkungen bis zum „allgemeinen Veräußerungsverbot" anordnen (§ 106). Die Wirkung der Verfügungsbeschränkung ergibt sich aus §§ 135, 136, 892 I S. 2 BGB., 772 ZPO. Um den guten Glauben Dritter zu zerstören, werden die Verfügungsbeschränkungen auf Ersuchen des Konkursgerichts ins Grundbuch eingetragen (§ 113 KO.). In unserem Fall sieht das Gericht von derartigen Sicherungsmaßnahmen ab.

Am 19. Oktober zahlen Wagner & Co. den Vorschuß ein:

„Geschäftsnummer: 53 N 95. 33.

Beschluß.

Über das Vermögen des Gastwirts und Schaustellungsunternehmers *Konrad Geier*, in Firma ‚Lunapark Grüneiche *Konrad Geier*', in Breslau-Grüneiche wird heute am 19. Oktober 1933, vormittags 11 Uhr das Konkursverfahren eröffnet, da die Firma Deutsche Sektkellereien *Rudolf Wagner & Co.* in Rüdesheim, vertreten durch den RA. *Schwarz* in Breslau, auf Grund ihrer glaubhaft gemachten Wechselforderung von 2150 *RM* die Eröffnung des Konkursverfahrens beantragt hat und durch das Rundschreiben vom 28. August 1933 die Zahlungsunfähigkeit des Schuldners glaubhaft gemacht ist, und da ferner das auf Antrag des Schuldners eingeleitete gerichtliche Vergleichsverfahren 53 VN 128. 33 durch Beschluß vom 14. Oktober 1933 eingestellt worden ist.

Der Rechtsanwalt *Dr. Willibald Walter* in Breslau, Tauentzienplatz 22 wird zum Konkursverwalter ernannt.

Konkursforderungen sind bis zum 1. Dezember 1933 bei dem Gericht anzumelden.

Es wird zur Beschlußfassung über die Beibehaltung des ernannten oder die Wahl eines anderen Verwalters sowie über die Bestellung eines Gläubigerausschusses und eintretenden Falles über die im § 132 KO. bezeichneten Gegenstände auf den 15. November 1933 vormittags 9 Uhr und zur Prüfung der angemeldeten Forderungen auf den 29. Dezember 1933 vormittags 10 Uhr vor dem unterzeichneten Gericht Termin anberaumt.

Allen Personen, die eine zur Konkursmasse gehörige Sache in Besitz haben oder zur Konkursmasse etwas schuldig sind, wird aufgegeben, nichts an den Gemeinschuldner zu verabfolgen und zu leisten, auch die Verpflichtung auferlegt, von dem Besitz der Sache und von den Forderungen, für welche sie aus der Sache abgesonderte Befriedigung in Anspruch nehmen, dem Konkursverwalter bis zum 12. November 1933 Anzeige zu machen.

Breslau, den 19. Oktober 1933.

Amtsgericht.

Richter."

Vgl. §§ 108, 110, 118, 138. Die „erste Gläubigerversammlung" ist nicht über einen Monat hinaus anzusetzen. Die Anmeldefrist für Konkursforderungen beträgt 2 Wochen bis 3 Monate und der Zwischenraum vom Ablauf der Anmeldefrist bis zum allgemeinen Prüfungstermin 1 Woche bis 2 Monate. Erste Gläubigerversammlung und allgemeiner Prüfungstermin können verbunden werden, man muß dann einen Tag zwischen 3 Wochen und einem Monat wählen. Der im letzten Absatz enthaltene „offene Arrest“ spricht zunächst ein Leistungsverbot aus, das sich als gesetzliche Folge des mit der Eröffnung eintretenden Verlustes des Verfügungsrechts des Kridars von selbst ergibt. Von erheblicherer Bedeutung ist das anschließende Anzeigegebot, weil seine Nichtbeachtung eine Schadensersatzpflicht begründet (§ 119). Hatte z. B. der Verwalter von der Zugehörigkeit einer Sache zur Masse nichts gewußt und infolge dessen die Verwertung zu günstigen Preisen unterlassen, und ist inzwischen der Preis gefallen (Wertpapiere! Modeartikel!), so haftet der Besitzer für den Mindererlös. Der offene Arrest trifft auch den Gerichtsvollzieher, der beim Schuldner gepfändete Sachen (Wertsachen, oben S. 625) als unmittelbarer Besitzer an sich genommen hat. —

Mit der Konkurseröffnung wird das gesamte zu diesem Zeitpunkte vorhandene pfändbare Vermögen des Schuldners — die „Konkursmasse“ (§ 1^{I}) — für die Gesamtheit seiner Gläubiger — die „Konkursgläubiger“ — mit Beschlag belegt und dient zu ihrer gleichmäßigen und gemeinschaftlichen Befriedigung nach Maßgabe der konkursmäßigen Rangordnung (§§ 3^{I}, 61). Der Konkurs ist also als *Generalexekution* aufzufassen. Folgerichtig sind Einzelvollstreckungen oder -Arrestvollziehungen von Konkursgläubigern während des Konkurses unzulässig (§ 14). Auch die Leistungsklage wird dem Konkursgläubiger versagt; er muß seine Forderung in dem besonderen Verfahren der §§ 138f. anmelden und abwarten, bis ihre Feststellung erfolgt und er durch den Verwalter die ihm zustehende Quote erhält. — Während nun bei der Singularvollstreckung der Gläubiger an den zu seiner Befriedigung dienenden Vermögensstücken des Schuldners ein Pfandrecht erlangt und sie auf Grund dieses Pfandrechts versteigern läßt, erfolgt die Verwertung der Konkursmasse dergestalt, daß der Konkursverwalter, dem sie obliegt, zwar nicht geradezu fiduziarischer Eigentümer wird, aber doch das Verfügungs- und Verwaltungsrecht des Schuldners kraft eigenen Rechts und im eigenen Namen ausübt (§ 6^{II}). Demgemäß verliert der Schuldner — obgleich er Eigentümer der Konkursmasse bleibt — das Verfügungs- und Verwaltungsrecht (§ 6^{I}), und es tritt *separatio bonorum* (S. 43) ein, die sich auch auf die Prozeßführung (S. 148) und Aufrechnung (S. 149) erstreckt. — Da der Konkurs auf Versilberung der Masse abzielt, stellt er zugleich ein *Liquidationsverfahren* dar, und zwar ein solches, bei dem der Liquidationsgedanke weit schärfer durchgeführt ist als bei der Liquidation von Handelsgesellschaften und juristischen Personen. Dort wird nämlich die Rechtsstellung Dritter nicht berührt, und die Abwicklung und Versilberung geschieht auf Grund der an sich bestehenden Rechtslage, so daß beispielsweise die laufenden Verträge mangels gegenteiliger Vereinbarung vollständig zu erfüllen sind und bei befristeten Forderungen und Schulden der Eintritt der Fälligkeit abgewartet werden muß. Dagegen treten im Konkurse zur Beschleunigung und Erleichterung des Verfahrens verschiedene Veränderungen ein: noch nicht erfüllte gegenseitige und andere Vertragsverhältnisse können vorzeitig aufgehoben werden (§§ 17f.), Gesellschaften endigen (§§ 728 BGB., 131^{5} HGB.), Auseinandersetzungsbeschränkungen bei Gemeinschaften, an denen der Gemeinschuldner beteiligt ist, treten außer Kraft (§ 16^{II} KO., vgl. S. 182), gestundete Forderungen von Konkursgläubigern — nicht auch Forderungen des Gemeinschuldners an Dritte — werden sofort fällig (§ 65), auf Individualleistung gerichtete Ansprüche verwandeln sich in Geldforderungen (§ 69), und zur Feststellung der Konkursforderungen ist das vereinfachte Anmeldungs- und Prüfungsverfahren (§§ 138f.) gegeben. — Die durch die Generalexekution begründete gemeinschaftliche Rechtsstellung der Konkursgläubiger, die „par conditio creditorum", führt schließlich zum Ausbau einer organisierten Gläubigergemeinschaft, die im Gläubigerausschuß bzw. der Gläubigerversammlung mit Mehrheit entscheidende Bestimmungen über Art und Weise der Durchführung des Konkurses treffen, im Zwangsvergleich sogar Rechte gegen den Gemeinschuldner mit Wirkung für alle Gläubiger aufheben kann.

Die Konkursmasse, wie sie der Verwalter bei Eröffnung des Verfahrens als „Bruttomasse" übernimmt, kann sich durch Anfechtung von Rechtshandlungen (S. 465) vergrößern. Sie kann sich durch Aus- und Absonderungsansprüche sowie durch Aufrechnung (§§ 53f.) verringern. Mit der Aussonderung (§ 43f.) macht ein Dritter — analog der Intervention der Einzelvollstreckung — geltend, daß ihm Eigentum oder ein sonstiges die Veräußerung hinderndes Recht an einem Gegenstand zustehe und dieser daher aus der Masse gänzlich auszuscheiden sei. Bei der Absonderung (§§ 4, 47f.) erhält der Berechtigte aus einem zur Masse gehörigen Gegenstand wegen seiner durch Hypothek, Pfandrecht usw. gesicherten Forderung vorzugsweise Befriedigung, wird also vom Konkurse insoweit nicht betroffen.

Aus der nach Vorstehendem abgegrenzten Masse sind zunächst die Ansprüche der „Massegläubiger", nämlich „Masseschulden" (§ 59) und „Massekosten" (§58) zu decken. Es handelt sich hierbei nicht — wie bei Aus- und Absonderung — um Rechte, die mit gleichsam dinglicher Wirkung gegenüber der Masse geltend gemacht werden, sondern um Ansprüche von bloß obligatorischer Natur. Die Massegläubiger unterliegen aber bei Durchführung ihrer Forderungen nicht den für die Konkursgläubiger geltenden besonderen Beschränkungen, sondern können mit Klage und Zwangsvollstreckung gegen den Verwalter vorgehen. Masseschulden und -kosten sind im wesentlichen nach der Eröffnung entstandene Ansprüche, vor allem die Verpflichtungen aus den Geschäften oder Prozessen des Verwalters. Reicht die Masse, was vorkommen kann, zur Befriedigung aller Massegläubiger nicht aus, so tritt unter ihnen die besondere Rangordnung des § 60 ein.

Nach Berichtigung der Massegläubiger bleibt die „Netto-Masse" übrig, aus der nunmehr die Konkursgläubiger in der Rangordnung des § 61 zur Hebung gelangen.

Unterschiede zwischen Vergleichsverfahren und Konkurs: Von dem Gedanken der „Generalexekution" ist in das Vergleichsverfahren bloß die negative Seite, die Vollstreckungssperre, übernommen (S. 753). — Eine „separatio bonorum" wird nicht herbeigeführt. Verfügungs- und Verwaltungsrecht, Aktiv- und Passivlegitimationen gehen nicht auf die Vertrauensperson über, sondern verbleiben grundsätzlich dem Schuldner. Ausnahme: wenn das Gericht ein allgemeines Veräußerungsverbot aus §§ 50f. VerglO. erläßt. Vgl. S. 752. Hinsichtlich der Aufrechnung verweist aber § 36 VerglO. auf §§ 54, 55 KO. — Auf der „Liquidations"-Idee beruhen die Vorschriften über Nichterfüllung bzw. außerordentliche Kündigung laufender Verträge (S. 755). Eine vorzeitige Fälligkeit sowie eine Umwandlung von Individualansprüchen in Geldforderungen tritt nicht ein, und das Forderungsanmelde- und Prüfungsverfahren ist nicht so ausgebaut, wie im Konkurse (§§ 60f. VerglO.). — Das Prinzip der „organisierten Gläubigergemeinschaft" gilt im vollen Umfang. Über Abweichungen in den Einzelheiten des Zwangsvergleichs unten S. 792/3. — Eine Anfechtung von Rechtshandlungen des Schuldners findet nicht statt, dafür sind Zwangsvollstreckungshandlungen aus den letzten 29 Tagen nach §§ 3, 70, 84 ipso iure unwirksam (S. 748, 753)[20].

Über das landwirtschaftliche Vermittlungsverfahren s. S. 622.

[20]) Der Entw. hat in allen diesen Punkten nichts Grundsätzliches geändert.

Abgesehen von Konkurs und Vergleichsverfahren, gibt es eine organisierte Gläubigergemeinschaft mit Zwangsvergleichsbefugnis noch im Ges. über die gemeinschaftlichen Rechte der Besitzer von Schuldverschreibungen vom 4. Dezember 1899 (RGBl. 691). —

Verfügung zum Eröffnungsbeschluß:

„1. Eröffnungsbeschluß zustellen: a) an Gemeinschuldner, b) an *Wagner & Co.* z. H. von RA. *Schwarz*, c) dem Verwalter, d) den der Person nach bekannten Gläubigern und Schuldnern."

Vgl. §§ 73^{II}, 111^{III} KO. Auch diese Zustellungen erfolgen durch Aufgabe zur Post und ohne Beglaubigung (§ 77^{I}).

Abweichend vom Vergleichsverfahren unterliegen in Konkurssachen grundsätzlich alle Entscheidungen der sofortigen Beschwerde nach den Vorschriften der ZPO. (§§ 72, 73^{III} KO.). Bei duae difformes weitere Beschwerde (§ 568^{II} ZPO.). Beschwerdefrist: zwei Wochen (§ 577^{II}). Ausschluß der Beschwerde gegenüber Stimmrechtsentscheidungen S. 787, der weiteren Beschwerde in Zwangsvergleichssachen S. 791. Die Beschwerde gegen einen Eröffnungsbeschluß steht nur dem Gemeinschuldner, nicht auch dem Gläubiger, zu (§ 109 KO.). Mit der Beschwerde kann Geier auch geltend machen, daß die Einstellung des Vergleichsverfahrens zu Unrecht erfolgt sei. § 80^{I} S. 4 VerglO., vgl. §§ 24^{II} S. 2, 71^{I} S. 4.

„2. Bekanntmachung gemäß § $111^{I, II}$ KO. in a) „Reichsanzeiger", b) „Regierungs-Amtsblatt", c) „Neue Breslauer Zeitung", d) „Breslauer Neueste Nachrichten".

Die Bekanntmachung, welche mit Ablauf des zweiten Tages nach Ausgabe des Amtsblattes als vollzogen gilt (§ 76^{I} S. 2), ersetzt alle vorgeschriebenen Zustellungen (§ 76^{III}). Wegen § 98 muß sie die Tagesordnung der ersten Gläubigerversammlung im Einzelnen wiedergeben, weil sonst die Gefahr besteht, daß die Versammlung für nicht ordnungsmäßig einberufen und die in ihr gefaßten Beschlüsse für nichtig erklärt werden! Vgl. JW. 31, 2588^{21} (Königsberg).

„3. Dem Verwalter ist Bescheinigung gemäß § 81^{II} KO. zu erteilen.

4. Beglaubigte Abschrift des Eröffnungsbeschlusses der Staatsanwaltschaft."

Die Staatsanwaltschaft schickt später dem Verwalter einen ausführlichen Fragebogen zur Ausfüllung zu. Von den Antworten des Verwalters hängt es gewöhnlich ab, ob gegen den Gemeinschuldner oder dritte Personen ein Strafverfahren wegen Konkursvergehens oder -verbrechens (§§ 239f.) eingeleitet wird. Besonders häufig kommt in der Praxis einfacher Bankrott, begangen durch Unterlassung oder unordentliche Führung der Handelsbücher (§ 240^{3}), vor.

„5. desgl. dem Amtsgericht, Abteilung für Registersachen."

Nach § 32 HGB. ist im Handelsregister, und zwar in Sp. 5: „Rechtsverhältnisse bei Einzelkaufleuten", die Eröffnung des Konkurses von Amts wegen einzutragen.

„6. desgl. zu den Grundakten von Grüneiche Bd. IV Bl. Nr. 97 und zu den Grundakten des Amtsgerichts Neumarkt von Deutsch-Lissa Bd. V Bl. Nr. 145 mit dem Ersuchen um Eintragung des Konkursvermerks."

Vgl. § 113 KO. Gehören Hypotheken zur Masse, so trägt das Grundbuchamt den Konkursvermerk ausnahmsweise ohne Vorlegung des Briefes ein (S. 252). Der Konkursvermerk bewirkt absolute Sperrung des Grundbuchs gegen Verfügungen des Gemeinschuldners (S. 206).

„7. desgl. dem Amtsgericht, Abt. für Vormundschaftssachen hier mit dem Bemerken, daß *Geier* ein minderjähriges Kind zweiter Ehe hat und Gegenvormund in Sachen *Ochs* ist."

Vgl. S. 80f.

Die Konkurseröffnung führt auch eine Minderung der staatsbürgerlichen Stellung des Gemeinschuldners herbei. Zwar behält er sein aktives und passives Wahlrecht für Reichstag und Landtag (arg. § 2 Reichs-Wahl-Ges. vom 6. März 1924, RGBl. 159, § 2 pr. Landeswahlgesetz vom 28. Oktober 1924, GS. 671), aber er verliert die Fähigkeit, Schöffe oder Geschworener (§§ 32³, 84ᴵ GVG.) oder Beisitzer im Arbeitsgericht (§ 21ᴵᴵ ArbGG.) zu sein oder ein Ehrenamt der Reichsversicherungsordnung zu bekleiden (§ 12² RVO.). Diese Unfähigkeit tritt übrigens in gleicher Weise bei Erlaß eines „allgemeinen Veräußerungsverbots" im Vergleichsverfahren (S. 752) oder Konkurseröffnungsverfahren (S. 760) ein, weil dadurch der Schuldner ebenfalls „infolge gerichtlicher Anordnung in der Verfügung über sein Vermögen beschränkt" wird. Besondere Benachrichtigungen an die mit der Aufstellung der Schöffenlisten usw. befaßten Behörden ergehen nicht; sie müssen aus den öffentlichen Bekanntmachungen selbst die im Konkurse oder unter allgemeinem Veräußerungsverbot stehenden Personen ausfindig machen.

„8. Ersuchen an das Post- und Telegraphenamt um Aushändigung aller für den Gemeinschuldner unter seinem bürgerlichen Namen oder seiner Firma eingehenden Sendungen an den Verwalter."

Vgl. § 121 KO.

„9. Zählkarte.

10. Die Geschäftsbücher des Gemeinschuldners sind zu schließen."

Die Schließung erfolgt nach § 122ᴵᴵ durch Vermerk hinter der letzten Bucheintragung:

„Wegen Eröffnung des Konkursverfahrens geschlossen.
Breslau, den 23. Oktober 1933.
Amtsgericht. Geschäftsstelle.
Urkund
(Siegel) als Urkundbeamter."

Schließlich wird eine Vorlegung:

„11. nach 2 Wochen"

notiert, um den Eingang des vom Verwalter einzureichenden Gläubiger- und Schuldnerverzeichnisses, des Inventars nebst Bilanz (§§ 123, 124) sowie die Zustellungen zu 1 der Verfügung zu kontrollieren. Nach Eingang der Gläubiger- und Schuldnerliste werden etwa noch fehlende Zustellungen nachgeholt.

An Hand der Urkunden über die Zustellung des Eröffnungsbeschlusses an den Gemeinschuldner stellt das Gericht die Rechtskraft des Eröffnungsbeschlusses fest, mit welcher die Einstellung des Vergleichsverfahrens erst wirksam wird (§ 80ᴵᴵ VerglO.). Die familienrechtlichen Folgen der Konkurseröffnung (S. 80f.) treten ebenfalls nicht vor Rechtskraft ein, die sonstigen Einwirkungen des Konkurses auf bestehende Rechtsverhältnisse (z. B. die Auflösung von Gesellschaften) schon mit Erlaß des Eröffnungsbeschlusses, aber suspensiv bedingt durch seine Rechtskraft. —

Der Referendar: Haben Wagner & Co. nicht eigentlich gegen ihr Interesse gehandelt, indem sie die Eröffnung des Konkurses herbeiführten? Vorher hatten sie die Chance, durch geschickte Vollstreckungsmaßnahmen, gegebenenfalls unter Anwendung des Offenbarungseidzwanges und durch Anfechtung benachteiligender Verfügungen nach dem Gesetz vom 21. Juli 1879, zur vollen Befriedigung zu gelangen. Im Konkurse können sie bloß die allgemeine Quote erhalten.

Der Richter: Sie übersehen, daß Wagners Forderung vor dem 2. November noch gar nicht fällig ist. Aber auch ein Gläubiger, dessen Forderung fällig ist und der einen vollstreckbaren Schuldtitel in der Hand hat, wird es bald müde sein, die Beitreibung seines Anspruchs auf dem Wege der Einzelvollstreckung zu versuchen. Die Erfahrung lehrt, daß man mit den Hilfsmitteln des Offenbarungseides und der Anfechtung nicht zum Ziele kommt, wenn der Schuldner böswillig oder seine Vermögenslage undurchsichtig ist. Dem Konkursverwalter stehen ganz andere Machtmittel zu Gebote. Er nimmt die gesamte Masse einschließlich der — von der Einzelvollstreckung ausgenommenen (§ 811 ^{11} ZPO.) — Geschäftsbücher und Korrespondenzen des Gemeinschuldners (§ 1 ^{III} KO.) in Besitz und kann daher in die verworrenen Verhältnisse hineinleuchten und alles Erreichbare zur Masse ziehen. Praktisch hat die Konkursdividende oft mehr Wert als die theoretische Aussicht auf hundertprozentige Befriedigung durch Singularvollstreckung. Hierzu kommt, daß das im Konkursfall geltende Recht für die Gläubiger in einer Reihe von Punkten materiell günstiger ist: die Pflicht zum Offenbarungseid besteht ohne die fünfjährige Schonfrist des § 903 ZPO. (§ 125 KO.), die Anfechtung benachteiligender Rechtshandlungen wird erweitert, die Geltendmachung von Eigentumsansprüchen der Ehefrau erschwert, Auseinandersetzungsbeschränkungen treten außer Kraft, und langfristige, für den Schuldner ruinöse Verträge können mit Hilfe der §§ 17f. abgeschüttelt werden (S. 807f.).

Aus welchen Gründen stellt ein Gemeinschuldner Konkursantrag? Hauptsächlich um dem Vorwurf zu entgehen, er habe sein Vermögen bei Seite gebracht oder einzelne Gläubiger durch Hinausschiebung des Konkurses begünstigt (§§ 239 ^{1}, 240 ^{2}, 241). In den meisten Fällen hofft er außerdem, im Konkurse zu einem Zwangsvergleich zu gelangen, der nicht an die Mindestquote des Vergleichsverfahrens (§ 6 VerglO.) gebunden ist. Die Vorstände gewisser juristischer Personen sind sogar ausdrücklich verpflichtet, zur Vermeidung zivil- und strafrechtlicher Folgen innerhalb von 2 Wochen seit Eintritt der Zahlungsunfähigkeit bzw. Feststellung der Überschuldung entweder Konkurs oder gerichtliches Vergleichsverfahren zu beantragen. §§ 240 ^{II}, 315 ^{2} HGB., 64, 84 GmbHG., 99, 140 GenG., sämtlich in der Fassung des Ges. vom 25. März 1930 (RGBl. I 93).

Referendar: Wie lange kann der Schuldner die Eröffnung des Konkurses dadurch abwenden, daß er den antragstellenden Gläubiger auszahlt?

Richter: Ohne Weiteres nur bis zum Eröffnungsbeschluß. Nachher ist eine einfache Rücknahme des Antrags nicht mehr möglich. Der Schuldner kann aber noch sofortige Beschwerde einlegen und den Nachweis versuchen, daß es an einer der Voraussetzungen des Konkurses, z. B. der Zahlungsunfähigkeit, gefehlt habe. Bleibt die Beschwerde erfolglos oder war die Frist bereits abgelaufen, so läßt sich der Konkurs nur noch dadurch aus der Welt schaffen, daß man gemäß §§ 202f. KO. Einverständniserklärungen der sämtlichen Konkursgläubiger beibringt: ein recht umständliches Verfahren, welches überdies die materiellen Rechtswirkungen der einmal rechtskräftig erfolgten Konkurseröffnung nicht wieder beseitigt.

Provisorischer Gläubigerausschuß. Alsbald nach der Eröffnung beantragt der Verwalter unter Hinweis auf den Umfang und die Schwierigkeit der Sache die Bestellung eines Gläubigerausschusses, für den er die Mitglieder des im Vergleichsverfahren tätig gewesenen Ausschusses vorschlägt.

Vor der ersten Gläubigerversammlung steht dem Konkursgericht die Befugnis zur Bestellung eines provisorischen Gläubigerausschusses zu. Es ist nicht bei der Auswahl der Mitglieder — wie später die Gläubigerversammlung — unbeschränkt, sondern darf nur Gläubiger oder Gläubigervertreter wählen (§ 87[I]). Die gesetzlichen Voraussetzungen sind bei den Vorgeschlagenen gegeben. Verfügung:

„1. Beschluß. In dem Konkursverfahren usw. wird ein Gläubigerausschuß bestellt, bestehend aus dem Likörfabrikanten *Brandler*, dem Bankier *Schilling* und dem RA. *Schwarz*, sämtlich in Breslau.

2. Zuzustellen dem Verwalter und Gemeinschuldner.

3. Nachricht den Mitgliedern des Gläubigerausschusses mit der Anfrage, ob sie das Amt annehmen."

Die Bestellung des Gläubigerausschusses hat zur Folge, daß der Verwalter nunmehr verpflichtet ist, in den in §§ 133f. bezeichneten wichtigeren Angelegenheiten die vorherige Genehmigung des Ausschusses einzuholen. Diese Vorschrift hat aber nur für das Innenverhältnis Bedeutung, indem der Verwalter durch Handeln ohne Genehmigung sich verantwortlich macht (§ 82), vielleicht auch Grund zu seiner Entlassung gibt (§ 84[I] S. 2); nach außen hin sind die Maßnahmen des Verwalters ohne Rücksicht auf die Einholung der Genehmigung rechtsgültig, so daß z. B. der Grundbuchrichter den Nachweis der Genehmigung des Gläubigerausschusses niemals fordern darf (§ 136). Eine Ausnahme besteht nur bezüglich der Abhebungen und Anweisungen im Verkehr mit der Hinterlegungsstelle, der gegenüber die Mitzeichnung eines Gläubigerausschußmitglieds notwendig ist (§ 137).

Eine viel vernachlässigte Pflicht des Gläubigerausschusses geht dahin, allmonatlich wenigstens einmal die Kasse des Verwalters durch eines seiner Mitglieder prüfen zu lassen (§ 88[II] S. 2). Besonders vorsichtige Konkursrichter lassen sich über die erfolgte Kassenprüfung jedesmal eine Bescheinigung zu den Akten einreichen und notieren Fristen für die Einreichung.

Konkursakten: Sehr wichtig ist für den Konkursrichter die zweckmäßige und übersichtliche Führung der Akten. § 33[1, 2] der pr. Gesch.-O. (S. 85) schreibt gesonderte Aktenbände:

a) Verfahren,

b) Teilungsmasse,

c) Schuldenmasse

vor. Dazu kommen im Falle des Bedürfnisses noch Akten über:

d) Verteilungen,

e) Zwangsvergleichsvorschläge

und nach Ermessen des Gerichts weitere Sonderbände. Alle Schriftstücke von allgemeiner Bedeutung — Eröffnungsbeschluß mit Verfügung, Protokoll der ersten Gläubigerversammlung, Berichte des Verwalters, Protokoll des Schlußtermins, Beschwerden, Beschwerdeentscheidungen usw. — werden zu Band a genommen.

Erste Gläubigerversammlung.

Die Konkursgläubiger sind Herren des Verfahrens. Die Wahl des Verwalters, des Gläubigerausschusses, die Art und Weise der Verwertung der Masse und der Abwicklung des Konkurses: alles das steht grundsätzlich in ihrem freien Belieben, und der Konkursverwalter ist an die Beschlüsse und Weisungen der Gläubigerversammlung gebunden. Vor der ersten Gläubigerversammlung fehlt es noch an einer Organisation der Gläubiger, so daß Konkursverwalter und Gläubigerausschuß provisorisch vom Gericht ernannt werden müssen (§§ 78[I], 87[I] KO.). Erst mit dieser Versammlung tritt die Autonomie der Konkursgläubiger in Kraft. Das Gericht übt bloß noch eine gewisse Oberaufsicht aus, indem es die Ernennung des von der Versammlung gewählten Verwalters versagen und auf den, in der Versammlung zu stellenden Antrag des Verwalters oder eines überstimmten Gläubigers im gemeinschaftlichen Interesse aller Konkursgläubiger die Ausführung eines Versammlungsbeschlusses untersagen kann. Der Streit wird dann im Beschwerdewege ausgetragen. §§ 80 S. 2, 99, 73 III.

Die erste Gläubigerversammlung des Geierschen Konkurses nimmt einen glatten Verlauf:

„Gegenwärtig .... Breslau, den 15. November 1933.

In dem Konkursverfahren usw. erschienen nach Aufruf im heutigen Termin zur ersten Gläubigerversammlung:

1. der Konkursverwalter RA. *Dr. Walter*,
2. der Gemeinschuldner,
3. die folgenden Gläubiger und Bevollmächtigten von Gläubigern:

..............................."

Während Gläubiger bevorrechtigter Konkursforderungen (§ 61 1—5) am Vergleichsverfahren überhaupt nicht beteiligt sind (§ 2 VerglO.)[21]), haben sie im Konkurse grundsätzlich alle Rechte von Konkursgläubigern, insbesondere Stimmrecht in den Gläubigerversammlungen. Ausnahme für den Zwangsvergleich: unten S. 782.

„Der Konkursverwalter erstattete Bericht über die Entstehung der Zahlungsunfähigkeit des Gemeinschuldners, über die Lage der Sache und über die bisher ergriffenen Maßregeln. Darnach steht für die nicht bevorrechtigten Konkursgläubiger, soweit sich die Sachlage zur Zeit übersehen läßt, eine Dividende von 30—37% in Aussicht."

Vgl. § 131 KO.

„Es wurde von der Versammlung beschlossen:

1. Der Rechtsanwalt *Dr. Willibald Walter* wird als Konkursverwalter beibehalten.
2. Es soll ein Gläubigerausschuß von 3 Mitgliedern gewählt werden.
   Gewählt wurden die Herren Likörfabrikant *Max Brandler*, Bankier *Ferdinand Schilling* und RA. *Siegmund Schwarz*, sämtlich in Breslau. Diese nahmen die Wahl an.
3. Bezüglich der Fortführung oder Schließung des Geschäfts des Gemeinschuldners:
   Die Entscheidung wird dem Gläubigerausschuß überlassen."

Die Delegation des der Gläubigerversammlung zustehenden Bestimmungsrechts auf den Gläubigerausschuß ist zulässig und zweckmäßig, weil der Ausschuß nötigenfalls schneller zusammentreten und beschließen kann, als die etwas schwerfällige Gläubigerversammlung.

„4. Dem Gemeinschuldner wird eine einmalige Unterstützung von 400 *RM* bewilligt."

Die Bewilligung steht im freien Belieben der Versammlung. Sie rechtfertigt sich aus der Erwägung, daß der Schuldner nach Konkurseröffnung dem Verwalter in großem Umfang Auskünfte erteilen muß und dadurch behindert ist, den Lebensunterhalt für sich und seine Familie zu verdienen. Die Unterstützung hat die Natur eines Massekostenanspruchs, der allen anderen Ansprüchen von Massegläubigern nachgeht (§§ 58 3, 60).

„5. Die eingehenden Gelder sollen bei der Städtischen Bank in Breslau zu den dort üblichen Bedingungen hinterlegt werden. Quittungen des Verwalters über Empfang von Geldern, Wertpapieren und Kostbarkeiten auf die Hinterlegungsstelle bedürfen zu ihrer Gültigkeit keiner Mitzeichnung eines Mitgliedes des Gläubigerausschusses, wenn ihr Gegenstand höchstens 100 *RM* beträgt. Der Verwalter ermächtigt die jeweiligen Mitglieder des

---

[21]) übereinstimmend §§ 25 I, 26 I Entw. Das berichtigte Gläubigerverzeichnis soll aber nach § 86 auch für Vorrechtsforderungen einen Vollstreckungstitel bilden.

Gläubigerausschusses, sich jederzeit vom Stand des Kontos der Konkursmasse bei der Städtischen Bank zu überzeugen, und weist die Städtische Bank unwiderruflich an, jede Abhebung auch dem Konkursgericht sowie den sämtlichen Mitgliedern des Gläubigerausschusses mitzuteilen."

Die Bestimmungen des § 137 sind dispositiver Natur. Der Beschluß der Gläubigerversammlung setzt sie für kleinere Beträge außer Kraft, weil hier das Erfordernis der Mitzeichnung eines Gläubigerausschußmitglieds eine überflüssige Formalität darstellt. Andrerseits sollen alle Mitglieder des Gläubigerausschusses und das Gericht fortlaufend über den Stand des Kontos unterrichtet sein, damit etwaige Unregelmäßigkeiten des Verwalters sofort bemerkt werden. Die vom Verwalter erteilten Ermächtigungen und Anweisungen sind wegen des Bankgeheimnisses notwendig: denn von selbst sind nach außen hin weder der Gläubigerausschuß noch das Gericht zur Wahrnehmung der der Konkursmasse zustehenden Rechte befugt.

„6. Der Verwalter soll der Gläubigerversammlung in den abzuhaltenden Terminen, dem Gläubigerausschuß auf dessen Verlangen jederzeit über die Verwaltung und Verwertung der Masse Bericht erstatten und Rechnung legen.

Der Verwalter überreichte seine Bestallung zwecks Berichtigung."

Nämlich zum Vermerk der Wahl des Gläubigerausschusses und des den § 137 abändernden Beschlusses zu 5.

„Sämtliche Beschlüsse und Wahlen sind einstimmig erfolgt.

Vorgelesen, genehmigt."

Die Einstimmigkeit erspart dem Gericht die Aufstellung einer Stimmliste und die Festsetzung des Stimmrechts. Letztere gestaltet sich gerade in der ersten Gläubigerversammlung sehr schwierig, da festgestellte Forderungen — die nach § 95 I S. 1 in Höhe ihres Betrages ohne weiteres Stimmrecht besitzen — vor Abhaltung des allgemeinen Prüfungstermins nicht vorhanden sind. Vgl. im übrigen unten S. 786f. —

Der in der Versammlung vom Verwalter vorgetragene und zu den Akten überreichte Bericht schildert in seinem ersten Teil die Entwicklung der Geierschen Unternehmungen, die Ursache der Zahlungsunfähigkeit und den Verlauf des Vergleichsverfahrens, nimmt wegen der Lage der Sache im allgemeinen auf das aufgestellte Inventar und die Bilanz (S. 764) Bezug und fährt fort:

„Das Ergebnis des Verfahrens wird in der Hauptsache davon abhängen, ob es gelingt die vorhandenen Vermögensstücke zu guten Preisen zu verwerten. Die beiden Grundstücke, welche ich in die Bilanz mit den Steuer-Einheitswerten eingesetzt habe, sind in der Hand eines geschickten Fachmanns erheblich mehr wert; es ist jedoch zweifelhaft, ob sich geeignete Käufer für diese großen Objekte finden werden, zumal die ‚Union'-Bank auf Auszahlung ihrer auf dem ‚Lunapark' eingetragenen, mit ca. 63000 *RM* valutierten und an sich fälligen, Höchstbetragshypothek besteht und der Gläubiger der zweiten Hypothek des Deutsch-Lissaer Grundstücks, *Nitsche*, sogar bereits die Zwangsversteigerung und Zwangsverwaltung betreibt. Läßt sich kein angemessener Erlös für das Deutsch-Lissaer Grundstück erzielen, so ist mit einer erheblichen Ausfallsforderung des dritten Hypothekengläubigers *Wilhelm Geier* zu rechnen, während bei günstiger Verwertung ein Überschuß für die Masse verbleiben würde. Der Wert des ‚Lunapark'-Grundstücks ist unter allen Umständen höher als die hypothekarische Belastung. Wegen des Eigentums an der Achterbahn und dem Zyklon-Rad, die auf 40000 *RM* zu veranschlagen sind, schwebt zwischen dem Geldgeber *Augustin* und dem Gemeinschuldner ein Rechtsstreit. Das

Weinlager im Werte von 18—22000 *RM* ist dem Gläubiger *Anlauf* zu Deckung seiner weit höheren Forderung vor 1½ Jahren durch Sicherungskauf übereignet worden."

Sodann beschäftigt sich der Bericht mit der Möglichkeit, die Aktivmasse durch Anfechtung, vor allem durch „Konkurs-Pauliana" (S. 465 zu c), zu vergrößern. Dieser Anfechtung liegt der Gedanke zu Grunde, daß die par conditio creditorum (S. 761 f.) im materiellen Konkurse nicht mehr zu Gunsten einzelner Konkursgläubiger verschoben werden soll. Das Gesetz unterscheidet kongruente und inkongruente Deckungen. „Kongruent" ist eine Deckung, wenn der Gläubiger genau das erhält, was er vom Gemeinschuldner zu beanspruchen hatte: in diesem Falle sind nur die nach der Zahlungseinstellung oder dem Eröffnungsantrag vorgenommenen Handlungen anfechtbar und der Konkursverwalter muß dem Anfechtungsbeklagten die Kenntnis der Zahlungseinstellung bzw. des Eröffnungsantrages nachweisen (§ 30^1). „Inkongruent" sind Leistungen und Sicherheiten, die der Gläubiger überhaupt nicht oder nicht in der Art (datio in solutum! nachträgliche freiwillige Sicherung einer Forderung!) oder nicht zu der Zeit (vorzeitige Leistung) zu beanspruchen hatte. Auf dem inkongruenten Geschäft ruht von vornherein ein gewisser Verdacht, deshalb unterliegt es der Anfechtung auch, wenn die Vornahme in die letzten 10 Tage vor Zahlungseinstellung bzw. Eröffnungsantrag fällt, und im Prozeß muß unter Umkehrung der sonst geltenden Beweislastregeln der Anfechtungsbeklagte dartun, daß ihm weder die Zahlungseinstellung noch der Eröffnungsantrag noch eine Absicht des Schuldners, ihn vor den übrigen Gläubigern zu begünstigen, bekannt war (§ 30^2). Das vom Gläubiger einer Geldforderung erwirkte Pfändungspfandrecht wird von der Rechtsprechung als inkongruente Deckung aufgefaßt, weil das materielle Recht dem Gläubiger kein Pfandrecht gewährt. Folglich gelten für die Anfechtung von Pfändungen die verschärften Bestimmungen des § 30^2.

Sogar wenn z. Zt. der Konkurseröffnung das Pfand bereits versteigert und der Erlös abgeführt war, so daß der Gläubiger im Endergebnis das ihm materiell-rechtlich zustehende Geld erlangt hatte, wird § 30^2 angewandt, denn der Erlös ist Surrogat des inkongruenten Pfändungspfandrechts und wie dieses zu behandeln. RG. 40, 89 c. cit. Zu einer kongruenten Deckung kommt es bei der Beitreibung von Geldforderungen nur in dem seltenen Falle, daß der Gerichtsvollzieher beim Schuldner bares Geld pfändet, weil hier die Wegnahme bereits als Zahlung gilt, ein Pfandrecht daher gar nicht erst zur Entstehung gelangt (§ 815^{III} ZPO., oben S. 624).

Neben der Anfechtung sind aber bei den Geierschen Pfändungen die Vorschriften für „Anschlußkonkurse" („übergeleitete Konkurse") zu beachten. Hierunter versteht man einen Konkurs, der bei Ablehnung eines Vergleichsantrags, bei Einstellung des Vergleichsverfahrens oder bei Verwerfung des Zwangsvergleichs eröffnet wurde (§§ 24, 71, 80, 82 VerglO.; der Konkurs, welcher nach bestätigtem Zwangsvergleich aber vor Erfüllung der Vergleichsraten eröffnet wird — Fall des § 7 — gehört nicht dazu). Im Anschlußkonkurs wirkt das Prinzip des § 3 fort: Vollstreckungsmaßregeln aus den letzten 29 Tagen vor Stellung des Vergleichsantrags werden mit Konkurseröffnung von selbst — also ohne Anfechtung — unwirksam, und das etwa Beigetriebene ist als rechtlose Bereicherung herauszugeben (§ 84)[22]. Der pfändende Gläubiger hat im Anschlußkonkurs eine überaus ungünstige Rechtsposition. War seine Pfändung später als am 30. Tag vor dem Vergleichsantrag, bewirkt, so nützt es ihm nichts, daß damals vielleicht noch keine

[22]) § 104 Entw. stimmt mit der bisherigen Vorschrift überein, abgesehen natürlich von der Verlängerung der Sperrfrist auf 59 Tage.

Zahlungseinstellung vorlag oder daß er gutgläubig war — liegt aber die Pfändung weiter zurück, so kann gleichwohl die Anfechtung aus § 30² KO. durchgreifen, sofern die Zahlungseinstellung binnen 10 Tagen seit der Pfändung eintrat:

„Von den vorliegenden Vollstreckungshandlungen einzelner Konkursgläubiger sind die von *Augustin* und *Olbrich* am 15. August und von *Rückert* am 12. September erwirkten Pfändungen, weil später als am 30. Tage vor Stellung des Vergleichsantrags vorgenommen, ohne weiteres unwirksam."

Die gegen § 32 VerglO. verstoßende und deshalb bereits vom Gerichtsvollzieher aufgehobene Pfändung Spindlers (S. 752f.) wird nicht mehr erwähnt.

„Wahrscheinlich sind aber auch die Pfändung *Birkes* vom 4. August und die Hypothekenvormerkung des *Preuß* anfechtbar, weil *Geier* bereits längere Zeit vor dem Rundschreiben vom 28. August, ungefähr am 22. oder 23. Juli, durch Nichteinlösung seiner Wechsel als Folge der Kreditsperrung seitens der Bank die Zahlungen eingestellt hatte. Nach der mir erteilten Information soll *Geier* noch im Juli gegenüber *Birke* und *Preuß* erklärt haben, daß er ‚fertig' sei."

Der Pfändungsgläubiger Birke muß sich hinsichtlich der Kenntnis der Zahlungseinstellung exkulpieren. Bei Preuß liegt der Schulfall einer kongruenten Deckung vor, weil er als Bauhandwerker einen gesetzlichen Anspruch auf Sicherungshypothek besaß (§ 648 BGB.), so daß ihm der Verwalter die Kenntnis nachzuweisen hat.

Gilt bei Anfechtung von Pfändungen der Gerichtsvollzieher als Vertreter des pfändenden Gläubigers im Sinne des § 166? Dies würde den guten Glauben des Pfändungsgläubigers fast immer zerstören, weil — infolge des Bezirksystems — der Gerichtsvollzieher die für eine Zahlungseinstellung maßgebenden Pfändungen, Klage- und Urteilszustellungen, Wechselproteste usw. besonders gut kennt. Die herrschende Meinung verneint die Frage. RG. 90, 193; JW. 14, 863³. Das stimmt überein mit der für den Gerichtsvollzieherregreß herrschenden Amtstheorie (S. 67), steht aber im Widerspruch dazu, daß für die Anwendung des § 897 ZPO. der Gerichtsvollzieher nach RG. 77, 24 Vertreter sein soll. — Für Kenntnis seines Rechtsanwalts muß der Gläubiger zweifellos aus § 166 BGB. einstehen.

Welcher Zeitpunkt ist für die Anfechtung der Preußschen Vormerkung maßgebend? Nach herrschender Ansicht (Jaeger 19, 35 zu § 30 mit Rechtsprechung und Literatur) die vollendete Entstehung des Rechts, d. i. der 5. August (vgl. S. 753). Aber auch wenn man in analoger Anwendung von § 892 II — eine direkte kommt nicht in Betracht, weil die Zahlungseinstellung nicht zu den aus dem Grundbuch ersichtlichen Tatsachen zählt — an Stelle des Eintragungstages das Präsentatum des Eintragungsersuchens setzt, würde Bösgläubigkeit denkbar sein.

Wie weit vor dem Eröffnungsantrag die Zahlungseinstellung zurückliegt, spielt für die Anfechtung aus § 30¹, ² KO. an sich keine Rolle. Nach § 33 dürfen aber Rechtshandlungen, welche früher als 6 Monate vor Eröffnung des Konkursverfahrens erfolgt sind, nicht mehr aus dem Grunde der Kenntnis der Zahlungseinstellung angefochten werden. Diese Bestimmung führt dazu, daß bisweilen große Gläubiger, denen anfechtbare Sicherheiten bestellt wurden, den Schuldner so lange stützen, daß mehr als 6 Monate bis zur Konkurseröffnung verstreichen. Natürlich bleibt die Anfechtung aus § 31, unter Umständen auch § 32, trotz Überschreitung der Frist möglich. Im Fall des Anschlußkonkurses steht Kenntnis des Vergleichsantrags der Kenntnis des Konkursantrags gleich und die seit Eröffnung des Vergleichsverfahrens verstrichene Zeit wird in die Fristen nicht eingerechnet. § 87 VerglO.

Bei der Zweifelhaftigkeit des Ausganges von Anfechtungsprozessen entsteht die Frage, ob es möglich ist ohne großes Kostenrisiko den Sachverhalt zuverlässig festzustellen. § 75 KO. (und der entsprechende § 9 VerglO.) geben dem Konkursgericht die Möglichkeit, zur Aufklärung „aller das Verfahren betreffenden Verhältnisse" die erforderlichen Ermittlungen, insbesondere Vernehmung von Zeugen und Sachverständigen, anzuordnen. In erster Reihe denkt das Gesetz an die für

Entscheidungen des Konkursrichters erheblichen Punkte, wie Zahlungsunfähigkeit, Vorhandensein einer ausreichenden Masse, Verwerfungsgründe im Zwangsvergleichsverfahren. Die Praxis hält es aber auch für statthaft, daß auf Antrag des Verwalters Zeugen und Sachverständige vom Konkursgericht vernommen werden, um dem Verwalter für seinen Entschluß in Anfechtungs- und sonstigen streitigen Rechtsangelegenheiten zuverlässige Unterlagen zu verschaffen. Dadurch wird die Beweisaufnahme des künftigen Prozesses antizipiert, aber die Erledigung des Konkursverfahrens erleichtert und beschleunigt. Vgl. das analoge aus § 12 RFGG. entstehende Problem, oben S. 69.

„Am 28. August 1933 hat *Wilhelm Geier* gegen Verpfändung von Schmucksachen dem Schuldner 2000 *RM* geliehen, die zur Fortführung des ‚Lunaparks' verwandt wurden. Dieses Geschäft beabsichtige ich nicht anzufechten."

Obgleich Wilhelm Geier die Zahlungsunfähigkeit seines Bruders kannte, ist die Verpfändung der Anfechtung entzogen. Denn er hat zugleich Geldmittel für den Weiterbetrieb des Geschäfts vorgestreckt, was allen Gläubigern zugute kam. Deshalb sind die Konkursgläubiger nicht benachteiligt. Anders wäre es, wenn er die Gelegenheit benutzt hätte, um sich auch bereits bestehende ungesicherte Forderungen sichern zu lassen. Wer Geld gegen Sicherheiten gibt, ist im Sinne des § 30 KO. kein „Konkursgläubiger". RG. 100, 62.

„Falls die Grundstücke zu guten Preisen verwertet und die streitigen Rechtsverhältnisse im wesentlichen zu Gunsten der Masse entschieden werden, hoffe ich eine Dividende von 37% für die nicht bevorrechtigten Gläubiger verteilen zu können. Werden niedrigere Verkaufspreise erzielt und infolge dessen von Konkursgläubigern Hypothekenausfallsforderungen geltend gemacht, so kann sich die Dividende bis auf 30% ermäßigen.

(folgen Mitteilungen über die vom Verwalter bisher ergriffenen Maßregeln — Besitzergreifung der Masse, Fortführung des Geschäfts usw. — und Darlegung der Gründe für die Einsetzung eines Gläubigerausschusses)."

Prüfungstermin.

Konkursforderungen, auch solche der bevorrechtigten Gläubiger, werden niemals von Amts wegen festgestellt sondern müssen ausnahmslos angemeldet werden, gleichgültig ob sie in dem vom Schuldner überreichten Gläubigerverzeichnis (§ 104) stehen oder nicht, ob sie von ihm anerkannt oder streitig, im Prozeß befangen oder schon durch Urteil festgestellt sind. Das Anmelde- und Prüfungsverfahren der §§ 138f. ist als vereinfachter Prozeß aufzufassen, wobei die Anmeldung der Klage, die Feststellung zur Tabelle dem Urteil entspricht. Es schließt jede andere Art gerichtlicher Geltendmachung zunächst aus, und erst, wenn eine angemeldete Forderung oder ihr Vorrecht im Prüfungstermin bestritten worden ist, kann die Überleitung in das gewöhnliche Verfahren erfolgen (§§ 144^{II}, $146^{II, III}$). Wie jeder Prozeß, steht auch das konkursmäßige Feststellungsverfahren unter dem Satze: ne eat iudex ultra petita partium. Daher erhält der Gläubiger kein Vorrecht, wenn er es nicht in der Anmeldung (oder einem Nachtrag zu ihr) beansprucht hat (arg. § 140^{II}). Die Anmeldung einer bevorrechtigten Forderung lautet beispielsweise:

„An das Amtsgericht, hier. Breslau, den 26. Oktober 1933.

Auf die mir zugegangene Aufforderung melde ich hiermit die mir zustehende Restlohnforderung für August 1933 in Höhe von 113.— *RM* zum *Geier*schen Konkurse als Konkursforderung mit dem Vorrecht der 1. Klasse des § 61 KO. an. Zum Beweise füge ich die vom Gemeinschuldner unterschriebene Lohnabrechnung vom 2. September 1933 im Original bei.

Johann Hawelka, Oberkellner."

Die eingegangenen Anmeldungen kommen zum Aktenband c, unter dessen Deckel sich die Tabelle befindet. Sie zerfällt in Abt. I: „bevorrechtigte Gläubiger" mit 5 Unterabteilungen für die fünf Vorrechtsklassen des § 61, und Abt. II: „Gläubiger ohne Vorrecht" (Formular: S. 796). Der Urkundsbeamte trägt jede angemeldete Forderung sofort in Sp. 1 bis 7 der Tabelle ein, der Konkursverwalter erhält Abschrift der Tabelle. Jeder Beteiligte kann die Anmeldungen einsehen (§§ 139, 140).

Die Prüfung der angemeldeten Forderungen erfolgt im Prüfungstermin durch den Konkursverwalter, den Gemeinschuldner und die erschienenen Konkursgläubiger, während die Tätigkeit des Gerichts sich auf die formale Registrierung der von den Genannten abgegebenen Erklärungen beschränkt. Das Protokoll besagt darüber nur:

„Mit den Erschienenen wurden an Hand der Tabelle die einzelnen darin eingetragenen Forderungen erörtert und das Ergebnis der Erörterung in Spalte 8 der Tabelle eingetragen."

Vgl. §§ 141, 145.

1. Feststellung einer Vorrechtsforderung.

Abt. I Klasse I lfd. Nr. 1 ist die Hawelkasche Anmeldung. Vermerk in Sp. 8 der Tabelle:

„Betrag und Vorrecht festgestellt.
Breslau, den 29. Dezember 1933.
Richter. *Urkund.*"

Die „Feststellung" hat doppelte Bedeutung. Einmal gilt sie hinsichtlich des „Konkursbeteiligungsanspruchs" als Feststellung, d. i. als rechtskräftiges Urteil gegenüber allen Konkursgläubigern (§ 145^{II}), sichert also Hawelka die Konkursdividende eines in Klasse I bevorrechtigten Gläubigers und gemäß § 95^{I} S. 1 volles Stimmrecht. Außerdem verschafft sie ihm für die Zeit nach Beendigung des Konkurses einen vollstreckbaren Schuldtitel gegen Geier in Höhe des Ausfalls (§§ 164, 194, 206). Nebenbei wird durch die vollstreckbare Feststellung auch die 30jährige Urteilsverjährung des Anspruchs begründet (§ 218^{I} S. 2 BGB.).

2. Bestrittene Forderung.

In Abt. I Klasse I unter lfd. Nr. 5 fordert Langrock (S. 755):

„10800 *RM* als Schadensersatz wegen vorzeitiger Auflösung des Anstellungsvertrags für die Zeit vom 1. Januar 1934 bis 31. Dezember 1935."

Nach § 30 VerglO. (entsprechend § 22^{II} KO.) kann Langrock Ersatz des ihm durch die vorzeitige Kündigung seines langfristigen Vertrages erwachsenen Schadens beanspruchen. Der Schaden ist gleich den vertragsmäßigen Bezügen bis zum Ablauf der normalen Vertragsdauer abzüglich desjenigen, was Langrock durch anderweite Verwendung seiner Arbeitskraft erwirbt oder zu erwerben böswillig unterläßt (§§ 249 S. 1, 324^{I} BGB.). Daß ein hochqualifizierter Geschäftsführer bis zum 31. Dezember 1935 keine Stellung finden und auch sonst nichts verdienen wird, ist unwahrscheinlich, und die Höhe der angemeldeten Forderung daher nicht einmal als aufschiebend bedingt (vgl. § 67 KO.) berechtigt.

Außerdem kann Langrock für seinen Schadensersatzanspruch keinesfalls das Vorrecht der 1. Klasse beanspruchen, dieses beschränkt sich vielmehr auf die Erfüllungsansprüche des Arbeitnehmers.

Vgl. §§ 26, 61¹. Welcher Art im übrigen die Erfüllungsansprüche sind, macht für das Vorrecht keinen Unterschied („Dienstbezüge"). Der s. g. „Karenzentschädigung", welche einem Handlungsgehilfen auf Grund vertraglicher Wettbewerbsbeschränkung zusteht, billigt § 75e I HGB. ausdrücklich das Konkursprivileg zu; das wird von RAG. 15, 148 auch auf Karenzentschädigungen gewerblicher Angestellter (§§ 133f. GewO.) ausgedehnt.

Pensionsansprüche privater Arbeitnehmer und ihrer Hinterbliebenen sind nach herrschender Meinung gewöhnliche Konkursforderungen. Ihnen wird, soweit sie sich auf das letzte Jahr vor Konkurseröffnung beziehen, das Vorrecht des § 61¹ KO., soweit es sich um die Zeit nach Konkurseröffnung handelt, die Eigenschaft einer Masseschuld (§ 59²) abgesprochen. Zweifelhaft sei schon, ob man hier überhaupt noch von Ansprüchen aus einem gegenseitigen Vertrage reden dürfe. Die Pension stelle die nachträgliche Gegenleistung für früher geleistete Dienste dar und es stehe ihr keine Verpflichtung des pensionierten Angestellten bzw. seiner Hinterbliebenen gegenüber. RAG. 11, 518; 13, 321; 15, 359.

Nicht bevorrechtigte Konkursgläubiger sind ferner die Vorstandsmitglieder juristischer Personen wegen ihrer Bezüge. Zwar liegt im Innenverhältnis zwischen der juristischen Person und ihrem Organ ein Dienstverhältnis vor, auf welches grundsätzlich §§ 611f. BGB. 59f. HGB. Anwendung finden. Auch gilt § 22 KO. und das Kündigungsschutzgesetz (vgl. das 24. Kap.). RAG. 7, 156. Die Ablehnung des Konkursvorrechts rechtfertigt sich daraus, daß die Vorstandsmitglieder regelmäßig den Zugang zur Kasse der Gesellschaft haben und nicht, wie ein gewöhnlicher Dienstverpflichteter, auf den guten Willen der Gesellschaft zur Zahlung angewiesen sind. RG. 120, 300. Das ArbGG. behandelt Vorstandsmitglieder ebenfalls nicht als Arbeitnehmer: nur auf Grund besonderer Prorogation können Rechtsstreitigkeiten zwischen juristischen Personen und ihren gesetzlichen Vertretern vor die Arbeitsgerichte gebracht werden (§§ 3 I, 5 II).

Soweit der Dienstverpflichtete im Konkurs vorrechtsloser Gläubiger ist, gehört er im Vergleichsverfahren zu den beteiligten Gläubigern und wird vom Vergleich betroffen (§§ 2, 73 I VerglO.).

Ergebnis der Prüfung:

„1500 *RM* dem Betrage nach festgestellt. Vorrecht vom Verwalter, Gläubiger *Augustin* und Gemeinschuldner bestritten. Mehrforderung nach Betrag und Vorrecht vom Verwalter, Gläubiger *Augustin* und Gemeinschuldner bestritten."

Für den Konkurs — d. h. für den Anspruch auf Dividende und das Stimmrecht — gilt eine Forderung als „festgestellt", wenn ihr im Prüfungstermin weder vom Verwalter noch von einem anderen Konkursgläubiger widersprochen, oder der erhobene Widerspruch durch Urteil beseitigt ist; das Bestreiten des Gemeinschuldners hat hierfür keine Bedeutung (§ 144 I KO.). Dagegen wird für die spätere Vollstreckbarkeit der Ausfallsforderung gegen den Gemeinschuldner verlangt, daß die Forderung 1. „festgestellt", und 2. „nicht von dem Gemeinschuldner im Prüfungstermin ausdrücklich bestritten" sei (§§ 164, 194, 206). Will also Langrock lediglich die konkursmäßige Feststellung seiner Forderung herbeiführen, so braucht er nur gegen den Verwalter und den Opponenten Augustin rechtskräftige Urteile zu erwirken, darf aber den Widerspruch Geiers ignorieren. Legt er auch auf die persönliche Haftung Geiers Wert, so wird er außerdem gegen diesen auf Feststellung, oder auf Verurteilung zur Zahlung nach Beendigung des Konkurses klagen müssen. arg. § 144 II, dazu Jaeger Anm. 3, 5. Die Feststellungsklage gegen Konkursverwalter und opponierende Konkursgläubiger ist grundsätzlich im ausschließlichen Gerichtsstand des Konkursgerichts, bei Objekten über 1000 RM. des übergeordneten Landgerichts zu erheben, wobei es für die Abgrenzung nicht auf den Nominalbetrag sondern auf denjenigen Wert ankommt, den die Forderung (bzw. das streitige Vorrecht) unter Berücksichtigung der in der Masse vorhandenen Quote hat (§§ 146^{II}, 148). Auf Forderungen, für deren Feststellung ein besonderes Gericht, eine Verwaltungsbehörde oder ein Verwaltungsgericht zuständig ist, finden diese Bestimmungen entsprechende Anwendung (§ 146^{V}). Da Langrocks Anspruch seiner Natur nach vor das Arbeitsgericht als besonderes Gericht gehört (§ 2^{2} AGG.), muß er dort auch seine Feststellungsklage anbringen. Der Klageantrag wird dahin zu fassen sein:

„die vom Kläger im *Geier*schen Konkurse, 53 N 95. 33 des Amtsgerichts Breslau, zu Abt. I Klasse I lfd. Nummer 5 angemeldete Forderung:

a) soweit sie im Prüfungstermin nach Betrag und Vorrecht bestritten worden ist, also in Höhe von 9300 *RM*, als Konkursforderung mit dem Vorrecht der I. Klasse festzustellen,

b) weiterhin festzustellen, daß den im Prüfungstermin dem Betrage nach festgestellten 1500 *RM* das Vorrecht der I. Klasse zusteht."

3. Steuervorrecht.

Das Finanzamt Breslau-Nord beansprucht in Abt. I Klasse II unter Nr. 1:

„820 *RM* bis zum 1. Oktober 1933 zinslos gestundete Einkommensteuer für 1931."

Die Fälligkeit der angemeldeten Beträge war ursprünglich schon im Jahre 1931 eingetreten. Gelten sie infolge der Stundung als „im letzten Jahre vor Eröffnung des Verfahrens fällig geworden" (§ 61^{2} KO.)? Die Bejahung der Frage würde dazu führen, daß eine Konkursmasse, wenn dem Gemeinschuldner die Steuern für mehrere Jahre gestundet sind, durch Häufung solcher Vorrechtsforderungen zum Schaden aller einfachen Konkursgläubiger aufgezehrt werden könnte. Deshalb muß für die Anwendung des § 61^{2} die Stundung außer Betracht bleiben und auf die erste Fälligkeit zurückgegangen werden. RG. 116, 368. — Tabelleneintragung:

„Betrag festgestellt, Vorrecht vom Verwalter bestritten."

In welchem Instanzenzuge wird der Vorrechtsstreit entschieden? § 146^{V} spricht dafür, daß alle sich aus der Anmeldung einer Steuerforderung im Konkurs ergebenden Rechtsstreitigkeiten vor die besonderen Steuergerichte gehören. Soweit es sich aber lediglich um das Vorrecht handelt, nimmt die Rechtsprechung einen „bürgerlichen Rechtsstreit" im Sinne des § 13 GVG. an, für welchen die ordentlichen Gerichte zuständig sind. Da jedoch Steuerforderungen sofort im Verwaltungszwangsverfahren der AbgO. beitreibbar sind, wird die Steuerforderung — auch hinsichtlich des streitigen Vorrechts — im Sinne der Unterscheidung unten zu 8 als „titulierte Forderung" behandelt. Mithin obliegt es dem Verwalter, gegen den Vorsteher des Finanzamts als Vertreter des Reichsfiskus (§ 1^{1} VO. vom 18. März 1922, ZentrBl. 153) auf Feststellung des Nichtbestehens des beanspruchten Vorrechts zu klagen. RG. 116, 368 mit Übersicht über Literatur und Rechtsprechung.

Die in der KO. getroffene Sonderregelung geht der AbgO. vor. Nach § 3 KO. zählt der Steuerfiskus zu den Konkursgläubigern. Folglich kann wegen einer vor Konkurseröffnung entstandenen Steuerschuld ein Steuerbescheid oder eine Rechtsmittelentscheidung gegen den Verwalter erst ergehen, nachdem die Forderung zur Konkurstabelle angemeldet und vom Verwalter im Prüfungstermin bestritten worden war. Falls bereits vor Eröffnung ein Steuerbescheid oder eine Rechtsmittelentscheidung ergangen ist, wird die Rechtsmittelfrist durch die Konkurseröffnung unterbrochen. RFH. 19, 355 (Großer Senat).

Das Vorrecht der 2. Klasse kann übrigens gemäß §§ 401 II, 774 BGB. auch ein Privater in Anspruch nehmen, wenn er als Bürge oder auf Grund eines ius offerendi den Steuerfiskus befriedigt bzw. die unter Zollzugriff stehende Ware ausgelöst hat, was besonders bei Zollbürgschaften wichtig wird. RG. 135, 25 mit Übersicht über Rechtsprechung, Literatur und die abweichende Ansicht des Reichsfinanzministeriums.

4. Kindervorrecht.

Anmeldung der volljährigen Tochter des Gemeinschuldners Frida Geier, Abt. I Klasse V:

„7500 RM testamentarisch auf die Gläubigerin vererbter und dadurch unter die elterliche Verwaltung des Gemeinschuldners getretener Anspruch seiner verstorbenen ersten Frau *Anna* geb. *Rütebusch* auf Herausgabe ihres eingebrachten Vermögens."

In der Hand der ursprünglichen Gläubigerin würde der Illatenanspruch gewöhnliche Konkursforderung gewesen sein, noch dazu beim Zwangsvergleich im Stimmrecht benachteiligt (S. 787). Der Übergang auf die Tochter hat die überraschende Wirkung, daß ihm nunmehr die Qualität einer Vorrechtsforderung zukommt. Denn wie das ganze Vermögen der Minderjährigen, so fiel auch dieser Anspruch kraft Gesetzes unter die Verwaltung des Gemeinschuldners, und das Vorrecht der Kinder, Mündel und Pflegebefohlenen des Gemeinschuldners „in Ansehung ihres gesetzlich der Verwaltung desselben unterworfenen Vermögens" (§ 61 5 KO.) beschränkt sich keineswegs auf Ansprüche auf Ersatz des dem Kinde durch den Gewalthaber an seinem Vermögen zugefügten Schadens (actio tutelae, § 1833 bzw. § 1664 BGB.). RG. 45, 15.

Mit Eintritt der Volljährigkeit am 9. März 1933 hat Frida Geier das Vorrecht nicht verloren, nur muß sie ihren Anspruch binnen zwei Jahren seit Beendigung der väterlichen Vermögensverwaltung gerichtlich geltend machen (§ 61 5 KO., zweiter Satzteil). — Eintragung in Spalte 8:

„Betrag und Vorrecht festgestellt."

5. Wechselforderung.

Abt. II lfd. Nr. 4 Anmeldung des Bäckermeisters Striezel:

„a) 300 RM Wechselforderung aus dem vom Gläubiger ausgestellten, vom Gemeinschuldner angenommenen Wechsel vom 29. April, fällig am 29. Juli 1933,

b) 4.67 RM Zinsen für die Zeit vom 29. Juli bis 19. Oktober 1933,

c) 4.80 RM Wechselunkosten."

Striezel hat korrekter Weise Zinsen nur bis zum Tage der Konkurseröffnung liquidiert. Von der Eröffnung ab können Zinsen nicht als Konkursforderung geltend gemacht werden (§ 63 1), wenn sie ihm auch außerhalb des Konkurses gegenüber dem Gemeinschulder zustehen. Da aber Striezel den Wechsel nicht mit eingereicht hat, fehlt ihm die Legitimation als Gläubiger (vgl. oben S. 620). — Prüfungsergebnis:

„Bis zur Vorlegung des Wechsels vom Verwalter bestritten."

6. Masseschuld.

Abt. II lfd. Nr. 11 Anmeldung des Zimmermeisters Amelung:

„180 RM für die am 2. November 1933 irrtümlich ohne Bestellung für die Konkursmasse geleisteten Arbeiten bzw. an den Verwalter gelieferten und von ihm verbrauchten Materialien."

Da kein Vertrag über die Arbeiten und Lieferungen zu Stande gekommen ist, stellt sich Amelungs Anspruch als Bereicherungsanspruch (§ 812 BGB.) dar. Konkursrechtlich kommt es darauf an, ob die ungerechtfertigte Vermögensverschiebung vor oder nach Eröffnung stattfand. Im ersten Fall liegt eine Bereicherung „des Gemeinschuldners" vor, die nach § 3 KO. eine gewöhnliche Konkursforderung begründet, während im zweiten Fall „die Masse" grundlos bereichert wurde und daher die condictio die Eigenschaft einer Masseschuld hat. § 59^3, dazu RG. 94, 20.

Die gleiche Unterscheidung greift Platz, wenn ein Dritter Ansprüche aus § 951 BGB. geltend macht, weil seine Sache durch Verbindung, Vermischung oder Verarbeitung in die Konkursmasse gelangt ist. Erfolgte der Eigentumswechsel vor Eröffnung, so hat der frühere Eigentümer bloß eine Konkursforderung, andernfalls einen Masseanspruch aus § 59^3 KO.

Das Recht des Massegläubigers ist wirtschaftlich und rechtlich stärker als selbst die bevorrechtigten Konkursforderungen, denn es wird vor diesen befriedigt (S. 762) und der Gläubiger kann mit Klage und Zwangsvollstreckung gegen den Konkursverwalter vorgehen. Dafür wird ihm das, ausschließlich den Konkursforderungen vorbehaltene, Anmelde- und Feststellungsverfahren nach §§ 138f. versagt. Prüfungsergebnis:

„Vom Verwalter bestritten, weil Masseschuld."

7. Nach Konkurseröffnung entstandene Schuld des Gemeinschuldners.

Unter Abt. II lfd. Nr. 25 meldet Molkereibesitzer Lummert

„50 RM Darlehnsforderung"

an. Wie der beigefügte Schuldschein zeigt, wurde das Darlehn am 2. November 1933, also nach Konkurseröffnung, an Geier gewährt. Lummert ist daher nicht Konkursgläubiger, weil er zur Zeit der Eröffnung noch keinen Anspruch an den Gemeinschuldner hatte (§ 3^1). — Vermerk in Sp. 8:

„Vom Verwalter bestritten, weil nicht Konkursforderung."

Über die Rechtsstellung des Gläubigers einer nach Eröffnung des Verfahrens entstandenen Forderung gegen den Gemeinschuldner s. unten S. 825.

8. Titulierte Forderung.

Viehhändler Esche in Sommerfeld hat durch RA. Grau in Guben unter Abt. II lfd. Nr. 27 angemeldet:

„a) 1600 RM Darlehn, Auslagen, Provision und Schadensersatz laut vollstreckbarem Versäumnisurteil des Landgerichts Guben vom 7. Oktober 1933,

b) 64 RM = 8% Zinsen vom 20. April bis 19. Oktober 1933 laut Urteil,

c) 188.55 RM festgesetzte Prozeßkosten."

Die Kosten der Vertretung des Rechtsanwalts im Konkursverfahren sind nicht mit angemeldet. Sie gehören ebenso wie die seit Eröffnung des Verfahrens laufenden Zinsen (S. 775) zu den Ansprüchen, die kraft positiver Vorschrift im Konkurse nicht berücksichtigt werden (§ 63^2). Wer sich als Konkursgläubiger einen Anwalt nimmt, tut es auf eigene Rechnung. Auch Reisekosten eines auswärtigen Konkursgläubigers zum Termin werden nicht vergütet.

Ergebnis der Prüfung:

„Vom Verwalter bestritten."

Da die Einspruchsfrist (§ 339 ZPO.) bei Konkurseröffnung noch lief und der Prozeß durch den Konkurs unterbrochen ist (§ 240), kann das Versäumnisurteil keine Rechtskraft erlangt haben. Daher war das Bestreiten des Verwalters noch möglich. Die endgültige Entscheidung über die Forderung ergeht in dem beim Landgericht Guben anhängigen Rechtsstreit: Der allgemeine Grundsatz, daß alle Konkursfeststellungsklagen vor die ausschließliche Zuständigkeit des Konkursgerichts (bzw. übergeordneten Landgerichts) gehören, wird durch Anhängigkeit eines Prozesses bei einem anderen Gericht durchbrochen (§ 146^{III} KO.). In Guben muß nunmehr der Verwalter das Verfahren aufnehmen (§ 250 ZPO.) und alsdann Einspruch gegen das Versäumnisurteil mit dem Antrag auf Klagabweisung einlegen lassen. Der Gegenantrag Esches geht nach § 343 dahin:

„die im Versäumnisurteil vom 7. Oktober 1933 getroffene Entscheidung mit der Maßgabe aufrecht zu erhalten, daß die Klageforderung von 1600 RM nebst 8% Zinsen vom 20. April bis 19. Oktober 1933 als Konkursforderung ohne Vorrecht im Konkurse über das Vermögen des .... festgestellt wird."

Die Besonderheit der mit einem Vollstreckungstitel versehenen (s. g. „titulierten") streitigen Konkursforderungen liegt darin, daß sich die Initiative für das Betreiben der Feststellung umkehrt. Während sonst der Anmeldende zu klagen bzw. das schwebende Verfahren aufzunehmen hat, um sich volles Stimmrecht und Anteil bei vorkommenden Verteilungen zu sichern (§§ 95^{I}, 152 KO.), ist es gegenüber „titulierten" Forderungen nach § 146^{VI} Sache des Bestreitenden seinen Widerspruch zu verfolgen, und es werden solche Forderungen ohne weiteres in die Verteilungsverzeichnisse (S. 801, 832) aufgenommen (arg. § 152).

9. Rechtskräftig festgestellter Individualanspruch.

Anmeldung Meißner, Abt. II Nr. 35:

„Anspruch auf Lieferung von 2 AEG-Aktien über nom. je 150 RM gemäß dem rechtskräftigen Urteil des Amtsgerichts Breslau vom 12. Dezember 1932, eventuell Zahlung des z. Zt. der Feststellung maßgebenden Börsenkurses."

Durch die Bestimmung, daß der Widersprechende seinen „Widerspruch" gegen titulierte Forderungen verfolgen muß (§ 146^{VI}), wird dem Bestreitenden nicht etwa ein neuer Rechtsbehelf gegen den Schuldtitel des Anmelders eröffnet. Vielmehr ist dabei vorausgesetzt, daß überhaupt eine prozessuale Anfechtungsmöglichkeit besteht, die jetzt — statt vom Schuldner — von dem Opponenten ausgenutzt wird. Rechtskräftige Urteile können also nur mit Restitutions- oder Nichtigkeitsklage (§§ 578f. ZPO.) oder Vollstreckungsgegenklage (§ 767) angefochten werden, sofern deren besondere Voraussetzungen gegeben sind. Im übrigen ist ein Widerspruch gegen rechtskräftig festgestellte Ansprüche zwecklos, selbst wenn die Rechtskraft erst kurze Zeit vor Ausbruch des Konkurses, sogar erst nach Stellung des Konkursantrags oder während des vorausgegangenen Vergleichsverfahrens, eingetreten war und der Gemeinschuldner damals den Prozeß wegen seines Geldmangels nicht hatte kontradiktorisch durchführen können!

Trotz der Rechtskraft ist jedoch der in erster Reihe angemeldete Lieferungsanspruch infolge des Konkurses nicht mehr begründet. Nach § 69 KO. wandeln sich alle nicht auf einen Geldbetrag gerichteten Konkursforderungen mit der Eröffnung von selbst in Geldforderungen um. Die AEG.-Aktien waren andauernd gestiegen, am Eröffnungstage war der Kurs 223, während sie beim Prüfungstermin auf 248 stehen.

Ergebnis der Prüfung:

„Anspruch auf Lieferung vom Verwalter bestritten; Anspruch auf Geldzahlung in Höhe von 669 RM festgestellt, Mehrbetrag vom Verwalter bestritten."

Die Wirkung des § 69 dauert über die Beendigung des Konkurses hinaus. Meißner darf daher auch später nicht aus seinem rechtskräftigen Urteil gegen Geier vollstrecken, sondern die in der Tabelle erfolgte Feststellung des Geldanspruchs bildet die alleinige Grundlage künftiger Vollstreckungen, und Geier kann das Urteil nötigen Falls nach § 767 ZPO. durch Vollstreckungsgegenklage beseitigen, weil die Umwandlung des Individualanspruchs in eine Geldforderung und die Feststellung der Geldforderung in der Tabelle nova darstellen. RG. 112, 279.

10. Konkursgläubiger mit Absonderungsrecht.

Nitsche, betreibender Gläubiger der Zwangsversteigerung und -verwaltung des Deutsch-Lissaer Grundstücks, hat unter Abt. II lfd. Nr. 43 angemeldet:

„a) 8000 RM hypothekarisch eingetragene Darlehnsforderung,

b) 195.55 RM = 8% Zinsen vom 1. Juli bis 19. Oktober 1933,

c) 283.40 RM Kosten der dinglichen Rechtsverfolgung."

Hypothekengläubiger, denen der Kridar zugleich persönlich haftet, haben eine Doppelstellung: einmal können sie ihr Absonderungsrecht am Massegrundstück außerhalb des Konkursverfahrens geltend machen (§ 4 II KO.), andrerseits steht ihnen in ihrer Eigenschaft als Konkursgläubiger die Konkursdividende zu. Sie dürfen aber nicht zweimal auf Kosten der Masse Befriedigung erhalten. Deshalb wird die Dividende nur auf den Betrag gewährt, mit welchem der Hypothekengläubiger bei der abgesonderten Befriedigung ausgefallen ist, oder für den er auf abgesonderte Befriedigung verzichtet (§ 64).

Gelangt Nitsche z. B. in der Zwangsversteigerung mit 5000 RM. Hauptforderung zur Hebung, und werden im Konkurse 40% ausgeschüttet, so stehen ihm als Dividende 40% von 8000 — 5000 = 3000 RM. zu, d. h. 1200 RM. Legt Nitsche Wert auf die Dividende, so muß er die Zwangsversteigerung durchführen (unten S. 785). Will ein Hypothekengläubiger, der zugleich Konkursgläubiger ist, die Kosten der Zwangsversteigerung nicht riskieren, weil seine Hypothek eine „Schornsteinhypothek" ist, so erklärt er zweckmäßig seinen Verzicht auf die Hypothek, was zur Folge hat, daß er nunmehr als Konkursgläubiger mit 40% von 8000 RM., also mit 3200 RM., berücksichtigt wird.

§ 64 gilt nicht bloß für Hypothekengläubiger, sondern auch für sonstige Absonderungsberechtigte (§§ 47 f.), welche gleichzeitig Konkursgläubiger sind. Bei Sicherungsübereignungen wird die Vorschrift ebenfalls angewandt. JW. 28, 2139[26].

Über das Stimmrecht im Falle des § 64 S. 787, über das Verfahren bei Verteilungen S. 832 f., über die Wirkung des Zwangsvergleichs S. 791.

Prüfungsvermerk:

„zu a und b festgestellt in Höhe des Ausfalls bei der Befriedigung aus dem Grundstück bzw. für den Fall des Verzichts auf abgesonderte Befriedigung. Zu c vom Verwalter bestritten, weil nicht Konkursforderung."

11. Konkursgläubiger mit Hypothek am Grundstück eines Dritten.

Zu Abt. II lfd. Nr. 48 sind vom Bankhaus Ferdinand Schilling

„33248.57 RM Forderung aus Darlehen, Vorschüssen, Provisionen, Zinsen bis einschließlich 19. Oktober 1933 laut beiliegendem Kontoauszug" angemeldet. Die Betriebsdarlehen, welche ja im Konkurse Masseschuld sind (§ 86 VerglO., oben S. 757), sind in der Summe nicht mit enthalten. Wie wir wissen, besitzt aber Schilling am Grundstück Tiergartenstraße 18 eine Höchstbetragshypothek von 25000 RM. (S. 748). Darf er trotzdem seine Forderung in voller Höhe anmelden, oder nur wegen des durch die Hypothek nicht gedeckten Betrages bzw. des Ausfalls?

Haftet dem Gläubiger außer dem Gemeinschuldner noch eine andere Person oder ein Pfand, so werden prinzipiell seine Ansprüche als Konkursgläubiger dadurch nicht berührt. Die einzige Ausnahme bildet der soeben besprochene § 64 KO. Da das Hypothekengrundstück nicht zur Masse gehört sondern im Eigentum der Ehefrau des Gemeinschuldners steht, kann Schilling auf die gesamten 33248.57 RM. Dividende beanspruchen und hat dadurch die Aussicht ohne jeden Verlust abzuschneiden, während der „absonderungsberechtigte" Nitsche bestimmt mit einem Teilbetrag ausfallen muß. — Ergebnis des Termins:

„Festgestellt."

12. Anspruch, für den ein ebenfalls im Konkurse befindlicher Gesamtschuldner mithaftet.

Anmeldung des Tapezierers Polster, Abt. II lfd. Nr. 55 der Tabelle:

„a) 600 *RM* Wechselregreßforderung aus dem von *Lamberti* akzeptierten, vom Gemeinschuldner ausgestellten Wechsel vom 5. Juli, fällig am 5. Oktober 1933,

b) 1.75 *RM* Zinsen vom 5. bis 19. Oktober 1933,

c) 11.50 *RM* Wechselunkosten."

Der ordnungsmäßig protestierte Wechsel ist überreicht. Er trägt den Vermerk:

„Festgestellt im Konkurse über das Vermögen des Schaustellers *Emmo Lamberti*."

Frankfurt a. Main, den 23. November 1933.

31 N 75. 33 Amtsgericht. Geschäftsstelle.

(Siegel) *Urkund*

als Urkundsbeamter."

Vgl. § 33⁶ GeschO.

Geier hatte den Wechsel von seinem Schuldner Lamberti zahlungshalber (§ 364II BGB.) akzeptieren lassen und sodann, ebenfalls zahlungshalber, seinem Gläubiger Polster begeben. Damit wäre die Angelegenheit für ihn erledigt gewesen, wenn nicht Lamberti zahlungsunfähig geworden und in Konkurs gegangen wäre, so daß nunmehr die den Aussteller des Wechsels und die Nachmänner treffende Regreßhaftung für Einlösung des Papiers (Art. 8, 14 WO.) praktisch wird. Diese eventuelle Regreßhaftung aus den vom Schuldner begebenen Kundenwechseln erschwert übrigens bei Konkursen und sonstigen Zahlungseinstellungen die Übersicht über den Vermögensstand sehr: man kann zu Beginn des Verfahrens nicht wissen, in welcher Höhe Regreßansprüche solcher Art geltend gemacht werden.

Konkursrechtlich entsteht die Frage, ob Polster trotz Feststellung seiner Forderung im Konkurs Lamberti und der dort auf ihn entfallenden Dividende auch im Geierschen Konkurse Feststellung verlangen kann und in welcher Höhe. Hier tritt wiederum das zu 11 erörterte Prinzip in Kraft: in jedem der mehreren Konkursverfahren steht dem Gläubiger der Betrag zu, den er z. Zt. der Eröffnung zu fordern hatte, aber natürlich nur „bis zu seiner vollen Befriedigung". § 68 KO.

Ist also bei Lamberti noch keine Verteilung erfolgt, so muß dem Polster bei Geier die volle Quote zugebilligt werden. Werden bei Lamberti 70%, alsdann bei Geier 40% verteilt, so gebühren ihm von der Geierschen Verteilung bloß noch 30%, da er im ganzen nicht über 100% erhalten darf. Der Verwalter muß sich über die im Lambertischen Konkurse vorgenommenen Verteilungen informieren und, falls Polster auf seiner vollen Dividende bestehen sollte, gegenüber der rechtskräftigen Tabellenfeststellung die Verteilungen des Konkurses Lamberti analog § 767 ZPO. als neue Tatsachen geltend machen. Jaeger 8 zu § 68; 11 f. zu § 145.

Eintragung in Sp. 8:

„Festgestellt."

13. Regreßanspruch des dritten Hypothekenbestellers.

Durch RA. Weiß hat die Ehefrau des Gemeinschuldners unter Abt. II lfd. Nr. 61 angemeldet:

„a) 17500 *RM* Anspruch auf Herausgabe des eingebrachten Gutes,

b) 25000 *RM* Regreßanspruch für den Fall, daß das Bankhaus *Ferdinand Schilling* in Breslau die zur Sicherung seiner Ansprüche aus der Geschäftsverbindung mit dem Gemeinschuldner auf dem Grundstück der Gläubigerin, Breslau Tiergartenstraße 18, in Abt. III unter Nr. 7 eingetragene Höchstbetragshypothek in Anspruch nimmt."

Da die rechtskräftige Konkurseröffnung Geiers Verwaltung und Nutznießung beendigt hat (§ 1419 BGB., oben S. 81), bestehen gegen den Anspruch a keine rechtlichen Bedenken. Anders beim Anspruch b. Zwar ist Frau Geier berechtigt von ihrem Ehemanne, für dessen Schuld sie ihr Grundstück verpfändet hat, mit der actio mandati contraria (§ 670) Befreiung von der Hypothek bzw. Schadloshaltung zu verlangen. Aber wie zu 11 dargelegt, steht Schilling auch von den durch die Hypothek gesicherten 25000 RM. die volle Quote zu. Es geht nicht an, daß neben der Forderung des Gläubigers die eventuelle Regreßforderung des Hypothekenbestellers im Konkurse befriedigt wird: die Hypothek soll die Sicherheit des Gläubigers erhöhen, nicht jedoch dazu führen, daß die Masse für einen wirtschaftlich nur einmal gewährten Kredit zweifach Dividende zahlt. RG. 14, 172; JW. 00, 184[11]; Jaeger 5 zu § 67.

Entsprechend wird dem Bürgen im Konkurse des Hauptschuldners die Geltendmachung seines eventuellen Regreßanspruchs versagt.

Wie gestaltet sich die Rechtslage, wenn der Eigentümer des Hypothekengrundstücks bzw. der Bürge den Gläubiger befriedigt? Dann geht die Forderung des Gläubigers auf den Zahlenden über (§§ 774^{I} S. 1, 1143^{I} S. 1), und dieser kann nunmehr an Stelle des Hauptgläubigers (nicht neben ihm) die Forderung anmelden. Allerdings ist bei einer den Gläubiger bloß teilweise befriedigenden Zahlung des Dritten der allgemein durchgeführte Satz „nemo subrogat contra se" (oben S. 724) zu beachten. Hat also Schilling von Frau Geier die 25000 RM. Hypothekensumme erhalten, so steht ihm die Dividende auf 33248.57 RM. bis zur Höhe von noch 8248.57 RM. zu (25000 + 8248.57 = 33248.57 RM.). Erst ein etwaiger Mehrbetrag an Dividende würde Frau Geier gebühren.

Vermerk in Sp. 8:

„Zu a festgestellt, zu b vom Verwalter bestritten."

14. Verspätet angemeldete Forderungen.

Das Terminsprotokoll fährt fort:

„Gegen die Prüfung der in der Zeit vom 2. bis einschließlich 22. Dezember 1933, also nach Ablauf der Anmeldefrist, angemeldeten Forderungen unter Abt. I Klasse I Nr. 19, 20, Klasse IV Nr. 2 und Abt. II Nr. 65—69 wurde von keiner Seite Widerspruch erhoben. Dagegen widersprach der Verwalter der Prüfung der erst am 28. Dezember 1933 angemeldeten Forderung Abt. II Nr. 70."

Vgl. § 142 KO. Die Anmeldefrist und der allgemeine Prüfungstermin sind nicht in dem Sinne präklusivisch, daß bei ihrer Versäumung der Anspruch des Konkursgläubigers überhaupt oder als Konkursbeteiligungsanspruch verloren wäre. Vielmehr kann die Anmeldung zwecks Erhaltung des Rechts auf Konkursdividende jederzeit nachgeholt werden, und für die spätere Geltendmachung der Forderung gegen den Gemeinschuldner nach Konkursbeendigung bedarf es der Anmeldung und Feststellung überhaupt nicht. Wer aber verspätet anmeldet, muß die Kosten des dadurch notwendig werdenden besonderen Prüfungstermins tragen, außerdem droht ihm bei Verteilungen Übergehung (S. 832f.).

Des besonderen Prüfungstermins bedarf es auch dann, wenn ein Gläubiger seine im Prüfungstermin bestrittene Forderung nachträglich auf einen anderen Schuldgrund stützen will. Der Liquidant kann nicht einen neuen Klagegrund im Feststellungsprozesse nachschieben. Die vorgängige Prüfung in einem Prüfungstermin, bei welchem außer dem Verwalter und Gemeinschuldner auch den sämtlichen Konkursgläubigern Gelegenheit zum Bestreiten gegeben ist, bildet eine unerläßliche und von Amts wegen zu beachtende prozessuale Voraussetzung des Feststellungsrechtsstreits. §§ 142 II, 146 IV, Jaeger 21 zu § 146. —

Nach dem Prüfungstermin erhalten Langrock und die übrigen Gläubiger, deren Forderungen bestritten sind, zu ihrer Orientierung von Amts wegen einen beglaubigten Tabellenauszug. §§ 146 I S. 2 KO., 33 5 GeschO.; vgl. RG. 85, 64. Auf die eingereichten Wechsel und sonstigen Schuldurkunden über festgestellte Forderungen setzt der Urkundsbeamte den Vermerk aus § 145 I S. 2 KO. (Muster: S. 779). Wird eine bestrittene Forderung im Prozeß festgestellt, so erfolgt eine entsprechende Eintragung in der „Berichtigungs"-Spalte 9 der Tabelle; das rechtskräftige Urteil zu diesem Zwecke einzureichen, ist Sache des anmeldenden Gläubigers (§ 146 VII). Die Feststellung einer im Termin bestrittenen Forderung kann aber auch ohne Prozeß dadurch herbeigeführt werden, daß der Bestreitende gegenüber dem Konkursgericht schriftlich seinen Widerspruch zurücknimmt und das Gericht daraufhin die Eintragung des Berichtigungsvermerks in der Tabelle anordnet (vgl. das Beispiel S. 796).

Forderungsprüfung im Vergleichsverfahren: Im Vergleichsverfahren brauchen nur diejenigen Gläubiger anzumelden, deren Forderungen nicht schon in dem vom Schuldner einzureichenden „Gläubigerverzeichnis" stehen. Die Prüfung der Forderungen geschieht im Vergleichstermin und die Anmeldung kann bis zum Beginn der Abstimmung nachgeholt werden. Sowohl der Schuldner wie die Vertrauensperson und jeder einzelne „beteiligte" Gläubiger sind zum Widerspruch berechtigt. Forderungen, gegen die von keiner Seite Widerspruch erhoben ist, gelten als „anerkannt"; sie erhalten Stimmrecht bei der Abstimmung über den Zwangsvergleich und sind nach Bestätigung des Vergleichs vollstreckbar. §§ 16, 17, 60, 62, 75 VerglO.

Eine dem § 145 II KO. entsprechende materielle Rechtskraftwirkung ist dem Anerkennungsvermerk nirgends beigelegt. Folgerung: ein über die Vergleichsforderung etwa schon bestehender Schuldtitel wird durch das Vergleichsverfahren und die Aufnahme ins Gläubigerverzeichnis nicht konsumiert (wie das im Konkurs der Fall ist, oben S. 778 zu 9), sondern der Gläubiger kann nach wie vor aus dem alten Titel vollstrecken. Dem Schuldner bleibt der Einwand, daß durch den bestätigten Zwangsvergleich die Forderung reduziert bzw. gestundet sei. RG. 132, 113[23]).

---

[23]) § 85 Entw. beseitigt den Anerkennungsvermerk. Für die Vollstreckbarkeit kommt es nur noch auf das Bestreiten des Schuldners und des Vergleichsverwalters, nicht auf dasjenige anderer Ver-

Außerhalb des Vergleichstermins gibt es im Vergleichsverfahren keine Forderungsprüfung, auch ist keine Feststellungsklage für bestrittene Forderungen vorgesehen.

Teilungsmasse: Während dem Konkursgericht bei der Anmeldung und Prüfung der Konkursforderungen eine wesentliche Rolle zukommt, spielt sich die Feststellung der Aktivmasse außerhalb des Konkursverfahrens ab. Ihre Abgrenzung gegen das konkursfreie Vermögen, die Vergrößerung durch Anfechtung, die Verringerung durch Aussonderung, Absonderung, Aufrechnung: alles das erledigt der Verwalter ohne Mitwirkung des Konkursgerichts. Die Gerichtsakten ergeben nur — in den Berichten und Rechnungen des Verwalters — die Endergebnisse seiner auf diese Angelegenheiten bezüglichen Tätigkeit. Ebenso steht es mit den Masseschulden. Der gerichtliche Aktenband b enthält in der Regel bloß das vom Verwalter gemäß §§ 123/4 eingereichte Inventar nebst Bilanz; eine nähere Prüfung dieser Schriftstücke durch das Gericht findet nicht statt. Falls, was nicht selten geschieht, ein Beteiligter in Aussonderungs- und ähnlichen Angelegenheiten sich an das Konkursgericht wendet, wird die Eingabe mit der Verfügung

„Urschriftlich gegen Rückgabe
Herrn Konkursverwalter zum Bericht"

erledigt. Denn auf Grund seines allgemeinen Aufsichtsrechts (§83) kann der Richter jederzeit Auskünfte verlangen. Zu einem konkursgerichtlichen Eingreifen kommt es nur bei Ordnungswidrigkeiten des Verwalters, während sachliche Differenzen auf den Prozeßweg verwiesen werden.

Über die Abnahme des Offenbarungseides durch das Konkursgericht s. unten S. 825.

Zwangsvergleich.

Vergleichsvorschlag.

„An das Amtsgericht, hier.

In meiner Konkurssache biete ich den nicht bevorrechtigten Konkursgläubigern"

— sie allein sind die Gegenkontrahenten des Zwangsvergleichs (§§ 173, 191 II), deshalb haben die Vorrechtsgläubiger als Unbeteiligte kein Stimmrecht im Vergleichstermin —

„den Abschluß folgenden Zwangsvergleichs an:

1. Ich zahle meinen nicht bevorrechtigten Konkursgläubigern 50% (i. W.) ihrer Forderungen, und zwar
   a) 25% (i. W.) innerhalb eines Monats seit Rechtskraft des Vergleichs,
   b) 15% (i. W.) bis zum 1. Oktober 1934,
   c) 10% (i. W.) bis zum 2. Januar 1935.

   Der Rest der Forderungen sowie die seit Eröffnung des Konkursverfahrens laufenden Zinsen werden erlassen."

Da die Zinsen nicht als Konkursforderungen geltend gemacht werden können (S. 775 zu 5), werden sie eigentlich nicht vom Vergleich betroffen. Es entspricht aber der Verkehrsauffassung, daß die Gläubiger auch die Zinsen erlassen. RG. 125, 408 (für Geschäftsaufsicht); Jaeger 7 zu § 193. Im gleichen Sinne regelt § 74 II VerglO. die Frage.

„2. Die verwandten Gläubiger, Frau *Elly Geier* geb. *Eckert*, Frl. *Frida Geier*, *Wilhelm Geier* verpflichten sich, wegen ihrer Forderungen Ansprüche gegen mich erst nach vollständiger Auszahlung der Akkordraten an die übrigen Gläubiger geltend zu machen.

---

gleichsgläubiger an. Das Bestreiten durch einen Vergleichsgläubiger kann aber nach § 71 Bedeutung für das Stimmrecht erlangen. Die Vollstreckung findet „wie aus einem vollstreckbaren gerichtlichen Urteil" statt, womit nach der Begründung gesagt sein soll, daß eine Vollstreckungsgegenklage auf neue Tatsachen beschränkt wird.

3. Für die Erfüllung meiner Verpflichtungen aus dem Vergleich übernehmen mein Bruder, Kaufmann *Wilhelm Geier* in Hamburg, und mein Schwiegervater, Steinbruchbesitzer *Oskar Eckert* in Strehlen, als Gesamtschuldner die selbstschuldnerische Bürgschaft.

Breslau, den 28. Mai 1934.

Konrad Geier.

Wir übernehmen die selbstschuldnerische Bürgschaft nach Maßgabe des vorstehenden Vergleichs.

z. Zt. Breslau, den 28. Mai 1934.

Wilhelm Geier. *Oskar Eckert.*

Hierdurch verpflichten wir uns für den Fall des Zustandekommens des vorstehenden Zwangsvergleichs, wegen unserer unten bezeichneten Forderungen Ansprüche an Herrn *Konrad Geier* erst zu erheben, nachdem alle übrigen Gläubiger wegen ihrer Ansprüche aus dem Zwangsvergleich vollständig befriedigt sind. Ich, *Frida Geier*, entbinde gleichzeitig für den gedachten Fall den Konkursverwalter von der Verpflichtung, meine Forderung als bevorrechtigte aus der Masse zur Auszahlung zu bringen.

Breslau, den 28. Mai 1934.

Elly Geier geb. *Eckert* wegen der festgestellten Forderung von 17500 *RM* Abt. II Nr. 61.

Frida Geier wegen der festgestellten Forderung von 7500 *RM* Abt. I Klasse V Nr. 1.

Wilhelm Geier wegen der festgestellten Forderung von 22815.50 *RM* Abt. II Nr. 30.

Vorstehenden Vergleichsvorschlag befürworten wir im gemeinsamen Interesse der Konkursgläubiger.

Dr. Walter, RA. als Konkursverwalter.

Max Brandler *Ferdinand Schilling* *Schwarz*, RA. als Mitglieder des Gläubigerausschusses."

Vgl. § 177 KO.

Gegenüber dem Akkordvorschlag vom 28. August 1933 und dem damit übereinstimmenden Vorschlag des gerichtlichen Vergleichsverfahrens bietet der jetzige Vorschlag ein Mehr von 5% und erhöhte Sicherheit durch Stellung eines zweiten Vergleichsbürgen, dafür aber wesentlich weiter hinausgerückte Fälligkeiten. Schlechter gestellt werden die kleinen Gläubiger, die damals bis 100% erhalten sollten, während ihnen jetzt nur die allgemeine Vergleichsquote geboten wird. Der Grund hierfür ist folgender:

§ 5^II^ VerglO. gestattet eine verschiedenartige Behandlung mehrerer Gläubigerkategorien im Zwangsvergleich des Vergleichsverfahrens unter der Voraussetzung, daß nicht bloß unter der Gesamtheit der beteiligten Gläubiger die vorgeschriebenen Kopf- und Summenmehrheiten erreicht sind, sondern außerdem auch in der Gruppe der zurückgesetzten Gläubiger einfache Kopf- und ¾-Summenmehrheit für den Vergleich vorhanden ist[24]). Dagegen läßt § 181 S. 2 KO. für den Konkurs-Zwangsvergleich eine ungleiche Bestimmung der Rechte nur mit ausdrücklicher Einwilligung der zurückgesetzten Gläubiger, d. h. also sämtlicher zurückgesetzten Gläubiger, zu. Zustimmungserklärungen von allen Gläubigern über 100 RM. oder über 200 RM. aufzubringen, ist praktisch natürlich ausgeschlossen. Infolge dessen kommt die, der kaufmännischen Auffassung entsprechende und für das Gesamtergebnis gar nicht ins Gewicht fallende, offene Bevorzugung der Klein-Gläubiger — die an einem sie nicht voll befriedigenden Vergleich in der Regel kein Interesse haben — für den

[24]) unverändert von § 8^II^ Entw. übernommen.

Zwangsvergleich des Konkurses nicht in Betracht. Das erschwert die Erreichung der Kopf-Mehrheit (§ 182[1]) wesentlich und führt den Gemeinschuldner in Versuchung, trotz aller Gefahren sich durch heimliche Begünstigung einzelner opponierender kleiner Gläubiger zu helfen.

Die Zurücksetzung der Verwandten-Gläubiger in § 2 des Vorschlags war durchführbar, weil von ihr nur drei Gläubiger berührt werden, deren Einwilligungserklärungen vorliegen. Der Schlußsatz der Erklärung der Frida Geier ist notwendig, weil sie das Vorrecht der 5. Klasse hat und bevorrechtigte Forderungen nach Abschluß eines Zwangsvergleichs vom Verwalter auszuzahlen sind (S. 792). —

Mit dem Eingang wird Aktenband e angelegt.

Der Vorschlag ist inhaltlich zulässig, auch keiner der Ausnahmefälle gegeben, in denen Vergleichsvorschläge a limine zurückgewiesen werden müssen oder können (§§ 175/6). Verfügung gemäß § 179:

„1. Termin zur Verhandlung über den Zwangsvergleichsvorschlag wird auf den 26. Juni 1934 vormittags 9 Uhr bestimmt.

2. Zu laden: a) Gemeinschuldner, b) Verwalter, c) die Mitglieder des Gläubigerausschusses, d) alle nicht bevorrechtigten Konkursgläubiger, welche angemeldet haben, unter Mitteilung einer Abschrift des Vergleichsvorschlages mit dem Bemerken, daß der Gläubigerausschuß den Vergleichsvorschlag befürwortet hat.

3. Bekanntmachung: .....

Zusatz: Der Vergleichsvorschlag und die Erklärung des Gläubigerausschusses sind auf der Geschäftsstelle zur Einsicht der Beteiligten niedergelegt."

Vorbereitung des Vergleichstermins. Um die nötigen Mehrheiten für den Termin aufzubringen, versenden der Gemeinschuldner und seine Freunde an sämtliche Gläubiger ein Rundschreiben, das unter Darlegung des Sachverhalts die Zustimmung empfiehlt. Dem Rundschreiben liegen Vollmachtsformulare bei, durch deren Unterzeichnung die Gläubiger den RA. Weiß mit ihrer Vertretung im Vergleichstermin beauftragen und zur Abgabe der Zustimmungserklärung ermächtigen sollen; die durch die Vertretung entstehenden Kosten übernimmt der Gemeinschuldner. Die KO. betrachtet nämlich die Abstimmung über den Zwangsvergleich als einen in den Termin verwiesenen Prozeßakt. Dadurch wird besonders die Erreichung der Summenmehrheit erschwert. Während für die Kopfmehrheit (§ 182[1]) nur die im Termin anwesenden bzw. vertretenen Gläubiger gezählt werden, muß die Summenmehrheit von ¾ aller überhaupt stimmberechtigten Forderungen einschließlich der im Termin nicht vertretenen erreicht sein (§ 182[2]). Das Fehlen eines Gläubigers hat mithin für die Summenmehrheit die gleiche Wirkung, wie wenn er gegen den Vergleich gestimmt hätte. Man hilft sich deshalb durch das Angebot kostenloser Vertretung an die zur Zustimmung bereiten Gläubiger.

Für die Stellungnahme der Beteiligten sind die verschiedenartigsten Umstände maßgebend. Gläubiger, deren Forderungen bestritten, deren Pfändungen angefochten wurden oder die sonst über Maßnahmen des Verwalters verärgert sind, gehören in der Regel zur Opposition. Wer mit dem Gemeinschuldner in Zukunft geschäftlich zu arbeiten hofft, ist ein Freund des Vergleichs. Am leichtesten erlangt man die Zustimmungserklärung solcher Konkursgläubiger, die für ihre Forderung eine besondere Sicherheit — gleichviel ob Hypothek an einem Masse- oder fremden Grundstück, Pfandrecht, Bürgschaft, Haftung eines Gesamtschuldners — besitzen: denn wie wir noch sehen werden (S. 791), bleiben trotz des Zwangsvergleichs alle

Sicherheiten in ursprünglicher Höhe bestehen. Andrerseits nötigt das Bestehenbleiben der Sicherheiten dazu, daß der Gemeinschuldner mit den Hypothekengläubigern Vereinbarungen für den Vergleichsfall über die Stundung ihrer Hypotheken trifft.

Die beiden Vergleichsbürgen sichern sich durch schriftliche Erklärungen außerhalb des abzuschließenden Zwangsvergleichs dagegen, von den Verwandten-Gläubigern aus der Akkordbürgschaft in Anspruch genommen zu werden.

Inzwischen bereitet das Gericht die Stimmliste für den Termin vor, wobei zu beachten ist, daß jeder Gläubiger — auch wenn er Forderungen zur Tabelle unter mehreren Nummern angemeldet hat — in der Liste nur eine einzige Nummer erhalten darf, weil sich sonst für die Kopfmehrheit ein falsches Bild ergeben würde.

Der Konkursverwalter hat mit der Vorbereitung des Vergleichstermins amtlich nichts zu tun.

Vergleichstermin.

„Gegenwärtig: ...... Breslau, den 26. Juni 1934.

In dem Konkursverfahren usw. erschienen bei Aufruf der Sache im heutigen Vergleichstermin:

1. der Konkursverwalter RA. *Dr. Walter*,
2. der Gemeinschuldner *Konrad Geier*,
3. die Mitglieder des Gläubigerausschusses, Herren *Brandler*, *Schilling* und RA. *Schwarz*,
4. seitens der Gläubiger die in der anliegenden Stimmliste aufgeführten Personen,"

— das amtliche Formular der Stimmliste enthält eine besondere Rubrik für die Bevollmächtigten —

„5. der Steinbruchbesitzer *Oskar Eckert* aus Strehlen,
6. für den Kaufmann *Wilhelm Geier* aus Hamburg, Frau *Elly Geier* und Frl. *Frida Geier*: RA. *Weiß*, Vollmachten überreichend.

Der Konkursverwalter erstattete Bericht über die Sachlage, wonach für die nicht bevorrechtigten Konkursgläubiger mit Forderungen im Gesamtbetrage von 241588.90 *RM* eine Dividende von 36 bis 37% in Aussicht steht. In dem Betrage von 241588.90 *RM* sind 7359.00 *RM* noch nicht festgestellte Forderungen enthalten."

Der Bericht gibt eine Reihe von Einzelheiten: Das Deutsch-Lissaer Grundstück ist im Zwangsversteigerungsverfahren, nachdem durch die Bemühungen des Gläubigerausschusses ein geeigneter Bieter gestellt war und Nitsche sich mit dem Stehenbleiben seiner Hypothek einverstanden erklärt hatte (vgl. S. 705/6), zu einem den Hypothekenstand übersteigenden Betrag zugeschlagen worden und damit sind die befürchteten Ausfallsforderungen der Hypothekengläubiger weggefallen. Den Prozeß über Achterbahn und Zyklonrad hat die Masse verloren. Der Feststellungsprozeß Langrocks schwebt in zweiter Instanz beim Landesarbeitsgericht, da Langrock gegen das Urteil des Arbeitsgerichts, das ihm nur insgesamt 3000 RM. Entschädigung als nicht bevorrechtigte Forderung zusprach, Berufung eingelegt hat. In den Feststellungsprozessen des Esche und verschiedener anderer Gläubiger ist noch kein Schlußurteil ergangen. Preuß ist auf die Anfechtung des Verwalters vom Landgericht zur Bewilligung der Löschung seiner Vormerkung verurteilt und seine Widerklage auf Umschreibung der Vormerkung in eine Sicherungshypothek abgewiesen worden; Preuß hat Berufung eingelegt. Alle übrigen Anfechtungs- und sonstigen Prozesse sind zu Gunsten der Konkursmasse entschieden.

„Der Vergleichsvorschlag vom 28. Mai 1934 wurde verlesen. Der Gemeinschuldner erklärte, daß er bei diesem Vorschlag verbleibe. Der Bürge *Eckert* und RA. *Weiß* als Bevollmächtigter des Bürgen *Wilhelm Geier* erklärten, daß sie für die Erfüllung des Vergleichs selbstschuldnerische Bürgschaft nach Maßgabe des schriftlichen Vergleichsvorschlags übernehmen. RA. *Weiß* wiederholte als Bevollmächtigter der Gläubiger Fr. *Elly Geier*, Frl. *Frida Geier* und *Wilhelm Geier* die von seinen Vollmachtgebern im Vergleichsvorschlag schriftlich abgegebenen Verpflichtungserklärungen."

Denn alle für den konkursrechtlichen Zwangsvergleich notwendigen Erklärungen sind Terminserklärungen. Die Unterzeichnung des Vergleichsvorschlags durch Gemeinschuldner, Vergleichsbürgen und die im Vergleich mit ihren Rechten zurücktretenden Konkursgläubiger hatte lediglich die Bedeutung, die Bereitwilligkeit zur Abgabe der allein maßgebenden Erklärung im Termin anzukündigen.

Ist ein Vergleich geschlossen, ohne daß die Bürgen im Termin ausdrücklich die Bürgschaftsübernahme (selbst oder durch einen Bevollmächtigten) erklärt haben, so sucht man mit Hilfskonstruktionen den Vergleich zu retten. Hatte z. B. der Vergleichsbürge, der ja fast immer zu den Konkursgläubigern gehört, in dieser Eigenschaft für den Vergleich gestimmt, so hat er sich damit im Termin zu seiner schriftlich in Aussicht gestellten Bürgschaft bekannt. Wenn sich im Termin herausstellt, daß weder der Bürge noch ein Bevollmächtigter, der für ihn die Bürgschaft mündlich wiederholen könnte, zur Stelle ist, so darf der Zwangsvergleich unter der Bedingung der Nachbringung der Bürgschaft abgeschlossen werden, sofern eine bestimmte Frist für die Nachbringung festgesetzt ist. RG. 56, 70; 64, 82. Über die Erklärungen der zurücktretenden Gläubiger vgl. Jaeger 3 zu § 181.

Daß RA. Weiß durch die überreichten Vollmachten zur Abgabe seiner Erklärungen legitimiert ist, wird unterstellt.

Es folgt — auf dem Hintergrund der früher (S. 784) dargelegten Interessengegensätze — der Kampf um das Stimmrecht:

„Namens der durch ihn vertretenen Gläubiger beantragte RA. *Weiß*, den Gläubigern bestrittener Forderungen kein Stimmrecht zu gewähren.

Namens der Gläubiger *Esche* und *Augustin* beantragte RA. *Grau*:

a) den Gläubigern bestrittener Forderungen, soweit ihre Feststellungsklagen nicht rechtskräftig abgewiesen sind, volles Stimmrecht,

b) dem durch Hypothek von 25000 *RM* auf dem Grundstück der Ehefrau des Gemeinschuldners gesicherten Gläubiger *Schilling* Stimmrecht nur in Höhe des überschießenden Betrages seiner Forderung,

c) den absonderungsberechtigten Hypothekengläubigern sowie dem durch Vormerkung gesicherten Gläubiger *Preuß* überhaupt kein Stimmrecht.

zu gewähren."

Das Gericht entscheidet nach freiem Ermessen (§§ 95, 96 KO.):

„Nach Verhandlung mit den Erschienenen wurde der

Beschluß

verkündet:

Die Gläubiger *Esche*, *Friedrich* und *Fricke* (Abt. II Nr. 27, 28, 29) erhalten Stimmrecht in Höhe der von ihnen angemeldeten Forderungen.

Gläubiger *Preuß* (Abt. II Nr. 31) erhält Stimmrecht in Höhe der Hälfte der angemeldeten Forderung.

Gläubiger *Nitsche* (Abt. II Nr. 43) erhält kein Stimmrecht.

Gläubiger *Schilling* (Abt. II Nr. 48) erhält Stimmrecht in Höhe seiner festgestellten Gesamtforderung, weil er keine abgesonderte Befriedigung an Gegenständen der Konkursmasse beansprucht."

Die Forderungen von Esche, Friedrich und Fricke sind die bestrittenen (der ebenfalls bestrittene Langrock kommt, weil er ein Vorrecht in Anspruch nimmt, nicht in Betracht). Preuß kann im Hinblick auf die Anfechtung seiner Vormerkung nicht als voll gesichert gelten. Die bedingte Feststellung der Nitscheschen Konkursforderung ist durch den Ausgang der Deutsch-Lissaer Zwangsversteigerung gegenstandslos geworden. Bei Schilling wird wiederum wichtig, daß seine Hypothek am Grundstück eines Dritten besteht: ebenso wenig wie § 64 (oben S. 779 zu 11) trifft § 96I auf ihn zu.

Die Stimmrechtsentscheidungen des Gerichts, von denen möglicher Weise das Schicksal des Vergleichs abhängt, sind der Anfechtung entzogen; sie können auch nicht durch Beschwerde gegen den später über die Bestätigung des Vergleichs zu erlassenden Beschluß angegriffen werden. §§ 95III, 96II.

„Den Anwesenden wurde Gelegenheit gegeben, sich über den Vergleichsvorschlag und die Bürgschaftserklärungen zu äußern."

Der Gläubigerausschuß teilt mit, daß die Bürgen nach den eingezogenen Auskünften für den Betrag der gesamten Vergleichsraten unbedingt gut seien. — Die Vergleichsgegner weisen darauf hin, daß nach dem Bericht des Verwalters 36—37% in der Masse lägen, die sich bei günstigem Ausgang aller noch schwebenden Prozesse um weitere Prozente erhöhen könnten; die im Vergleich darüber gebotenen 13% seien kein genügender Ausgleich dafür, daß die Gläubiger durch Annahme des Vergleichs die Möglichkeit aus der Hand geben sollen nach Aufhebung des Konkurses von Geier, der in den besten Jahren stehe und ein gewandter Geschäftsmann sei, ihren ganzen Ausfall beizutreiben. — Dem wird von den Freunden des Vergleichs entgegengehalten, daß Geier im Falle der Beendigung des Konkurses ohne Zwangsvergleich bei der Höhe der alsdann verbleibenden Schuldenlast im Interesse seiner Familie sicherlich Mittel und Wege finden würde seinen künftigen Erwerb dem Zugriff der Gläubiger zu entziehen, indem er ein Geschäft auf den Namen der Ehefrau beginnen bzw., wenn er bei Fremden in Stellung tritt, dies in der Form des „1500 Mark-Vertrags" (S. 41f.) tun würde.

„Hierauf wurde über den Vergleichsvorschlag abgestimmt; das Ergebnis der Abstimmung wurde in der anliegenden Stimmliste verzeichnet. Hiernach stimmten 36 Gläubiger mit 187500 *RM*, darunter die Ehefrau des Gemeinschuldners mit 17500 *RM*, für den Vergleich, und 14 Gläubiger mit 23679.50 *RM* gegen den Vergleich, während 16 Gläubiger mit 25479.90 *RM* nicht anwesend waren und sich daher an der Abstimmung nicht beteiligten."

Während sonstige Verwandte des Gemeinschuldners unbeschränktes Stimmrecht besitzen, gewährt das Gesetz dem Ehegatten bei der Abstimmung über einen Zwangsvergleichsvorschlag nur ein bedingtes Stimmrecht. Zwangsvergleiche sollen nicht mit entscheidender Hilfe der Ehegattenforderung durchgebracht werden. Deshalb bestimmt § 183, daß der zustimmende Ehegatte bei der Berechnung der Mehrheiten „außer Betracht bleibt". Das bedeutet für die hierbei besonders wichtige Summenmehrheit, daß von den nach Abzug der Ehegattenforderung sich ergebenden Forderungen $^3/_4$ dem Vergleich zustimmen müssen: die Forderung wird also sowohl von den zustimmenden als von der Gesamtsumme der stimmberechtigten Forderungen abgesetzt.

Denn wäre der Sinn der Vorschrift der, daß die Forderung des Ehegatten nur bei den zustimmenden Gläubigern, also im Zähler des Bruchs, abzuziehen sei, so würde in Konkursen, bei denen die Ehegattenforderung mehr als $^1/_4$ sämtlicher stimmberechtigten Forderungen ausmacht, die Erreichung der Mehrheit überhaupt nicht möglich sein. — Zu beachten ist, daß nach § 183 die Forderung des Ehegatten nur dann unberücksichtigt bleibt, „wenn er dem Vergleich zugestimmt hat". Das Stimmrecht wird dem Ehegatten also nicht gänzlich entzogen, und wenn er gegen den Vergleich stimmt, so zählt seine Stimme mit. Sie zählt aber auch dann mit, wenn er überhaupt nicht abstimmt. Daraus folgt, daß die Ehefrau, wenn sie den Vergleich fördern will, nicht etwa in der Erwägung, sie habe ja doch kein Stimmrecht, zu Hause bleiben darf. Sie muß vielmehr im Vergleichstermin vertreten sein und dem Vergleich zustimmen — bloß zu dem Zwecke, daß nunmehr ihre Stimme „außer Betracht bleibt", die $^3/_4$ daher nicht von der Summe aller wirklich vorhandenen Forderungen sondern nur von den nach Abzug ihrer eigenen Forderung verbleibenden zu berechnen sind!

Für unseren Fall lautet das Exempel:

$$\frac{187500-17500}{236659.40-17500} = \frac{170000}{219159.40}$$

Das sind mehr als ¾. Der Vergleich ist angenommen!

„Es wurde über die Bestätigung des Vergleichs verhandelt und Gläubiger, Verwalter und Gläubigerausschußmitglieder gehört. RA. *Grau* beantragte namens der Gläubiger *Esche* und *Augustin*, den Vergleich als dem gemeinsamen Interesse der nicht bevorrechtigten Gläubiger widersprechend zu verwerfen, und überreichte zur Glaubhaftmachung, daß das Grundstück Grüneiche Bl. Nr. 97 350000 *RM* wert sei, Taxe des Maurermeisters *Bruschke* vom 18. Juni 1934. Über den Antrag wurde mit den Erschienenen verhandelt.

Vorgelesen, genehmigt."

Bei der Beschlußfassung über die Bestätigung prüft das Gericht in erster Linie die Zulässigkeit und das formell ordnungsmäßige Zustandekommen des Zwangsvergleichs nach. Seine sachliche Prüfung ist beschränkt: ob der Vergleich für die Gläubiger nützlich oder schädlich erscheint, muß die Mehrheit selbst entscheiden. Beträgt die Vergleichsquote weniger als 20%, so muß von Amts wegen auf die Frage eingegangen werden, ob der Gemeinschuldner durch „unredliches" oder durch „leichtsinniges" Verhalten dieses schlechte Ergebnis verschuldet hat: im ersten Falle muß, im anderen Falle kann der Vergleich verworfen werden (§ 187). Dagegen setzen die Verwerfungsgründe des § 188 — Zustandebringen des Vergleichs durch unlautere Machenschaften bzw. Verletzung der gemeinsamen Gläubigerinteressen — den besonderen Antrag eines Konkursgläubigers sowie die Glaubhaftmachung der Tatsachen voraus. Den zweiten dieser Anträge haben Esche und Augustin gestellt.

Wäre die Entscheidung dem Richter zweifelhaft, so würde er einen besonderen Verkündungstermin ansetzen (§ 184 II). Er hat sich jedoch bereits schlüssig gemacht:

„Es wurde der anliegende Beschluß verkündet.

Richter. *Urkund.*"

Bestätigung.

„Verkündet am 26. Juni 1934.

Urkund

als Urkundsbeamter der Geschäftsstelle.

Beschluß.

In dem Konkursverfahren über das Vermögen des Gastwirts und Schaustellungsunternehmers *Konrad Geier*, in Firma ‚Lunapark Grüneiche *Konrad Geier*', in Breslau-Grüneiche.

Der in dem Vergleichstermin vom 26. Juni 1934 angenommene Zwangsvergleich wird hierdurch bestätigt.

Gründe.

Für die Annahme des vom Gemeinschuldner vorgeschlagenen Vergleichs haben 36 Gläubiger mit 187500 *RM* gestimmt, dagegen 14 Gläubiger mit 23679.50 *RM*. Nicht anwesend waren 16 Gläubiger mit 25479.90 *RM*. Die Ehefrau des Gemeinschuldners hat mit 17500 *RM* für den Vergleich gestimmt. Wird sie gemäß § 183 I KO. außer Betracht gelassen, so hat die Mehrzahl der anwesenden Gläubiger, nämlich 35 von 49 Gläubigern, dem Vergleich zugestimmt, und es beträgt die Summe der Forderungen der zustimmenden Gläubiger 170000 *RM*, das ist mehr als drei Vierteile der Gesamtsumme aller stimmberechtigten Forderungen — 219159.40 *RM* —. Die in § 182 KO. vorgeschriebenen Mehrheiten sind also erreicht.

Dem aus § 188² KO. gestellten Verwerfungsantrag der Gläubiger *Esche* und *Augustin* ist nicht stattgegeben worden. In der Masse liegen nach der vom Gläubigerausschuß bestätigten Schätzung des Verwalters 36—37%, günstigsten Falls ca. 40%, die auf Grund eines langwierigen Verfahrens flüssig gemacht werden müßten, während der Vergleich den Gläubigern 50% zu nicht allzu weit hinausgerückten Zahlungsterminen bietet. Die Zahlung der Vergleichsraten wird durch die Verpflichtung der verwandten Gläubiger, Ansprüche gegen den Gemeinschuldner erst nach vollständiger Erfüllung des Vergleichs gegenüber allen übrigen Konkursgläubigern geltend zu machen, sowie durch die Haftung zweier als sicher anzusehenden Bürgen gewährleistet. Allerdings beruht die Dividendenschätzung des Verwalters auf der Annahme eines Wertes von nur 260000 *RM* für das zur Masse gehörige Grundstück Grüneiche Bl. Nr. 97, während die Taxe des Maurermeisters *Bruschke* einen Wert von 350000 *RM* herausrechnet. Unter Zugrundelegung der *Bruschke*schen Taxe würden fast 80% in der Masse liegen. Das Gericht ist aber der Taxe nicht gefolgt, weil es sich um ein Vergnügungsetablissement handelt, dessen Wert hauptsächlich von dem Verdienst abhängt, den der Eigentümer mit dem Betriebe erzielen kann, bzw. von der Pachtsumme, die ein Pächter dafür zu zahlen bereit ist. Ob der von *Bruschke* in mehr theoretischer und schematischer Weise auf Grund der Baukosten und des Terrainwerts berechnete Betrag von 350000 *RM* in absehbarer Zeit durch Verkauf zu realisieren sein würde, muß nach den Erklärungen des Verwalters und des Gläubigerausschusses, welche trotz vielfacher Bemühungen kein höheres Angebot als 260000 *RM* (20000 *RM* über dem festgesetzten Steuerwert) erzielen konnten, bezweifelt werden.

Richter."

Zugestellt wird der Beschluß nicht, die Frist zur Einlegung der sofortigen Beschwerde läuft von der Verkündung (§ 189 II).

Beschwerde. Die am 5. Juli 1934 eingehende Beschwerdeschrift des RA. Grau wiederholt die mündlichen Darlegungen aus dem Vergleichstermin und bringt eine neue Behauptung:

„Wie die beiliegende eidesstattliche Versicherung des Gläubigers *Fricke*, dessen angemeldete Forderung von 620 *RM* Abt. II Nr. 29 s. Zt. vom Verwalter und Gemeinschuldner bestritten wurde und den Gegenstand eines Feststellungsprozesses bildet, ergibt, ist *Fricke* kurz nach Bekanntmachung des Vergleichstermins mit dem Gemeinschuldner im Hotel ‚Deutsches Haus' in Glatz zusammengetroffen und hat mit ihm über den Vergleich gesprochen. Dabei hat *Geier* auf die Erklärung *Frickes*, er sei mit 50% nicht zufrieden und würde nur bei 75% zustimmen, erwidert, daß er mit den Akkordbürgen sprechen wolle, diese würden den Vergleich nicht an der Mehrforderung von 155 *RM* scheitern lassen. Eventuell könnte ein Verwandter die *Fricke*sche Forderung für 465 *RM* aufkaufen und mit ihr für den Vergleich stimmen, das würde bei allen

Zwangsvergleichen so gemacht. Der Vergleich muß also auch deshalb verworfen werden, weil er in unlauterer Weise zustande gebracht ist (§ 188¹ KO.)."

Geheime Sonderabkommen zur Begünstigung einzelner Gläubiger sind beim Zwangsvergleich nicht bloß nichtig (§ 181 S. 3) und strafbar (§ 243), sondern sie führen auch bei rechtzeitiger Antragstellung und Glaubhaftmachung zur Verwerfung des ganzen Vergleichs (§ 188¹) und begründen sogar noch nach Rechtskraft der Bestätigung die Anfechtung wegen arglistiger Täuschung (§ 196). Diese Anfechtung ist für Gemeinschuldner und Vergleichsbürgen besonders gefährlich: denn der Gläubiger, der von dem Sonderabkommen nichts gewußt hat, ficht nicht den Zwangsvergleich als Ganzes, sondern lediglich den darin enthaltenen teilweisen Erlaß seiner Forderung an „unbeschadet der ihm durch den Vergleich gewährten Rechte". Er kann mithin vom Gemeinschuldner die vollen 100% seiner Forderung verlangen und sich obendrein in Höhe der Vergleichsquote an die Bürgen halten, so daß die zur Neubegründung der Existenz des Schuldners von den Bürgen gebrachten Opfer nutzlos waren. Trotzdem erweist sich in der Praxis die Versuchung, den Widerstand eines oder einiger Opponenten durch Begünstigungsabreden zu überwinden, als außerordentlich groß, und man glaubt bisweilen besonders schlau zu sein, wenn man die Forderung des Akkordstörers durch einen Strohmann zu einem die offizielle Vergleichsquote übersteigenden Preise aufkaufen läßt, wie Geier es vorgeschlagen haben soll. Natürlich würde auch das eine unlautere Machenschaft im Sinne des § 188¹ sein.

Geier, dem die Beschwerdeschrift vom Landgericht mitgeteilt wird, erwidert durch RA. Weiß:

„Die Behauptungen der Beschwerdeführer sind nicht schlüssig; denn wenn selbst der Gemeinschuldner dem *Fricke* verschleierte Sondervorteile in Aussicht gestellt hätte, so würde daraus noch nicht folgen, daß bei anderen Gläubigern das Gleiche geschehen sei. Daß nach der Unterredung in Glatz noch einmal jemand von seiten des Gemeinschuldners an *Fricke* wegen des Verkaufs seiner Forderung herangetreten und der Verkauf perfekt gemacht worden sei, gibt *Fricke* ja selbst nicht an.

Die Behauptung ist aber auch unwahr. Die Äußerungen, daß man an die Vergleichsbürgen herantreten und wegen der geringen Differenz den Akkord nicht scheitern lassen solle, daß die Forderung durch einen Dritten abgekauft werden könne usw., sind nicht vom Gemeinschuldner sondern von einem dritten Reisenden, der mit am Tisch saß, getan worden. Der Gemeinschuldner hat dem *Fricke* sofort erklärt, daß er mit RA. *Weiß* sprechen müsse, ohne dessen Rat er in der Angelegenheit nichts tue.

Beweis: Zeugnis des Geschäftsreisenden *Peter Pawlik* in Beuthen O.S., Tarnowitzerstraße 42."

Das Landgericht weist die Beschwerde ohne Beweiserhebung kostenpflichtig zurück:

„Daß der Zwangsvergleich dem gemeinsamen Interesse der nicht bevorrechtigten Konkursgläubiger widerspreche, ist nicht glaubhaft gemacht.

(wird näher ausgeführt.)

In der Beschwerde wird der Verwerfungsantrag auch darauf gestützt, daß der Fall des § 188¹ KO. vorliege. In erster Instanz war die Verwerfung nur aus § 188² KO. beantragt. Wenn auch die Beschwerde auf neue Tatsachen und Beweise gestützt werden darf (§ 570 ZPO.), so kann doch bei der Beschwerde gegen die Bestätigung eines Zwangsvergleichs kein Verwerfungsgrund nachgeschoben werden, der nicht durch einen schon im Vergleichstermin gestellten Antrag des überstimmten Gläubigers gedeckt wird."

Der letzte Punkt mag zweifelhaft sein. Die Beschwerdeführer können jedoch nicht mehr die Entscheidung des Oberlandesgerichts anrufen. Zwar enthält der Beschluß des Landgerichts einen „neuen selbständigen Beschwerdegrund" (§ 568^{II} ZPO.), aber in Zwangsvergleichssachen wird die weitere Beschwerde durch § 189^{III} KO. positiv ausgeschlossen.

Vergleichswirkungen. Soweit die Forderungen der nicht bevorrechtigten Konkursgläubiger nach dem Vergleichsvorschlag befriedigt werden sollen, sind sie in den dort bestimmten Raten fällig, der Mehrbetrag gilt als erlassen. Nicht berührt werden jedoch die Rechte der Gläubiger gegen Mitschuldner und Bürgen des Gemeinschuldners, ihre Pfandrechte, Hypotheken und Vormerkungen; diese Sicherheiten können also — trotz ihres akzessorischen Charakters — nach wie vor in ursprünglicher Höhe geltend gemacht werden (§ 193 S. 2). Speziell bei den Hypothekengläubigern der Geierschen Grundstücke bleibt das Prinzip des § 64 (oben S. 778) in Geltung; abgesehen von der 100%igen dinglichen Haftung der Grundstücke sind also Geier und die Vergleichsbürgen persönlich in Höhe von 50% desjenigen Betrages verpflichtet, auf den die Gläubiger dinglich verzichten oder mit welchem sie bei der dinglichen Befriedigung ausfallen. RG. 92, 181. Man wird ferner anzunehmen haben, daß der Vergleich die Gläubiger nicht hindert mit 100% ihrer Forderung im selben Umfang aufzurechnen, wie sie das während des Konkurses hätten tun können, denn § 53 befreit den zur Aufrechnung Berechtigten allgemein von der Notwendigkeit, sich am Konkurse zu beteiligen. Jaeger 30 zu § 53 mit Rechtsprechung und Literatur; für das Vergleichsverfahren vgl. die ausdrückliche Vorschrift des § 36 S. 2 VerglO.

Naturalobligation: Man spricht häufig davon, daß der durch den Zwangsvergleich erlassene Forderungsteil sich in eine Naturalobligation verwandelt habe. „Naturalobligation" ist der herkömmliche Sammelname für Rechtsverhältnisse, bei denen einzelne Wirkungen einer normalen Obligation vorhanden sind, während andere, vor allem der Erfüllungszwang, fehlen. Die Naturalobligation kommt in drei Abstufungen vor:

1. Durch Zwangsvergleich erlassene Schuld: der Schuldner kann nicht zur Erfüllung gezwungen werden; wenn er bezahlt, steht ihm keine condictio zu (dies wird gewöhnlich aus der ersten oder zweiten Alternative des § 814 BGB. hergeleitet, richtiger ist aber wohl das argumentum a minore ad maius aus den Fällen zu 2 und 3); Real- und Personal-Sicherheiten haften in voller Höhe fort (§ 193 S. 2 KO.).

2. Verjährte Schuld: der Schuldner hat gegenüber dem Anspruch des Gläubigers die Einrede der Verjährung (§ 222^{I} BGB.); im Falle der — wissentlichen oder unwissentlichen — Leistung kein Rückforderungsanspruch (§ 222^{II}); Realsicherheiten bestehen fort (§ 223); der Bürge kann, wie alle sonstigen Einreden des Hauptschuldners, auch die der Verjährung geltend machen (arg. § 768).

3. Spiel-, Wett-, Differenzschuld: kein Erfüllungszwang (§§ 762^{I} S. 1, 764); keine condictio (§§ 762^{I} S. 2, 764); weder Real- noch Personalsicherheiten sind wirksam, weil sie eine rechtsbeständige Forderung voraussetzen. In diese Gruppe gehören auch die Ansprüche aus Börsentermingeschäften, bei denen die Voraussetzungen des § 53 BörsG. nicht erfüllt sind, hier besteht aber die Möglichkeit, daß der Schuldner für die nicht verbindliche Schuld in besonderer Form (schriftlich, ausdrücklich, speziell, in Abweichung von § 126 BGB. genügt Telegramm) Realkaution mit Geld oder Effekten bestellt (§ 54 BörsG.).

Wann verliert ein Konkursgläubiger durch sein Verhalten das Recht, Pfandrechte an Bestandteilen der Masse über die Vergleichsquote hinaus geltend zu machen? Ein Verzicht kann nur unter ganz besonderen Umständen angenommen werden. Insbesondere genügt dazu nicht, wie die Schuldner gern annehmen, die Zustimmung zum Vergleich. Noch weniger die Empfehlung des Vergleichs durch einen Konkursgläubiger in seiner Eigenschaft als Gläubigerausschuß-Mitglied. Dagegen wird die vorbehaltlose Annahme der Quote auf die ganze Forderung im allgemeinen als Verzicht zu gelten haben, weil sie sonst mit dem Grundsatz des § 64 KO. nicht vereinbar sein würde. JW. 28, 3139[26]; vgl. aber RG. 77, 403.

Die Wirkung des Vergleichs tritt für und gegen alle „Konkursgläubiger" ein. Die Eigenschaft als Konkursgläubiger ist unabhängig von der Anmeldung der Forderung zur Tabelle, sie wird dadurch geschaffen, daß der Gläubiger einen zur Zeit der Eröffnung des Verfahrens begründeten Vermögensanspruch an den Gemeinschuldner hat (§ 3I). Demgemäß wirkt der Vergleich, wie § 193 S. 1 hervorhebt, auch für solche Gläubiger, die am Konkursverfahren nicht teilgenommen haben. Die Schlauberger, welche meinen durch Nichtanmeldung sich der Reduktion ihrer Forderungen durch Zwangsvergleich entziehen zu können, sind im Irrtum; praktisch berauben sie sich bloß der Möglichkeit, durch Tabellenfeststellung zu einem vollstreckbaren Schuldtitel zu gelangen.

Soweit Verträge nach §§ 17f. aufgelöst worden sind, dauert diese Rechtslage über den Zwangsvergleich hinaus an. Ebenso der Eintritt der Fälligkeit betagter Forderungen (§ 65), für die jetzt freilich die im Vergleich festgesetzten Zahlungstermine maßgebend sind, und die Umwandlung der Individualansprüche in Geldforderungen (§ 69).

Vorrechts- und Masseansprüche bleiben vom Vergleich unberührt. Sie sind, falls unstreitig, vom Verwalter aus der Konkursmasse auszuzahlen, falls bestritten, sicherzustellen (§ 191). Dagegen ist die Befriedigung der einfachen Konkursgläubiger Sache des Gemeinschuldners, der — mangels gegenteiliger Bestimmung des Zwangsvergleichs — das Recht freier Verfügung über die Konkursmasse zurückerhält (§ 192). Erfüllt der Gemeinschuldner den Vergleich nicht, so gibt das den nicht bevorrechtigten Konkursgläubigern kein Recht, etwa nach § 326 BGB. vom Vergleich zurückzutreten (§ 195 KO.). Sie müssen sich, soweit keine Sicherheiten bestellt sind, mit Zwangsvollstreckung aus der Tabelle (§ 194) helfen.

Zwangsvergleich im Vergleichsverfahren.

Der Zwangsvergleich des Vergleichsverfahrens weicht von demjenigen der KO. in mehreren Punkten ab:

1. Feste Mindestquote von 30% (§ 6 VerglO.). Bei Vergleichsquoten unter 50% muß die Summenmehrheit 80% statt der sonst vorgeschriebenen 75% betragen (§ 63III). Andrerseits genügt für ein bloßes Moratorium eine Summenmehrheit von über 50% (§ 63IV).

2. Möglichkeit der offiziellen Bevorzugung einzelner Gläubigerkategorien (Klein-Gläubiger, oben S. 783), wenn außer der allgemein vorgeschriebenen Kopf- und Summenmehrheit unter der Gesamtheit der Gläubiger auch innerhalb der zurückgesetzten Gläubiger die einfache Kopf- und eine 3/4-Summenmehrheit erreicht ist (§ 5II). Die Erschwerungen und Erleichterungen der Summenmehrheit nach § 63III, IV (oben zu 1) bleiben bei Berechnung der besonderen Mehrheiten innerhalb der zurückgesetzten Gläubiger außer Betracht, so daß also bei der vorzunehmenden itio in partes unter Umständen verschiedene Mehrheiten erforderlich sind. Nach § 5II müssen 3/4 der „zurückgesetzten" Gläubiger zustimmen, nicht bloß (wie in § 63[2]) 3/4 der „stimmberechtigten" Gläubiger.

3. Möglichkeit schriftlicher Zustimmung (§ 65). Mit Rücksicht auf diese Durchbrechung des Terminserklärungsprinzips dürfte anzunehmen sein, daß im Vergleichsverfahren auch die Übernahme der Bürgschaft durch den Vergleichsbürgen rechtsverbindlich in schriftlicher Form erfolgen kann, doch ist die Frage streitig. Selbstverständlich muß die Bürgschaft nicht bloß gegenüber dem Schuldner,

sondern gegenüber den Gläubigern erklärt sein, und eine Erklärung im gedruckten Rundschreiben genügt nicht. Vgl. RG. 122, 361; Kiesow 31 zu §§ 16/8 mit Übersicht über Literatur und Rechtsprechung.

4. Der Vergleich enthält kraft Gesetzes im Zweifel die kassatorische Klausel: der Forderungserlaß wird hinfällig, sobald

a) der Schuldner mit Erfüllung des Vergleichs in Verzug gerät oder

b) vor vollständiger Erfüllung des Vergleichs über sein Vermögen das Konkursverfahren eröffnet wird

(§ 7). Die durch den Vergleich für die Gläubiger begründeten Rechte gegen Vergleichsbürgen usw. bleiben bestehen. Durch Verzug lebt nur die Forderung desjenigen Gläubigers, dem gegenüber der Verzug eingetreten ist, in voller Höhe auf, durch Konkurs die Forderung aller Gläubiger. Es bedarf keiner Rücktrittserklärung, sondern die Rechtsfolge tritt ipso iure ein, doch darf sich der Gläubiger nicht allzu lange besinnen, gemäß dem Grundsatz, daß Verfallsrechte immer binnen kurzer Zeit geltend zu machen sind (oben S. 390). Ob im Fall a der Gläubiger auf Grund seiner einfachen Behauptung vollstreckbare Ausfertigung des Vergleichs über den ursprünglichen Schuldbetrag erhalten kann, ist streitig; sind die Fälligkeiten der Vergleichsraten auf bestimmte Kalendertage festgelegt, so wird man bei richtiger Anwendung des § 726 ZPO. (vgl. 27. Kap. „Umschreibung der Vollstreckungsklausel gegen den Ehemann") die Klausel geben müssen, und der Schuldner hat, wenn er den Verzug bestreitet, Vollstreckungsgegenklage (§§ 767, 768 ZPO., 75 I VerglO.) zu erheben. Im Falle b werden die Gläubiger des Vergleichsverfahrens durch die kassatorische Klausel davor geschützt, im Konkurse nur die Quote von ihrer früheren Vergleichsquote beanspruchen zu können.

Der Konkurs im Falle § 7 VerglO. ist kein „Anschlußkonkurs" (S. 769).

Die Geltung des § 7 kann durch den Vergleich ausgeschlossen werden, worauf bisweilen die Vergleichsbürgen Wert legen. Alsdann bleiben nach dem, mit § 195 KO. übereinstimmenden, § 78 VerglO. die Gläubiger trotz der Nichterfüllung an den Zwangsvergleich gebunden.

Abgesehen von diesen Unterschieden, bei denen durchweg die VerglO. gegenüber der KO. als das modernere und den Anforderungen des Lebens besser Rechnung tragende Gesetz erscheint, gehen die beiden Gesetze parallel. §§ 63 I, 64, 73—77 VerglO. entsprechen den §§ 182, 183, 193, 194, 196, 197 KO. § 64 KO. gilt auch für das Vergleichsverfahren (§ 2 S. 2 VerglO.). Daß der Schuldner durch den Zwangsvergleich die Verfügung über sein Vermögen zurückerlangt (§ 192 KO.), braucht für das Vergleichsverfahren nicht besonders bestimmt zu werden, weil er ja die Verfügungsbefugnis grundsätzlich gar nicht verloren hat (oben S. 752)[25].

Treuhand- und Liquidationsvergleich.

„**Treuhandvergleich**" ist ein Vergleich, bei dem zur Sicherung der Gläubiger einem Treuhänder dingliche Rechte an der Masse eingeräumt werden, „**Liquidationsvergleich**" ein Vergleich, nach welchem die Gläubiger keine bestimmte Quote ihrer Forderungen erhalten, sondern die Masse versilbert und der Erlös anteilmäßig unter die Gläubiger verteilt werden soll. Der Treuhandvergleich kann auf eine feste Quote lauten oder Liquidationsvergleich sein, der Liquidationsvergleich kommt praktisch nur in der Form des Treuhandvergleichs vor.

Treuhand- wie Liquidationsvergleich sind sowohl im Konkurs wie im Vergleichsverfahren wie beim außergerichtlichen Akkord möglich. Für den Konkurs insbesondere ergibt sich die Zulässigkeit aus der dispositiven Natur des § 192. RG. 89, 131. Einen Übergang zum eigentlichen Treuhandvergleich

[25]) Der Entwurf führt eine Reihe von Neuerungen ein. Mindestquote: oben S. 747 Anm. 2. § 9 deklariert den bisherigen § 7 im Sinne der Darstellung des Textes. §§ 75, 108 Entw. dehnen die Stimmrechtsverkürzung des Ehegatten auf alle unter § 31² KO. fallenden nahen Angehörigen aus, ja sogar im Vergleichsverfahren über eine GmbH. auf die Gesellschafter und deren Angehörige. Alle Versagungsgründe sind von Amts wegen zu beachten (§ 79 Entw.). Über die Fortführung des Vergleichsverfahrens bis zur vollständigen Erfüllung des Vergleichs s. Anm. 27.

stellen die sehr häufigen Zwangsvergleiche dar, in denen die Auszahlung der ersten Rate oder mehrerer Raten durch den Konkursverwalter vorgesehen wird. Besonders oft werden Treuhand- und Liquidationsvergleiche im Vergleichsverfahren geschlossen. § 6 VerglO. wird auf den Liquidationsvergleich allgemein nicht mit bezogen, weil hier kein „ziffermäßig bestimmter teilweiser Erlaß der Forderungen" stattfindet. Es können also auf diesem Wege auch Vergleiche zustande kommen, die den Gläubigern weniger als 30% gewähren, doch gehen die Gerichte, der Initiative der Handelskammern folgend, mehr und mehr dazu über, Liquidationsvergleichen ohne Mindestquote auf Grund der elastischen Bestimmungen der VerglO. die Bestätigung zu versagen[26]).

Für den Konkurs-Treuhandvergleich will RG. a. a. O. die dingliche Sicherung in der Weise durchführen, daß das Verfügungs- und Verwaltungsrecht des Konkursverwalters bestehen bleibt und die durch den Konkurs herbeigeführte separatio bonorum andauert. Die formelle Aufhebung des Konkursverfahrens und die Löschung der Konkursvermerke in Grundbuch und Handelsregister (s. den nächsten Fall) geschieht aber beim Treuhandvergleich ebenso wie beim sonstigen Zwangsvergleich: denn die Fortdauer des Verfügungsrechts des Verwalters und die entsprechende Verfügungsbeschränkung des (früheren) Gemeinschuldners beruhen jetzt nicht mehr auf dem Konkurse, sondern auf der Vergleichsklausel. Die Sicherung des Treuhandvergleichs durch eine neue Grundbucheintragung ist angesichts des § 137 BGB. nicht einfach. In der Praxis hilft man sich vielfach durch fiduziarische Übertragung der ganzen Masse auf bisherige Verwalter, einen wirtschaftlichen Verband oder einen sonstigen Treuhänder, durch Hinterlegung von Wertgegenständen, durch Bestellung von Sicherungshypotheken für die Gläubiger und ähnliche Mittel.

Die Kontrolle der Gläubiger über die Durchführung von Treuhand- und Liquidationsvergleichen wird bisweilen sehr ausgebaut (Gläubigerausschüsse, Gläubigerversammlungen usw.), so daß sich geradezu das Bild einer privaten Geschäftsaufsicht ergibt[27]).

Die Bedürfnisse des Rechtslebens sprechen dafür, daß man den am Vergleich beteiligten Gläubigern ihre Vorzugsstellung an der Treuhand-(Liquidations-)Masse unter allen Umständen erhalten muß — vorausgesetzt natürlich, daß der Beschluß des Vergleichs keiner Gläubigeranfechtung unterliegt. Doch sind alle Einzelfragen noch strittig. Z. B. nehmen manche an, daß auch die am Vergleich nicht beteiligten Gläubiger, insbesondere Neugläubiger, Mitberücksichtigung verlangen können, wobei man vielfach den Treuhänder als Vermögensübernehmer im Sinne des § 419 (S. 467/8) betrachtet. Ob dem Treuhänder gegenüber Zwangsvollstreckungen in die Treuhandmasse die Intervention zusteht, ist für Zwangsvollstreckungen sowohl der Vergleichs- wie der Neugläubiger bestritten. Gerät der Schuldner nachträglich in Konkurs, so soll nach der von Jaeger (8 zu § 23) aufgestellten extremen Ansicht das Treuhandverhältnis als Geschäftsbesorgung (§ 23 II KO.) erlöschen mit der Wirkung, daß die Treuhandmasse in die allgemeine Konkursmasse fällt und die Vergleichsgläubiger sogar die bereits aus ihr empfangenen Quoten zur Konkursmasse herauszuzahlen haben. Nicht so weit geht JW. 28, 1563[6] (OLG. Dresden): für die Zukunft hätten die Vergleichsgläubiger kein Sonderrecht mehr an der Masse, sie behielten jedoch das bisher Empfangene.

Übersicht über die Literatur bei Jaeger a. a. O. und JW. 18, 287; Kiesow 17 f. vor § 5; Emmerich „Sanierung" S. 134 f., 143 f.

[26]) Nach § 7 IV Entw. darf beim Liquidationsvergleich der Schuldner keinen über 50% hinausgehenden Forderungserlaß in Anspruch nehmen.

[27]) §§ 90 f. Entw. bringen eine vollkommene Neuregelung. Darnach wird das Vergleichsverfahren grundsätzlich erst nach restloser Erfüllung des Vergleichs aufgehoben (§ 96). Die Aufhebung erfolgt alsbald bei Bestätigung des Zwangsvergleichs, wenn die Gläubigermehrheit es besonders beantragt (§ 90[1]), ferner in geringfügigen Sachen (§ 90[2]) und wenn sich der Schuldner im Vergleich der Überwachung durch „Sachwalter" der Gläubiger unterworfen hat, welche im Allgemeinen die Rechte eines Vergleichsverwalters haben (§§ 91, 93 I). Während der Überwachung durch den Sachwalter sind Verfügungsbeschränkungen mit dinglicher Wirkung möglich (§ 94). Hypothek für die Vergleichsgläubiger: § 93 VI. Ist das Vermögen des Schuldners fiduziarisch auf den Sachwalter übertragen, so findet § 419 BGB. gegen den Sachwalter keine Anwendung (§ 93 V Entw.).

Schlußverfahren nach Zwangsvergleich.

Der Geiersche Konkurs ist weder mit dem Zwangsvergleich noch mit dessen Rechtskraft von selbst beendigt. Nach § 190I soll vielmehr die Aufhebung des Verfahrens beschlossen werden, „sobald" der Vergleich rechtskräftig bestätigt ist. Man legt diese Worte dahin aus, daß vor der Aufhebung noch eine Reihe von Formalien zu erledigen sind. Das Gericht muß dem Verwalter und den Gläubigerausschußmitgliedern ihre Honorare festsetzen (§§ 85, 91), der Verwalter hat Schlußrechnung zu legen (§ 86) und muß nachweisen, daß er gemäß § 191 die festgestellten Vorrechts- und Massegläubiger befriedigt, die streitigen sichergestellt hat. Dagegen fallen von dem normalen Schlußverfahren bei Ausschüttung der Masse (unten S. 832f.) das „Schlußverzeichnis", die öffentliche Bekanntmachung, die Ausschlußfrist, die Entscheidung des Gerichts über erhobene Einwendungen und die Beschlußfassung der Gläubiger über nicht verwertbare Massegegenstände fort. Verfügung:

„1. Termin zur Abnahme der Schlußrechnung sowie zur Anhörung der Gläubigerversammlung über die Festsetzung der Auslagen und Vergütung der Gläubigerausschußmitglieder gemäß § 91I S. 2 KO. wird auf .... bestimmt.

2. Die Vergütung des Konkursverwalters wird auf ...., seine Auslagen auf .... festgesetzt.

3. Zustellung, Bekanntmachung usw."

Der Schlußtermin nach einem Zwangsvergleich begegnet bei den Gläubigern sehr geringem Interesse. Sie erhalten ja doch bloß ihre Vergleichsrate, also ist ihnen die Schlußrechnung gleichgültig.

Nachdem der Schlußtermin abgehalten und der Nachweis aus § 191 wegen der Vorrechts- und Masseansprüche erbracht ist, ergeht der

„Beschluß.

Das Konkursverfahren über das Vermögen usw.

wird hierdurch aufgehoben, nachdem der im Vergleichstermin vom 26. Juni 1934 angenommene Zwangsvergleich durch rechtskräftig gewordenen Beschluß vom gleichen Tage bestätigt worden ist."

Der Aufhebungsbeschluß ist unanfechtbar (§ 190I S. 2). Verfügung zum Aufhebungsbeschluß:

„1. Zustellen an: a) Gemeinschuldner, b) Verwalter.

2. Bekanntmachung gemäß § 190II KO. in a) „Reichsanzeiger", b) „Regierungs-Amtsblatt", c) „Neue Breslauer Zeitung", d) „Breslauer Neueste Nachrichten".

3. Beglaubigte Abschrift dem Amtsgericht, Abt. für Handelsregistersachen."

Die Aufhebung wird im Register (Sp. 5: „Rechtsverhältnisse bei Einzelkaufleuten") von Amts wegen vermerkt (§ 32 S. 2 HGB.).

„4. dsgl. zu den Grundakten von Breslau-Grüneiche Band IV Blatt Nr. 97 mit dem Ersuchen um Löschung des Konkursvermerks."

Vgl. § 190III KO. Das Deutsch-Lissaer Grundstück ist bereits durch den Zuschlag (S. 785) aus der Masse ausgeschieden. — Da der Zwangsvergleich nichts Gegenteiliges bestimmt (oben S. 793), hat Geier zufolge § 192 die freie Verfügung über die bisherige Konkursmasse zurückerhalten, kann also über das „Lunapark"-Grundstück nach Belieben verfügen, und seine Gläubiger können im Wege der Zwangsvollstreckung Eintragungen (§§ 867, 932 ZPO.) erwirken. Dadurch wird unter Umständen das bei Annahme und Bestätigung des Vergleichs aufgestellte

Rechenexempel, daß von den Vergleichsraten 36—37% durch die Masse gedeckt seien, hinfällig: denn die Akkordgläubiger genießen wegen der Befriedigung ihrer Raten aus der Masse keinen Vorzug vor anderen Gläubigern des Gemeinschuldners!

„5. dsgl. dem Vormundschaftsgericht."

Vgl. S. 81.

„6. dsgl. dem Post- und Telegraphenamt."

Die Postsperre (S. 764 zu 8) wird manchmal schon im Laufe des Verfahrens als nicht mehr notwendig durch besonderen Beschluß aufgehoben (§ 121 II).

„7. Vorzulegen ...."

Vollstreckung aus dem Zwangsvergleich: Für den Konkursrichter ist die Sache erledigt. Der Urkundsbeamte kann mit ihr noch zu tun bekommen, wenn die Akkordraten nicht pünktlich bezahlt werden. Dann lassen sich die Konkursgläubiger nach § 194 vollstreckbare Tabellenauszüge erteilen. Ein solcher Auszug lautet beispielsweise:

„Geschäftsnummer: 53 N 95. 33.

Auszug aus der Tabelle

der in dem Konkursverfahren über das Vermögen des Gastwirts und Schaustellungsunternehmers *Konrad Geier*, in Firma ‚Lunapark Grüneiche *Konrad Geier*', in Breslau-Grüneiche angemeldeten Forderungen.

Beanspruchtes Vorrecht	Laufende Nummer	Name, Beruf und Wohnort des Gläubigers	Vertreter des Gläubigers; Hinweis auf die Vollmacht	Tag der Anmeldung	Angemeldeter Betrag *RM*	*Rpf*	Genaue Bezeichnung des Grundes der Forderung und der urkundlichen Beweisstücke	Ergebnis der Prüfungsverhandlung	Berichtigung	Bemerkungen
1.	2.	3.	4.	5.	6.		7.	8.	9.	10.
Abteilung II: Gläubiger ohne Vorrecht.										
	4	*Strietzel*, *Adolf*, Bäckermeister Breslau, Friedrich-Wilhelmst. 38		25.10.33 (Bl. 11)	300	00	a) Wechselforderung aus dem vom Gläubiger ausgestellten, vom Gemeinschuldner angenommenen Wechsel vom 29. April 1933	zu a bis c: Bis zur Vorlegung des Wechsels vom Verwalter bestritten. Breslau, den 29. Dezbr. 1933. gez. *Richter*. gez. *Urkund*.	zu a bis c: Nach Vorlegung des Wechsels vom Verwalter anerkannt. Breslau, den 17. Januar 1934. gez. *Richter*. gez. *Urkund*.	
					4	67	b) Zinsen vom 29. Juli bis 19. Oktober 1933,			
					4	80	c) Wechselunkosten.			
					309	47				

Die Richtigkeit des vorstehenden Auszugs wird beglaubigt.

(Siegel) *Urkund*

als Urkundsbeamter der Geschäftsstelle des Amtsgerichts.

Der in der *Geier*schen Konkurssache geschlossene, durch Beschluß vom 26. Juni 1934 bestätigte Zwangsvergleich ist seit dem 3. August 1934 rechtskräftig.

Vorstehende Ausfertigung wird dem Gläubiger zum Zwecke der Zwangsvollstreckung in Höhe von 154.74 *RM* (i. W.) gegen: 1. den früheren Gemeinschuldner, 2. den Kaufmann *Wilhelm Geier* in Hamburg, 3. den Steinbruchbesitzer *Oskar Eckert* in Strehlen erteilt.

Breslau, den 3. November 1934.

Amtsgericht. Geschäftsstelle.

(Siegel) *Urkund*

als Urkundsbeamter."

Vorgeheftet sind Ausfertigungen des Vergleichsprotokolls vom 26. Juni 1934 mit Vergleichsvorschlag vom 28. Mai 1934 und des Bestätigungsbeschlusses vom 26. Juni 1934 (§ 33³ GeschO.). Auf der Tabellenurschrift wird die Erteilung des vollstreckbaren Auszugs in Sp. 10 „Bemerkungen" vermerkt. —

Der Referendar: Auf welchem Wege gelangen Konkursgläubiger, deren Forderungen noch nicht zur Tabelle festgestellt sind, zu ihrem Gelde?

Der Richter: Sie müssen gegen Geier und die Bürgen auf Zahlung der im Vergleich bestimmten Prozentsätze ihrer Forderung zu den dort bestimmten Fälligkeitsterminen klagen. Das gilt auch für Gläubiger, die ihre Forderungen nicht zur Tabelle angemeldet haben. Die Bürgen können sich nicht darauf berufen, daß sie mit der Existenz der Forderungen nicht gerechnet hätten, denn wie wir wissen, wirkt der Zwangsvergleich für alle „Konkursgläubiger" im Sinne des § 3¹ KO. (S. 792).

Referendar: Hat Frau Geier jetzt eine Regreßforderung aus der Verpfändung ihres Grundstücks Tiergartenstraße 18 gegen den früheren Gemeinschuldner?

Richter: Der Grundsatz, daß auf eine wirtschaftlich einheitliche Forderung nur einmal Konkursdividende entfällt (S. 780 zu 13), behält seine Kraft auch für den Fall des Zwangsvergleichs. Zahlt Geier dem Hauptgläubiger Schilling die Vergleichsquote, so ist damit seine Verpflichtung gegenüber diesem Gläubiger erfüllt, folglich eine Regreßhaftung gegenüber der Ehefrau ausgeschlossen, denn diese würde voraussetzen, daß er seine Verpflichtung nicht erfüllt hätte[28]).

Referendar: Was wird aus dem Preußschen Anfechtungsprozeß?

Richter: Die Anfechtung führt keine Nichtigkeit, sondern bloß relative Unwirksamkeit im Verhältnis zu den Konkursgläubigern herbei (§ 29). Nach Aufhebung des Verfahrens gibt es keine Konkursgläubiger mehr. Der Prozeß ist also in der Hauptsache erledigt und Preuß behält gemäß § 193 S. 2 seine Vormerkung. Er hat mit dem Zwangsvergleich das beste Geschäft gemacht.

Schlußrechnung und Schlußverzeichnis in einem Nachlaßkonkurs.

„Schlußrechnung

des Rechtsanwalts *Dr. Willibald Walter* in Breslau als Verwalter im Konkurse über den Nachlaß des am 12. September 1931 verstorbenen Rittergutsbesitzers *Lothar Usinger* aus Jakobsdorf, Landkreis Breslau."

Die Schlußrechnung (§ 86) ist eine Geldrechnung, in welcher als Einnahmen der vom Verwalter zu Anfang des Konkurses übernommene Barbestand sowie die durch Verkauf von Aktiven, Einziehung von Masseforderungen usw. erzielten Be-

[28]) § 33 Entw. spricht in Anlehnung an das österreichische Gesetz aus, daß Gesamtschuldner und Bürge nur dann Vergleichsgläubiger wegen ihrer Regreßforderung sind, wenn der Hauptgläubiger im Vergleichsverfahren keinen Anspruch geltend macht.

träge erscheinen, während unter den Ausgaben Zahlungen an Absonderungsberechtigte, Massegläubiger usw. stehen. Die Rechnung muß eine Übersicht gewähren, was aus den einzelnen im Inventar (§ 124) aufgeführten Gegenständen geworden ist. Die Verwandlung der „Brutto"- in die „Netto-Konkursmasse" (S. 762) und die Besonderheiten des Nachlaßkonkurses spiegeln sich in ihr wieder.

„A. Einnahmen.

1. Bestand vom 15. Juni 1932 . . . . 781.20 *RM*
2. Erlös aus der Verwertung der im Inventar aufgeführten Gegenstände: (folgen die einzelnen Gegenstände, jedesmal mit Angabe von Titel und Nr. des Inventars. Gesamterlös:) . . . . 43520.00 *RM*
3. Ferner sind folgende, im Inventar nicht verzeichneten, Gegenstände durch Anfechtung zur Masse gezogen worden:
   a) die Prämie der vom Erblasser bei der ‚Sekuritas' Lebensversicherungs-AG. in Hamburg ‚zu Gunsten meiner Erben' abgeschlossenen Lebensversicherung über 20000 *RM*, Versicherungsschein Nr. 183420, für das letzte Jahr . . . . 850.00 *RM*

   Die Versicherungssumme selbst steht dem Erben *Kurt Usinger* zu. Der Erbe hat die Verpflichtung zur Erstattung der Prämie anerkannt, die Erstattung ist durch Aufrechnung gegen die Forderung zu *B* 2 d erfolgt."

Da die Lebensversicherung Vertrag zu Gunsten Dritter ist (§ 330 S. 1 BGB.), steht sie dem Begünstigten kraft eigenen Rechts zu, fällt also nicht in die Masse. Gilt das aber auch bei einer Versicherung „zu Gunsten meiner Erben"? Nach § 167 I VVG. bedeutet diese Formel im Zweifel, daß die zur Erbfolge Berufenen für ihre Person die Bezugsberechtigung haben sollen, gleichviel ob sie tatsächlich zur Erbfolge gelangen oder der Erbschaft entsagen. Die Versicherungssumme kann dem Begünstigten nicht durch Anfechtung entzogen werden; denn die Anfechtung dient lediglich dazu einen den Gläubigern zugefügten Nachteil auszugleichen, nicht aber ihnen besondere Vorteile zu verschaffen. Anders steht es mit der Prämie. Wenn der Begünstigte sie auch nicht direkt aus dem Vermögen des Erblassers erhält, so stellt doch der Anfall der Versicherungssumme — in Höhe der Prämie — wirtschaftlich einen auf Kosten des Nachlasses gemachten unentgeltlichen Erwerb dar. Deshalb unterliegen die Prämienzahlungen der Anfechtung aus § 32 KO. (regelmäßig für 1 Jahr, gegenüber Ehegatten für 2 Jahre). RG. 61, 217; 62, 46; Jaeger 26 zu § 32. Vgl. die verwandte Regelung beim außerordentlichen Pflichtteilsanspruch oben S. 136.

   b) das Guthaben aus dem auf den Namen des Erblassers lautenden, am 4. September 1931 von ihm der Frau Amtmann *Ulrike Adam* geb. *Usinger* in Pforzheim unter der Bedingung des Überlebens geschenkten Sparkassenbuch Nr. 39238 der Kreissparkasse Breslau. Betrag nebst Zinsen eingezogen am 8. Februar 1933 . . . . . 953.60 *RM*."

Vollzogene Schenkungen von Todeswegen sind von jeder Form befreit (S. 183): aber sie sind im Nachlaßkonkurs selbstverständlich mit der Schenkungs-Pauliana anzufechten.

   „c) das von dem Erben, Landwirt *Kurt Usinger* in Altenwalde Kreis Neisse, am 5. Januar 1932 an die katholische Kirchengemeinde in Schönborn (Landkreis Breslau) ausgezahlte, im Testament des Erblassers vom 10. August 1931 angeordnete Vermächtnis von . 2500.00 *RM*."

Diese Anfechtung beruht auf § 222 (oben S. 639). Wären die 2500 RM. vom Vermächtnisnehmer nicht beizutreiben gewesen, so würde die den Erben im Falle schuldhafter Berichtigung von Nachlaßverbindlichkeiten treffende Verantwortlichkeit praktisch geworden sein. Vgl. S. 142, 144, 356.

„mithin Summe der Einnahmen . . . . 48604.80 *RM.*

B. Ausgaben.

1. Zahlungen an absonderungsberechtigte Gläubiger:
(folgen die einzelnen Zahlungen. Gesamtsumme:) . . . . 3582.90 *RM.*

Die Forderungen der Gläubiger *Blasel* und *Hülshorst*, die im Januar bzw. Februar 1932, also vor Eröffnung des Nachlaßkonkurses, Aktiva des Nachlasses gepfändet hatten (vgl. Inventar Titel ...... Nr. .....) sind nach § 221 KO. nicht als absonderungsberechtigt anerkannt worden. Die genannten Gläubiger haben die Pfandstücke auf meine Aufforderung freigegeben."

Da die Vollstreckungssperre des Konkurses erst als Folge der Eröffnung eintritt (§ 14), müßten — unbeschadet der allgemeinen Anfechtungsmöglichkeit — die zwischen Erbfall und Eröffnung erfolgten Pfändungen eigentlich ein Absonderungsrecht gewähren. Jedoch entzieht ihnen § 221 das Absonderungsrecht, so daß vom Todestag an die par conditio creditorum keine Veränderung durch Vollstreckungshandlungen mehr erfahren kann: die Vollstreckungssperre wird gewissermaßen nachträglich auf den Zeitpunkt des Erbfalls zurückdatiert. Das Besondere dabei ist, daß es keiner Anfechtung der Pfändungen, also auch keines subjektiven Tatbestandes, bedarf, die Unwirksamkeit vielmehr ipso iure wirkt. Hatte der pfändende Gläubiger bei Konkursausbruch auf Grund der Pfändung bereits Befriedigung erlangt, so behält er sie — wiederum unbeschadet der Anfechtung aus § 30.

Mit § 221 hängt aufs Engste das Institut der aufschiebenden Einreden zusammen. Der Erbe kann, nachdem er durch Annahme der Erbschaft (bzw. Ablauf der Ausschlagungsfrist) die Passivlegitimation für Klagen der Nachlaßgläubiger erworben hat (S. 540), die Befriedigung verweigern: a) während der ersten drei Monate seit Annahme, jedoch nicht über die Errichtung des Inventars hinaus (§ 2014 BGB., s.g. „Dreimonatseinrede"), b) falls innerhalb des ersten Jahres nach der Annahme der Antrag auf Aufgebot der Nachlaßgläubiger gestellt wird: auch noch während der Dauer des Aufgebotsverfahrens (§ 2015 I), c) weiterhin während einer Frist von 2 Wochen seit der das Aufgebotsverfahren abschließenden Entscheidung des Amtsgerichts und bis zur Erledigung einer etwaigen Beschwerde (§ 2015 III), d) wenn während der Fristen zu a—c Nachlaßkonkurs beantragt ist: bis zur rechtskräftigen Entscheidung über den Konkursantrag (§ 782 S. 2 ZPO.). Alles das gilt auch für den an Stelle des Erben handelnden Nachlaßpfleger, Nachlaßverwalter oder Testamentsvollstrecker. Die Geltendmachung der aufschiebenden Einreden führt nicht zur Abweisung der Klage des Nachlaßgläubigers, sondern zur Verurteilung des Erben unter Vorbehalt der beschränkten Haftung (§ 305). Der Erbe kann aber — wie bei der beschränkten Erbenhaftung im engeren Sinne (S. 541/2) — mittels Vollstreckungsgegenklage beim Prozeßgericht erster Instanz erreichen, daß für die Dauer der aufschiebenden Einreden die Zwangsvollstreckung auf bloße Sicherungsmaßnahmen beschränkt wird. §§ 782 S. 1, 785; einstweilige Einstellung nach §§ 769, 785. So hält der Erbe die Vollstreckungen der Nachlaßgläubiger im Pfändungsstadium fest, bis er sich über die Überschuldung des Nachlasses klar geworden ist. Stellt sich die Überschuldung heraus, so beantragt er Nachlaßkonkurs (§ 215 KO.) und die Pfändungen sind dank § 221 unschädlich geworden.

Die Vorschrift des § 221 ermöglicht es bisweilen, daß in Nachlaßkonkursen nachträglich eine beträchtliche Masse geschaffen und eine hohe Dividende an die Gläubiger ausgeschüttet werden kann.

„2. Masseschulden:

a)	bis c)	5288.00 *RM*
d)	Aufwendungen des Erben, Landwirts *Kurt Usinger*, aus der Verwaltung des Nachlasses bis zur Konkurseröffnung: (folgt Spezifikation)	2109.70 *RM*
e)	Beerdigungskosten	625.00 *RM*
f)	Kosten der Testamentseröffnung, Aktenzeichen 55 IV. 195. 31 des hiesigen Amtsgerichts .	215.85 *RM*
g)	Kosten des Aufgebots der Nachlaßgläubiger, Aktenzeichen 47 F 19. 32 des hiesigen Amtsgerichts	82.30 *RM*.“

Während im gewöhnlichen Konkurs die Masseschulden in der Regel nach Eröffnung entstanden sein müssen (§ 59), erklärt für den Nachlaßkonkurs § 224 eine Anzahl von Verbindlichkeiten zu Masseschulden, die aus der Zeit zwischen Erbfall und Konkurseröffnung herrühren, so daß also wiederum eine Art Rückbeziehung auf den Zeitpunkt des Todes stattfindet. Unter § 224 fallen außer den Beerdigungskosten, Kosten der Testamentseröffnung und des Gläubigeraufgebots u. A. die Verbindlichkeiten aus den von einem Nachlaßpfleger (einschließlich des Nachlaßverwalters) oder Testamentsvollstrecker für den Nachlaß eingegangenen Geschäften. Ferner Aufwendungen, die der Erbe für die Verwaltung des Nachlasses gemacht hat. Auf Grund des zwischen dem Erben und den Nachlaßgläubigern bestehenden mandatsähnlichen Verhältnisses sind dem Erben solche Aufwendungen zu ersetzen (§ 1978 III BGB.), wie er andrerseits den Gläubigern für seine Verwaltung des Nachlasses verantwortlich ist (S. 142, 144). — Hat ein Erbe, Pfleger oder Testamentsvollstrecker den Nachlaß vor Konkurseröffnung längere Zeit verwaltet und sind dabei nachteilige Geschäfte kontrahiert worden, so zehren diese Masseschulden nicht selten den Nachlaß zum großen Teil auf, oder die Masse reicht nicht einmal für die Masseschulden aus!

„3. Massekosten:

(folgt Spezifikation, in der aber Honorar und Auslagen des Verwalters und der Gläubigerausschußmitglieder, weil noch nicht vom Gericht festgesetzt, sowie die dem Verwalter noch nicht abschließend bekannten Gerichtskosten fehlen) .	3195.10 *RM*,
mithin Summe der Ausgaben	15098.85 *RM*.“

Die Befriedigung von Absonderungsberechtigten, Masseschulden und Massekosten ist keine „Verteilung“ im technischen Sinne, sie wird ohne alle Formalitäten vom Verwalter vorgenommen. Dagegen erfolgen Zahlungen an bevorrechtigte Konkursgläubiger grundsätzlich im Rahmen der „Verteilungen“; doch sieht § 170 KO. ein vereinfachtes Verfahren vor, indem das Gericht den Verwalter durch besonderen Beschluß ermächtigen kann, Zahlungen auf Vorrechtsforderungen unabhängig von den Verteilungen (also ohne öffentliche Aufforderung) zu leisten. Wäre hiervon im Konkurs Usinger Gebrauch gemacht worden, oder hätte eine Abschlagsverteilung stattgefunden, so würden die geleisteten Zahlungen als weitere Ausgaben hinter den Massekosten figurieren.

„C. Bestand.

Summe der Einnahmen	48604.80 *RM*,
„ „ Ausgaben	15098.85 *RM*,
verbleibt ein Bestand von	33505.95 *RM*.
Davon sind:	
bei der Landschaftlichen Bank in Breslau eingezahlt . .	29028.40 *RM*,
während ich den Restbetrag von	4477.55 *RM*
	33505.95 *RM*

bar hinter mir habe.

Außerdem sind noch vorhanden die uneinziehbaren Forderungen an *Arndt* und *Schliebitz* (Tit. ... Nr. ... des Inventars) mit zusammen nominell 1188.20 *RM*.

Die Grundstücke (Tit. ... Nr. ... des Inventars) sind zwangsweise versteigert worden. Ein Überschuß zu Gunsten der Masse hat sich dabei nicht ergeben, vielmehr bestehen noch einige Ausfallsforderungen von Hypothekengläubigern.

Ich versichere, daß ich alle Einnahmen verrechnet habe und daß andere als die aufgeführten Vermögensstücke nicht in meine Verwaltung gelangt sind.

Breslau, den 7. Januar 1934.
Dr. Willibald Walter, RA.,
als Konkursverwalter.

Die vorstehende Schlußrechnung haben wir geprüft und in Ordnung befunden. Der unter C angegebene Bank- und Barbestand ist uns nachgewiesen worden.

Wir genehmigen die Vornahme der Schlußverteilung.

Breslau, den 7. Januar 1934.
Grund-Peiskretscham. *Hochmuth*-Schönborn.
Schwarz, RA."

Vgl. § 86 S. 2. —

Während eine Schlußrechnung bei jeder Art von Konkursbeendigung einzureichen ist, wird das Schlußverzeichnis nur bei Ausschüttung der Masse aufgestellt, nicht dagegen in den Fällen des Zwangsvergleichs und der Einstellung (§§ 202f.). Das Schlußverzeichnis ist Verzeichnis der bei der Schlußverteilung zu berücksichtigenden Konkursforderungen, welche nach ihrem konkursmäßigen Rangrecht aufzuführen sind. Für den Nachlaßkonkurs bestehen — auf dem Papier — nach § 226 nicht weniger als 12 Klassen:

Die 1. bis 6. bilden die vom Erblasser herrührenden Nachlaßschulden, die auch in einem gewöhnlichen Konkurse geltend gemacht werden könnten, in der Reihenfolge des § 61.

Klasse 7—9: vom Erblasser stammende Nachlaßverbindlichkeiten, die wegen § 63 in einem gewöhnlichen Konkurse nicht Konkursforderung sein würden, im Nachlaßkonkurse aber immer noch den Vorzug vor den Ansprüchen der folgenden Klassen haben sollen, nämlich

7. Zinsen seit Eröffnung des Verfahrens,
8. Geldstrafen (wobei vorausgesetzt wird, daß die Verurteilung zu Lebzeiten des Erblassers rechtskräftig geworden ist, oben S. 145),

9. Freigebigkeiten des Erblassers.
(Die ebenfalls unter § 63 fallenden Kosten der Teilnahme am Verfahren sind auch im Nachlaßkonkurs von jeder Berücksichtigung ausgeschlossen).

Klasse 10 umfaßt solche an sich in Klasse 1—9 gehörenden Ansprüche, die im Aufgebot der Nachlaßgläubiger ausgeschlossen wurden und deshalb nach dem Grundsatz des § 1973^I S. 1 BGB. auf den Nachlaßrest verwiesen werden müssen, der nach Befriedigung der nicht ausgeschlossenen Nachlaßgläubiger verbleibt (§ 226^IV KO.).

Klasse 11: Pflichtteilsansprüche.

Klasse 12: Vermächtnisse und Auflagen.

Privatschulden des Erben gelangen im Nachlaßkonkurs überhaupt nicht zur Hebung (arg. § 226^I): der Konkurs bewirkt eine separatio bonorum für die auf den Nachlaß bezüglichen Rechtsverhältnisse des Erben. Vgl. für die Nachlaßverwaltung S. 148.

Die benachteiligten Gläubiger der 7. bis 12. Klasse — für die man in der Konkurstabelle eine besondere Abteilung anlegt — haben grundsätzlich alle Rechte der Konkursgläubiger, insbesondere Stimmrecht, außer beim Zwangsvergleich (arg. § 230^II). Bei den Verteilungen werden sie aber nur in den seltensten Fällen in die Erscheinung treten. Denn wenn es zum Nachlaßkonkurse kommt, so ist der Nachlaß fast immer durch Klasse 1—6 überschuldet. Sie brauchen dann auch nicht in die Verteilungsliste aufgenommen zu werden.

Das Usingersche Schlußverzeichnis lautet:

„I. Bevorrechtigte Forderungen, die im Ausschlußurteil vom 3. Mai 1933 vorbehalten sind.

Nr.	Tabelle		
1	I^I 1	Gutsinspektor *Dittmar Hollweg* in Jakobsdorf, rückständige Gehaltsforderung[29])	195.00 *RM*
2	I^I 2	Chauffeur *Willy Zarnikow* in Klettendorf, rückständige Gehaltsforderung	160.00 *RM*
3	I^I 3	Schaffer *Paul Ast* in Jakobsdorf, rückständige Gehaltsforderung	112.50 *RM*
4	I^I 4	Wirtschafterin *Karoline Glofke* in Breslau, rückständige Gehaltsforderung	93.70 *RM*
		zu 1—4 von dem Erben, Landwirt *Kurt Usinger*, der die Gläubiger bezahlt hat, geltend gemacht.	
5	I^II 1	Finanzamt Breslau-Land, rückständige Einkommensteuer	782.50 *RM*
6	I^III 1	katholische Kirchengemeinde Schönborn, rückständige Kirchensteuer	223.80 *RM*
7	I^IV 1	Apotheker *Fritz Kolbe* in Schönborn, für gelieferte Heilmittel	102.00 *RM*
8	I^IV 2	*Dr. Unblutig*, Spezialarzt für innere Krankheiten in Breslau, für ärztliche Behandlung	495.00 *RM*
		zu 8 von dem Erben, Landwirt *Kurt Usinger*, der den Gläubiger bezahlt hat, geltend gemacht.	
		zusammen:	2164.50 *RM*

[29]) Die Zeitangaben, von denen das Vorrecht nach § 61 KO. abhängt, sind der Raumersparnis halber durchweg fortgelassen.

II. Nicht bevorrechtigte, im Ausschlußurteil vom 3. Mai 1933 vorbehaltene Forderungen.

A. Vorbehaltlos festgestellte.

9	II 1	Notar *Siegel* in Breslau, Restgebühren und Wegegebühren für Aufnahme des Testaments vom 10. August 1931 . zu 9 von dem Erben, Landwirt *Kurt Usinger*, der den Gläubiger bezahlt hat, geltend gemacht.	189.50 *RM*
10	II 2	Viehhändler *Arthur Grund* in Peiskretscham für Lieferung von Vieh	6950.00 *RM*
......	......	....	
		zusammen:	83927.84 *RM*."

Der Erbe, der Nachlaßverbindlichkeiten berichtigt, kann zweifache Rechtsstellung haben. Fällt ihm bei der Zahlung Fahrlässigkeit nicht zur Last, so müssen die Nachlaßgläubiger, auch wenn sich später Überschuldung herausstellt, die Berichtigung als für Rechnung des Nachlasses geschehen gelten lassen (§ 1979 BGB.): der Erbe darf also den Betrag aus der Nachlaßmasse entnehmen, bzw. im Konkurs als Masseschuld geltend machen (§ 224^{1} KO.). War dagegen dem Erben die Überschuldung bekannt oder infolge von Fahrlässigkeit unbekannt — insbesondere weil er das Aufgebot der Nachlaßgläubiger nicht betrieben hat, obgleich mit dem Vorhandensein unbekannter Nachlaßverbindlichkeiten zu rechnen war (§ 1980^{II} S. 2 BGB., oben S. 144), oder weil er das Ergebnis des Aufgebots nicht abgewartet und die aufschiebenden Einreden (S. 799) nicht erhoben hat —, so kann der Erbe lediglich die von ihm bezahlte Nachlaßschuld an Stelle des Gläubigers im Konkurse geltend machen (§ 225^{II} KO.). Die Zahlung gilt also in diesem Falle nicht als Tilgung. Den Betrag der von ihm bezahlten bevorrechtigten Forderungen Hollweg, Zarnikow, Ast, Glofke und Unblutig wird Kurt Usinger auf Grund seiner Anmeldung voraussichtlich wieder erhalten, während er an der nicht bevorrechtigten Forderung des Notars Siegel die Differenz zwischen der vollen Summe und der Konkursdividende verliert.

„B. Gemäß § 64 KO. festgestellte Forderungen, bei denen Verzicht auf das Absonderungsrecht oder der Ausfall nachgewiesen ist.

Nr.	Tabelle		
71	II 13	Rittergutsbesitzer *Martin Hochmuth*, Schönborn, Darlehnsforderung, eingetragen auf Jakobsdorf, Blatt Nr. 20 in Abt. III Nr. 15, Ausfall	4328.70 *RM*
		zusammen:	9852.45 *RM*

C. Festgestellte Forderungen, die nur zu einer Sicherung berechtigen.

77	II 38	Kaufmann *Hellmuth Kroker*, Breslau, Anspruch aus der vom Erblasser beim Verkauf der Hypothek von 5000 *RM* auf Lerchenfeld Bl. Nr. 53 für den Fall des Ausfalls der Hypothek übernommenen Garantie	5000.00 *RM*
		zusammen:	5000.00 *RM*

Breslau, den 7. Januar 1934.
Dr. Willibald Walter, RA.,
als Konkursverwalter."

Vgl. § 67 KO. Gegebenen Falls enthält das Schlußverzeichnis im Hinblick auf §§ 168, 169 weitere Rubriken für bestrittene Forderungen, die tituliert oder im Feststellungsprozeß befangen sind.

Über Schlußrechnung und Schlußverzeichnis im Gesamtverlauf des Schlußverfahrens bei Ausschüttung der Masse vgl. S. 832f.

16. Kapitel.

Beim Konkursverwalter.

Bestellung und erste Maßnahmen.

Am 24. Februar 1934 gegen 14 Uhr nachmittags wird dem Kaufmann und Konkursverwalter Bender vom Gericht Ausfertigung folgenden Beschlusses zugestellt:

„Beschluß.

Über das Vermögen des Kaufmanns *Johannes Held* in Breslau, Moltkestraße 25, alleinigen Inhabers der Firma ‚*Johannes Held* Wäschefabrik' in Breslau, Karlsstraße 13, wird heute am 24. Februar 1934 nachmittags 12½ Uhr das Konkursverfahren eröffnet, weil er zahlungsunfähig ist und die Eröffnung des Konkurses beantragt hat. Der Kaufmann *Friedrich Bender* in Breslau wird zum Konkursverwalter ernannt.

Konkursforderungen sind bis zum 4. April 1934 bei dem Gericht anzumelden.

Es wird zur Beschlußfassung über die Beibehaltung des ernannten oder die Wahl eines anderen Verwalters sowie über die Bestellung eines Gläubigerausschusses und eintretenden Falles über die im § 132 KO. bezeichneten Gegenstände auf den 20. März 1934 vormittags 9 Uhr und zur Prüfung der angemeldeten Forderungen auf den 25. April 1934 vormittags 10 Uhr vor dem unterzeichneten Gericht Termin anberaumt.

Allen Personen, die eine zur Konkursmasse gehörige Sache usw. wie S. 760.

Breslau, den 24. Februar 1934.

Amtsgericht.

Richter."

Die Bestallung liegt bei.

Bender begibt sich sofort in das Geschäftslokal des Schuldners und teilt dem Personal mit, daß er zum Konkursverwalter bestellt und daß nur noch seinen Weisungen Folge zu leisten ist. Er nimmt Kasse und Schlüssel an sich. Dann läßt er sich von dem, inzwischen aus einem Café herbeigeholten, Held allgemein über die Sachlage informieren.

Held, der von Hause aus nur geringe Mittel besaß, aber in gut bezahlten Reisendenstellungen mehrere Tausend Reichsmark erspart und 25000 RM. von seiner Ehefrau Minna geb. Obst in die Ehe bekommen hat, hat am 1. Oktober 1931 ein Fabrikations- und Engrosgeschäft in Wäsche und Blusen mit Detailverkauf eröffnet. Das Geschäft ist nicht schlecht gegangen, doch sind die Erträge durch die hohe Miete aufgezehrt worden. Bei seiner Etablierung hat nämlich Held unvorsichtiger Weise ein großes Geschäftslokal im ersten Stock eines modernen Geschäftshauses für jährlich 9000 RM. bis 1. Oktober 1940 festgemietet. Er würde in billigeren Räumen dasselbe Geschäft gemacht haben, doch hat sich die Vermieterin, Firma Sievers & Co. in Berlin, geweigert ihn vorzeitig aus dem Vertrage zu entlassen. In den letzten Monaten haben mehrere Engroskunden die Zahlung eingestellt und dadurch Helds Lage kritisch gemacht, zumal auch große Lagerverluste durch Preisrückgang eingetreten waren. Auf die am 1. Januar 1934 für das erste Quartal pränumerando fällige Miete hat Held nur Abschlagszahlungen leisten können. Die den Lieferanten gegebenen, im Februar fälligen Warenwechsel sind unter Protest gegangen und eingeklagt worden, Termin steht in einer Reihe von Sachen am 4. März an. Weitere Wechsel über insgesamt 14500 RM. werden Anfang und Mitte März fällig. Aus diesem Grunde hat Held selbst den Konkurs beantragt. Gepfändet haben die Fabrikanten Mangold-Krefeld und Matheus-Annaberg am 16. bzw. 17. Februar wegen Forderungen von einigen Hundert Mark, Versteigerungstermin ist auf den 12. März angesetzt.

Grundstücke und Hypotheken besitzt Held nicht. Ein allgemeines Veräußerungsverbot (S. 760) war im Eröffnungsverfahren nicht erlassen worden. —

Der Verwalter ordnet an, daß die Angestellten sofort mit einer schleunigen Inventur beginnen. Der Verkauf an die Detailkundschaft soll fortgesetzt und die Kasse jeden Abend im Büro des Verwalters abgeliefert werden. Zu neuen Engrosabschlüssen sowie zur Lieferung von Waren auf bestehende Abschlüsse ist jedes Mal die ausdrückliche Anweisung des Verwalters einzuholen. Die Reisenden werden von der Tour zurückgerufen und den auswärtigen Vertretern mitgeteilt, daß der Konkurs eröffnet und das Vertretungsverhältnis damit erloschen sei.

Hierauf begibt sich Bender mit dem Gemeinschuldner in dessen Wohnung. Über sämtliche dort befindlichen Wertsachen wird ein Verzeichnis aufgestellt und von Held und seiner Frau mit unterschrieben. Die Wertsachen nimmt Bender mit. Er belehrt Frau Held sowie die Dienstboten, daß von jetzt ab nur er allein in der Wohnung verfügungsberechtigt ist, da der Konkurs das gesamte — nicht bloß das Geschäfts- — Vermögen des Gemeinschuldners ergreift, und verbietet unter Hinweis auf die Strafvorschriften der §§ 239¹ KO., 49, 257 StGB. jede Entfernung oder Beiseiteschaffung von Gegenständen. Als Unterlage für das demnächst vom Verwalter anzufertigende Inventar soll Held ein genaues Verzeichnis sämtlicher in der Wohnung befindlichen Sachen, auch der unpfändbaren und der von der Frau beanspruchten, aufstellen und die urkundlichen Beweise für das Eigentum der Frau zurecht legen.

In den folgenden Tagen arbeitet der Verwalter weiter an der Feststellung der Masse und der schwebenden Rechtsverhältnisse. Zu den Gerichtsakten sämtlicher von Held oder gegen ihn geführten Prozesse zeigt er die Konkurseröffnung an (vgl. S. 826). Einstellung der Mangoldschen Vollstreckung: S. 826.

Dann schreibt er dem Konkursgericht:

„In der Anlage überreiche ich das vorläufige Gläubiger- und Schuldnerverzeichnis."

Das Gericht stellt daraufhin den Eröffnungsbeschluß den sämtlichen im Verzeichnis aufgeführten Gläubigern und Schuldnern zu (§ 111^{III} KO.). Doch wirkt die Eröffnung auch gegen den, dem nicht zugestellt ist.

„Mit Rücksicht darauf, daß die Verwaltung ziemlich umfangreich ist und zahlreiche Fragen zu entscheiden sein werden, bei denen mir die Mitwirkung eines Gläubigerausschusses erwünscht wäre, und weil ferner die erste Gläubigerversammlung erst am 20. März stattfindet, beantrage ich:

gemäß § 87¹ KO. aus der Zahl der Gläubiger und Vertreter von Gläubigern einen Gläubigerausschuß zu bestellen.

Als Mitglieder schlage ich vor die Herren Bankier *Schilling* und *Otto Wiese* als die größten in Breslau ansässigen Gläubiger sowie den RA. *Schwarz* in Breslau als Bevollmächtigten der Firma *Emanuel Rode* in Berlin.

Ferner beantrage ich gemäß § 121 KO.:
die Post- und Telegraphensperre anzuordnen.

Bender, Konkursverwalter."

Seinen Anträgen wird entsprochen. Bender erhält nunmehr die gesamte geschäftliche und private Post unmittelbar zugestellt.

Akten des Verwalters: Der Verwalter ordnet seine Akten nach dem Muster der gerichtlichen (S. 766). Er legt also einen Band „Verfahren", einen Band „Teilungsmasse", einen Band „Schuldenmasse" und später einen Band „Verteilungen" an. Die Akten „Teilungsmasse", beim Gericht die unbedeutendsten (S. 782), spielen beim Verwalter eine große Rolle. In der Regel werden, je nach Bedarf, über die Teilungsmasse Spezialakten für Anfechtungen, Massegläubiger, Erfüllung von Verträgen, einzelne streitige Aktivforderungen usw. geführt.

Jedem Bande wird zweckmäßiger Weise eine besondere „Nachweisung" vorgeheftet. Diese Einrichtung findet sich auch in den gerichtlichen Vormundschafts-, Pflegschafts- und Beistandschaftsakten und ist eine wesentliche Erleichterung bei Führung einer Verwaltung. Eine Übersicht über sämtliche in der Sache geführten Akten befindet sich in der Nachweisung der „Verfahrens"-Akten.

Außerdem muß der Verwalter hier, weil ein kaufmännisches Handelsgeschäft betrieben wird, ordnungsmäßige Handelsbücher führen.

Erfüllung der Verträge.

Kaufverträge.

„Herrn Konkursverwalter *Bender*, Breslau.

Hierdurch bitte ich um gefl. Mitteilung, ob Sie mir die Anfang Februar d. J. bei Herrn *Held* gekauften 300 Blusen noch liefern werden, da ich mich nötigenfalls anderwärts eindecken und meinen Schadensersatzanspruch im Konkursverfahren geltend machen müßte.

Frankenstein i. Schl., den 5. März 1934.
Gustav Völkel."

„Herrn Konkursverwalter *Friedrich Bender*, Breslau.

Im Januar d. J. wurden von der Firma *Johannes Held* Wäschefabrik die in der beiliegenden Rechnung enthaltenen Leinen- und Wäschestoffe für insgesamt 1182 *RM* bei uns bestellt. Falls Sie auf dieselben reflektieren, sind wir bereit sie Ihnen gegen Nachnahme des Rechnungsbetrages zuzusenden. Erhalten wir bis zum 12. d. Mts. keinen Bescheid, so werden wir über die Waren anderweit verfügen.

Bielefeld, den 6. März 1934.
Paul Haseloff & Co."

Es würde unbillig sein den Gegenkontrahenten eines bei Konkurseröffnung beiderseits unerfüllten Austauschvertrages zur Leistung zu zwingen, wenn er für seine Gegenleistung lediglich die Konkursquote beanspruchen könnte. Ist also ein „zweiseitiger" (d. h. hier so viel wie „gegenseitiger") Vertrag z. Zt. der Eröffnung „von dem Gemeinschuldner und von dem anderen Teil nicht oder nicht vollständig erfüllt", so gibt das Gesetz dem Verwalter das Recht die Erfüllung abzulehnen. Alsdann hat der Vertragsgegner nur einen Schadensersatzanspruch als gewöhnliche Konkursforderung. Verlangt aber der Verwalter Erfüllung, so wird nunmehr der Erfüllungsanspruch des anderen Teils Masseschuld und die Leistung hat Zug um Zug zu geschehen. §§ 17, 26, 59² KO., 320 BGB.

Liegt auch dann ein von keiner Seite vollkommen erfüllter Vertrag vor, wenn der Verkäufer die Ware unter Eigentumsvorbehalt (S. 377) geliefert, jedoch noch nicht den Kaufpreis erhalten hat? Die Übereignung steht hier unter der aufschiebenden Bedingung der Kaufpreiszahlung (§ 455 BGB.).

Nun hat zwar der Verkäufer alles von seiner Seite zur Eigentumsverschaffung Erforderliche getan, aber objektiv ist der mit dem Kauf erstrebte Erfolg der Eigentumsübertragung (§ 433I S. 1) doch noch nicht eingetreten, und daher § 17 KO. anzuwenden. RG. 133, 40 c. cit.; vgl. jedoch 140, 156. Ausnahme: wenn der Käufer mit Zustimmung des Verkäufers die Ware an seine Kunden weiterveräußert und der Eigentumsvorbehalt sich dadurch erledigt hat (vgl. unten S. 819).

Als nicht vollständig erfüllt betrachtet die Rechtsprechung ferner den Grundstückskauf zwischen Auflassung und Grundbuchumschreibung, zum mindesten in dem Falle, daß der Eintragung des Käufers besondere Hindernisse entgegenstehen, welche der Verkäufer beseitigen muß. RG. 85, 402; 113, 402. Hat der Käufer auf Grund vorläufig vollstreckbaren Urteils den Kaufpreis an den Verkäufer bezahlt, so ist — trotz der Möglichkeit der Rückforderung bei Aufhebung des Urteils — das Geschäft von seiner Seite vollständig erfüllt. RG. 85, 214.

Im Vergleichsverfahren nehmen die nicht erfüllten gegenseitigen Verträge ebenfalls eine Sonderstellung ein, indem die Gläubiger aus solchen Verträgen am Vergleichsverfahren nicht beteiligt sind und vom Vergleiche nicht betroffen werden, es sei denn, daß die Ablehnung der Erfüllung bzw. vorzeitige Aufhebung des Vertrages erfolgt. §§ 4, 30 S. 2 VerglO., oben S. 756/7.

Streitig ist die Konstruktion des in § 26 KO. erwähnten Schadensersatzanspruchs. Nach der von Jaeger (43 zu § 17) vertretenen Ansicht, für welche sehr wesentlich die Parallelbestimmung des § 30 S. 1 VerglO. ins Gewicht fällt, beruht er unmittelbar auf der Konkurseröffnung in Verbindung mit der Erfüllungsablehnung des Verwalters. Andere legen dem § 26 KO. bloß die Bedeutung bei, daß ein aus allgemeinen Vorschriften des bürgerlichen Rechts herzuleitender Anspruch konkursrechtlich als nicht bevorrechtigte Konkursforderung qualifiziert werde. Vgl. RG. 63, 69 (Verzug; es wird dabei — unter Außerachtlassung des in § 279 BGB. aufgestellten Grundsatzes, daß Mangel an Geld stets zu vertreten ist — unterschieden, ob den Gemeinschuldner ein Verschulden an der Konkurseröffnung trifft oder nicht); 135, 167 (positive Vertragsverletzung, die in der Ablehnung durch den Verwalter bestehen soll).

Die Wahl zwischen den beiden ihm durch § 17 KO. offen gelassenen Möglichkeiten trifft der Verwalter, je nachdem das vom Gemeinschuldner abgeschlossene Geschäft für die Masse vorteilhaft oder ungünstig war. An Völkel hatte der Kridar zu billig verkauft, und die Blusen müßten erst angefertigt, vielleicht auch Materialien dazu angeschafft und infolge dessen neue Masseschulden (§ 59¹) kontrahiert werden, um erfüllen zu können: von diesem Vertrage will der Verwalter loskommen. Dagegen sind die bei Haseloff bestellten Waren sehr preiswert und für die Masse gut zu verwerten, deshalb möchte sie Bender geliefert haben. Hierzu bedarf es nach § 17II einer positiven Antwort auf die eingegangenen Anfragen, weil sonst der Erfüllungsanspruch wegfällt. Der Verwalter verständigt sich mit dem Gläubigerausschuß, ohne dessen Genehmigung er die Erfüllung schwebender Verträge nicht verlangen soll (§ 133², oben S. 766), während er zur Ablehnung der Erfüllung selbständig befugt ist, und schreibt sodann an Völkel:

„Auf Ihre Anfrage vom 5. ds. Mts. erkläre ich, daß ich die Blusen nicht liefern werde. Falls Sie glauben dieserhalb Schadensersatzansprüche erheben zu können, stelle ich Anmeldung zur Tabelle anheim."

Mit dieser Erklärung „tritt", wie §§ 17, 26 es ausdrücken, „die Nichterfüllung ein". Der Vertrag ist durch die Ablehnung nicht geradezu aufgehoben. Aber weder kann Völkel jetzt noch Lieferung verlangen, noch braucht er den Kaufpreis an die Masse zu zahlen. Diese Veränderung des Rechtsverhältnisses wirkt über die Beendigung des Konkurses hinaus. RG. 79, 209.

An Haseloff schreibt der Verwalter:

„In Beantwortung Ihrer Anfrage vom 6. ds. Mts. teile ich Ihnen mit, daß ich gemäß § 17I KO. den Schluß an Stelle des Gemeinschuldners erfüllen werde und von Ihnen Erfüllung verlange. Sie befinden sich jedoch im Irrtum, wenn Sie glauben, zu Ihrer Sicherung die Waren unter Nachnahme abgehen lassen zu müssen. Dadurch, daß ich Erfüllung des Vertrages fordere, wird der Anspruch auf Bezahlung der Waren zur Masseschuld (§ 59² KO.). Er wird daher noch vor den bevorrechtigten Konkursgläubigern aus der Masse gedeckt, und es besteht keine Gefahr, daß Sie einen Ausfall erleiden. Ich ersuche deshalb mir die Waren nachnahmefrei zugehen zu lassen. Ich werde, wie Sie es mit dem Gemeinschuldner vereinbart haben, innerhalb 10 Tagen nach Empfang der Ware regulieren."

Verträge, deren Erfüllung der Verwalter verlangt, sind ebenso zu erfüllen, wie wenn der Käufer nicht im Konkurse wäre. Ist also über die Zahlungsweise nichts Abweichendes vereinbart, so können beide Teile Zug-um-Zug-Leistung gemäß § 320 BGB. fordern. An sich stellt die Konkurseröffnung eine nachträgliche Verschlechterung der Vermögenslage des Käufers dar, so daß Haseloff die Rechte aus § 321 zustehen. Da jedoch die Kaufpreisforderung Masseschuld ist, würde die Verschlechterung dem Käufer nur dann gefährlich werden können, wenn zweifelhaft wäre, ob die Masse zur Deckung der Masseschulden ausreicht.

Sukzessivlieferungsgeschäft.

„Herrn Konkursverwalter *Friedrich Bender*,

Hier.

Am 20. Oktober v. J. kaufte die Firma *Johannes Held* Wäschefabrik von uns 1000 Gros Druckknöpfe Nr. 937 C zum Preise von 2.20 *RM* je Gros und zur sukzessiven Abnahme auf Abruf bis 1. Oktober 1934. Wir ersuchen um gefl. Erklärung gemäß § 17 II KO., ob Sie für die Masse die Erfüllung dieses Vertrages beanspruchen.

Breslau, den 7. März 1934.

M. Hering & Co."

Knöpfe der verkauften Art kosten gegenwärtig 2.50 bis 2.60 RM. — das würde für das Verlangen der Erfüllung sprechen. Der Verwalter muß aber, ehe er sich entscheidet, weiterhin feststellen, wie viel auf den Schluß geliefert und wie viel auf die gelieferten Knöpfe bezahlt ist. Es liegt nämlich ein Sukzessivlieferungsgeschäft (S. 525) vor, und wenn der Verwalter die Erfüllung eines solchen beansprucht, so folgt aus der Einheitlichkeit des ganzen Vertrages, daß nicht bloß die Posten Masseschuld sind, welche auf Grund seiner Erklärung in Zukunft zur Masse geliefert werden, sondern ebenso die vor Eröffnung an den Gemeinschuldner gelieferten und noch unbezahlten Waren. Bender darf daher Erfüllung erst verlangen, nachdem er sich überzeugt hat, daß der Vorteil, den die Masse durch Lieferung der noch offenen Rate zu dem hinter dem Tagespreis zurückbleibenden Vertragspreis etwa erzielen könnte, nicht dadurch aufgewogen wird, daß auf die alten Raten statt der Konkursdividende gemäß § 59² der volle Kaufpreis als Masseschuld bezahlt werden muß.

Die im Text vertretene, seit jeher herrschende Meinung ist neuerdings angegriffen worden. Bendix (1 zu § 4 VerglO. und JW. 28, 1125) will bei allen Sukzessivlieferungsverträgen die Anwendung des § 59² KO. auf die neu zu liefernden Raten beschränken, weil die Erfüllung des Vertrages nach dem Willen der Partei in Teilen erfolgen soll. Jaeger (18a, 18b zu § 17) bezieht den § 59² zwar grundsätzlich mit auf die alten Lieferungen, sondert aber aus dem Begriff des Sukzessivlieferungsgeschäfts diejenigen Schuldverhältnisse aus, die kraft einer — sei es auch nur stillschweigenden — Wiederholung des Vertragsschlusses fort und fort für weitere Zeitabschnitte oder für weitere Bezugsmengen neu entstehen, also nicht ein für alle Male begründet sind. Hauptvertreter dieses, von ihm „Wiederkehrschuldverhältnis" genannten, Vertragstyps sind die Lieferung von Wasser, Heizung, elektrischer Arbeit, Gas. Jaeger verweist auf die innere Verwandtschaft mit Miete, Pacht, Dienstvertrag und auf die für letztere in §§ 19—22 getroffene Regelung und folgert: die Wahlausübung des

Verwalters treffe nur den bei Konkursbeginn laufenden Zeitabschnitt, für den nach dem Vertrag eine beiderseitige Gebundenheit besteht. Entscheide sich der Verwalter für Erfüllung, so bilde lediglich der Anspruch des Gegners auf das Entgelt dieses Abschnitts eine Masseschuld, während Rückstände älterer Perioden Konkursforderung seien. Im Vergleichsverfahren lautet die entsprechende Fragestellung nach §§ 4, 28, 30 VerglO.: wird der Anspruch für Lieferungen vor Eröffnung des Vergleichsverfahrens bzw. aus früheren Kündigungsperioden auch dann vom Vergleich betroffen, wenn der Schuldner von einer Ablehnung der Erfüllung absieht? — Bisher hat die Rechtsprechung überwiegend sowohl die Ansicht von Bendix wie die Jaegersche Theorie des Wiederkehrschuldverhältnisses abgelehnt. RG. 129, 228; JW. 30, 1402[18] (RG.), dazu Geiler; 200[76] (KG.), dazu Mayer; 33, 928[16] (Celle), 929[18] (Hamm), dazu Kauffmann. Vgl. aber Recht 30 Nr. 176 (Stettin); Kiesow 18f. zu § 4; Rumpf JW. 30, 46 [1]). Außer der juristischen Konstruktion wird bei der Entscheidung der Streitfrage das Moment der wirtschaftlichen Einheitlichkeit erheblich ins Gewicht fallen müssen: sowohl das gewöhnliche Sukzessivlieferungsgeschäft wie das s.g. Wiederkehrschuldverhältnis enthalten — als Äquivalent für die vertragliche Dauerbindung — immer einen gewissen Rabatt im Preise. Andrerseits läßt sich nicht leugnen, daß die herrschende Lehre zu willkürlich anmutenden Ergebnissen führt.

Lehnt der Verwalter die Erfüllung eines Sukzessivlieferungsgeschäfts ab, so bietet die Abwicklung konkursrechtlich keine Besonderheiten. Der Lieferant hat wegen der vor Eröffnung gelieferten Raten eine einfache Konkursforderung und eine weitere einfache Konkursforderung wegen des ihm durch Nichtlieferung des Restes etwa entstehenden Schadens gemäß § 26 S. 2 KO. Weder kann er die von den früheren Lieferungen her in der Masse noch vorhandenen Waren zurückfordern (§ 26 S. 1), noch ist er zur Rückerstattung der vom Gemeinschuldner geleisteten Zahlungen verpflichtet. Bei den Strom- usw. Lieferungsverträgen wünscht aber häufig der Verwalter die Weiterbelieferung der Masse, und die Werke machen den Neuabschluß abhängig von der vollen Auszahlung ihrer alten Forderung bzw. von deren Anerkennung als Masseschuld. Hier entsteht das Problem, ob die Werke auf Grund ihrer — rechtlichen oder bloß tatsächlichen — Monopolstellung derartige Bedingungen stellen dürfen. RG. 132, 273 nimmt einen Kontrahierungszwang des Werkes an und gibt deshalb dem Verwalter einen Schadensersatzanspruch aus unerlaubter Handlung (§ 826 BGB.). Vgl. aber JW. 33, 928[15] (KG.), 929[17] (Hamburg), 929[18] (Hamm), dazu Kauffmann.

Hat ein Verwalter, was zuweilen vorkommt, die Erfüllung des Sukzessivlieferungsvertrages in Unkenntnis der Rechtsfolgen gefordert, so kann er seine Erklärung nicht anfechten: Irrtum über Rechtsfolgen ist Irrtum im Beweggrunde, nicht Irrtum über den Inhalt der Erklärung (§ 119 I). Bezog sich der Irrtum auf die tatsächliche Frage, ob und wie viele Waren bei Eröffnung des Verfahrens geliefert und noch unbezahlt waren, so liegt ein zur Anfechtung berechtigender Irrtum über den Inhalt der Erklärung vor (der Verwalter glaubte z. B. die Erfüllung eines erst in Höhe von 100 Gros gelieferten aber noch unbezahlten Schlusses zu verlangen, während es in Wahrheit ein schon mit 500 unbezahlten Gros erfüllter Abschluß war). RG. 51, 281; 62, 201; 85, 221; 98, 136.

Schreiben nach Beratung im Gläubigerausschuß:

„Firma *M. Hering & Co.*, Hier.

Auf das Schreiben vom 7. d. Mts. erwidere ich, daß die Erfüllung des Schlusses vom 20. Oktober 1933 abgelehnt wird.

Breslau, den 12. März 1934.

Bender, Konkursverwalter."

---

[1]) Der Entw. folgt jedoch der Bendix'schen Lehre. Vgl. § 36 II: „Sind die geschuldeten Leistungen teilbar und hat der Gläubiger die ihm obliegende Leistung z. Zt. der Eröffnung des Verfahrens bereits teilweise erbracht, so ist er mit dem der Teilleistung entsprechenden Betrag seiner Forderung auf die Gegenleistung Vergleichsgläubiger." § 50 I S. 2: „Im Falle des § 36 II ist die Ablehnung nur insoweit zulässig, als der Vertragsgegner mit seiner Forderung auf die Gegenleistung nicht Vergleichsgläubiger ist." Der Anspruch auf Bezahlung der Rückstände soll also unter allen Umständen Vergleichsforderung sein.

Geschäftsmiete.

„Herren *Sievers & Co.*, Berlin.

Am 24. Februar ds. Js. ist über das Vermögen des Herrn *Johannes Held*, in Firma ‚*Johannes Held* Wäschefabrik' hierselbst, das Konkursverfahren eröffnet worden. Ich bin als Konkursverwalter bestellt. Ob und in welchem Umfang das Geschäft fortgeführt werden wird, steht noch nicht fest. Ich bitte um gefl. Mitteilung, ob Sie bereit sein würden die Miete auf jährlich 6000.— *RM* (das sind für den *qm* rund 12.— *RM*, also ein nach heutigen Verhältnissen durchaus angemessener Preis) zu ermäßigen und dem Mieter das Recht der Untervermietung im Ganzen oder in Teilen einzuräumen. Bei Ablehnung würde ich von dem mir nach § 19 S. 2 KO., § 565 I BGB. zustehenden Kündigungsrecht zum 30. Juni d. J. Gebrauch machen.

Breslau, den 8. März 1934.

Bender, Konkursverwalter."

„Herrn Konkursverwalter *Bender*, Breslau.

Im Besitz Ihres Schreibens vom 8. ds. Mts. teilen wir Ihnen mit, daß wir jede Abänderung des Vertrages ablehnen. Wir werden, falls Sie kündigen und wir die Räume nicht zum gleichen Preise anderweit vermieten können, allen uns hieraus entstehenden Schaden geltend machen und sowohl wegen der Mietsrückstände, als auch wegen des uns durch die vorzeitige Kündigung entstehenden Schadens abgesonderte Befriedigung aus den unserem Vermieterpfandrecht unterliegenden eingebrachten Sachen beanspruchen.

Berlin, den 10 März 1934.

Sievers & Co."

Durch die Drohung der Vermieterin wird sich Bender nicht von der Kündigung abschrecken lassen.

An sich bleibt das gesetzliche Pfandrecht des Vermieters auch gegenüber der Konkursmasse als „Absonderungsrecht" wirksam, doch setzt § 49 2 KO. seiner Geltendmachung Schranken. Kündigt der Verwalter, so sind die Ansprüche des Vermieters:

a) wegen rückständiger Miete für eine frühere Zeit als das letzte Jahr (à dato gerechnet) vor Konkurseröffnung: Konkursforderung ohne Absonderungsrecht,
b) wegen rückständiger Miete aus dem letzten Jahr vor dem Konkurse: Konkursforderung mit Absonderungsrecht,
c) wegen der Miete von Konkurseröffnung bis zum Ablauf der Kündigungsfrist (hier: 30. Juni 1934): Masseschuld (§ 59 2) mit Absonderungsrecht,
d) wegen des durch die vorzeitige Vertragsaufhebung entstehenden Schadens: Konkursforderung ohne Absonderungsrecht.

Der Satz unter a entspricht dem für die Einzelvollstreckung geltenden § 563 BGB. (S. 660 zu 1). Die Vorschrift zu d bedeutet eine wesentliche Besserstellung der Warengläubiger durch den Konkurs. Denn während außerhalb des Konkurses der Vermieter nicht bloß wegen seiner fälligen, sondern auch wegen der künftig fällig werdenden Forderungen aus dem Mietsverhältnis für das laufende und das folgende Mietjahr das Pfandrecht und damit an allen im Geschäftslokal befindlichen beweglichen Gegenständen das Vorrecht vor pfändenden Gläubigern hat (§ 559 S. 2, S. 660 zu 2), wird er im Konkurse für die Zukunft auf den Differenzanspruch beschränkt und ihm dieserhalb das Absonderungsrecht abgesprochen.

Verpächter landwirtschaftlicher Grundstücke sind gegenüber dem Vermieter insofern privilegiert, als sie ihr Pfandrecht im Verhältnis zu Pfändungsgläubigern für alle Pachtzinsforderungen ohne Beschränkung auf bestimmte Zeiträume (§§ 559 S. 2, 563, s. oben) geltend machen dürfen (§ 585). Entsprechend haben sie im Konkurse Absonderungsrecht auch wegen älterer Pachtzinsrückstände.

Dagegen wird ihnen wegen des durch Kündigung des Verwalters entstehenden Schadens die Absonderung versagt. § 49² KO.

Geschäftspersonal. Auf Grund des § 22 kündigt Bender dem gesamten Personal, um später — soweit sich das nach dem von der Gläubigerversammlung zu fassenden Beschluß über die Fortführung des Geschäfts (S. 767) oder wegen eines geplanten Zwangsvergleichs als sachgemäß erweisen sollte — einzelne wieder zurückzuengagieren. Die Kündigungsfrist ist, falls nicht eine kürzere Frist bedungen war, die gesetzliche (§ 22^I S. 2).

In erster Reihe muß der Verwalter also die vertraglichen bzw. tarifvertraglichen Fristen ermitteln. Hinsichtlich der gesetzlichen Kündigungsfrist sind zu unterscheiden:

a) „Handlungsgehilfen", z. B. allgemeine Handlungsbevollmächtigte, Disponenten, Konfektionäre, Buchhalter, Korrespondenten, Kassierer, Fakturenschreiber, Einkäufer, Reisende und sonstige Verkäufer, Lageristen, Einrichter, Expedienten, nach überwiegender Praxis auch Stenotypisten, mit Frist von 6 Wochen zum Quartalsschluß (§ 66 HGB.),
b) „Betriebsbeamte, Werkmeister, Techniker", z. B. technische Betriebsleiter (Wäschedirektrice), Zuschneider in leitender Stellung, Zeichner, ebenfalls mit Frist von 6 Wochen zum Quartalsabschluß (§ 133a GewO.),
c) „Gesellen, Gehilfen, Fabrikarbeiter", z. B. Näherinnen, Haushälter, Packer, Chauffeure, mit Frist von 14 Tagen zu jedem beliebigen Termin (§§ 122, 134).

Vgl. Staub 14, 14a, 17 zu § 59 mit Nachweisungen.

Bestände das Heldsche Unternehmen schon längere Zeit, so daß Angestellte mit fünf- und mehrjähriger Geschäftsdauer vorhanden sind, so würde zu deren Gunsten das KündSchG. (vgl. den Kündigungsschutzfall des 24. Kap.) anzuwenden sein.

Wird durch die Kündigung des Verwalters ein langjähriger Dienstvertrag vorzeitig aufgelöst, so begründet das für den Angestellten eine Schadenersatzforderung (§ 22^II KO.). Von den einzelnen Ansprüchen des Personals sind:

a) Rückstände für eine frühere Zeit als das letzte Jahr vor Eröffnung: nicht bevorrechtigte Konkursforderung (arg. § 61¹),
b) Rückstände aus dem letzten Jahre: Konkursforderung mit dem Vorrecht der ersten Klasse des § 61,
c) die Vergütung für die Zeit von der Eröffnung bis zum Ablauf der Kündigungsfrist: Masseschuld (§ 59²),
d) der Schadensersatzanspruch wegen der späteren Zeit: Konkursforderung ohne Vorrecht (§ 22^II).

Zur Tabelle müssen nicht nur die Ansprüche zu a und d, sondern auch die zu b angemeldet werden, damit sie Berücksichtigung finden können (S. 771).

Agenturvertrag.

„Herrn Konkursverwalter *Bender*, Breslau.

Ihre eingeschriebene Mitteilung vom 26. d. M., daß mein Vertrag durch Eröffnung des Konkurses über Herrn *Held* beendigt sei, dürfte auf einem Irrtum beruhen. Ich bin, wie Sie sich aus dem Vertrage überzeugen wollen, bis 31. Dezember 1936 als Vertreter für den oberschlesischen Industriebezirk von Herrn *Held* fest angestellt. Bis zum genannten Tage beanspruche ich daher meine garantierte Mindestprovision von jährlich 5000.— *RM* und darüber hinaus den Schaden, der mir durch Abschneidung meiner Tätigkeit entsteht, unter Zugrundelegung der Provision für 1933, welche ca. 7200.— *RM* ausmachte. Wenn Sie mir überhaupt kündigen könnten, so müßte mir doch, ebenso wie dem sonstigen Personal, eine Frist bis zum 30. Juni d. J.

zustehen, da der 17. Februar schon vorbei ist. Für alle meine Forderungen nehme ich das Vorrecht aus § 61^{1} KO. in Anspruch. Meine Tätigkeit stelle ich Ihnen hiermit ausdrücklich zur Verfügung.

Gleiwitz, den 28. Februar 1934.

Fritz Jasper, kaufmännischer Vertreter."

Die vom Gemeinschuldner als Dienstherrn mit Dritten geschlossenen Verträge zerfallen konkursrechtlich in zwei Gruppen: die „in" dem Haushalt, Wirtschaftsbetrieb oder Erwerbsgeschäft „angetretenen" Dienstverhältnisse auf der einen, die von ihm erteilten „Aufträge" und „Geschäftsbesorgungen" auf der anderen Seite. Verträge der ersten Art werden durch den Konkurs nicht ohne weiteres aufgelöst sondern sind, wie wir soeben gesehen haben, mit gesetzlicher Frist kündbar, wobei dem Dienstverpflichteten Ersatz des ihm durch die vorzeitige Kündigung des Verwalters entstehenden Schadens zusteht. Die Verträge der zweiten Gruppe erlöschen ipso iure im Zeitpunkt der Eröffnung; ein Entschädigungsanspruch wird nicht ausdrücklich gewährt (§ 23), und ob bzw. unter welchen Voraussetzungen er aus § 26 oder aus allgemeinen Vorschriften des bürgerlichen Rechts hergeleitet werden kann, ist zweifelhaft (oben S. 808). Unter § 23 fallen u. a.: Anwaltsmandat, Mäklervertrag, Kommission (RG. 105, 125), Spedition und — nach RG. 63, 69 — der Agenturvertrag. Die kaufmännischen „Vertreter", zu denen Jasper sich rechnet, sind in der Regel Agenten, d. h. Personen, die nicht im Betriebe des Geschäftsherrn angestellt sind und in kein persönliches Unterordnungsverhältnis zu ihm treten, ihm vielmehr als selbständige Kaufleute gegenüberstehen (§ 1^{7}, 84 HGB.), ihre Spesen selbst tragen und in der Regel für mehrere Firmen gleichzeitig tätig sind.

Wegen seiner Selbständigkeit gegenüber dem Geschäftsherrn wird dem Agenten das Vorrecht aus § 61^{1} KO. von der herrschenden Meinung (RG. 62, 229) versagt. — Bender antwortet:

„Der Inhalt Ihres Vertrages war mir bekannt. Da Sie als Handlungsagent anzusehen sind, ist dieser Vertrag nach § 23 KO. mit Eröffnung des Konkurses erloschen. Ich werde Ihnen so bald als möglich eine Aufstellung der bis zur Eröffnung von Ihnen ins Verdienen gebrachten Provisionen zugehen lassen, damit Sie eine Grundlage für die Anmeldung Ihrer Forderung haben. Ein Vorrecht werde ich nicht anerkennen können, ebenso wenig Schadensersatzansprüche wegen der vorzeitigen Auflösung des Vertrages."

Wohnungsmiete und Hauspersonal. Bei dem über die Wohnung abgeschlossenen Mietsvertrag ist die Rechtslage die gleiche wie bei der Geschäftsmiete. Da aber Frau Held die Wohnung zu behalten wünscht, vereinbart sie — unter Zustimmung des Konkursverwalters — mit dem Hauswirt ihren Eintritt in das Mietverhältnis an Stelle ihres Mannes. Dadurch wird die Kündigung aus § 19 vermieden und die Masse von allen Verpflichtungen wegen künftiger Miete und Schadensersatz entlastet.

Dem Dienstmädchen, dessen Lohn nach Monaten bemessen ist, kündigt der Verwalter zum 31. März 1934 (§ 22^{I} KO. mit § 621^{III} BGB.).

Schadensversicherung. Auf die vom Gemeinschuldner als Versicherungsnehmer geschlossenen Versicherungen übt die Konkurseröffnung nach dem Gesetz keinerlei Einfluß aus. Jedoch pflegen sich die Versicherungsgesellschaften in ihren Bedingungen für den Konkursfall des Kunden außerordentliche Kündigungsrechte oder das vorzeitige Erlöschen des Vertragsverhältnisses vorzubehalten. Nach zwingender Vorschrift des § 14 VVG. läuft der Vertrag auf Grund derartiger Klauseln keinesfalls früher als einen Monat nach Eröffnung ab. Bender prüft daher alsbald nach der Eröffnung die Policen nach, um nötigenfalls vor Ablauf der alten Versicherungen die Masse gegen Feuer-, Einbruch-, Glas-, Transport- und Haftpflichtschaden anderweit zu decken.

Feststellung der Teilungsmasse.

Wohnungseinrichtung. Aussonderung der Ehefrau.

„Sehr geehrter Herr Verwalter!

In der Konkurssache meines Ehemanns, des Kaufmanns *Johannes Held*, beanspruche ich die gesamte Wohnungseinrichtung mit Ausnahme des Herrenzimmers als mein Eigentum. Zur Begründung führe ich an, daß ich:

a) das Biedermeierzimmer als Mädchen von meiner verstorbenen Tante, Frl. *Meta Obst* in Strehlen, geerbt,

b) Schlaf- und Eßzimmer im Jahre 1929 von meinen Eltern, welche die Sachen zu diesem Zweck gekauft haben, als Aussteuer erhalten habe,

c) das Kinderzimmer sowie die echten Teppiche im Eßzimmer 1930 für mich angeschafft worden sind,

d) ebenso 1931 die Kücheneinrichtung, und zwar an Stelle der mir von meinen Eltern aus der eigenen Wirtschaft abgegebenen, sehr veralteten und abgenutzten Einrichtung.

Das *Meta Obst*sche Testament, verschiedene Originalrechnungen und eine eidesstattliche Versicherung meines Vaters, des Kaufmanns *Martin Obst* in Strehlen, füge ich bei. Ich lehne die Herausgabe der Gegenstände zur Masse ab und stelle Ihnen, falls Sie mein Eigentumsrecht nicht anerkennen wollen, Klage anheim.

Minna Held geb. *Obst*."

Die Urkunden bestätigen die Richtigkeit der gemachten Angaben. Die Rechnungen lauten zu b auf

„Herrn *Martin Obst*, Strehlen,"

zu c und d auf

„Frau *Minna Held* geb. *Obst*, Breslau."

Wenn Frau Held glaubt, der Verwalter müsse sie auf Herausgabe verklagen, so verkennt sie die Parteirollen. Der Eröffnungsbeschluß bildet für den Verwalter einen vollstreckbaren Titel zur Wegnahme aller im Gewahrsam des Gemeinschuldners stehenden Massegegenstände (§§ 73 III, 117 KO., 794 3, 808 ZPO., dazu oben S. 632). Als Familienhaupt und Haushaltsvorstand ist Held alleiniger Besitzer der Wohnräume und ihrer ganzen Einrichtung, abgesehen von den zum persönlichen Gebrauch der Frau bestimmten Sachen, weil bei diesen §§ 1362 II, 1366 BGB. eindeutig für Eigentum der Frau und Zugehörigkeit zum Vorbehaltsgut sprechen (Stein-Jonas II 2 zu § 808 c. cit.). Bender braucht sich also bloß vollstreckbare Ausfertigung des Eröffnungsbeschlusses geben zu lassen und kann dann dem Gerichtsvollzieher Vollstreckungsauftrag erteilen, so daß Frau Held genötigt wird, ihrerseits Aussonderungsklage zu erheben. Einer Herausgabeklage des Verwalters bedarf es bloß bei Massebestandteilen im Besitz dritter Personen.

Was die sachliche Stellungnahme des Verwalters anlangt, so kann bei denjenigen Einrichtungsstücken, die für Held und die Seinigen zur Erhaltung eines angemessenen Hausstandes unentbehrlich sind (§ 811 1 ZPO.) oder die zum gewöhnlichen Hausrat zählen und in der Versteigerung einen unverhältnismäßig niedrigen Erlös bringen würden (§ 812), die Eigentumsfrage offen bleiben. Sie würden nämlich, weil unpfändbar, auch dann nicht in die Masse fallen, wenn sie dem Gemeinschuldner gehören. § 1 I, IV KO. Deshalb gibt sie Bender ohne weiteres frei.

Im übrigen ist § 45 maßgebend. Darnach darf die Ehefrau des Gemeinschuldners die von ihr während der Ehe erworbenen Gegenstände nur in Anspruch nehmen, sofern sie beweist, daß sie „nicht mit Mitteln des Gemeinschuldners" erworben wurden. Die Aussonderung beschränkt sich also auf solche Sachen, die

a) entweder bei der Eheschließung von der Frau eingebracht
b) oder während der Ehe nachweislich aus ihren eigenen Mitteln gekauft
c) oder während der Ehe von dritten Personen geschenkt bzw. bezahlt worden sind,
d) ferner Haushaltsgegenstände, die der Gemeinschuldner als Ersatz für nicht mehr vorhandene oder wertlos gewordene, zum eingebrachten Gut gehörende Stücke angeschafft hat, auch wenn sie von ihm bezahlt wurden: denn die Sondervorschrift des § 1382 BGB. geht dem § 45 KO. vor. Jaeger 10 zu § 45.

Die Widerlegung der praesumtio Muciana (§ 1362 I BGB.) genügt nicht. Sind die Sachen während der Ehe der Frau zu Eigentum übertragen aber vom Manne bezahlt worden, so findet keine Aussonderung statt, gleichviel wie lange der Erwerb schon zurückliegt.

Intervention der Ehefrau: § 45 KO. stellt eine Durchbrechung des sonst zwischen Aussonderung und Intervention bestehenden Parallelismus dar. Interveniert die Ehefrau gegenüber einer Einzel-Vollstreckung, so hat sie eine wesentlich günstigere Rechtsstellung, da sie dann bloß die Vermutung des § 1362 I BGB. zu entkräften braucht. Das geschieht bei den während der Ehe angeschafften Sachen durch den Nachweis, daß der abstrakte Übereignungswille (§ 929) dahin ging, sie zur Eigentümerin zu machen. Hierfür reicht eine auf die Frau lautende Rechnung regelmäßig aus: man kann unterstellen, daß der Lieferant das Eigentum auf die in der Rechnung bezeichnete Person übertragen wollte. Auch ohne solche Rechnung ist die Frau in folgenden Fällen als Eigentümerin anzusehen: 1. wenn an Stelle der von ihr in die Ehe eingebrachten, nicht mehr vorhandenen oder wertlos gewordenen „Haushaltsgegenstände" neue angeschafft werden, ohne daß es darauf ankommt, wer bezahlt hat (§ 1382, vgl. oben zu d), 2. wenn der Mann bewegliche Sachen mit Mitteln des eingebrachten Gutes erwirbt (§ 1381), 3. wenn der Mann, ohne sich dem Verkäufer als Vertreter der Frau zu bezeichnen, Sachen gekauft und mit Mitteln der Frau (nicht notwendig ihres eingebrachten Gutes) bezahlt und wenn nach den zwischen den Eheleuten getroffenen Abmachungen anzunehmen ist, daß die Frau Eigentümerin werden sollte. Im letzten Fall wird so konstruiert, daß entweder der Verkäufer auf „denjenigen, den es angeht" Eigentum übertragen wollte, oder daß zwar zunächst der Mann vom Dritten Eigentum erlangt, es aber sofort kraft erlaubten Selbstkontrahierens (§ 181: „soweit nicht ein anderes ihm gestattet ist") auf die Frau weiter übertragen hat. RG. 99, 208; 100, 190.

Wird ein Grundstück vom Manne mit Mitteln der Frau erworben, so gilt weder die Vermutung des § 1381 noch die dort angeordnete dingliche Surrogation, doch ergibt sich möglicher Weise aus allgemeinen Erwägungen ein obligatorischer Anspruch der Frau gegen den Mann auf Überlassung des Eigentums. RG. 126, 114, dazu Landsberg JW. 30, 257 6.

Gegenüber der an sich begründeten Intervention der Frau kann natürlich immer eine etwaige Schenkungs-Pauliana (S. 465) eingewendet werden.

Nach Beratung mit dem Gläubigerausschuß (§ 133 2) erkennt Bender das Aussonderungsrecht am Biedermeier-, Schlaf- und Eßzimmer sowie an der Kücheneinrichtung an, während er das Kinderzimmer (mit Ausnahme der unter §§ 811 1, 812 ZPO. fallenden Stücke) und die Teppiche zur Masse zieht.

Lebensversicherung zu Gunsten der Ehefrau. In Helds Schreibtisch hat der Verwalter eine Police der „Sekuritas" vom 20. Februar 1929 gefunden:

„Die Gesellschaft versichert das Leben des Herrn *Johannes Held* mit 8400 (i. W.) Goldmark, die Goldmark zum Werte von $\frac{1}{2790}$ *kg* Feingold gerechnet. Die Versicherung ist fällig am 20. Februar 1954 oder beim früheren Tode des Versicherten. Die Versicherung ist zu Gunsten der Ehefrau des Versicherungsnehmers, Frau *Minna Held* geb. *Obst*, genommen."

Wie wir wissen (S. 12), erlangt Frau Held als begünstigte Dritte den Anspruch auf die Versicherungssumme erst mit dem Tode des Versicherungsnehmers. Die bis dahin dem Versicherungsnehmer zustehende Befugnis zum Widerruf und zur Änderung des Bezugsberechtigten wird im Konkurs vom Verwalter ausgeübt (§ 6^{II} KO.). Bender schreibt also der Versicherungsgesellschaft:

„Als Verwalter im Konkurse über das Vermögen des Herrn *Johannes Held* widerrufe ich die in der Lebensversicherungspolice Nr. 95001 Ihrer Gesellschaft enthaltene Bestimmung, daß die Versicherung zu Gunsten der Ehefrau *Minna Held* geb. *Obst* genommen ist."

Sollte dann Held im Laufe des Konkurses plötzlich sterben, so würde infolge des Widerrufs der Begünstigungsklausel nunmehr die Versicherungssumme der Masse zustehen. Da sich aber der Gemeinschuldner augenscheinlich der besten Gesundheit erfreut, kann der Verwalter nicht auf seinen Tod warten. Deshalb verwertet er die Versicherung durch Rückkauf.

Der **Rückkauf** besteht darin, daß der Vertrag aufgehoben und die Gesellschaft von der Verpflichtung, am 20. Februar 1954 oder beim früheren Tode die Summe von 8400 Goldmark auszuzahlen, befreit wird, dafür aber den „Rückkaufswert" an die Masse zahlt. Der Rückkaufswert ist ein durch den Tarif der Gesellschaft bestimmter Prozentsatz der gezahlten Prämien. — Lehnt die „Sekuritas" den Abschluß des Rückkaufs ab und steht nach den Bedingungen dem Versicherungsnehmer hierauf kein fester Rechtsanspruch zu, so sucht der Verwalter für die der Masse aus dem Versicherungsverhältnis zustehenden Ansprüche einen Käufer, der wahrscheinlich von dem in §§ 173 f. VVG. nach dreijähriger Versicherungsdauer gesetzlich verbrieften Recht der **Umwandlung in eine prämienfreie Versicherung** Gebrauch machen wird. Bei dieser Umwandlung wird die Versicherung dergestalt aufrecht erhalten, daß die „Sekuritas" am 20. Februar 1954 bzw. bei Helds früherem Tode an den Rechtsnachfolger der Konkursmasse eine bestimmte Kapitalsumme zu zahlen hat. Die durch die bisherigen Prämienzahlungen entstandene, im Tarif der Gesellschaft festgelegte, „Prämienreserve" gilt als einmalige Prämie, und die Versicherungssumme wird auf den Betrag herabgesetzt, der laut Tarif gegen diese einmalige Prämie zu zahlen ist. Bei der Umwandlung in prämienfreie Versicherung fällt für die Zukunft jede Pflicht zur Prämienzahlung fort. — Die von den Gesellschaften in großem Umfang geübte **Beleihung der Polize** durch Gewährung von Darlehen steht ebenso in ihrem freien Belieben, wie der Abschluß des Rückkaufvertrags.

Wer als Einzelgläubiger in die Rechte des Schuldners aus einer Lebensversicherung vollstrecken will, muß analog dem Konkursverwalter vorgehen. Das Recht auf Widerruf der Bezugsberechtigung unterliegt der Pfändung (RG. 127, 269). Die Verwertung der gepfändeten Ansprüche erfolgt durch Versteigerung auf Grund von § 844 ZPO. (S. 656).

Erbschaftsausschlagung. Am 18. Februar 1934 ist eine Schwester des Gemeinschuldners verstorben. Held gehört zu den gesetzlichen Erben mit einer Quote von $\frac{1}{3}$. Der Nachlaß hat einen Gesamtwert von zirka 9000 RM. Am 18. März erklärt Held gegenüber dem Nachlaßgericht in beglaubigter Form die Ausschlagung. Da die Erbfolge auf den 18. Februar zurückzubeziehen ist (§ 1922^{I} BGB.) und der Erbteil daher am Eröffnungstage bereits Vermögen des Gemeinschuldners war (§ 1^{I} KO.), so würde der Erbteil ohne die Ausschlagung in die Konkursmasse gefallen, und es würden nach § 16^{II} alle etwaigen Beschränkungen der Erbauseinandersetzung unwirksam geworden sein, so daß der sofortigen Teilung nichts im Wege gestanden hätte. Infolge der Ausschlagung ist die Erbschaft demjenigen angefallen, der berufen gewesen wäre, wenn Held den Erbfall nicht erlebt hätte (§ 1953 II BGB.). Das sind Helds minderjährige Kinder, deren Vermögen er zwar (zunächst für die Dauer des Konkurses) nicht verwalten, wohl aber nutzen darf (S. 81). Muß der Verwalter sich das gefallen lassen?

Nach § 9 KO. steht die Ausschlagung von Erbschaften und Vermächtnissen trotz des Konkurses dem Gemeinschuldner persönlich zu. Das Gesetz betrachtet also die Ausschlagung als ein Recht, bei dessen Ausübung nicht bloß vermögensrechtliche Erwägungen maßgebend sein sollen. Eine Nachprüfung der Gründe, aus denen der Gemeinschuldner ausgeschlagen hat, ist unzulässig. Obgleich also Held den Nachlaß seinen Kindern offenbar zum Schaden der Konkursmasse in die Hände gespielt hat, läßt sich die Erbschaft nicht durch Anfechtung zur Masse ziehen. Auch eine vor Eröffnung des Konkurses zum Nachteil der Gläubiger erklärte Erbschaftsausschlagung kann — in und außer dem Konkurse — nicht angefochten werden. RG. 54, 289; Jaeger 11 zu § 9.

Unwirksam würde die Ausschlagung sein, wenn Held die Erbschaft vor dem 18. März bereits angenommen gehabt hätte (§ 1943 BGB.). Praktisch ist auch damit kaum etwas für die Konkursgläubiger zu erreichen, denn Held wird, wenn er ohne ausdrückliche Annahmeerklärung lediglich erbschaftliche Geschäfte besorgt hatte, einwenden, daß bloß eine pro herede gestio (§ 1959) vorgelegen habe.

Aussonderung bemängelter Waren.

„Herrn Konkursverwalter *Bender*, Breslau.

Am 7. Dezember 1933 lieferten wir der Firma *Johannes Held*, Wäschefabrik 25 Dtzd. Damenflorstrümpfe, ‚Ninette', welche uns von der Firma zur Verfügung gestellt wurden. Wir erklären uns mit der Zurverfügungstellung hiermit ausdrücklich einverstanden und bitten um gefl. umgehende Retournierung der Strümpfe auf unsere Rechnung.

Wuppertal, den 10. März 1934.

Aschoff & Zacharias."

Der Verwalter erwidert:

„Der Gemeinschuldner hat die Strümpfe zunächst angenommen und erst nach ca. 10 Tagen mit Schreiben vom 18. Dezember 1933 bemängelt und zur Verfügung gestellt. Die Strümpfe waren daher in das Eigentum des Gemeinschuldners übergegangen. Die in der Zurverfügungstellung liegende Offerte zur Rückübereignung haben Sie bis zur Eröffnung nicht angenommen, so daß die Ware nach § 1 I KO. zur Konkursmasse gehört."

Aschoff & Zacharias werden es jetzt bitter bereuen, daß sie sich nicht früher mit der Rücknahme der Strümpfe einverstanden erklärt und so ihr Eigentum gerettet haben. Wenn Held die ihm zugesandten Waren von vornherein zurückgewiesen hätte, würde das Eigentum ununterbrochen bei der Verkäuferin geblieben sein; die Verkäuferin könnte dann nach § 43 aussondern und sogar daneben als Konkursgläubiger Schadensersatzansprüche nach § 26 geltend machen, vorausgesetzt, daß einmal die Verwertung der Ware nur noch unter dem Vertragspreise möglich ist und außerdem die Beanstandung des Käufers unberechtigt war.

Aussonderung auf Grund einer Anfechtung wegen Willensmangels.

„Berlin, den 4. März 1934.

Herrn Konkursverwalter *Friedrich Bender*, Breslau.

Im Auftrage der Firma *B. Stolzenburg & Söhne* hier habe ich Ihnen folgendes mitzuteilen.

Am 30. Januar d. J. bestellte die Firma *Johannes Held*, Wäschefabrik bei meiner Auftraggeberin durch deren Reisenden *Wenzel* zur sofortigen Lieferung einen Posten Wäsche mit der Bedingung: Zahlung durch Dreimonatspapier nach Empfang der Ware. Die Wäsche ist am 13. Februar abgesandt worden und am 15. oder 16. dort eingetroffen. Am 24. Februar wurde das Konkursverfahren über *Held* eröffnet.

Gemäß § 123 BGB. fechte ich unter Bezugnahme auf die Entscheidung des Reichsgerichtes Bd. 66 S. 385 Kauf und Eigentumsübertragung wegen arglistiger Täuschung an, weil meine Auftraggeberin die Ware, welche einen Rechnungsbetrag von 858 *RM* ausmacht, selbstverständlich nicht auf Kredit geliefert haben würde, wenn sie von der damals schon zerrütteten Vermögenslage des *Held* und dem bevorstehenden Konkurse Kenntnis gehabt hätte. *Held* war verpflichtet meine Auftraggeberin über den wahren Sachverhalt aufzuklären und hat, indem er das unterließ, sich einer arglistigen Täuschung schuldig gemacht. Abgesehen hiervon werden Kauf und Übereignung auch gemäß § 119 II BGB. angefochten, weil die Verkäuferin sich im Irrtum über Eigenschaften des anderen Teiles, welche im Verkehr als wesentlich gelten, befunden hat, nämlich über die Zahlungsfähigkeit und Kreditwürdigkeit *Helds*.

Da infolge der Anfechtung die Übereignung auf *Held* von Anfang an nichtig ist (§ 142 I BGB.), verlangt die Firma *B. Stolzenburg & Söhne* die Aussonderung der gelieferten Waren. Ich ersuche usw.

Roth, RA."

Obgleich der Aussonderungsanspruch juristisch einwandfrei begründet ist und das Reichsgericht in der angezogenen Entscheidung ihn (für einen besonders kraß liegenden Fall unwahrer positiver Angaben des Käufers) bejaht hat, lehnt Bender ab und läßt es auf die angedrohte Klage ankommen. § 26 S. 1 KO. zeigt die Tendenz des Gesetzes: daß ein vor Konkurseröffnung bewirkter Eigentumsübergang nicht wegen des Konkurses rückgängig gemacht werden soll. Wäre dies auf dem Umwege über die Anfechtung aus §§ 119, 123 BGB. möglich, so würden sich die Konkursmassen in nichts auflösen, denn abgesehen von Ladenhütern bestehen sie nur aus Waren, die in der letzten Zeit geliefert wurden, und fast jeder der Lieferanten würde in der Lage sein, zum mindesten Irrtum über die Zahlungsfähigkeit des Gemeinschuldners geltend zu machen. Vgl. auch JW. 31, 81 (Köln).

Ersatzaussonderung.

„Herrn Konkursverwalter *Bender*, Breslau.

Hiermit ersuchen wir um gefl. umgehende Rücksendung derjenigen 5 Stück Oberhemdenstoff, Art. 318, welche wir am 10. Januar d. J. der Firma *Johannes Held*, Wäschefabrik zur Ansicht zwecks Ankaufs zugesandt haben. Da die Firma den Stoff nicht gekauft hat, ist die Ware unser Eigentum geblieben, und demgemäß sind wir aussonderungsberechtigt.

Glauchau, den 7. März 1934. *Calvary & Co.*"

Nach eingeholter Zustimmung des Gläubigerausschusses (§ 133 2 KO.) antwortet der Verwalter:

„Auf das gefl. Schreiben vom 7. d. M. teile ich mit, daß nur noch 3 Stücke in den Längen von 50 m bzw. 53 m bzw. 48 m vorhanden sind. Ein Stück in Länge von 60 m hat Herr *Held* Anfang Februar an die Firma *Koppe* in Guhrau zum Preise von 1.30 *RM* je Meter, zusammen 78 *RM*, verkauft. *Koppe* hat auf den Kaufpreis vor Konkurseröffnung 20 *RM*, nachher weitere 20 *RM* bezahlt. Ein Stück in Länge von 50 m habe ich selbst vor zwei Tagen in Unkenntnis des Umstandes, daß die Ware nicht Eigentum des Gemeinschuldners gewesen ist, zum Preise von 1.45 *RM* je Meter, insgesamt 72.50 *RM*, gegen Barzahlung verkauft.

Die drei noch vorhandenen Stücke stehen Ihnen zur Verfügung, desgleichen die Restforderung von 38 *RM* an *Koppe*, die von *Koppe* nach Eröffnung an mich gezahlten 20 *RM* und die von mir erlösten 72.50 *RM*. Im Übrigen stelle ich Anmeldung Ihrer Forderung zur Konkurstabelle anheim."

Der für die „Ersatzaussonderung" maßgebende § 46 KO. beruht auf dem Gedanken der dinglichen Surrogation mit der Einschränkung, daß durch Vorgänge nach der Konkurseröffnung die Rechtsstellung eines Beteiligten weder zu seinem Vorteil noch zu seinem Schaden verändert werden darf. Demgemäß werden, falls die ursprünglichen Objekte des Aussonderungsrechts infolge Veräußerung nicht mehr herausgegeben werden können, dem Aussonderungsberechtigten 1. die noch ausstehende Kaufpreisforderung an den Abkäufer, 2. alle nach der Konkurseröffnung zur Masse eingezogenen Beträge zugesprochen. Wegen der vor Eröffnung geleisteten Kaufpreiszahlungen (hier: die zuerst von Koppe gezahlten 20 RM.) besteht bloß eine einfache Konkursforderung. RG. 94, 20, 305; Jaeger JW. 19, 107[10].

Die Ersatzaussonderung setzt eine objektiv unberechtigte Veräußerung voraus. Hat jemand dem Gemeinschuldner Waren unter Eigentumsvorbehalt, aber mit der (ausdrücklichen oder stillschweigenden) Ermächtigung zum Weiterverkauf geliefert, so beschränkt sich die Aussonderung auf das, was bei Ausbruch des Konkurses noch vorhanden ist, und die ausstehenden Kaufpreisforderungen an die Abkäufer fallen in die Masse. RG. 115, 262; 133, 40; vgl. Bendix JW. 27, 700[38]. Bisweilen versuchen das die Lieferanten dadurch zu umgehen, daß sie sich in den Kaufbedingungen ein Rücktrittsrecht für den Fall des Konkurses oder Vergleichsverfahrens ausbedingen, dann den Rücktritt erklären (§ 349 BGB.) und deduzieren: der Anspruch auf Ersatz des Wertes der vom Gemeinschuldner vor Eröffnung verkauften Waren (§ 346) sei, weil erst durch die Rücktrittserklärung hervorgerufen, nicht Konkursforderung sondern Masseschuld. Entsprechend im Vergleichsverfahren: es handle sich um eine neue, vom Vergleich nicht berührte Forderung. Damit würden die §§ 17, 26 KO., 28, 30 VerglO. illusorisch sein. Nach richtiger Ansicht sind aber die Ansprüche aus dem Rücktritt immer noch Ansprüche aus dem ursprünglichen Vertrag (vgl. die ähnliche Konstruktion bei der Aufrechnung, unten S. 822), und daher Konkurs- bzw. Vergleichsforderung. JW. 32, 2637[11] (KG.), dazu Eisold, vgl. jedoch 2638[12] (Düsseldorf).[2])

Nach Konkurseröffnung abgelieferte Waren.

„Plauen, den 5. März 1934.

Herrn *Friedrich Bender*, Breslau.

Am 23. v. M. sandten wir Herrn *Johannes Held* auf seine vorherige Bestellung Stickereien im Rechnungsbetrage von 620.— *RM* zu. Nach unseren Feststellungen ist die Sendung erst am 25., also nach Konkurseröffnung, dort eingetroffen. Sie gehört also nicht zur Konkursmasse, so daß uns das Aussonderungsrecht zusteht. Wir ersuchen um Mitteilung usw.

F. W. Herzig."

Post und Eisenbahn sind Besitzmittler für den Absender, nicht für den Empfänger. Daher geht das Eigentum an einer Post- oder Bahnsendung erst dadurch auf den Adressaten über, daß ihm die Ware nach der Ankunft am Bestimmungsorte von der Post bzw. Eisenbahn ausgehändigt wird. Herzigs Aussonderungsanspruch ist also unmittelbar nach §§ 1[1], 43 KO. begründet, weil die Stickereien im Zeitpunkte der Konkurseröffnung noch nicht im Eigentum des Gemeinschuldners standen. Das über die Aussonderung nach § 43 hinausgehende „Verfolgungsrecht" des § 44[1] braucht in diesem Falle nicht herangezogen zu werden; es würde z. B. praktisch werden, wenn ein Verkäufer dem Held vor der Konkurseröffnung ein Traditionspapier (S. 516 Anm. 3) übergeben hätte, während die Ware selbst erst nach Konkurseröffnung anlangte.

---

[2]) § 53 Entw.: „Auf eine Abrede, durch die die Anwendung der §§ 50/52 im Voraus ausgeschlossen oder beschränkt wird, können sich die Vertragsteile nicht berufen."

Bender möchte die Stickereien, weil sie billig sind, gern für die Masse behalten:

„Ihr Aussonderungsrecht an den Stickereien wird an sich anerkannt. Da aber die Ware erst nach Konkurseröffnung angekommen ist, war der Vertrag z. Zt. der Eröffnung noch von keiner Seite vollständig erfüllt, so daß mir das Wahlrecht zwischen Erfüllung und Nichterfüllung zusteht. Ich entscheide mich für die Erfüllung und werde demgemäß die Stickereien nicht herausgeben. Der Anspruch auf den Kaufpreis ist Masseschuld; Sie brauchen ihn daher nicht zur Tabelle anzumelden."

Daß das Wahlrecht des Verwalters aus § 17 dem Aussonderungsrecht des Verkäufers vorgeht, ist selbstverständlich; für das „Verfolgungsrecht" wird es in § 44 II besonders bestimmt.

Erlös verkaufter Kommissionswaren.

„Chemnitz, den 20. März 1934.

Herrn Konkursverwalter *Bender*, Breslau.

Im Dezember v. J. übersandten wir der Firma *Johannes Held*, Wäschefabrik, 60 Jumper zum kommissionsweisen Vertrieb. 33 Stück davon hat die Firma bis zum 5. Februar einschließlich verkauft und den Erlös abzüglich Provision an uns abgeführt. Dann erhielten wir am 11. Februar d. J. die Nachricht, daß der Rest von 27 Stück an die dortige Firma *Droste* zum Preise von je 13.50 *RM* verkauft sei, und haben der Firma *Held* auf ihren Wunsch die Provision für die 27 Stück alsbald überwiesen. Wir bitten um gefl. Überweisung der 364.50 *RM*.

Chemnitzer Kunstseidenfabrik
Reinhold Bandlow."

Held ist bei diesem Geschäft als Verkaufskommissionär für Bandlow tätig geworden. Er hat also die Jumper im eigenen Namen, wenn auch für Rechnung von Bandlow, an Droste verkauft (§ 383 HGB.), so daß der Kaufpreisanspruch ihm zusteht. Gegenüber Droste wird Bandlow als Gläubiger erst dadurch legitimiert, daß ihm die Forderung von Held bzw. dessen Konkursverwalter abgetreten wird. Jedoch gilt nach § 392 II „im Verhältnis zwischen dem Kommittenten (Bandlow) und dem Kommissionär (Held) oder dessen Gläubigern" die Forderung auch ohne Abtretung als Forderung des Kommittenten. Das bedeutet praktisch: Bandlow könnte gegenüber einer Zwangsvollstreckung wegen der ausstehenden Kaufpreisforderung intervenieren und er kann sie aus der Konkursmasse aussondern. Antwort des Verwalters an Bandlow nach Verständigung mit dem Gläubigerausschuß:

„*Droste* hat die 27 Jumper noch nicht bezahlt. Ich habe ihm mitgeteilt, daß der Betrag von 364.50 *RM* Ihnen zusteht und ihn aufgefordert, die Zahlung an Sie zu leisten."

Fiduziarische Rechtsverhältnisse.

„Mode- und Wäschebazar ‚Venus' Guttentag O.S., den 1. März 1934.
Anna Kondziolka.

Herrn *Friedrich Bender*, Breslau.

Soeben erfahre ich zu meiner Überraschung, daß die Firma *Held* im Konkurs ist und Sie als Konkursverwalter bestellt sind. Im Januar hatte ich Herrn *Held* die in der beiliegenden Liste verzeichneten Außenstände über zusammen 953.40 *RM* abgetreten, damit er sie für mich einzieht. Herr *Held* hatte dies aus Gefälligkeit mit Rücksicht auf unsere geschäftliche Verbindung übernommen, weil ich annahm, daß die Schuldner ihm eher zahlen werden als mir. Ich fürchte nun, daß ich infolge des Konkurses mein Geld verlieren werde, und bitte Sie mir freundlichst mitzuteilen, ob ich die abgetretenen Forderungen aus der Masse zurückerhalten kann.

Anna Kondziolka."

„Herrn Konkursverwalter *Bender*, Breslau.

Durch den beigelegten Vertrag vom 3. Januar 1932 hat uns Herr *Held* die ihm gehörigen Nähmaschinen ‚Concordia‘ Nr. 33280, 33281, 33282, eine Schreibmaschine ‚Continental‘ VII Nr. 1835 und einen Geldschrank ‚Arnheim‘ 23007 sicherungshalber zu Eigentum übertragen. Die Übergabe ist dadurch ersetzt worden, daß wir die Maschinen usw. Herrn *Held* bis auf Widerruf leihweise überlassen haben. Wir machen von dem Widerrufsrecht hiermit Gebrauch, kündigen das Leihverhältnis und ersuchen um baldige Herausgabe auf Grund unseres Eigentums.

Zittau, den 5. März 1934. *Heinz Albers*, Mechanische Weberei.“

Sowohl Kondziolka wie Albers haben fiduziarische Verträge (S. 8) mit dem Gemeinschuldner geschlossen. Frl. Kondziolka als Treugeberin hat Held als Treuhänder zu Inkassozwecken, und Held als Treugeber hat dem Treuhänder Albers zu Sicherungszwecken Rechte übertragen. Nach der formal-juristischen Konstruktion würde der Treugeber im Konkurse des Treuhänders nicht aussondern können, dagegen im Konkurse des Treugebers dem Treuhänder ein Aussonderungsrecht zustehen. Die Praxis spricht aber dem Treugeber die Aussonderung gegenüber der Konkursmasse des Treuhänders zu, weil wirtschaftlich das Eigentum bei ihm verblieben ist, und gewährt andrerseits dem Sicherungs-Treuhänder im Konkurse des Treugebers nur Absonderung gemäß §§ 4, 47 f. KO., nicht aber Aussonderung: denn wirtschaftlich hat er eine dem Pfandgläubiger entsprechende Stellung. RG. 24, 45; 45, 80; 91, 12; 118, 209; Weigert JW. 28, 63[12].

Der Aussonderung im ersten Fall entspricht gegenüber der Pfändung durch einen Gläubiger des Treuhänders die Intervention (RG. 79, 121; 84, 214). Darüber, daß die Rechtsprechung dem fiduziarischen Sicherungseigentümer auch bei Pfändungen von Gläubigern des Treugebers Intervention — und nicht bloß Klage auf vorzugsweise Befriedigung — gibt, vgl. S. 460/1.

Strafrechtlich ist die fiduziarisch übereignete Sache für den Veräußerer immer eine „fremde“ geworden, so daß er durch nochmalige Veräußerung eine Unterschlagung (§ 246 StGB.) begeht. RGSt. 61, 65.

Wie wird das Absonderungsrecht realisiert? Albers ist berechtigt, sich aus den ihm übereigneten Gegenständen ohne gerichtliches Verfahren zu befriedigen. Daher steht die Befugnis, die Verwertung der Sachen zu betreiben, in erster Reihe ihm selbst zu. Zögert Albers, so kann ihm der Verwalter gemäß § 127 II KO. vom Konkursgericht eine Frist bestimmen lassen, nach deren fruchtlosem Ablauf das Betreibungsrecht auf den Verwalter übergeht und Albers nur noch Anspruch auf Auszahlung des auf ihn entfallenden Erlöses hat. Der Verwalter kann auch das Eigentum des Albers durch Auszahlung seiner Forderung ablösen oder sich mit ihm dahin verständigen, daß statt des Pfandverkaufs eine datio in solutum vorgenommen wird.

Nach eingeholter Zustimmung des Gläubigerausschusses schreibt Bender an Frl. Kondziolka:

„Auf die von Ihnen an Herrn *Held* abgetretenen Forderungen ist noch nichts eingegangen. Da ich mich überzeugt habe, daß die Abtretung lediglich zum Inkasso vorgenommen wurde, erkenne ich Ihr Recht auf Aussonderung der Forderungen aus der Konkursmasse an und werde auf Ihren Wunsch den Schuldnern mitteilen, daß Zahlung nur an Sie geleistet werden soll.“

Hätte Held die ihm fiduziarisch abgetretenen Forderungen schon vor der Eröffnung eingezogen, so würde Frl. Kondziolka insoweit weder Aussonderung noch Ersatzaussonderung haben. Vgl. S. 818/9.

An Albers wird geschrieben:

„Nach dem Vertrage, den ich wieder beifüge, sind Ihnen die Sachen zur Sicherung Ihrer Forderung aus der Geschäftsverbindung übereignet. Sie können daher lediglich abgesonderte Befriedigung verlangen. Ihr Guthaben beträgt nach den Büchern des Gemeinschuldners 383.24 *RM*. Die drei Nähmaschinen sind in meinem Inventar mit je 180.— *RM*, die Schreibmaschine mit 100.— *RM*, der Geldschrank mit 250.— *RM* bewertet. Zu diesen Preisen bin ich bereit, Ihnen die Sachen oder einzelne davon in Anrechnung auf Ihre Forderung zu überlassen. Ich bitte um baldgefl. Mitteilung, in welcher Weise Sie die Angelegenheit erledigen wollen."

Aufrechnung. Nach Eröffnung des Konkurses hat Kaufmann Mühle im Heldschen Geschäftslokal Wäschestücke und Blusen für zusammen 80 RM. gekauft, die ihm, da er als sehr vermögend bekannt ist, ohne Barzahlung ausgehändigt wurden. Nach Zusendung der Rechnung schreibt Mühle:

„Anbei 7.35 *RM*. Mir steht an Herrn *Held* eine von diesem anerkannte und in seinen Büchern vermerkte Forderung von 72.65 *RM* zu, mit welcher ich gegenüber dem Mehrbetrag der Rechnung aufrechne."

Die Forderung von 72.65 RM. besteht zu Recht. Gegenseitigkeit der zu tilgenden Geldforderungen (§ 387 BGB.) liegt an sich vor, da die „Konkursmasse", von welcher Mühle gekauft hat, kein besonderes Rechtssubjekt sondern mit dem Gemeinschuldner identisch ist. Trotzdem kann er nicht aufrechnen. § 55^{I} KO. schließt die Aufrechnung aus, wenn jemand vor Eröffnung des Verfahrens eine Forderung an den Gemeinschuldner erworben hat und nach Eröffnung etwas zur Masse schuldig geworden ist — eine Folge der durch den Konkurs hinsichtlich der Konkursmasse bewirkten separatio bonorum. Mühle muß volle 80 RM. zur Masse zahlen und erhält auf seine 72.65 RM. nur die Quote.

In diesem Sinne antwortet der Verwalter. Zahlt Mühle nicht gutwillig, so muß gegen ihn Klage erhoben werden. —

Völkel (S. 807) schreibt dem Verwalter:

„Am 10. März teilten Sie mir mit, daß Sie die 300 Blusen nicht liefern wollen. Ich habe mich daher bei der Firma *Boese & Co.* zum Preise von . . . 1260.— *RM* eingedeckt. Da ich an *Held* nur . . . . 1050.— *RM* zu zahlen gehabt hätte, steht mir ein Schadensersatz von . . . . 210.— *RM* zu. Mit diesem Betrage rechne ich gegenüber meiner Schuld aus früheren Käufen in Höhe von . . . . 83.60 *RM* auf, während ich den Mehrbetrag von . . . . 126.40 *RM* als Konkursgläubiger zur Tabelle anmelden werde."

Nach § 55^{2} kann ein Schuldner der Masse nur mit solchen Forderungen aufrechnen, die ihm bereits vor der Eröffnung an den Gemeinschuldner zustanden. Bei dem von Völkel zur Aufrechnung gestellten Schadensersatzanspruch aus § 26 S. 2 ist diese Voraussetzung gegeben: denn vor der Eröffnung hatte Völkel einen Anspruch auf Lieferung von 300 Blusen, an dessen Stelle der Schadensersatzanspruch getreten ist. Für die Zulässigkeit der Aufrechnung genügt es, daß die Gegenforderung bei Eröffnung als eine (durch die Konkurseröffnung und Ablehnung der Erfüllung seitens des Verwalters) bedingte bestanden hat. Die Aufrechnung ist daher statthaft, und Völkel braucht nur den durch Aufrechnung nicht verbrauchten Teil seiner Schadensersatzforderung — deren Höhe natürlich noch der Nachprüfung bedarf — zur Tabelle anzumelden (§ 53). —

Die Firma Glomb in Hindenburg schuldet Held 245 RM. Auf die Mahnung des Verwalters antwortet Glomb:

„Die Zahlung der mir aufgegebenen 245.— RM lehne ich ab. Aus abschriftlich beigefügtem Wechsel per 30. April d. J. steht mir an den Gemeinschuldner eine Forderung in Höhe von 350.— RM zu. Mit 245.— RM Teilbetrag der Wechselforderung rechne ich gegenüber meiner Schuld auf, den überschießenden Betrag werde ich als Konkursgläubiger geltend machen.

Hindenburg, den 12. April 1934.

Daniel Glomb."

Der Grundsatz, daß nur mit fälligen Forderungen aufgerechnet werden kann (§ 387 BGB.), steht der Aufrechnung Glombs nicht entgegen. Denn der Konkurs hat die Wechselforderung vorzeitig fällig gemacht (§ 65 KO.), und demgemäß bestimmt § 54, daß die Aufrechnung zwischen Forderungen, von denen die eine zur Zeit der Eröffnung noch betagt war, zulässig ist.

Es besteht jedoch ein anderes Bedenken. Der Wechsel ist am 30. Januar 1934 von Tischlermeister Preuß, der an der Geschäftseinrichtung des Gemeinschuldners Änderungen ausgeführt hatte, an eigene Order ausgestellt und vom Gemeinschuldner akzeptiert worden. Auf die Rückseite hat Preuß sein Blankoindossament (Art. 12 WO.) gesetzt. Darunter steht:

„Für mich an die Order des Herrn *Daniel Glomb*, Hindenburg O.S.

Friedrich Bastian, Breslau."

Bastian ist ein Holzgroßhändler, dem Preuß den Wechsel zur Bezahlung von Holzlieferungen gegeben haben mag. Aus welchem Grunde aber Bastian das Papier an Glomb weiter giriert hat, ist unklar, da kaum eine geschäftliche Verbindung zwischen beiden besteht. Deshalb liegt der Verdacht nahe, daß Glomb in Kenntnis der Zahlungsunfähigkeit Helds den Wechsel lediglich zu dem Zwecke erworben hat, um ihn zur Aufrechnung zu verwenden, die Konkursmasse um den Unterschied zwischen 245 RM. und der darauf entfallenden Konkursquote zu schädigen und sich mit Bastian in den Gewinn zu teilen.

Die „Schiebung" ist so gedacht: Wenn in der Masse z. B. 40% liegen, so würde die Masse normaler Weise die 245 RM. von Glomb voll erhalten und auf den Wechsel 140 RM. als Dividende zahlen müssen. Gelingt aber die Aufrechnung, so entgehen der Masse die 245 RM. und es sind auf die überschießenden 105 RM. des Wechsels an Glomb noch 42 RM. zu zahlen. Also ein Schaden für die Masse von 147 RM. Kauft Glomb den Wechsel beispielsweise für 200 RM. von Bastian, so gewinnt dieser gegenüber dem reellen Werte des Wechsels 60 RM., und Glomb (der die 245 RM. nicht zu zahlen braucht und noch 42 RM. Konkursdividende herausbekommt) würde 87 RM. profitieren.

Nach bürgerlichem Recht ist es gleichgültig, ob der Schuldner mit eigenen oder mit abgetretenen Gegenforderungen aufrechnet. Anders im Konkursfall. Zwischen der Befriedigung durch Aufrechnung und durch Zwangsvollstreckung besteht eine nahe Verwandtschaft (S. 43, 148/9). Deshalb werden in § 55³ KO. die Vorschriften über Anfechtung der im Stadium der Konkursreife erwirkten Vollstreckungsakte (S. 768 f.) durch die Bestimmung ergänzt, daß die Schuldner der Masse nicht mit Gegenforderungen aufrechnen dürfen, die sie von einem Dritten durch Abtretung in Kenntnis der Zahlungseinstellung oder des Eröffnungsantrags erworben haben. Der Verwalter muß die Kenntnis des anderen Teils beweisen.

Bender schreibt:

„Herrn *Daniel Glomb*

Hindenburg.

Bevor ich die von Ihnen erklärte Aufrechnung anerkennen kann, bitte ich um gefl. Mitteilung, wann und aus welchem Grunde Sie den Wechsel von *Bastian* erworben haben."

Die konkursrechtlichen Aufrechnungsbeschränkungen gelten auch im Vergleichsverfahren (§ 36 VerglO.).

Verfügungen des Gemeinschuldners. Wir erinnern uns, daß sich Held am Tage der Konkurseröffnung mittags im Café befand. Dort hat er zwischen 1 und 2 Uhr nachmittags Karten gespielt. Nachdem er seine ganze Barschaft verloren hatte, wollte er aufhören. Darauf gab ihm einer der Zuschauer, Kaufmann Scheffler, 50 RM., und zwar 22 RM. zur Bezahlung von Waren, die er vor einigen Wochen bei Held gekauft hatte, und 28 RM. gegen Übergabe und Verpfändung eines goldenen Siegelringes. Die 50 RM. hat Held für sich verbraucht. Hiervon erhält Bender Kenntnis:

„Herrn *Richard Schefler*, Hier.

Als Verwalter im *Held*schen Konkurse fordere ich Sie hierdurch auf, den goldenen Siegelring, den Ihnen der Gemeinschuldner am 24. Februar d. J. verpfändet hat, binnen drei Tagen zur Vermeidung der Klage an mich herauszugeben. Die Verpfändung ist zwischen 1 und 2 Uhr nachmittags erfolgt. Um 12½ Uhr war bereits das Konkursverfahren eröffnet. Herr *Held* war daher nicht mehr in der Lage über den Ring wirksam zu verfügen.

Ich behalte mir vor auf Grund des Nachweises, daß Ihnen bei Bezahlung Ihrer Schuld von 22 *RM* an Herrn *Held* die vorher angeordnete Konkurseröffnung bereits bekannt war, die Zahlung dieses Betrages zur Masse zu verlangen.

Breslau, den 5. März 1934.

Bender, Konkursverwalter."

Verfügungen, die der Gemeinschuldner nach Eröffnung über sein zur Konkursmasse gehöriges Vermögen vornimmt, sind dem Konkursverwalter gegenüber unwirksam (§ 7^{I} KO.). Hinsichtlich des gutgläubigen Erwerbs unterscheidet das Gesetz:

a) Verfügungen über Grundstücke und Grundstücksrechte sind wirksam, es sei denn daß die Eröffnung im Grundbuch eingetragen oder dem Erwerber bekannt war (§ 7^{I} KO. mit § 892 BGB.).

b) Verfügungen über bewegliche Sachen sind trotz guten Glaubens unwirksam (arg. § 7^{I} KO. zweiter Satzteil). Scheffler hat also trotz Übergabe und Einigung kein Pfandrecht erlangt und muß den Siegelring herausgeben.

c) Zieht der Gemeinschuldner eine ihm gehörige Forderung ein, so wird der Leistende — abgesehen von dem Falle, daß die Zahlung in die Konkursmasse gelangt (§ 8^{I}) — auch durch guten Glauben befreit. Die Beweislast gestaltet sich verschieden, je nachdem die Leistung vor oder nach Bekanntmachung der Eröffnung erfolgte: im ersten Falle muß der Verwalter die Kenntnis des Schuldners, im zweiten der Schuldner seine Unkenntnis von der Eröffnung beweisen (§ $8^{II, III}$). —

Die dem Gemeinschuldner geliehenen 28 RM. kann übrigens Scheffler nicht einmal als Konkursforderung anmelden, weil die Forderung erst nach Konkurseröffnung entstanden ist (§ 3^{I}).

Konkursfreies Vermögen. Zwei Tage nach der Konkurseröffnung hat Held von seinem Schwiegervater „zum Troste" ein Los der Hamburger Pferde-Lotterie geschenkt erhalten. Bald nachher wird das Los mit einem Gewinn von

300 RM. gezogen. Für den Verwalter entsteht die Frage, ob er die Ablieferung der 300 RM. zur Masse fordern kann.

„Konkursmasse" ist das Vermögen des Gemeinschuldners, welches ihm zur Zeit der Eröffnung gehört (§ 1 I). Das Los wurde Held erst später zugewandt und fällt daher nicht in die Masse.

Der Neuerwerb bildet, zusammen mit den unpfändbaren Vermögensstücken (§ 1 I–IV, S. 761) das „konkursfreie Vermögen" des Gemeinschuldners. Über dieses Vermögen kann Held allein und unbeschränkt verfügen.

An sich haftet den Konkursgläubigern auch das konkursfreie Vermögen. Diese Haftung tritt z. B. in die Erscheinung, wenn der Konkurs aufgehoben wird. So lange aber das Verfahren schwebt, dürfen nach § 14 einzelne Konkursgläubiger weder in die Masse noch in das konkursfreie Vermögen Zwangsvollstreckung vornehmen, damit es dem Schuldner ermöglicht wird bereits während der Dauer des Konkurses einen neuen Erwerb zu suchen.

Dagegen können aus dem konkursfreien Vermögen Helds „Nicht-Konkursgläubiger" Befriedigung verlangen. § 14 steht nämlich nur den Konkursgläubigern entgegen. Ein Nicht-Konkursgläubiger ist z. B. Scheffler, weil seine Darlehnsforderung z. Zt. der Eröffnung des Verfahrens noch nicht bestand (§ 3 I). Scheffler hat das Recht, wegen seiner Darlehnsforderung von 28 RM. gegen Held Klage zu erheben und das Urteil ins konkursfreie Vermögen — soweit es nicht aus unpfändbaren Gegenständen besteht — zu vollstrecken. Das Gleiche gilt von den Gläubigern aus § 3 II (Unterhaltsansprüche), § 63³ (Geldstrafen), § 63⁴ (Schenkungen). Alle diese Nicht-Konkursgläubiger sind im Allgemeinen schlechter daran als Konkursgläubiger, denn sie werden bei der Verteilung der Masse überhaupt nicht berücksichtigt. Aber sie haben den Vorteil, daß ein Zwangsvergleich ihre Forderungen unberührt läßt (arg. § 193), und wenn dem Gemeinschuldner während der Dauer des Verfahrens ein größerer Vermögenserwerb zufällt, so kann der Nicht-Konkursgläubiger durch rasches und geschicktes Vorgehen unter Umständen voll befriedigt werden.

Offenbarungseid. Nach Aufstellung des Inventars kann sowohl der Verwalter wie jeder einzelne Konkursgläubiger den Gemeinschuldner zur Ableistung des Offenbarungseides vorladen (§ 125). Da verschiedene Gläubiger auf das Bestimmteste behaupten, Held müsse Vermögensstücke bei Seite geschafft haben, so beantragt Bender den Eidestermin:

„Dem Gemeinschuldner wurde das Vermögensverzeichnis vom ......, Blatt ..... der Konkursakten Band b („Teilungsmasse") vorgelegt. Er erklärte:

Zu meinem Vermögen gehört noch eine Kiste mit Kleidungsstücken, Decken und Ledersachen, welche sich in der Wohnung meines Schwiegervaters, Kaufmanns *Martin Obst* in Strehlen, befindet. Der Wert ist 300 bis 400 *RM.* Den genauen Inhalt vermag ich aus dem Gedächtnis nicht anzugeben.

Nunmehr leistete der Gemeinschuldner den Offenbarungseid vorschriftsmäßig dahin ab, daß er sein z. Zt. der Konkurseröffnung vorhandenes Vermögen so vollständig angegeben habe, als er dazu im Stande sei."

Natürlich verlangt Bender sofort Herausgabe der Kiste unter Androhung der Klage. Er erhält sie ausgeliefert.

Über die Fassung des Eides vgl. Jaeger 1 zu § 125. Ob der Eid vor dem Konkursgericht geleistet wird (welches dann die Verhandlung zu Band b der Konkursakten nimmt), oder vor dem Amtsgericht, bei welchem der Konkurs schwebt, als Vollstreckungsgericht, ist streitig. Jaeger 3 zu § 125.

Im Vergleichsverfahren wird der Eid vor dem Vergleichsgericht, und zwar im Vergleichstermin selbst, geleistet. Der Schuldner beschwört hier auch die Vollständigkeit der angegebenen Schulden, damit er nicht durch Unterdrückung bestehender Verpflichtungen eine Mehrheit für den Zwangsvergleich vortäuschen kann, die in Wahrheit nicht vorhanden war. § 61^{III} VerglO.[3])

Konkursprozesse.

Anfechtung der Pfändungen. Den Pfändungsgläubigern Mangold und Matheus (S. 805) teilt der Verwalter seine Absicht mit, die von ihnen erwirkten Pfändungen anzufechten. Matheus sieht ein, daß ihm der Beweis der Gutgläubigkeit nach § 30^2 KO. (oben S. 768f.) nicht gelingen wird, und gibt frei. Mangold dagegen will sich auf den Prozeß einlassen und lehnt sogar die Verlegung des Versteigerungstermins ab. Muß der Prozeß in Krefeld anhängig gemacht werden oder ist Breslau zuständig? Läßt sich die Abhaltung der Versteigerung durch einstweilige Verfügung oder andere Maßnahmen verhindern?

Weder das AnfG. noch die KO. gewähren für Anfechtungsklagen einen besonderen Gerichtsstand. Wenn man (mit Stein-Jonas II 2 zu § 32) die Anfechtung aus § 30 als Quasidelikt betrachtet, so besteht in Breslau ein forum delicti commissi (§ 32 ZPO.). Es wird jedoch richtiger sein den Gerichtsstand der unerlaubten Handlung auf die spezifische Deliktsanfechtung (§§ 3^1, ^{2} AnfG., 31 KO.) zu beschränken, für die er allgemein anerkannt wird (Stein-Jonas II 1 zu § 32). Dagegen ist nach ständiger Praxis für die Anfechtung von Pfändungen in Breslau der ausschließliche Gerichtsstand der Interventionsklage gegeben, weil die dem Verwalter nach § 127 KO. zustehende Befugnis zur Verwertung der Masse und insbesondere der Pfandstücke ein „die Veräußerung hinderndes Recht" darstellt. §§ 771, 802 ZPO.; RG. 18, 393.

Aus der Anwendung des § 771 folgt die Möglichkeit, einstweilige Einstellung der Zwangsvollstreckung gemäß §§ 771^{III}, 769 herbeizuführen.

Der Klageantrag geht, wie immer bei Interventionsklagen, auf Unzulässigkeit der Zwangsvollstreckung (S. 460).

Prozesse über Konkursforderungen. Diese Prozesse sind, soweit noch nicht rechtskräftig abgeschlossen, mit Eröffnung des Konkurses ipso iure unterbrochen (§ 240), und zwar zum Unterschied von den Fällen des Todes usw., auch dann, wenn der Gemeinschuldner einen Prozeßbevollmächtigten bestellt hatte (arg. § 246): denn durch den Konkurs ist die Vollmacht beendigt worden (§ 23 KO. mit § 168 S. 1 BGB.). Die Unterbrechung muß vom Gericht, nachdem Bender die Tatsache der Konkurseröffnung aktenkundig gemacht hat (S. 806), von Amts wegen beachtet werden, die Gefahr von Versäumnisurteilen gegen die Konkursmasse besteht also nicht. Da das für Konkursforderungen geltende besondere konkursrechtliche Anmelde- und Prüfungsverfahren (S. 771f.) dem Prozesse vorgeht (§ 12 KO.), muß zunächst abgewartet werden, ob die Klägerin ihre Forderungen zur Tabelle anmelden und wie das Ergebnis des Prüfungstermins ausfallen wird. Erst wenn im Prüfungstermin eine angemeldete Forderung oder das für sie bestehende Vorrecht bestritten worden ist, können die unterbrochenen Verfahren — bei nicht titulierten Forderungen vom Kläger, bei titulierten vom Widersprechenden (S. 777) — aufgenommen werden. Diese Regelung ist sehr zweckmäßig, weil die Gemeinschuldner sich häufig nur verklagen lassen, um Zeit zu gewinnen und den Zusammenbruch hinauszu-

[3]) § 69 Entw. führt neu eine Auskunftspflicht des Schuldners ein. Werden Auskünfte verlangt, so bezieht sich die Eidespflicht auch auf die Vollständigkeit der Auskünfte.

schieben, und weil die Konkursverwalter in derartigen Fällen ohne weiteres anerkennen, so daß es keines Prozesses und keines Urteils mehr bedarf.

Eine große Rolle spielt für die Entschließung des Verwalters das mit dem Bestreiten rechtshängiger Forderungen und der nachfolgenden Prozeßaufnahme verbundene Kostenrisiko. Werden nämlich dem Verwalter im Prozeß die Kosten aufgebürdet, so sind sie bekanntlich Masseschuld (S. 759), und zwar wegen der Einheitlichkeit des Prozesses auch insoweit, als die Kosten vor der Eröffnung entstanden waren und demgemäß von dem früheren höheren Objekt zu berechnen sind. Jaeger 2 zu § 59. Wenn dagegen der Verwalter die Forderung im Prüfungstermin anerkennt, erhält der Gläubiger auf die bis zur Konkurseröffnung entstandenen Kosten nur die Quote.

Aktivprozeß. Beim Amtsgericht Leipzig schwebt gegen den dort wohnhaften Maler Stieglitz eine Klage des Gemeinschuldners wegen 200 RM. Darlehn nebst Zinsen. Der Beklagte hat das Darlehn bestritten und sich mit der Gegenbehauptung verteidigt, das Geld sei ihm unter Verzicht auf Rückforderung zu dem Zwecke gezahlt worden, daß er in seiner damaligen Eigenschaft als Preisrichter einer Modenschau dem Kläger zu dem ersten Preis verhelfe. Die vernommenen Zeugen haben nichts Bestimmtes bekundet. Stieglitz hat darauf in einem Schriftsatz seines Anwalts ausführen lassen:

„Der dem Kläger obliegende Beweis, daß die 200 RM dem Beklagten als Darlehn gegeben wurden, ist nicht gelungen. Der Kläger kann seinen Anspruch auch nicht hilfsweise auf ungerechtfertigte Bereicherung stützen, weil nicht bloß der Beklagte bei der Annahme, sondern auch der Kläger bei der Hingabe des Geldes gegen die guten Sitten verstoßen hat (§ 817 S. 2 BGB.)."

Nachdem mehrere Wochen seit Eröffnung des Konkurses verstrichen sind, ist auf Antrag des Beklagten Termin

„zur Aufnahme und zugleich zur Verhandlung der Hauptsache"

bestimmt und der Verwalter mit der Behauptung, er verzögere die Aufnahme des durch den Konkurs unterbrochenen Rechtsstreits, unter Bezug auf §§ 10^{I} KO., $239^{II, III}$ ZPO. geladen worden. —

Zur Aufnahme eines bei Konkurseröffnung für den Gemeinschuldner anhängigen Aktivprozesses wird der Verwalter niemals gezwungen. Er ist vielmehr berechtigt, die Aufnahme abzulehnen, was zur Folge hat, daß der Klageanspruch aus der Konkursmasse ausscheidet, zum konkursfreien Vermögen gehört, und der Prozeß nunmehr zwischen dem Gemeinschuldner und dem Gegner fortgeführt werden kann. § 10^{II} KO., dazu Jaeger Anm. 31.

Die Sache Stieglitz will Bender aufnehmen. Die Zahlungsfähigkeit des Beklagten steht außer Frage. Führt der Konkursverwalter den Prozeß für die Masse fort, so ist er Partei „kraft Amtes" (S. 761) und Held kann Zeuge sein; durch seine Aussage hofft er das Gericht zu überzeugen, daß tatsächlich ein Darlehn vorlag. Selbst wenn das aber nicht gelingen sollte, braucht der Verwalter den Einwand, daß Held durch Hingabe des Geldes zu Bestechungszwecken gegen die guten Sitten verstoßen habe, nicht zu fürchten. Der vom Beklagten angeführte Rechtssatz, daß „in pari turpitudine melior est causa possidentis", ist nämlich als Strafvorschrift gegen denjenigen gedacht, der Leistungen mit unsittlicher Zweckbestimmung bewirkt hat. Dem Konkursverwalter des Leistenden darf man ihn nicht entgegenhalten: es würde keinen Sinn haben, die an dem Prozeß jetzt allein interessierten Konkursgläubiger zu bestrafen. Dagegen lehnt die Rechtsprechung die naheliegende Ausdehnung des Gedankens auf die Erben des Leistenden ab. RG. 99, 161; 105, 31; 111, 153; LZ. 31, 694[5]. Der Verwalter hat also in diesem Sonderfall ausnahmsweise mehr Rechte als der Gemeinschuldner, dessen Rechte er gemäß § 6 II wahrnimmt.

Nach Beratung im Gläubigerausschuß nimmt der Verwalter den Prozeß auf.

Die Genehmigung des Gläubigerausschusses ist nur für die Anhängigmachung neuer und für die Ablehnung der Aufnahme alter Prozesse vorgeschrieben, nicht dagegen für die Aufnahme (§ 133²). Auch bei der Anerkennung bzw. dem Bestreiten von Konkursforderungen im Prüfungstermin handelt der Verwalter vollkommen selbständig.

Während beim „Aktivprozeß" die Befugnis zur Aufnahme in erster Reihe dem Verwalter und nur bei Verzögerung der Gegenpartei zusteht, haben bei „passiven Masseprozessen" beide Seiten von vornherein gleiches Aufnahmerecht; der Verwalter kann aber die Masse dadurch vor Kosten schützen, daß er den früher streitig gewesenen Anspruch sofort nach der Aufnahme durch den Gegner anerkennt (§ 11). Die Einteilung der Prozesse in Aktiv- und Passivprozesse hängt nicht von der Parteistellung des Gemeinschuldners sondern davon ab, ob er z. Zt. der Eröffnung wirtschaftlich als Gläubiger oder als Schuldner an dem Verfahren interessiert war. So sind negative Feststellungsprozesse (§ 256 ZPO.) für den Gemeinschuldner als Beklagten Aktivprozesse. Ferner verwandelt sich ein Aktiv- in einen Passivprozeß, wenn der Gemeinschuldner auf Grund vorläufig vollstreckbaren Urteils die Streitsumme beigetrieben hat, so daß nunmehr der Rückerstattungsanspruch des Gegners in lite ist. Die Passivprozesse wiederum zerfallen in Prozesse über Konkursforderungen (S. 826) und Prozesse, die auf Aussonderung eines Gegenstandes aus der Konkursmasse oder auf Absonderung gerichtet sind oder einen Masseanspruch betreffen. Die zweite Gruppe werden als „passive Masseprozesse" bezeichnet.

Anhängige Einzelgläubiger-Anfechtung. Held hat im Sommer 1933 ein ihm gehöriges Grundstück in Strehlen seinem Schwiegervater Obst zum Preise von 6500 RM. verkauft und aufgelassen. Auf den Kaufpreis sind laut Vertrag 720 RM. bar gezahlt, 4000 RM. durch Übernahme von Hypothekenschulden belegt, 1780 RM. durch Verrechnung mit Forderungen des Käufers getilgt worden. Nach vorheriger fruchtloser Zwangsvollstreckung (§ 2 AnfG.) hat der Gläubiger Stübel in Berlin das Rechtsgeschäft im Oktober 1933 als versteckte Schenkung, hilfsweise als ein zur Benachteiligung der Gläubiger abgeschlossenes entgeltliches Geschäft (§ 3¹, ², ³) beim Landgericht Brieg angefochten mit dem Antrag:

„den Beklagten zu verurteilen, wegen des vollstreckbaren Anspruchs des Klägers gegen den Kaufmann *Johannes Held* in Breslau von 1950 *RM* (i. W.) nebst 6% Zinsen seit dem 23. Juni 1933 aus dem Urteil des Landgerichts I Berlin vom 25. September 1933, Aktenzeichen 15 O. 274. 33, die Zwangsvollstreckung in das im Grundbuch von Stadt Strehlen Band III Blatt Nr. 87 auf den Namen des Beklagten verzeichnete Grundstück zu dulden und das Urteil, nötigenfalls gegen Sicherheitsleistung, für vorläufig vollstreckbar zu erklären."

Der Prozeß befindet sich im Beweisstadium. —

Zur Anfechtung benachteiligender Rechtshandlungen sind außerhalb des Konkurses die einzelnen Gläubiger legitimiert. Im Konkursfall steht das Anfechtungsrecht der Gesamtheit der Konkursgläubiger zu, für welche es der Konkursverwalter — wie immer, als Partei kraft Amtes im eigenen Namen — ausübt (§ 36 KO.). Durch das Anfechtungsrecht der Konkursgläubiger bzw. des Verwalters wird dasjenige des Einzelgläubigers absorbiert (§ 13 I S. 1 AnfG.). Daher ist der Prozeß Stübel gegen Obst durch die Eröffnung des Konkurses über Helds Vermögen unterbrochen worden — allerdings nicht nach § 240 ZPO. (denn Held war nicht Partei dieses Prozesses), aber nach der Sondervorschrift des § 13 II AnfG. — und kann vom Verwalter aufgenommen und an Stelle des Klägers für die Konkursgläubiger weiter geführt werden.

Nach Beratung im Gläubigerausschuß beauftragt Bender einen Brieger Anwalt, die Aufnahme durch Zustellung eines Schriftsatzes (§ 250 ZPO.) zu erklären. Für den aufgenommenen Rechtsstreit gilt materiell nicht mehr das AnfG. sondern die KO. (§ 13^{II} S. 2 AnfG.). Das äußert sich zunächst im Klageantrag. Der Anfechtungsanspruch des Konkursverwalters geht nicht bloß dahin, die weggegebenen Objekte für die Befriedigung des Anfechtungsklägers als noch zum Vermögen des Schuldners gehörig zu behandeln und damit zu Gunsten einer bestimmten Forderung die Vollstreckungsmöglichkeit herzustellen (wie derjenige des Einzelgläubigers: § 7), sondern auf Herausgabe zur Masse schlechthin (§ 37 KO.). Bender läßt also den Antrag dahin erweitern:

„den Beklagten zu verurteilen, das im Grundbuch von Stadt Strehlen Band III Blatt Nr. 87 auf seinen Namen eingetragene Grundstück an den Kläger als Verwalter im Konkurse über das Vermögen des Kaufmanns *Johannes Held* in Breslau aufzulassen und dem Kläger herauszugeben,"

d. h. in Abt. I soll Held als Eigentümer, und gleichzeitig in Abt. II der Konkursvermerk eingetragen werden. — Als Anfechtungsgründe kommen nunmehr §§ 30 bis 32 in Betracht, insbesondere kann also die Anfechtung auch auf die Konkurs-Pauliana gestützt werden, sofern Helds Zahlungseinstellung bis in den Sommer 1933 zurückreicht. — Ein Unterschied, bei dem Obst durch die Anwendung des Konkursrechts besser gestellt wird: er hat wegen der an Held für das Grundstück geleisteten Kaufpreiszahlung Ansprüche an die Masse, und zwar als Massegläubiger, soweit sich die Leistung noch in der Masse befindet oder die Masse um ihren Wert bereichert ist (§ 38 S. 1), im Übrigen als Konkursgläubiger (§ 38 S. 2), jedoch ohne daß dieserhalb ein Zurückbehaltungsrecht gegenüber dem Anfechtungsanspruch zusteht. Außerhalb des Konkurses hätte sich Obst nur an Held halten können (§ 8 AnfG.).

Durch den Übergang des Prozesses auf den Verwalter wird Stübel um den Erfolg des von ihm eingeleiteten aussichtsvollen Anfechtungsprozesses gebracht. Er erhält aber wenigstens aus dem Erstrittenen vorweg seine Prozeßkosten vergütet (§ 13^{I} S. 2).

Wie wird die Anfechtung der Grundstücksveräußerung provisorisch gesichert? Ein Widerspruch (§ 899 BGB.) kann weder bei Konkursanfechtung noch bei Anfechtung außerhalb des Konkurses eingetragen werden, weil die Gläubigeranfechtung nicht dinglich wirkt: dadurch unterscheidet sie sich von dem, bei Vermögensschiebungen ebenfalls bisweilen gegebenen, Falle der Simulation. Eine Vormerkung ist zur Sicherung des Rückgewähranspruchs des Konkursverwalters zulässig. Dagegen gehört der Anfechtungsanspruch des AnfG. nicht zu den vormerkungsfähigen Rechten, denn er geht weder auf Einräumung oder Aufhebung von Grundstücksrechten noch auf Änderung des Inhalts oder Ranges solcher Rechte (§ 883^{I} S. 1). Mithin bleibt lediglich ein, im Wege einstweiliger Verfügung anzuordnendes, Veräußerungsverbot (§§ 135/6) möglich, welches wegen § 892^{I} S. 2 gegenüber Gutgläubigen der Eintragung ins Grundbuch bedarf. RG. 67, 40; Jaeger 14 zu § 29.

Prozesse des Verwalters bei Aufhebung des Konkurses: Die bei Aufhebung des Verfahrens schwebenden Prozesse des Verwalters gehen — ohne Unterbrechung — auf den Gemeinschuldner über. Stein-Jonas IV zu § 240. Natürlich ist der Klageantrag entsprechend der neuen Rechtslage abzuändern, z. B. bei anhängigen Feststellungsklagen (§ 146^{II} KO.) auf Verurteilung zur Zahlung der Ausfallsforderung (bei Ausschüttung) bzw. der Vergleichsraten (bei Zwangsvergleich). Darüber, daß Anfechtungsprozesse durch Aufhebung des Konkurses sich in der Hauptsache erledigen und nur noch eine Kostenentscheidung ergehen kann, s. oben S. 797.

Verkauf des Geschäfts an die Ehefrau.

„Breslau, den 3. April 1934.

Sehr geehrter Herr Verwalter!

In der Konkurssache meines Ehemannes, des Kaufmanns *Johannes Held* in Breslau, mache ich Ihnen hiermit das Angebot, das gesamte Warenlager sowie die Geschäftseinrichtung mit der Firma mit 12% Aufschlag über Taxpreis käuflich zu erwerben. Ich würde in den Mietvertrag mit *Sievers & Co.* eintreten, so daß die Masse vom Tage der Geschäftsübernahme ab keinerlei Verpflichtungen gegenüber der Vermieterin haben würde. Ferner übernehme ich das z. Zt. noch vorhandene Personal. Ein Betrag bis zu 10000 *RM* kann bei Übergabe, der Rest binnen 1 Woche nach Abrechnung gezahlt werden. Als Sicherheit werde ich die Bürgschaftserklärung meines Bruders, des Steinbruchbesitzers *Reinhold Obst* in Strehlen, beibringen. Ich bitte um beschleunigte Erledigung, da ich das Geld zum Kaufe nur zur Verfügung gestellt bekomme, wenn ich das Geschäft spätestens Anfang Mai übernehmen kann.

Minna Held geb. *Obst.*"

Von anderer Seite sind für Warenlager und Einrichtung bloß 5% und 10% über Taxe geboten worden. Dazu tritt der große Vorteil, daß Frau Held die Konkursmasse von einem Teil der Miete-Masseschuld bis Ende Juni und von dem Schadensersatzanspruch aus der vorzeitigen Kündigung (S. 811) freistellen will. Der Bürge Reinhold Obst gilt als wohlhabend. Trotzdem werden in der Gläubigerausschußsitzung, die Bender gemäß § 134[1] einberuft, Bedenken geäußert, weil man nicht gern den Anschein erwecken möchte, durch Verkauf des Geschäfts an die Ehefrau des Schuldners eine „Familienschiebung" zu unterstützen.

Der Konkursverwalter: Wir befinden uns in einer Zwangslage. Führen wir das Geschäft für Rechnung der Masse weiter, so erzielen wir zwar höhere Verkaufspreise, denn die Taxpreise meines Konkursinventars decken sich im allgemeinen mit den Einkaufspreisen. Aber es entstehen fortlaufend Unkosten durch Gehälter und Neuanschaffungen zur Komplettierung des Lagers, auch ist bei den der Mode stark unterworfenen Waren die Gefahr eines Konjunkturverlustes groß, und wir werden bei Ablauf des Mietvertrags am 30. Juni noch nicht alles verkauft haben. Das Nettoergebnis eines solchen Verkaufs schätze ich bestenfalls auf 5% über Taxe. Wenn Frau Held mehr bietet und obendrein noch den Mietvertrag übernimmt (wobei ihr Sievers & Co. allerdings einen erheblichen Nachlaß gegenüber dem alten Vertrage zugesagt haben dürften), so tut sie das nur, weil sie unter der populär gewordenen Firma „Johannes Held Wäschefabrik" große geschäftliche Erfolge zu erzielen hofft.

Gläubigerausschußmitglied Wiese: Warum bieten wir nicht einem der anderen Reflektanten auf Warenlager und Einrichtung die Mitüberlassung der Firma an? Sie würden dann in die Offerte von Frau Held eintreten und wir wären aus dem Dilemma heraus.

Gläubigerausschußmitglied RA. Schwarz: Die Firma ist nach § 22 HGB. ein höchstpersönliches Recht des Gemeinschuldners, und wer das Geschäft aus der Masse erwirbt, bedarf zur Fortführung der Firma unbedingt seiner Einwilligung. Diese wird er der Ehefrau geben, einem fremden Käufer aber versagen.

Nach herrschender Ansicht (Staub 7 zu § 22) gehört die Firma ihrem Inhaber sogar dann als höchstpersönliches Recht, wenn sie mit seinem bürgerlichen Namen nicht übereinstimmt! — Damit die Firma eines Kridars übertragen werden kann, müssen Konkursverwalter und Gemeinschuldner zustimmen: denn die Firma kann nicht ohne das Geschäft veräußert werden, über welches dem Verwalter die Verfügung zusteht (§ 23). Der Ausschluß der außenstehenden Forderungen und der Verbindlichkeiten von der Geschäftsveräußerung steht der Übertragung der Firma nicht im Wege.

Besonders stark zeigt sich der höchstpersönliche Charakter des Firmenrechts bei Ausschließung eines o.H.G.- oder K.G.-Gesellschafters gemäß §§ 142, 161 II. Wie § 24 II ausdrücklich vorschreibt, bedarf es bei jedem „Ausscheiden" eines Gesellschafters der Zustimmung des Ausgeschiedenen (oder seiner Erben) zur Fortführung der Firma durch den verbleibenden Gesellschafter, also nicht nur bei freiwilligem Austritt sondern sogar bei unfreiwilliger Ausschließung. Allerdings gilt das Erfordernis hier nur für Gesellschafter, deren bürgerlicher Name in der Firma enthalten ist. Die Regelung des § 24 kann durch Vertrag abgeändert werden, vgl. oben S. 32 zu § 11.

Gläubigerausschußmitglied Schilling: Können wir nicht das Lager im ganzen an einen Unternehmer verkaufen, der damit einen „Konkurswaren-Ausverkauf" veranstaltet und uns einen höheren Preis zahlt, als die übrigen Reflektanten?

RA. Schwarz: Sobald die Waren nicht mehr Eigentum der Konkursmasse sind, ist jede, auch die der Wahrheit entsprechende, Bezugnahme auf ihre frühere Zugehörigkeit zur Masse verboten. Der Unternehmer, der mit ihnen einen „Konkurswaren-Ausverkauf" macht, würde sich der Strafverfolgung aus § 6 UWG. aussetzen, und zwar dem Offizialverfahren ohne Strafantrag eines Konkurrenten (arg. § 22).

Konkursverwalter: Objektiv betrachtet, stellt die Annahme des Angebots der Frau Held zweifellos die günstigste Lösung für die Konkursmasse dar. Trotzdem werden wir natürlich von einzelnen Gläubigern, welche die Sachlage nicht richtig übersehen, Vorwürfe zu hören bekommen. Man könnte daran denken die Entscheidung einer besonderen, nach § 93 KO. einzuberufenden, Gläubigerversammlung zu überlassen. Das würde jedoch einen Aufschub von mehreren Wochen bedeuten, und außerdem hat die erste Gläubigerversammlung die Entscheidung über Schließung oder Fortführung des Geschäfts ausdrücklich dem Gläubigerausschuß übertragen[4]). —

Das Ergebnis ist folgender Antwortbrief an Frau Held:

„Nach Beratung mit dem Gläubigerausschuß erkläre ich mich bereit, Ihnen Geschäft und Firma zu folgenden Bedingungen zu überlassen:

1. Es werden verkauft alle bei Übergabe vorhandenen Waren sowie die gesamte Geschäftseinrichtung.
2. Der Kaufpreis beträgt 12% über Taxe.
3. Die außenstehenden Forderungen sind vom Verkauf ausgenommen.
4. Die zur Fortführung der Firma erforderliche Zustimmung Ihres Mannes haben Sie sich selbst zu verschaffen.
5. Die Übergabe der verkauften Gegenstände erfolgt binnen 5 Tagen seit Zustandekommen des Vertrages.
6. Vom Kaufpreis sind 10000 *RM* bei Übergabe zu zahlen. Der Rest wird innerhalb einer Woche seit der endgültigen Abrechnung gezahlt. Bei Nichteinhaltung dieser Termine kann ich von dem Abschluß zurücktreten.
7. Von der Übergabe ab gehen Geschäftsmiete und Gehälter auf Ihre Rechnung.
8. Bei Annahme dieses Vorschlags haben Sie eine schriftliche Erklärung der Firma *Sievers & Co.* beizubringen, daß die Konkursmasse aus der Haftung für die Miete für die Zeit seit Übergabe des Geschäfts an Sie sowie für den durch die vorzeitige Kündigung des Mietvertrages entstandenen Schadensersatzanspruch entlassen wird.
9. Der Übergang der im Geschäftsbetrieb entstandenen sonstigen Verbindlichkeiten auf Sie wird ausgeschlossen.

---

[4]) § 132 I KO., vgl. das Beispiel oben S. 767.

10. Bei Annahme dieses Vorschlags haben Sie die schriftliche Bürgschaftserklärung des Steinbruchbesitzers *Reinhold Obst* in Strehlen beizubringen.

11. Sämtliche entstehenden Kosten und Abgaben sind von Ihnen zu tragen.

Die Annahme dieses Vorschlags kann nur bis zum 12. d. M. erfolgen.

Friedrich Bender."

Frau Held nimmt an. Den Kaufpreis zahlt Bender (ebenso wie die übrigen nicht zu laufenden Ausgaben gebrauchten Gelder) bei der als Hinterlegungsstelle bestimmten (vgl. S. 767) Städtischen Bank ein.

Bei der Anmeldung zum Handelsregister (§§ 29, 31 HGB.) müssen Konkursverwalter Bender, der Gemeinschuldner Johannes Held und Frau Held mitwirken. Angemeldet und eingetragen wird auch der Ausschluß der Haftung für die im Betriebe des Geschäfts begründeten Verbindlichkeiten (§ 25 II). Zugleich mit dem Namen des bisherigen Firmeninhabers Johannes Held ist — von Amts wegen — der gemäß § 32 eingetragene Konkursvermerk zu löschen.

Würde Frau Held, wenn die Anmeldung und Eintragung des Haftungsausschlusses unterbleibt, von den Konkursgläubigern gemäß § 25 I in Anspruch genommen werden können? Der Wortlaut des § 25 und der formale Charakter des Registers sprechen für Bejahung. Andrerseits wäre die Haftung sinnwidrig, weil der Geschäftsverkauf ja gerade der Befriedigung der Konkursgläubiger dient und die Verwendung des Verkaufserlöses für diesen Zweck sichergestellt ist. Verneinend daher RG. 58, 166 und (für Vergleichsverfahren) JW. 29, 2627[17] (Stettin). Immerhin bleibt die Entscheidung zweifelhaft.

Ausschüttung der Masse.

Abschlagsverteilung. Alle Verteilungen — sowohl Abschlagsverteilungen wie Schlußverteilung — werden vom Verwalter angeordnet und durchgeführt. Beim Vorhandensein eines Gläubigerausschusses ist allerdings dessen Genehmigung einzuholen, die Schlußverteilung bedarf außerdem der Genehmigung des Konkursgerichts, die Initiative liegt jedoch stets in den Händen des Verwalters. Fällt dem Gericht die Verzögerung der Verteilung auf oder beschweren sich ungeduldige Gläubiger, so kann allerdings der Richter den Verwalter auf Grund seines allgemeinen Aufsichtsrechts zum Bericht über die Ursachen des Aufschubs auffordern, Ordnungsstrafen gegen ihn festsetzen und äußersten Falls auf Antrag des Gläubigerausschusses oder der Gläubigerversammlung seine Entlassung beschließen. §§ 83, 84, 150, 161 II KO.

Nachdem von Frau Held und deren Bruder der Kaufpreis für das Geschäft eingegangen und durch Abhaltung des allgemeinen Prüfungstermins eine Grundlage für die Verteilung geschaffen ist, läßt sich Bender vom Gläubigerausschuß zur Vornahme einer Abschlagsverteilung ermächtigen. Hierauf reicht er gemäß § 151 zu Band d der Gerichtsakten ein Verzeichnis der zu berücksichtigenden Forderungen ein, welches vorerst bloß die festgestellten und die titulierten bestrittenen Forderungen (S. 777) enthält mit Ausnahme derjenigen, für welche abgesonderte Befriedigung beansprucht wird. Alsdann erläßt er in den Blättern folgende öffentliche Bekanntmachung:

„Im Konkurse über das Vermögen des Kaufmanns *Johannes Held*, Inhaber der Firma ‚*Johannes Held* Wäschefabrik', in Breslau soll eine Abschlagsverteilung stattfinden. Die verfügbare Masse beträgt 39450.00 *RM*. Zu berücksichtigen sind 7862.50 *RM* bevorrechtigte und 88902.60 *RM* nicht bevorrechtigte Forderungen. Das Verzeichnis der zu berücksichtigenden Forderungen liegt auf der Geschäftsstelle des hiesigen Amtsgerichts zur Einsicht der Beteiligten aus.

Breslau, den 10. Mai 1934.

Bender, Konkursverwalter."

Die Auszahlung bevorrechtigter Forderungen erfolgt grundsätzlich im Rahmen des Verteilungsverfahrens. Mit besonderer Ermächtigung des Gerichts kann der Verwalter solche Zahlungen aber auch außerhalb der Verteilung, also ohne vorherige öffentliche Aufforderung, leisten (§ 170).

Bis zur Ausführung der Verteilung muß mindestens drei Wochen gewartet werden. Zunächst läuft — ohne besondere Aufforderung — für die Gläubiger nicht titulierter streitiger Forderungen und Gläubiger mit Absonderungsrecht, deren Forderungen nur in Höhe des Ausfalls festgestellt sind (S. 778), eine Ausschlußfrist von zwei Wochen. Diese Gläubiger können nämlich dem Verwalter den Nachweis führen, daß sie Feststellungsklage erhoben bzw. die Befriedigung aus dem Gegenstand des Absonderungsrechts betrieben haben, in welchem Falle ihnen ihre Anteile reserviert werden (§§ 152, 153, 168¹, ³). Die Berichtigungen des Verzeichnisses infolge derartiger Nachweisungen hat der Verwalter innerhalb von 3 Tagen auszuführen. Sodann besteht eine Frist von einer Woche (vom Ende der Ausschlußfrist gerechnet) für Einwendungen gegen das Verzeichnis. Über die Einwendungen entscheidet das Konkursgericht, gegen dessen Beschluß, wie immer, sofortige Beschwerde stattfindet (§§ 158, 73 III). Sobald das Verzeichnis rechtskräftig geworden ist, stellt der Gläubigerausschuß gemäß § 159 den auf die nichtbevorrechtigten Gläubiger entfallenden Prozentsatz auf 35.5% fest. Die Auszahlung selbst erfolgt durch den Verwalter (§ 167), der aber zur Abhebung des Geldes bei der Städtischen Bank der Mitwirkung des Gläubigerausschusses bedarf (S. 765, 766/7). Das Gericht wirkt dabei in keiner Weise mit.

Schlußrechnung. Genehmigung der Schlußverteilung.

„Breslau, den 12. Januar 1935.

An das Amtsgericht, Hier.

Zu den *Johannes Held*schen Konkursakten, Aktenband d (Verteilungen) überreiche ich in der Anlage:

a) die Schlußrechnung vom 30. Dezember 1934 nebst Belegen und Prüfungsvermerk des Gläubigerausschusses gemäß § 86 S. 2 KO.,

b) Verzeichnis der bei der Schlußverteilung zu berücksichtigenden Forderungen

und beantrage:

die Vornahme der Schlußverteilung gemäß § 161 II KO. zu genehmigen.

Die Genehmigung der Schlußverteilung durch den Gläubigerausschuß gemäß § 150 KO. befindet sich unter der eingereichten Schlußrechnung.

Die Verwertung der Masse ist bis auf zwei ausgeklagte Forderungen von zusammen ca. 650 *RM*, welche bisher nicht eingezogen werden konnten, abgeschlossen. Diese Forderungen dürften als gänzlich wertlos zu betrachten sein.

Bender, Konkursverwalter."

Die Schlußverteilung soll erfolgen, „sobald die Verwertung der Masse beendigt ist" (§ 161 I). Daß alle Konkursforderungen endgültig festgestellt seien, verlangt das Gesetz mit Absicht nicht. Denn abgesehen von dem Interesse, welches die Gläubigerschaft an möglichst schneller Ausschüttung der Schlußdividende hat, erfordert auch die Rücksicht auf den Schuldner, der durch Aufhebung des Konkurses seine geschäftliche Bewegungsfreiheit zurückerlangen will, einen beschleunigten Abschluß des Verfahrens, und andrerseits erwarten die Konkursgläubiger sehnlichst diesen Zeitpunkt, um wieder mit Zwangsvollstreckung gegen den Schuldner vorgehen zu können (§ 164 II). Schweben noch Feststellungsprozesse, so kann man sich in der Weise helfen, daß die auf bestrittene Forderungen entfallenden Hebungen gemäß §§ 168¹, 169 hinterlegt werden. Bei einer größeren Anzahl in Streit befangener Konkursforderungen wird freilich die Verschiebung der Schlußverteilung zweckmäßiger sein.

Die Schlußrechnung (Muster für den Fall des Nachlaßkonkurses: S. 797f.) brauchte nach § 86 S. 2 eigentlich erst zum Schlußtermin eingereicht zu werden, doch hat sie Bender beigefügt, um dem Gericht die Nachprüfung der Voraussetzungen des § 161 I zu ermöglichen.

Daß sich einzelne unverwertbare Vermögensstücke in der Masse befinden, steht der Schlußverteilung nicht entgegen (arg. § 162 I):

„Beschluß.

In dem Konkursverfahren usw.

wird die Vornahme der Schlußverteilung genehmigt."

Der Beschluß wird an Verwalter und Gemeinschuldner zugestellt.

Gleichzeitig mit dem Antrag auf Genehmigung der Schlußverteilung hat Bender zu den Verfahrensakten des Konkursgerichts (Band a) Festsetzung seines Honorars erbeten und um Mitteilung der dem Gläubigerausschuß zugedachten Beträge sowie der endgültigen Höhe der Gerichtskosten ersucht. Die Verfügung lautet dort:

„1. Beschluß. Die Vergütung des Konkursverwalters, Kaufmanns *Friedrich Bender* in Breslau, wird auf .... *RM*, seine Auslagen werden auf ...... *RM* festgesetzt."

Vgl. S. 758, 795.

„2. Termin zur Abnahme der Schlußrechnung des Verwalters, zur Erhebung von Einwendungen gegen das Schlußverzeichnis, zur Beschlußfassung der Gläubiger über die nicht verwertbaren Vermögensstücke sowie zur Anhörung der Gläubiger über Erstattung der Auslagen und Gewährung einer Vergütung an die Mitglieder des Gläubigerausschusses wird auf den 9. Februar 1935, vormittags 10½ Uhr bestimmt.

3. Zu 1 an Verwalter und Gemeinschuldner zustellen.

4. Zu laden zum Termin: a) Verwalter, b) Gemeinschuldner, c) die Mitglieder des Gläubigerausschusses.

5. Öffentliche Bekanntmachung."

Vgl. § 162. Die gerichtliche Bekanntmachung enthält den Schlußtermin (§ 93 II) sowie die — getrennt zu haltenden — Festsetzungen der Vergütung und Auslagen des Verwalters (§ 76 III, vgl. Jaeger 5 zu § 85). In der Praxis werden die für den Verwalter festgesetzten Beträge gewöhnlich nur im eigentlichen Amtsblatt (§ 76 I), nicht auch in den weiteren Publikationsorganen (§ 76 II) bekannt gemacht.

„6. Nachricht dem Verwalter, daß als Auslagen und Vergütung für die Mitglieder des Gläubigerausschusses folgende Beträge in Aussicht genommen sind: ...."

Die maßgebende Festsetzung ist erst nach Anhörung der Gläubigerversammlung zulässig (§ 91 I S. 2).

„7. Der Geschäftsstelle zur Aufstellung der Kostenrechnung."

Erhoben werden 3½ Gebühren nach dem Reichs-GKG. Objekt ist die „reine Konkursmasse", d. i. die Masse nach Abzug der Absonderungsrechte, Masseschulden und gewisser Massekosten, §§ 8, 41, 42, 43 GKG. Dazu treten die Auslagen, vor allem Insertionskosten. —

Jetzt erläßt Bender wieder die öffentliche Bekanntmachung, in welcher aber diesmal nicht von einer „Abschlagsverteilung", sondern von der „Schlußverteilung" die Rede ist. Dann läuft die 2wöchige Ausschlußfrist und nach deren Ende die 3tägige Frist für den Konkursverwalter zur Berichtigung des Verzeichnisses. Die öffentliche Bekanntmachung weist Bender dem Gericht durch Einreichung der Belagsblätter nach.

Der **Schlußtermin** ist in erster Reihe zur Abnahme der Schlußrechnung und zur Erledigung von Einwendungen gegen das Schlußverzeichnis bestimmt. Die Abnahme der Schlußrechnung erfolgt zwischen dem Verwalter auf der einen, dem Gemeinschuldner und den Konkursgläubigern auf der anderen Seite. Erfolgt keine Beanstandung, so gilt die Rechnung als anerkannt (§ 86 S. 4), und es sind damit allen Beteiligten, auch den Nichterschienenen, Regreßansprüche an den Verwalter aus § 82 endgültig abgeschnitten. Über etwaige gegen die Schlußrechnung erhobene Bemängelungen entscheidet der Prozeßrichter, nicht das Konkursgericht.

Falls dagegen Einwendungen gegen das Schlußverzeichnis vorgebracht werden, obliegt die Entscheidung dem Konkursrichter in gleicher Weise wie bei Abschlagsverteilungen, bloß mit dem Unterschied, daß statt des schriftlichen Verfahrens ein Termin stattfindet (§§ 158 II, 162 II). Die Einwendungen können übrigens nur darauf gestützt werden, daß der Verwalter die für ihn maßgebenden formalen Vorschriften der §§ 152f. nicht beachtet habe.

In Sachen Held sagt das Protokoll:

„Einwendungen gegen die Schlußrechnung und das Schlußverzeichnis wurden nicht erhoben. Die Versammlung wurde über die Gewährung einer Vergütung und Festsetzung von Auslagen für die Mitglieder des Gläubigerausschusses gehört. Hierauf verkündete das Gericht den

Beschluß:

Es werden festgesetzt für das Gläubigerausschußmitglied ....

Die Gläubigerversammlung beschloß die uneinziehbaren Forderungen gegen .... dem Gemeinschuldner zu überlassen. Der Beschluß ist einstimmig gefaßt.

Der Verwalter reichte seine Bestallung zurück. Er wird den Nachweis der Verteilung innerhalb eines Monats führen.

Vorgelesen, genehmigt."

Schlußverteilung. Aufhebung des Verfahrens. Da der gerichtliche Beschluß über Festsetzung der Auslagen und Vergütungen des Gläubigerausschusses nach § 73 III sofortiger Beschwerde unterliegt und sich dadurch die Massekosten nach oben oder unten ändern könnten, muß der Verwalter die Rechtskraft abwarten. Dann stellt er die genaue „Ausschüttungsberechnung" auf und bringt die darnach auf die einzelnen Berechtigten entfallenden Beträge zur Auszahlung. Ausschüttungsberechnung und Zahlungsnachweise reicht er zu den Verteilungsakten d ein. Darauf erläßt das Gericht (in den Verfahrensakten a) den

„Beschluß.

Das Konkursverfahren über das Vermögen des Kaufmanns *Johannes Held*, alleinigen Inhabers der Firma ‚*Johannes Held* Wäschefabrik', in Breslau wird nach Abhaltung des Schlußtermins aufgehoben.

Breslau, den 5. März 1935.
Amtsgericht.
Richter."

Der Beschluß ist unanfechtbar. Er wird gemäß § 163 II öffentlich bekanntgemacht. Die in §§ 112, 163 III vorgeschriebene Benachrichtigung des Handelsregistergerichts erübrigt sich hier, weil die Firma bereits aus der Masse ausgeschieden ist (S. 832). Wenn zur Masse Grundstücke oder Grundstücksrechte gehörten, so würde ans Grundbuchamt entsprechende Nachricht zu ergehen haben (§§ 113, 163 III).

Mit dem Aufhebungsbeschluß erlangt Held die Verfügungsbefugnis über sein Gesamtvermögen zurück und seine Gläubiger können gegen ihn vollstrecken. Soweit ihre Forderungen zur Tabelle festgestellt und nicht vom Schuldner bestritten sind, brauchen die Gläubiger nicht zu klagen, sondern erhalten auf Antrag vom Gericht vollstreckbaren Tabellenauszug. Der Unterschied gegen die Beendigung durch Zwangsvergleich (S. 796/7) ist bloß der, daß die Vollstreckungsklausel in Höhe der Ausfallsforderung, nicht der Akkordrate, auszustellen ist. Den Ausfall stellt der Urkundsbeamte aus Band d der Konkursakten fest, welcher aus diesem Grunde länger als die übrigen Aktenbände aufbewahrt wird (20 Jahre statt 10 Jahre, § 4⁴ gegen § 3¹ der AV. vom 31. Dezember 1927, oben S. 110).

FSC
www.fsc.org
MIX
Papier | Fördert
gute Waldnutzung
FSC® C083411

Kolibri 360 GmbH
Ferdinand-Jühlke-Straße 7
99095 Erfurt, Deutschland
produktsicherheit@kolibri360.de